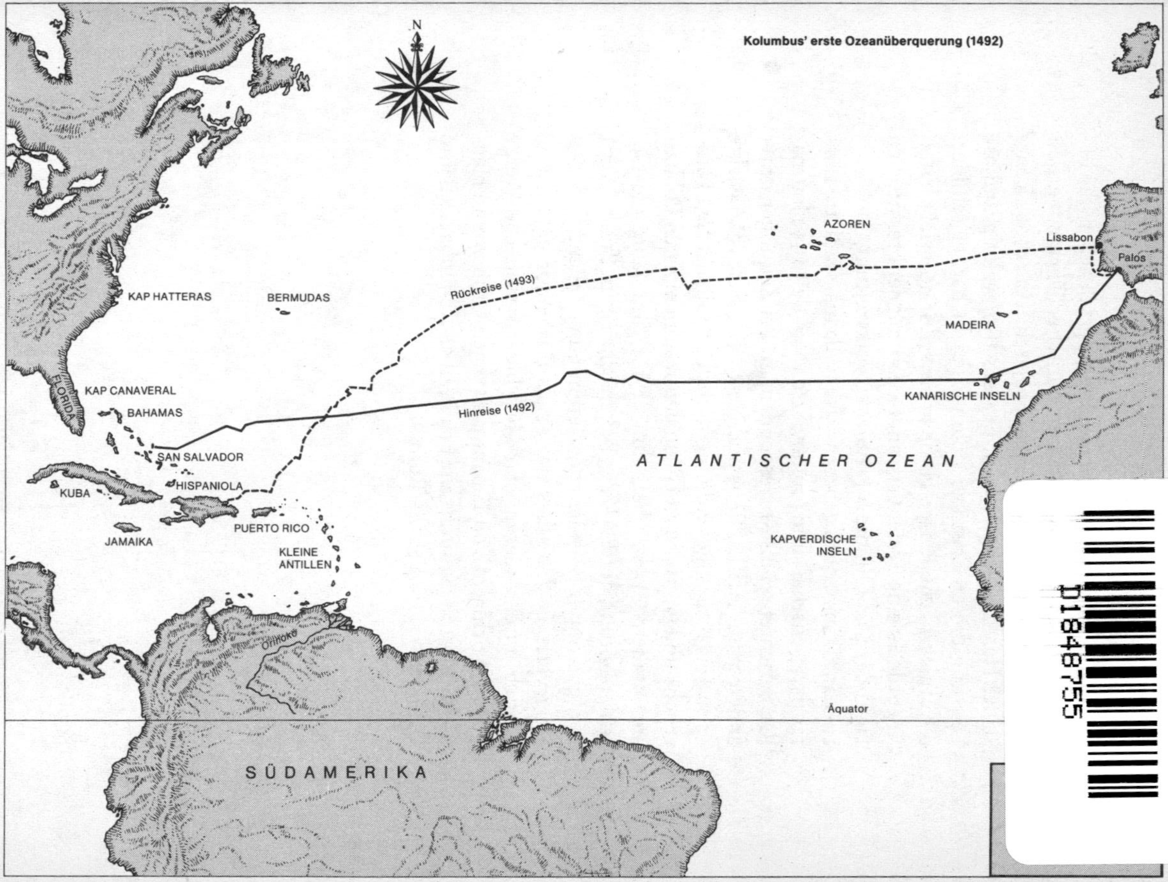
Kolumbus' erste Ozeanüberquerung (1492)
N
AZOREN
Lissabon
Palos
MADEIRA
KANARISCHE INSELN
Rückreise (1493)
Hinreise (1492)
KAP HATTERAS
BERMUDAS
KAP CANAVERAL
FLORIDA
BAHAMAS
SAN SALVADOR
KUBA
HISPANIOLA
PUERTO RICO
JAMAIKA
KLEINE
ANTILLEN
ATLANTISCHER OZEAN
KAPVERDISCHE
INSELN
Orinoko
Äquator
SÜDAMERIKA

Zu diesem Buch

»Gianni Granzotto hat eine Biographie geschrieben, die leidenschaftlich und zugleich mit kritischer Distanz verfaßt ist. Der Journalist ist mit einem Segelschiff die ganze Route seines Helden nachgefahren. Er weiß also, welch grandiose Leistung dieser Cristóbal Colón erbracht hat, er schildert die ›unsterbliche Reise‹, als ob er sie selbst miterlebt hätte. Er entdeckt eine Seelenverwandtschaft mit der literarischen Figur des Don Quijote.« (»Aalener Volkszeitung«)

Gianni Granzotto, geboren 1914 in Padua, studierte Literaturwissenschaft und promovierte 1936. Seit 1939 Journalist, berichtete er als Korrespondent großer Zeitungen unter anderem aus Afrika, Paris und New York. Seit 1956 wirkte er auch als ständiger Kommentator des italienischen Fernsehens und wurde so zu einem der prominentesten Publizisten Italiens. 1965 übernahm er für fünf Jahre die Geschäftsleitung der RAI, des italienischen Rundfunks; 1971 bis 1976 war er Präsident der Vereinigung italienischer Zeitungsverleger. Überdies trat er als Buchautor hervor und schrieb unter anderem stark beachtete historische Werke über die Schlacht von Lepanto, Karl den Großen und Hannibal und mit besonderem Erfolg über Kolumbus. Gianni Granzotto starb 1985 in Rom.

Gianni Granzotto

CHRISTOPH KOLUMBUS

Eine Biographie

Aus dem Italienischen
von Sylvia Höfer

rororo

Rowohlt

Die Originalausgabe erschien 1984
unter dem Titel »Cristoforo Colombo« bei
Arnoldo Mondadori Editore S. p. A, Milano
Umschlaggestaltung Wolfgang Kenkel unter Verwendung
des Kupferstichs »Die erste Landung des Kolumbus«
von Theodor de Bry aus dem Werk »H. Benzono:
Geschichte Amerikas«, Frankfurt am Main, 1956/
Archiv für Kunst und Geschichte, Berlin

Veröffentlicht im Rowohlt Taschenbuch Verlag GmbH,
Reinbek bei Hamburg, Juli 1988

Gesamtherstellung Clausen & Bosse, Leck
Printed in Germany
1280-ISBN 3 499 12378 9

INHALTSVERZEICHNIS

Meiner Frau Carolina gewidmet,
die die Entstehung dieses Buches
bis zu den letzten Seiten begleitete,
ehe sie mich verließ

DAS ANDERE MEER

Der 9. Juli 1453 war ein Montag. Die Sonne war zwar noch nicht in das Tierkreiszeichen des Löwen eingetreten, schlich aber schon auf glühenden Sohlen über Himmel und Meere. Die Alten behaupteten, sich nicht an eine ähnliche Hitze erinnern zu können. Seit Menschengedenken, dem altbekannten, schwachen Erinnerungsvermögen zufolge, hatte es dergleichen nie gegeben. Die am Hang gelegene Stadt Genua lag still und regungslos unter der Sonne. Es war ein Tag, an dem man sich nicht aus dem Hause rührte. Selbst die schattenspendenden Plätze schienen zu glühen. Doch niemand verspürte die Neigung, sie zu verlassen.

Und dennoch füllte sich die schweigende Stadt ausgerechnet um die Mittagszeit, in der heißesten Stunde, plötzlich mit Lärm und Geschrei, mit Stimmen, die riefen, und Schritten von Leuten, die rannten. Von den Geräuschen hallten die Steine der engen Gassen wider, das Echo trug sie weiter, und es schien, als ob ganz Genua Hals über Kopf zum Meer hinunterstürzen wollte. Von Portoria und Piccapietra fielen die Gassen beinahe senkrecht nach unten, über Treppen und Treppchen und in den Berg eingekerbte Wege. Die vielen Menschen drängten nach unten, schwitzend und schreiend. Dem, der vom Strand her blickte, kamen sie wie Kolonnen flinker Ameisen vor, die sich in den Straßenspalten abwärtsbewegten. Manche schoben die Holzläden von den Fenstern und fragten, was los sei. Ohne ihren Lauf zu unterbrechen, erwiderten die Ameisengleichen: »O Unglück über Unglück! Konstantinopel ist in die Hände der Türken gefallen!«

Man wollte mehr wissen und verstehen. Soeben war, von der Insel Chios kommend, ein Segelschiff mit dieser Nachricht eingetroffen. Es hatte unterhalb des Molo delle Grazie angelegt, und dorthin stürzten sich nun die Genuesen, um denen zuzuhören, die die schreckliche Neuigkeit gehört, vielleicht auch erlebt hatten. Als sie am Ufer angelangt waren, bildeten sie Gruppen um die Seeleute, die voller Ergebenheit in ihr Schicksal die Arme ausbreiteten. Was geschehen war, war geschehen. Man konnte nichts mehr daran ändern.

Doch was war geschehen? Die Fragen überstürzten sich, und die Antworten waren immer dieselben: Mahmud, der Sultan der Türken, hatte Konstantinopel erobert, die ganze Stadt und die Meerenge. Er hatte auch Pera in Besitz genommen, jenes Viertel von Konstantinopel, das die Genuesen seit zwei Jahrhunderten verwalteten. Konstantinopel war am Morgen des 29. Mai gefallen. Es war kämpfend gefallen, mit Kaiser Konstantin an der Spitze seiner Truppen. Jeder Widerstand war erstickt, Tausende und Abertausende getötet worden. Auch der Kaiser war in der Schlacht gefallen. So groß war das Gemetzel, daß man nicht einmal seinen Körper wiederfand, der irgendwo zwischen den Leichenbergen lag. Die genuesischen Schiffe waren rechtzeitig aus Pera geflohen und in Richtung Chios entkommen, das noch unbesetzt war. Dorthin brachten sie aus erster Hand die Nachricht von der Niederlage und dem Massaker und versetzten alle Bewohner der Insel in Angst und Schrecken. Dann waren sie nach Genua aufgebrochen. Der Kommandant war bereits zum Palast hinaufgegangen, um den Dogen über das Ereignis zu unterrichten.

Auf der Mole wurde es still. Ein Mönch, der zusammen mit den Matrosen aus Chios gekommen war, stand, hochgewachsen und schwarzgekleidet, vor dem Tor der Markuskirche, in die alle Seefahrer gleich nach ihrer Landung beten gehen, und sang seine monotone, schaurige Klage: »Nie hat sich Schrecklicheres zugetragen, und niemals wird sich Schrecklicheres begeben.« Aus seinen Augen quollen Tränen, und andere weinten und jammerten mit ihm.

Nach den mündlichen Berichten begannen die schriftlichen einzutreffen, die das Schlimmste bestätigten. Als erstes kam der Brief von Angelo Lomellino, der zum Zeitpunkt des Falls von Konstantinopel *Podestà* von Pera gewesen war. Das Schreiben war an den Dogen von Genua, Pietro Fregoso, gerichtet. Es war auf Chios abgefaßt worden, wohin sich auch Lomellino hatte flüchten müssen. Er hatte alles versucht, um die Gunst des Sultans zu gewinnen, und er schämte sich nicht, es auch so niederzuschreiben, wie wenn das eine Heldentat gewesen wäre. Er hatte sogar einen Vertreter der berühmten genuesischen Familie Spinola, Luciano Spinola, zum Schloß des Sultans am Bosporus geschickt, damit er ihn zu seinem »großen Sieg« beglückwünschte. Lomellino hielt eine solche Schmeichelei für die richtige, die klügste Geste. Er ließ Mahmud offiziell um die Bestätigung der Privilegien bitten, die die Byzantiner Pera eingeräumt hatten. »Man sagte mir nur, daß die Glocken nicht mehr läuten dürften.«

Noch während Konstantinopel unter Feuer und Schwert litt, wurde das Amt des *Podestà* von Pera abgeschafft, das der Regierung der Ungläubigen unterstellt wurde. Schmerzerfüllt teilte Lomellino mit: »Unsere Schiffe haben nicht mehr die Möglichkeit, ins Schwarze Meer zu fahren und unsere Waren dorthin zu transportieren.« Nicht so sehr die militärische Niederlage war es, die Genuas Schicksal belastete, sondern der Schlag gegen den Handel. In seinem Brief sagte es Lomellino mit genuesischer Deutlichkeit: »Die Urkunden der Handelsgesellschaften sind nichts mehr wert.«

Das war es, was den Bewohnern von Genua im heißen Sommer 1453 an den Nerv ging. Sicher, in die Tränen dieses Schmerzes mischte sich auch die Trauer um die Christen, »die wie das Gras auf der Wiese« niedergemäht worden waren, um die Reliquien der Heiligen, die von den Türken ins Meer geworfen worden waren, um die enthaupteten Konsuln und auch der Schrecken und die Angst vor dem, was geschehen war und noch geschehen konnte. Aber erschrocken und verzweifelt war man wegen der Zukunft der Meere, wegen der Zukunft von Genua. Nachdem Konstantinopel gefallen war und Pera mit sich gerissen hatte, fragte man sich nun, was mit Chios, Kaffa, den genuesischen Haltepunkten an der Strecke nach Smyrna und Trapezunt, geschehen würde. Würde das Schwarze Meer jener »genuesische See« bleiben, dessen man sich so gerühmt hatte, mit seinen Schiffen, die ungehindert bis zu den Anlegestellen am Don fuhren und in tatarisches Gebiet, um dort mit Pelzen und Seidenstoffen, mit dem Leder der Mongolen und dem Goldfiligran aus Persien zu handeln? Was würde aus den Handelslagern der Levante werden, die nach dem Kreuzzugsabenteuer und den glücklichen Zeiten, als sich Jerusalem in christlicher Hand befand, allenthalben entstanden waren? Aus diesen Wurzeln war Genuas Wohlstand gewachsen, und die Zukunft der Stadt hing von ihnen ab. Und nun kamen die Türken nach Konstantinopel und machten alles Glück und alle Hoffnungen unerbittlich zunichte. Das Feuer ihres Hasses würde alles ersticken. Ihre Kräfte waren unverbraucht und unbezwingbar. Der Weg nach Osten war unterbrochen, abgeriegelt wie ein Tal durch einen Erdrutsch, den wegzuräumen niemand die Kraft hat. Der Gedanke, Jerusalem, die Heilige Stadt, zurückzuerobern, wurde zur Utopie. Und jene Mauer, die sich nun an der Schwelle zu Asien erhob, würde den Weg zu Gewinnen, Unternehmungen, Verkehr und den Freiraum für Handel und Leben versperren. In den Briefen, die von den Orten des Unglücks beim Dogen eingetroffen waren, hieß es: »Für die Zukunft ist die Gefahr viel schlimmeren Unheils zu befürchten.«

Genua erlebte dieses Gefühl des Schauerns, die Angst, von einem Augenblick zum anderen arm geworden zu sein. Konstantinopel in türkischer Hand bedeutete die Unterbrechung der Gewürzstraße, jener alten Verkehrsader, die die Wirtschaft und Politik der Welt, ja selbst ihre Lebens- und Denkweise beeinflußt hatte. Jetzt wurde alles instabil und unsicher. Man mußte sich fragen, wovon man künftighin leben würde. Wenn Byzanz nicht mehr existierte, wie sollte Genua noch atmen können?

Über die Gewürzstraße hat man im Laufe der Jahrhunderte so viele Märchen erzählt, daß man heute beinahe geneigt ist, über sie zu lächeln. Aber gegen Ende des Mittelalters war Europa von den Gewürzen fasziniert; sie hatten es mit ihrem Aroma und dem Geheimnis ihrer fernen Herkunft verführt. Schon der Begriff *Merces subtiles* hatte einen verlockenden Klang: Es war ein Rausch des Neuen, eine Art neuer Freiheit, so etwas wie ein Lichtschein in einem Tunnel. Versetzen wir uns in eine Welt, die seit Generationen von Ängsten gepeinigt wurde, vom Hundertjährigen Krieg und vom Schwarzen Tod, der Stadt und Land entvölkert hatte. Und da taucht plötzlich wie ein Zauberbild der Pfeffer aus Malabar auf. Wie hinter einem Schleier begann man nun eine unbekannte orientalische Märchenwelt zu ahnen, bevölkert von Emiren, Sultanen und Haremsdamen.

Was auch immer den Beinamen *Arabicum* oder *Indicum* hatte, wirkte anregend auf die Phantasie und steigerte den Genuß – die beiden Dinge, die das Leben von der Verzweiflung unterscheiden. Da es sich um Wundersames handelte, an das man nur schwer herankam, war es heißbegehrt – sowohl von denen, die sich auf die Suche danach begaben, als auch von denen, die es erwerben wollten. Es war also ein Geschäft. Aber wie Martin Behaim, der kluge und gelehrte Geograph, schreibt, »müssen die indischen Gewürze mindestens durch zwölf Hände gehen, ehe sie beim letzten Käufer anlangen«.

Auf der Suche nach ihnen fuhren die Schiffe der Araber nach Indien und brachten sie dann über den Persischen Golf in die Häfen von Syrien, wo die Genuesen sie auf ihre Schebecken, Fusten und Karacken luden. Die Genuesen befaßten sich nicht mit schweren Lasten. Sie handelten fast ausschließlich mit leichten, aber sehr teuren Produkten, nämlich mit Aromen und Spezereien. Mit ihnen konnte der Geschmack von Weinen oder Speisen verfeinert werden: Zimt, Muskatnuß, Nelken, Ingwer, Vanille, der bereits erwähnte und sehr begehrte Pfeffer, Estragon und Safran. Die Genuesen handelten auch mit kostbaren Farben für Seiden- und Wollstoffe, die aus in Europa unbekannten Färbepflanzen gewonnen wurden, beispielsweise der unvergleichliche Indigo für blaue Farben, der Gallapfel für Schwarz, Rinde und Mark des Sappanbaumes, die ähnliche Farbtöne ergaben wie die Orientschildlaus, welche auf den Hängen des Berges Ararat, des Berges der Arche Noah, gesammelt wurde. Die Mode verlangte nach immer raffinierteren und bunteren Farbtönen.

Es bildeten sich bereits neue Klassen, breite Einkommensschichten, die in der langen Zeit der Kriege, Seuchen und Hungersnöte nicht die Kraft zum Wachsen gehabt hatten. Das führte zu einer Suche nach dem Erlesenen, die vom Wunsch nach Luxus und der Verlockung durch Exotisches gekennzeichnet war. Die Welt folgt jahrtausendealten Gesetzen: Nichts ist verführerischer als das Überflüssige, das immer wieder von neuem ersonnen wird.

Aber es gab noch anderes. Man denke nur an die Seide oder an den Zucker, mit dem nun anstelle von Honig Bitteres versüßt wurde. Zu den Wundern des Orients gehörten auch Elfenbein und vor allem Gold – Gold als Edelmetall, als Schmuck für die Prunkentfaltung an den Höfen und in den Kirchen. Aber noch mehr, viel mehr, brauchte man es für die Prägung von Münzen und für alle möglichen finanziellen Zwecke. Der große internationale Handelsaustausch, die Transaktionen, mit deren Hilfe das Mittelalter die Mauern seiner Städte und Dörfer überwand und die Entstehung von Nationen, Völkern und Kontinenten förderte, basierten auf Gold, das allgemein als Zahlungsmittel akzeptiert wurde. Die berühmten Wechselbriefe, mit denen sich die großen Kaufleute zur Zahlung ihrer Schulden verpflichteten, wurden in Feingold, der kostbarsten und sichersten Ware, garantiert. Gold war zehnmal so viel wert wie Silber.

Der Bedarf an Gold stieg mit dem wachsenden Handelsvolumen und mit der Verbreitung des Geldes. Man mußte Kriege finanzieren, Schiffe ausrüsten, Kapital investieren. Gold schuf Reichtum und spiegelte zugleich den Reichtum wider, in dessen Genuß neue Schichten von Bürgern kamen. Zu Beginn des 15. Jahrhunderts übertraf die Nachfrage nach Gold im ganzen Abendland die Disponibilität der Angebote bei weitem. Man hatte alte, von den Römern verlassene Bergwerke im Norden wieder geöffnet, und Goldsucher wühlten im Sand der Pyrenäenflüsse. Die umfangreichsten Käufe aber tätigten die Genuesen in den afrikanischen Mittelmeerhäfen zwischen Marokko und Ägypten. Das Gold wurde von sudanesischen oder arabischen Karawanen bis zur Küste transportiert. Die Geschäfte wurden mit Hilfe von Gesten abgeschlossen; man machte mit Handzeichen deutlich, ob man akzeptierte oder ablehnte. Diese Art von Warenaustausch nannte man »stumme Märkte«; denn keiner beherrschte die Sprache des anderen.

So blieb das Gold ebenso geheimnisumwittert wie seine Herkunft, die Länder, aus denen es kam und in denen man es zu finden hoffte. Marco Polo, von dessen Berichten um die Mitte des Jahrhunderts bereits etwa hundert Abschriften in Umlauf waren, erzählte von Palästen im legendären Zipangu, deren Dächer aus massivem Gold waren. Aber wer wagte sich schon dorthin, über die Gebiete der Tataren und Türken, über jeden christlichen Horizont hinaus? Der Genuese Antonio Malfante drang bis zum Nigerbecken vor, durchquerte die Sahara und erreichte die Ufer des

Senegalflusses. Benedetto Drei entdeckte das sagenumwobene Timbuktu. Gruppen von Kapitalgebern finanzierten diese Wagemutigen in der Hoffnung, daß sie auf Gold stießen. Aber es waren Gestalten, die sich in den Wüsten verloren. Die meisten kehrten nicht mehr zurück, und die Geheimnisse des Goldes blieben mit ihnen begraben.

Darüber war man keineswegs erstaunt. Während des ganzen Altertums war die Vorstellung vom Gold immer mit unbekannten und unzugänglichen Gegenden verbunden gewesen – das Gold von Abyssinien, das Gold des Sudan und jetzt auch das Gold von Zipangu. Ptolemäus hatte daran erinnert, daß das Gold in heißen, fernen und gefährlichen Ländern entsteht und wächst. Und die Gelehrten präzisierten, daß der Beziehung zwischen Mensch und Gold etwas Schicksalhaftes, Heroisches anhaftete: Gold mußte lange gesucht, begehrt, verdient und den Eingeweiden der Erde entrissen werden, und zwar zum Preis von Wanderschaften und Gefahren; die Suche nach Gold war mit den Kämpfen der Helden gegen die Drachen zu vergleichen.

Der Kampf um die Gewürze war ebenso hart wie der um das Gold, und ihre Geheimnisse zu ergründen, war sehr schwer. Doch die Gewohnheit und das ungeduldige Drängen, das dem Reichsein und dem Wunsch nach Reichtum innewohnt, ließen im Abendland den Bedarf an beidem immer weiter wachsen. Gewürze wurden begehrt, man träumte von ihnen. Kein Preis konnte das Wettrennen stoppen, kein Opfer die Suche verhindern. Die Neuigkeiten, die man aus dem soeben verbreiteten Buch von Marco Polo erfuhr, waren aufregend und vielversprechend und versetzten die Welt der Geographen und Forscher in Aufruhr; dann fühlten sich auch die Kapitalgeber, die Macht der Staaten und die Unternehmungslust der Kaufleute herausgefordert.

Doch nun schnitt, ausgerechnet im Augenblick des Gewinnstrebens und der Hoffnung, der Fall von Konstantinopel sämtliche Wege zum Wohlstand ab; denn diese Wege hatten ausschließlich nach Osten geführt. Und gerade in diese Richtung war jetzt jede Bewegung verwehrt. Auch die Kreuzzüge hatten diesem Zweck, der Öffnung der Wege nach Osten, gedient. Mit ihnen war eine Mauer eingerissen worden, und neue Horizonte, neue Möglichkeiten und Chancen hatten sich eröffnet. Doch jetzt kehrte man zum Ausgangspunkt zurück, war wieder mit dem undurchdringlichen und feindlichen Orient konfrontiert. Weder im Roten noch im Schwarzen Meer konnten christliche Schiffe verkehren. Eine unüberwindliche Landsperre, errichtet von feindseligen Ungläubigen, verwehrte dem Abendland jeden Zugang zu Gold und zu Gewürzen. Lomellino hatte es in seinen Briefen an den Dogen von Genua richtig vorhergesehen: Im Verlauf weniger Jahre wurden nach Pera auch Chios, Kaffa und das syrische Tripolis von der muslimischen Welle überflutet. Ein Markt nach dem anderen ging verloren.

Gewiß, das war nicht nur für Genua ein Drama, sondern auch für Venedig. Aber Venedig war eine Seemacht, ein gut organisierter Staat, der zu kämpfen verstand. Es trieb nicht nur Handelspolitik, sondern auch Militärpolitik und besaß eine bewaffnete Flotte. Es wich nicht zurück, sondern blieb der Schutzwall der Christenheit gegen die Türken, und es gelang ihm, einen großen Teil seiner Eroberungen in der Adria und der Ägäis zu verteidigen. Es verteidigte auch seinen Handelsverkehr, der im wesentlichen auf das Mittelmeer beschränkt war. Genua dagegen war eine Handelsstadt, das Zentrum eines Netzes von Geschäftsbeziehungen, die sich von den Anlegeplätzen in der Levante bis hinein nach Frankreich, Deutschland, Flandern und bis zu den Britischen Inseln verzweigten. Es trieb Handel mit kostbaren Orientprodukten. Als die türkische Eroberung innerhalb weniger Jahre Genua all seiner Stützpunkte und seiner Handelsposten beraubte, blieb es ohne Zufuhr von Gütern.

In jenem Sommer 1453 gab es keinen Genuesen, der das nicht begriffen hätte. Niemand machte sich Illusionen. Die Frage lautete nicht: Was können wir tun, um zurückzukehren? Genua, eine praktisch orientierte Stadt, wußte, daß man weder nach Chios noch nach Kaffa zurückkehren würde. Jener Weg war nicht nur versperrt, er hatte keine Zukunft mehr. Die Frage war vielmehr: Gibt es für uns eine Alternative?

Darauf gab es keine schnellen Antworten. Eines der drängendsten Probleme war, wohin mit dem akkumulierten Kapital. Genua war reich. Wenn es keine Alternativen gefunden hätte, wäre sein Reichtum dahingeschwunden. Die Wahl fiel auf Spanien, das sich nach Jahrhunderten des Niedergangs gerade von den Mauren befreite und Handel und Verkehr neue, verlockende Perspektiven bot. Das genuesische Kapital wanderte nun nach Spanien, nach

Sevilla, nach Barcelona, in die aktiven Zentren der entstehenden Nation. Es wanderte auch nach Portugal, nach Lissabon, an die Küste des Atlantischen Ozeans. Von dort stachen die ersten Konvois in See, die die Küsten Afrikas hinabfuhren. Auf der Suche nach Gold wählten sie nicht den Weg, der bei Marco Polo angedeutet wurde, sondern fuhren genau in die entgegengesetzte Richtung; denn das goldstrotzende Land im Osten, von dem der venezianische Reisende gesprochen hatte, hatte sich als unerreichbar erwiesen. Genua, Europa, wandte den Blick vom Osten ab und richtete ihn statt dessen nach Westen, auf das »andere Meer«.

Aber genau dort, an den Küsten des »anderen Meeres«, war die Welt zu Ende. So hatten es die Alten gesagt, und jedermann wußte das. Aber der Kunst, Handel zu treiben, wohnt der Drang zur Beweglichkeit, zur Abwechslung inne. Sie treibt einen dazu an, etwas zu versuchen, zu verändern, zu finden. Unter die Klagen und Fragen, die im Sommer 1453 ganz Genua, von den Hügeln herunter bis zum Meer, bewegten, mischte sich auch ein wenig von dieser Neugier.

In dieser Atmosphäre der enttäuschten Hoffnungen und des Umbruchs wuchs Christoph Kolumbus auf, der in jenem Sommer 1453 gerade zwei Jahre alt war.

DIE ÜBERFLÜSSIGE HEIMAT

So betritt Christoph Kolumbus, der Held dieses Buches, im Alter von zwei Jahren die Bühne – zu dem Zeitpunkt, als Konstantinopel von den Türken erobert wurde. Und da geschildert wurde, daß diese Nachricht im Juli 1453 in Genua eintraf, zieht der Leser den Schluß, daß Christoph Kolumbus im Jahr 1451 in Genua geboren wurde oder daß zumindest der Verfasser dieser Meinung ist.

Aber der Leser erinnert sich sicherlich an die manchmal erbitterten und scharfen Auseinandersetzungen, die nicht nur die Historiker, sondern sogar ganze Nationen über die Frage nach Kolumbus' Geburtsort ausgetragen haben. Es scheint ein sehr unklarer Punkt zu sein, der oft ins Romanhafte verklärt wurde und vielleicht unbegreiflich ist. Und der Leser hat das Recht, sich zu fragen, woher der Autor seine – zumindest scheinbare – Sicherheit nimmt.

Von dem Augenblick an, da Kolumbus zum Entdecker der neuen Gebiete der Welt wurde, bis gestern, ja bis heute ist die Frage nach seiner Geburt in Hunderten von Büchern behandelt worden. Sich in diese Flut von Literatur zu stürzen, ist ebenso gefährlich wie im Sturm ohne Floß oder Rettungsboot in die wogende See zu fallen. Die Meinungen sind nicht nur verschieden, sie sind auch mit Ungestüm vertreten worden. Man rettet sich nur, wenn man sich an die Dokumente hält und wenn es einem gelingt, unter der riesigen Menge all dessen, was über das Thema geschrieben worden ist, das herauszufiltern, was von Forschung und Wissenschaft gestützt wird, und rigoros aussondert, was Teil lokalpatriotischer Ambitionen ist.

Da dies die Methode ist, die ich bei der Untersuchung von Kolumbus' Herkunft angewandt habe, scheidet all das aus, was nach nationalem Fanatismus, nach patriotischem Stolz und ähnlichen Verbohrtheiten aussieht, die gefühlsbeladen und zugleich abstrus sind. Sie werden vollends unerklärlich, sobald man sich klarmacht, in welchem historischen Rahmen sich Kolumbus' Leben abspielte und was für eine geringe Bedeutung den Fragen von Nationalität und geographischer Herkunft damals beigemessen wurde. Andererseits lösen die Diskussionen über den Geburtsort eines Menschen letzten Endes immer einen gewissen Patriotismus aus, der manchmal mit einer fast schon an Rassismus erinnernden Intoleranz einhergeht – auch wenn dies im besten Falle unbewußt geschieht. Die Parteilichkeit derer, die behaupten, Kolumbus sei spanischer oder französischer Abkunft gewesen, ist ebenso anfechtbar wie die derer, die ihn um jeden Preis als Genuesen sehen wollen.

Aber gibt es in bezug auf Kolumbus' Heimat überhaupt eine Gewißheit? Die These, wonach Christoph Kolumbus in Genua geboren wurde, ist von allen die weitaus glaubwürdigste und wahrscheinlichste. Für diejenigen, die kategorisch und haarspalterisch sein wollen – und Gott weiß, daß es Scharen von solch gelehrten Messerwetzern gibt! – bleiben einige, wenn auch nur geringfügige, marginale Zweifel an der genuesischen These, die wahrscheinlich niemals auszuräumen sind. Alle anderen Versuche, Kolumbus die unterschiedlichsten Herkunftsorte zuzuschreiben, sind schwach, manchmal lächerlich oder eindeutig falsch.

Über welche Beweise kann man verfügen? Daß kurz nach der Mitte des 15. Jahrhunderts in Genua ein Mann gelebt hat, der mit dem Namen und der Person von Christoph Kolumbus zu identifizieren ist, steht zweifelsfrei fest. Das belegen die sprachlich dürren, indifferenten und nüchternen Dokumente, die als Notariatsurkunden bekannt sind. Genua, eine See- und Handelsstadt, hat immer viel Sinn für genau formulierte Schriftstücke gehabt. Es gibt zahlreiche notarielle Urkunden, die die Familie Kolumbus betreffen, nämlich mindestens zwanzig Zeugnisse, die von strengen Notaren überprüft wurden. Davon geben uns vor allem zwei Aufschluß über das Leben von Christoph Kolumbus. Das erste stammt aus dem Jahr 1470 und betrifft eine Schuldanerkenntnis über 48 genuesische Lire, die einem gewissen Pietro Balessio zu zahlen waren. In dem Schriftstück wird ein »Christoph Kolumbus, Sohn des Domenico, über neunzehn Jahre alt« erwähnt. Das zweite ist mit 1479 datiert. Zu jener Zeit hatte sich Christoph bereits fest in Lissabon angesiedelt. Aber er wurde nach Genua gerufen, um vor einem Notar über Ereignisse im Zusammenhang mit einer seiner Reisen nach Madeira auszusagen. In dem Dokument wird behauptet, daß der Zeuge »etwa siebenundzwanzig Jahre alt« sei. Christoph Kolumbus bezeugt, nach Madeira geschickt worden zu sein, um dort im Auftrag des Kaufmanns Paolo Di Negro Zukker einzukaufen. Er erklärt, daß er am folgenden Tag wieder nach Lissabon reisen müsse. Auf die Frage, welcher der beiden Parteien er den Sieg wünsche, antwortet er nur: »Derjenigen, die recht hat.«

Aufgrund dieser beiden öffentlichen Dokumente können wir, so trocken und unpersönlich wie sie sind, mit an Sicherheit grenzender Wahrscheinlichkeit annehmen, daß Christoph Kolumbus Genuese war. In den besagten Notariatsurkunden steht zwar nicht explizit, daß Christoph Kolumbus in Genua geboren wurde. Aber die Hinweise auf seinen Vater Domenico, einen genuesischen Bürger, der lange Jahre in Genua wohnhaft war, finden sich regelmäßig in vielen älteren Urkunden wieder. Was hier hervorgehoben werden muß, ist die Authentizität der Existenz eines jungen Mannes namens Christoph Kolumbus in Genua, der Auftritt auf der Bühne des Lebens von einem Menschen aus Fleisch und Blut. Ich möchte, daß der Leser ihn zusammen mit mir vom Piedestal der Vergangenheit herunterholt und aus dem Marmor der Geschichte befreit, wo alles kalt und blutlos ist. Die Notariatsurkunden spiegeln ein volles, ein pulsierendes Leben wider. Christoph Kolumbus war ein ebenso lebendiges Wesen wie wir heute. Die Dokumente nennen uns sein Alter, und wenn wir nachrechnen, kommen wir auf 1452 als Geburtsjahr. Sie sagen uns, wie dieses junge Leben aussah, das gekennzeichnet war von Seereisen und dem ständigen Wechsel des Aufenthaltsortes. Mit der Erwähnung seiner klugen und spitzen Antwort (»Der soll siegen, der recht hat.«) fügen sie sogar noch einen deutlichen Hinweis auf seinen Charakter hinzu.

Etwa ein Dutzend Jahre nach dem zuletzt zitierten Dokument sollte der damals noch junge Seefahrer jene Reise unternehmen, die ihn unsterblich machte. Aus der Unbekanntheit in den notariellen Urkunden sollte sein Name plötzlich zu den Höhen des Ruhms gehoben werden. Wer kannte ihn denn schon? 1493 erlebte man ihn bei seiner Rückkehr aus dem Unbekannten triumphierend in Barcelona, wo er feierlich vom Königspaar empfangen wurde. Alle wollten wissen, woher er kam. In den seltenen vertraulichen Mitteilungen und den wenigen Briefen aus der glanzlosen Zeit des Wartens hatte sich Kolumbus darauf beschränkt, sich als *extranjero*, als Fremden, zu bezeichnen. Nach seiner Rückkehr aus Westindien spricht die ganze Welt von ihm, und die ganze Welt hält ihn ausnahmslos für einen Genuesen. Und dabei bleibt es das ganze 16. Jahrhundert hindurch und darüber hinaus. Höchstens wird er, wenn nicht als Genuese, als Ligurer definiert.

Das direkteste Zeugnis stammt von seinen Zeitgenossen, von jenen, die ihn kannten, ihn sahen und mit ihm Umgang pflegten. Der Lombarde Pietro Martire, der Veteran der Kolumbus-Chronisten und mit allen Merkmalen eines Vorläufers des modernen Journalismus ausgestattet, hielt sich gerade in Barcelona auf, als Kolumbus dort eintraf. Pietro Martire verkehrte bei Hofe und hatte die Manie, die anderen zu informieren, ihnen von überallher Briefe zu schreiben, an seine Freunde vom Lago Maggiore, nach Florenz und an den vatikanischen Hof. Am 14. Mai 1493 gelang es ihm, in einem an Giovanni Borromeo gerichteten Brief als erster darüber zu berichten, daß »ein gewisser Christoph Kolumbus, ein Ligurer *(Vir ligur)*, der von den Königen von Spanien drei Schiffe erhalten hatte, vor wenigen Tagen von den westlichen Antipoden zurückkehrte«. Aber schon bevor Kolumbus zu seiner Reise aufbrach, wird in einem anonymen Register, das ein Schreiber namens Galíndez im letzten Jahrzehnt des Jahrhunderts am Hofe führte, unter dem Datum von 1492 auf die Vereinbarungen hingewiesen, die Kolumbus mit den Königen getroffen hatte; dort wird er *»Cristóbal Colón genovés«* genannt.

Genuese war Kolumbus auch für den Pfarrer von Palacios, Andrés Bernáldez, seinen großen Freund und Vertrauten: »Kolumbus war ein Mann aus der Gegend von Genua«, sollte er in seiner *Historia de los Reyes Católicos* schreiben. Genuese war er für den Bischof Bartolomé de Las Casas, der wichtigsten Quelle unter den zeitgenössischen Chronisten von Kolumbus' Unternehmungen, dem er in seiner *Historia general y natural de las Indias* mit Bestimmtheit »genuesische Nationalität« zuschrieb. Genuese, oder besser, »aus der in Italien befindlichen Provinz Ligurien stammend«, war Kolumbus auch für Gonzalo Fernández de Oviedo, der ihn noch als Knabe in Barcelona sah und seine Heldentaten in einem weiteren monumentalen Werk erzählte, das denselben Titel trägt wie das von Las Casas. Las Casas, Bernáldez und Oviedo sind die zeitgenössischen Kolumbus-Chronisten, auf deren Zeugnisse sich in den nachfolgenden Jahrhunderten alle stützten. Keiner der drei zweifelte je daran, daß Christoph Kolumbus in Genua, auf ligurischem Boden, geboren wurde.

Die zeitgenössischen Zeugnisse, die von überall hervorsprudelten, sobald der Name Kolumbus berühmt wurde, sind ausführlich und einmütig. Da ich nicht der Versuchung erliegen will, im Dialog mit dem Leser völlig unangemessen den Eindruck hoher Gelehrsamkeit zu erwecken, zitiere ich nur einige wenige dieser Zeugnisse. Etwa den Portugiesen João de Barros, der am Hofe von Lissabon als Chronist wirkte und recht volltönend als »lusitanischer Titus Livius« bezeichnet wird. De Barros berichtet, daß »alle behaupteten, Christoph Kolumbus sei Genuese«. Gaspar de Fructuoso schrieb eine Geschichte der Inselgruppe von Madeira, wo Kolumbus eine Zeitlang wohnte. In diesem Buch wird er als »ein Mann italienischer Nation, Genuese, mit reicher Erfahrung in der Kunst der Seefahrt« beschrieben. Selbst in der Türkei nannte der Kosmograph Piri Reis Kolumbus noch vor seinem Tod »einen genuesischen Ungläubigen«. Der Gesandte der Republik Venedig in Spanien, Angelo Trevisan, erzählt in einem privaten Schreiben, das er an die Adresse eines Verwandten, eines Mitglieds des *Pregàdi*, gerichtet hatte, er habe »mit dem Genuesen Christoph Kolumbus Freundschaft geschlossen«.

Ich muß noch kurz auf die zeitgenössischen genuesischen Chronisten zu sprechen kommen. Die Herrscher der Republik Genua gratulierten den Königen von Spanien zwar sofort zur Entdeckung Indiens, doch sie ahnten nicht im geringsten, daß jenes denkwürdige Ereignis einem ihrer Mitbürger zu verdanken war. Sie beschränkten sich darauf, ihrer Freude darüber Ausdruck zu geben, daß »sich jetzt Eure Herrschaftsgebiete auf Teile der Welt ausgedehnt haben, die (selbst) den Römern unbekannt waren«. Es war eine sehr richtige und weise Überlegung. Zum erstenmal in der Geschichte der Menschheit hatte ein Mensch den *Orbis* überwunden, jenen Kreis, von dem man annahm, er würde den Globus begrenzen. Das Seefahrtsunternehmen als solches hatte Genua verstanden. Aber es war so sehr auf seinen Handel und seine Märkte beschränkt, daß es nicht einmal auf den Gedanken kam, es könne das Werk eines Genuesen sein. In den folgenden Jahren wiesen die Chronisten der Stadt, quasi als Wiedergutmachung für eine so bezeichnende Ignoranz, um so nachdrücklicher darauf hin, daß der Held der Entdeckung aus ihrer Stadt stammte: Antonio Gallo schreibt, daß Kolumbus »als Kind plebejischer Eltern in Genua geboren wurde«. Bischof Agostino Giustiniani behauptet in seinem *Salterio Poliglotto*, daß »der Genuese Christoph Kolumbus mit bewundernswertem Wagemut die andere Welt entdeckte«. Der Chronist Bartolomeo Senarega bezeugt Kolumbus' »genuesische Geburt«. All diese Werke erschienen zwischen 1499 und 1516, also noch zu Kolumbus' Lebzeiten oder nur wenige Jahre nach seinem Tod.

Aber was hat Kolumbus selbst als Zeugnis für seine von allen so einmütig verkündete genuesische Herkunft hinterlassen, da doch so viele Dokumente von ihm erhalten sind? Hat er denn nicht auch über seine Reisen berichtet? Über glückliche und unglückliche Momente in seinem Leben geschrieben? Berichte veröffentlicht und bittende wie zornige Briefe abgefaßt?

Seltsamerweise gibt er selbst uns keine klare Antwort auf die Frage nach seinem Geburtsort. In jenen Unterlagen, die unbestreitbar von seiner Hand geschrieben wurden, behauptet er nur ein einziges Mal, Genuese zu sein. In einem anderen Schriftstück, das wahrscheinlich von ihm stammt, aber aus verschiedenen Gründen zweifelhaft ist, nimmt er auf Genua als seinen Geburtsort Bezug. Und dann gibt es fast vierzig Jahre lang keine weiteren Hinweise; denn eine derart große Zeitspanne liegt zwischen der Notariatsurkunde über seine Reise nach Madeira und seinem letzten Atemzug in einem Haus in Valladolid. Wenn er, wie ich glaube, tatsächlich Genuese war, so hat er sich gewiß nicht damit gebrüstet, sondern vielmehr alles getan, um es zu verschweigen. Warum?

Bei dem einen Text, den ich für sicher halte, handelt es sich um einen Brief, den er 1502 von Sevilla aus an seine Freunde bei der

San-Giorgio-Bank, dem Mekka des genuesischen Handels, richtete. Zu jener Zeit hatte Kolumbus bereits dreimal den Atlantik überquert und bereitete sich auf den Aufbruch zu einer vierten und letzten Reise vor, die seine längste werden und unter einem Unstern stehen sollte. Er war bereits ein berühmter und in gewisser Hinsicht auch ein reicher Mann. Im Leben auch des verschlossensten und unzugänglichsten Menschen gibt es gelegentlich einen Augenblick der wehmütigen Erinnerung an die Vergangenheit oder, besser noch, einen Augenblick des Stolzes, in dem er sich gedrängt fühlt, den in der Ferne lebenden und gleichgültig gewordenen Gefährten von früher mitzuteilen, wie sich das eigene Schicksal verändert hat, seit man sich von ihnen und jenen Orten trennte, an denen diese zurückblieben, und welch langen Weg man nur mit den Kräften des Mutes und des Willens durchlaufen hat. In dem Brief an die San-Giorgio-Bank, in dem Kolumbus seine durchgeführten Unternehmungen zusammen mit seinen erworbenen Titeln und Privilegien aufzählt, wird diese Absicht deutlich. Und mehr noch als die Gutachten über seine Schrift, die die Authentizität dieses Dokuments bestätigen, überzeugt mich die sehr viel tiefer gehende Übereinstimmung zwischen den Gefühlen eines Mannes wie Kolumbus und der fast natürlichen Art, in der diese zum Ausdruck gebracht werden. »Von der Stadt Genua nahm ich meinen Ausgang, und in ihr wurde ich geboren«, heißt es in dem Brief. Diese Aussage ist präzise, doch noch aufschlußreicher erscheint der Anklang von Heimweh: »Obwohl mein Körper hier ist, ist mein Herz immerzu dort.« (Das Antwortschreiben der Bank an Kolumbus ist »an den Admiral des Ozeans und Vizekönig von Indien« gerichtet. Hatte Kolumbus vielleicht darauf abgezielt, daß Genua sich in jenem Brief stolz zeigte, seine »ursprüngliche Heimat« zu sein?)

Das andere Dokument, in welchem Genua erwähnt wird, ist das erste von Kolumbus abgefaßte Testament, das 1498 in Sevilla notariell beurkundet wurde, doch von vielen für nicht echt gehalten wird. Die Zweifel beginnen schon beim Datum. Der Text ist als Majoratsurkunde bekannt, da hier sein Sohn Diego zum direkten Erben jener Güter und Titel bestimmt wurde, die Kolumbus vom spanischen Königspaar als Belohnung für die Entdeckung von neuen Gebieten verliehen worden waren. Ohne in den Irrgarten der Anfechtungen oder gar der Polemiken einzudringen, die dieses

Dokument auslöste und immer noch auslöst, möchte ich die Aufmerksamkeit des Lesers auf zwei Tatsachen lenken. Zum einen: Die frühesten Angaben über ein von Kolumbus hinterlassenes Testament beziehen sich auf ein Schriftstück aus dem Jahr 1502, das verlorengegangen ist und nicht mehr aufgefunden werden konnte; zum anderen handelt es sich bei dem Text, der das Datum von 1498 trägt, nicht um ein Original, sondern um eine Abschrift.

Die Zweifel der Historiker beruhen auf diesen beiden Fakten; deshalb entwickelten sie die These, daß das Dokument von 1498 auf der Grundlage des echten Testaments, das aus dem Jahr 1502 stammt, nachträglich neu geschrieben wurde. Das sollen Kolumbus' Erben getan haben, um es während der endlosen Prozesse im Streit mit der Krone von Spanien, die nach seinem Tod eingeleitet wurden, als Beweisstück einzusetzen. In der Tat wurde das für unecht gehaltene Schriftstück dem Gericht erst im Jahr 1578 vorgelegt.

Daß der auf uns gekommene Text kein Original, sondern nur eine Kopie ist, ist andererseits ein Zufall, für den die Erben des Kolumbus überhaupt nicht verantwortlich sind, auch wenn er im Lauf der Zeit schließlich ihren Betrug begünstigte – wenn man einmal annimmt, daß Betrug im Spiel war. Viele von Kolumbus' Briefen, die im Schloß von Simancas aufbewahrt werden, wo König Philipp II. das »Archivo General del Reino« angelegt hatte, gingen während der napoleonischen Besetzung verloren. Die Truppen des Kaisers kampierten einige Zeit in Simancas, und in Ermangelung von Streu für ihre Pferde benutzten sie ganze Tonnen von aus dem Archiv entwendeten Dokumenten als Stroherersatz, und zwar sowohl für die Rösser als wahrscheinlich auch für die Soldaten selbst. Wer das Fehlen eines Originaltextes erklären will, gibt Napoleon die Schuld.

Was ist in der als unecht geltenden Abschrift zu lesen? Erklärungen, die für die Festlegung von Kolumbus' Geburtsort sehr wichtig wären, wie etwa diese: »In Genua geboren, kam ich hierher nach Kastilien, um Ihren Hoheiten zu dienen.« Oder als er seinen Sohn Diego und dessen Nachkommen verpflichtete, in Genua »eine Person aus unserer Familie« zu unterstützen, fügte er diese offensichtliche Rechtfertigung an: »Weil ich aus jener Stadt gekommen und in jener Stadt geboren bin.«

Niemand kann sagen, daß im Testament von 1502 diese Worte

nicht gestanden haben. Mit der Änderung und Rückdatierung des Testaments wurden andere Zwecke verfolgt als die Nichtangabe oder Verleugnung des Herkunftsortes, und höchstwahrscheinlich zielten die eventuellen Manipulationen in eine ganz andere Richtung.

Man muß hinzufügen, daß weder Kolumbus selbst mit seinem langen Schweigen noch der Nebel, in den fast sein ganzes Leben gehüllt ist, uns irgendwie helfen, die Zweifel zu zerstreuen, die seine Existenz aufwirft. Aber darüber bin ich nicht traurig. Die Menschen sind so, wie sie nun einmal sind, und auch dann noch ganze Wesen, wenn sie von Dunkelheit umgeben sind. Ambiguität ist Teil von Kolumbus' Persönlichkeit; es ist nicht möglich, sie von den anderen Fakten und Gefühlen zu trennen. Ich muß sogar gestehen, daß dieser Aspekt von Kolumbus' Leben mich in einzigartiger Weise angezogen und mich veranlaßt hat zu versuchen, auch in die verborgensten Falten seiner Existenz hineinzuleuchten.

Noch weniger hilfreich beim Ausräumen der Zweifel über Kolumbus' Herkunft ist sein Sohn Fernando, der Verfasser der *Historie della vita e dei fatti di Cristoforo Colombo**, eines Buches, das in ganz Europa Verbreitung fand und 1571, ein Jahr vor dem Tod des Verfassers, zum erstenmal in Venedig erschien. Fernando war ein ziemlich gebildeter Mann, der eine große Leidenschaft für Bücher hegte und viel von der Kunst der Nautik, von Geographie, Kosmographie und dem Studium der Reisen und Entdeckungen verstand. Er hatte eine Bibliothek von fünfzehntausend Bänden zusammengetragen und ein Verzeichnis von Tabellen über die Längen- und Breitengrade des Planeten veröffentlicht, das zu seiner Zeit als sehr brauchbar galt. In seiner Jugend, fast noch als Halbwüchsiger, hatte er seinen Vater auf dessen letzter Ozeanexpedition begleitet und mit ihm mehr als zwei Jahre lang – es waren zwei sehr, sehr lange Jahre! – den Zauber und die Mühen einer Reise geteilt, die wegen ihrer Katastrophen, ihrer Risiken und ihrer Augenblicke der Verzweiflung berühmt geworden ist. Dieser geliebte Sohn verfügte also über alle Voraussetzungen und Kenntnisse, um endlich eine genaue, zuverlässige Biographie seines Va-

* Das spanische Originalmanuskript ging verloren; die älteste bekannte Version des Buches ist eine italienische Übersetzung. A. d. Ü.

ters zu verfassen, die einzige, die ein Zeitgenosse für glaubhaft hätte erklären können.

Doch im Gegenteil, Fernandos Erinnerungen erwiesen sich als lückenhaft, unvollständig, manchmal vielleicht bewußt verfälscht. Bei seinen Unsicherheiten und Zweifeln in bezug auf die Familie spielten die Prozesse gegen die spanische Krone, die sich noch über Generationen, ja sogar über Jahrhunderte hinziehen sollten, immer eine große Rolle. Man schrieb oder korrigierte, um Pluspunkte für die Verhandlungen zu sammeln, oder um den Unterstellungen des Widersachers etwas entgegenzusetzen. Über Dinge, die Fernando unbedingt gewußt haben muß, bewahrte er Stillschweigen. Bei anderen bemühte er sich, sie mit einem Netz von Zweifeln zu überziehen. Verschweigen und Verwirren sind zwei parallele Wege, auf denen man sich von der Wahrheit entfernen kann. Fernando durchlief sie beide. Und im Hinblick auf das Thema, das uns hier interessiert, nämlich die Heimat des Vaters, hat er nichts anderes getan, als unsere Zweifel zu mehren, anstatt uns zu helfen, diesen Punkt zu klären.

Wie kann ein so innig mit seinem Vater verbundener Sohn schreiben, daß »seine Heimat und seine Herkunft immer zweifelhafter wurden«, je mehr Berühmtheit sein Vater erlangte? Zweifelhaft für andere, aber nicht für ihn. Und dennoch wandert er in seinem Text mit absurden Zitaten von Ort zu Ort, greift das dümmste Gerede auf, und bringt wahllos Orte wie Nervi oder Cogoleto, Bogliasco, Savona oder Piacenza ins Gespräch. Die genannten Orte liegen zwar in Ligurien oder in angrenzenden Gebieten, doch die Lokalisierung ist immer noch ungenau. Und wenn schon der Sohn nicht sicher ist, warum sollte man nicht irgendwelche anderen Vermutungen anstellen? Tatsächlich tat Fernando alles, um den späteren Spekulationen Vorschub zu leisten. Was er behauptete, lief im wesentlichen darauf hinaus, daß Christophs Geburtsort nicht genau bekannt war. Und nun konnte diese Lücke mit allen möglichen Alternativen gestopft werden, wie schwach ihre Begründung auch sein mochte.

Dennoch kann man im selben Text einen Grund dafür finden, daß Fernando so zurückhaltend ist, wenn es um die Nennung von Genua als Geburtsort seines Vaters geht. Er rühmt sich seiner Ahnen und behauptet – diesmal mit Bestimmtheit und einem sehr modischen Modell folgend, nämlich der Ableitung der Eigennamen von römischen Konsularfamilien –, daß die Familie Kolumbus, die Colombo, in der spanischen Form des Namens die Colón, von einem Colonis abstammten, von dem Tacitus in seinen *Historiae* spricht. Dieser Colonis führte König Mithridates als Gefangenen nach Rom und wurde zum Konsul gewählt. Was für ehrbare Ahnen, welch alter Adel, um jenen Titeln Prestige zu verleihen, die dem Entdecker der neuen Länder durch das Privileg des Königspaares eingeräumt worden waren und die jetzt in den Verhandlungen vor Gericht wieder in Zweifel gezogen wurden!

Indes, Fernando irrte sich. Der von Tacitus zitierte Mann heißt nicht Colonis, sondern Julius Cilus. Und Mithridates, auf den er hinweist, ist nicht der berühmte Widersacher Roms, der sich lieber das Leben nehmen ließ, als in die Hände seiner Feinde zu fallen, sondern ein gleichnamiger, unbedeutender König vom Bosporus, der ein gutes Jahrhundert später, unter der Regierung Kaiser Claudius', lebte. Er hielt Rom bald die Treue, bald lehnte er sich gegen Rom auf und wurde schließlich hingerichtet. Eine Persönlichkeit also, die sich zur Rekonstruktion eines illustren Stammbaums wenig eignete.

Und hier nun lichtet sich der Nebel, der Christoph Kolumbus' Geburtsort umgibt: Vater und Sohn verschwiegen ihn, um die Niedrigkeit ihrer Abstammung zu verheimlichen. Nicht um Genua zu verleugnen, sondern um die Erinnerung an den armen Wollweber zu löschen, als dessen Sohn Christoph in Genua auf die Welt gekommen war. Eine so bescheidene Familie stellte ein Hindernis für seine ehrgeizige Sucht nach großartigen Namen und pompösen Insignien dar, nach Titeln und Wappen, mit denen er sich schmücken und die er an seine Nachkommen weitergeben wollte. Kolumbus wurde von dem Ruhm umgeben, der ihm gebührte. Doch er wollte auch in die Reihen des Adels aufgenommen werden. Das war eine Welt, in der andere Regeln galten, der er wie einer faszinierenden Chimäre nachjagte. Dieser Idee von der Unsterblichkeit seines Geschlechtes opferte er die Erinnerung an die Vergangenheit. Kolumbus war ein so beharrlicher Träumer, daß er die Phantasie mit der Wirklichkeit und das Ziel seines Ehrgeizes mit dem Weg dorthin verwechselte. Wer könnte uns sagen, ob er nicht tatsächlich glaubte, einem heruntergekommenen Adelsgeschlecht zu entstammen, dessen Stammbaum er unbedingt rekonstruieren wollte? Seine Arroganz war sprichwörtlich. Er hielt sich für einen Abgesandten der Vorsehung, für mehr als Cilus und Mithridates. Vielleicht liegt der wahre Schlüssel zu dem Geheimnis in folgendem Satz seines Sohnes: »Als Apostel, der er war, wollte mein Vater, daß seine Heimat und Herkunft keine Bedeutung haben sollten, und es gefiel ihm, daß seine Eltern nicht so bekannt waren.«

Man stelle sich vor, was geschah, als Kolumbus so berühmt wurde, daß die Versuchung, ihn für sich zu reklamieren, wuchs. Neben Genua und Italien gibt es mindestens zehn Nationen, die behauptet haben und noch behaupten, Kolumbus sei als Sohn ihres Landes zur Welt gekommen. Ich übergehe die unwichtigeren Fälle, von denen einige unter wissenschaftlichen Gesichtspunkten eher komisch wirken, wie der eines gewissen Abbé Casanova, der vor einem Jahrhundert die These vom korsischen Ursprung von Christoph Kolumbus vertrat, nur um für Korsika die Geburt der beiden größten Männer der Geschichte, Napoleon und Kolumbus, in Anspruch zu nehmen.

Dieser Abbé Casanova aus Calvi stützte seine Argumentation auf die Tatsache, daß es in der Stadt Calvi seit undenklichen Zeiten eine Familie namens Colombo gab. Bei solchen, von nationalistischen Gefühlen bestimmten Forderungen kehrt dieses Motiv immer wieder: In Frankreich etwa – es gibt auch die These von einem französischen Kolumbus – erklärte sich ein Anwalt aus Digne aufgrund der Tatsache, daß er Juan Colomb hieß, zum Nachfahren des Admirals. Ein französischer Pirat namens Coullon, der viel berühmter war als der obskure Anwalt aus der Provinz, hat viele Mißverständnisse in bezug auf die Identifizierung mit dem richtigen Kolumbus aufkommen lassen. Von diesem unterschied ihn die sprachliche Variante des gleichen Nachnamens; immerhin waren sie Zeitgenossen, und die beiden hatten sogar ein Kriegserlebnis auf See gemeinsam. Der Mittelmeerraum war voller solcher Namensgleichheiten. In Italien gab es Tausende von Colombo, und dasselbe galt für die Entsprechungen des Namens in Spanien (Colón), in Portugal (Colom) oder in Frankreich (Coullon). Es kommt leicht zu einer Verwechslung. Und es fehlt auch nicht an Leuten, die Kolumbus unbedingt einen bestimmten Geburtsort zuweisen wollen, und die Regale der Bibliotheken stehen voll mit ihren unnützen, pedantischen und eigenwilligen Werken. Manchmal kommen zum Spiel mit der Namensgleichheit noch einige verblüffende Umstände hinzu. Was aber fehlt, sind die Dokumente, die Belege, die echte Beweisführung für eine Identität. Die These, daß Kolumbus aus Genua stammt, wird in keiner Weise davon erschüttert.

Ernster zu nehmen sind die spanischen Ansprüche, zumindest wegen der Autorität eines jener Schriftsteller, die abweichende Thesen über Kolumbus' Herkunft vertreten haben, nämlich Salvador de Madariaga. Madariagas Buch über Kolumbus ist zweifellos eine der faszinierendsten Biographien des großen Seefahrers. Es steht weit über Büchern voll trockener Gelehrsamkeit, die García Márquez »die abscheulichste aller Literaturen« nennt. Madariaga verfügt über große Ausdruckskraft, hat Stil und Phantasie. Er ist kein auf sein Fach beschränkter Historiker, sondern ein Schriftsteller. Aber wenn es um Kolumbus' Herkunft geht, scheint er plötzlich von einem wirklichkeitsfernen Eigensinn durchdrungen und weicht wie ein Vollblutpferd vor einer Schranke aus. Für Madariaga ist Kolumbus ein konvertierter Jude spanischer Herkunft, dessen Familie wegen der Rassenverfolgungen nach Ligurien auswandern mußte, wo sie zum katholischen Glauben übertrat. In Spanien traf man überall konvertierte Juden, auch an den Schalthebeln der Macht, im Vorzimmer der Katholischen Könige. Kolumbus soll dieser Art von Verschwörerkreisen, der sektiererischen Clique der *Conversos*, der bekehrten Juden, angehört haben. Und diese Interpretation liegt dem ganzen Buch zugrunde. An ihr macht Madariaga Kolumbus' ganze Lebensgeschichte fest; sie bildet die Quelle, aus der die tausend Bächlein und Kaskaden seiner Biographie gespeist werden.

Es ist eine imaginäre Quelle. In Genua gab es in jenem Jahrhundert nie eine jüdische Kolonie wie etwa in Marseille oder Venedig. Aus keiner öffentlichen oder privaten Urkunde, die uns bekannt ist, geht hervor, daß es um 1450 in Genua irgendeinen als solchen erklärten Juden gegeben hätte. Christophs Vater war, wie wir gleich sehen werden, Wächter eines Tors der Stadtmauer. Genua hätte ihm nie ein solches Amt anvertraut, wenn er jüdischer Herkunft gewesen wäre. Madariaga bleibt trotzdem bei seiner Auffassung und beschreibt Kolumbus' Adlernase, seine Vorliebe für Gold und Geld, den mystischen Fanatismus, mit dem er seine Unternehmungen zu Ende führte. Madariaga zufolge sind das typisch jüdische Charaktereigenschaften. Aber sie gehören auch zum genuesischen Wesen, wenn Fanatismus eine Spielart von Beharrlichkeit ist. Solche Argumentationen beweisen nichts, und diesen ein wenig realitätsfernen Teil seines Buches kann man Madariaga nur wegen der Tiefe, der Menschlichkeit und der Frische verzeihen, mit der er es versteht, die Persönlichkeit des Kolumbus und das bewegte Szenarium jenes Spanien darzustellen, in dem er lebte.

Die These von einem spanischen Kolumbus wurde auch von anderen Leuten verfochten. Ende des vergangenen Jahrhunderts lenkte ein berüchtigter Dokumentenfälscher, García de la Riega, einige Jahre lang die Aufmerksamkeit auf die galicische Stadt Pontevedra als den wahrscheinlichen Geburtsort von Kolumbus. Aber dann wurde nachgewiesen, daß die vorgelegten Dokumente gefälscht waren. Es wurde auch Anspruch auf einen in der Estremadura geborenen und auf einen katalanischen Kolumbus erhoben. Modische Hypothesen, die nur manche Bürger, welche für diese oder jene Stadt schwärmen, immer einmal wieder vertreten, um das Interesse der Öffentlichkeit wachzuhalten.

Daß Kolumbus in Genua geboren wurde, ist, wie wir sehen, so umstritten, daß man oft zwangsläufig darauf zu sprechen kommen muß. Aber die Einwände stehen auf zu schwachen Füßen und genügen nicht einmal als Vorwand für eine ernsthafte Kontroverse. Das verleiht der genuesischen These – der einzigen, die übrigbleibt, sobald man von den Wünschen der anderen nach postumem Ruhm absieht – noch mehr Kraft und Glaubwürdigkeit. Antonio Ballesteros, der spanische Historiker und Verfasser der vollständigsten Sammlung von Kolumbus-Studien, widmet der Herkunft des Kolumbus etwa hundert Seiten und liefert eine Unmenge von Zitaten, Texten, Dokumenten, Hypothesen für die fernen Anfänge dessen, der die Geographie der Welt veränderte und kann seine Darlegungen mit der folgenden unmißverständlichen Behauptung abschließen: »Über die genuesische Herkunft von Christoph Kolumbus kann niemand auch nur den geringsten Zweifel hegen.«

Damit ist vielleicht zuviel gesagt. Eine Unsicherheit in bezug auf seine Geburt entsteht bereits wegen des geographischen Unterschiedes, der sich aus den Definitionen »Genuese« und »Ligurer« ergibt. Doch ich habe schon gesagt, daß meiner Meinung nach Genua die Heimat von Kolumbus ist. Von allen Hypothesen handelt es sich dabei sicherlich um die am wenigsten »konstruierte«. Deshalb habe ich meine Geschichte mit dem kleinen Christoph auf den Gassen von Genua beginnen lassen, und zwar an jenem Tag, an dem der Fall Konstantinopels bekanntgegeben wurde.

Welche Rolle spielt der Geburtsort im Leben eines Menschen? Hätte die Geschichte einen anderen Lauf genommen, wenn Kolumbus nicht in Genua geboren wäre? Welche Bedeutung hat die Heimatstadt für einen Mann, der sie in seiner Jugend verläßt, und nie dorthin zurückkehrt? Er kümmerte sich nicht um die, die er zurückließ, hielt den Namen seiner Heimat geheim und rühmte sich nirgends, dort geboren zu sein. Es hat fast den Anschein, daß er für immer auf Genua hat verzichten wollen. Kolumbus wußte sehr wohl, daß es ihm, wenn er in Genua geblieben wäre, niemals gelungen wäre, seinen Traum von einer Entdeckung zu verwirklichen und das große Abenteuer des Ruhms zu erleben. Er klopfte an den Höfen Europas an, um seine Reise finanziert zu bekommen. Aber nicht einmal im Traum dachte er daran, sich an Genua zu wenden. Am Ende glaubte er sogar, daß seine genuesische Herkunft ihm im Wege stehen und den Weg zum Erfolg verbauen würde.

Heimat, so wie wir sie verstehen, bedeutete ihm offensichtlich sehr wenig. Und es wäre meiner Ansicht nach ein Irrtum, ihre Bedeutung so zu überschätzen, wie es da und dort etwas zu gefühlsbetont geschieht. In dem, was ich sage, liegt keine Geringschätzung, kein Mißkredit, keine Bosheit. Man sollte nie vergessen, daß der Held unserer Geschichte Christoph Kolumbus ist, ein Mann, der sein ganzes Leben auf einen Traum gebaut hat. Und der Traum kennt keine Heimat. Warum sollte man nicht zugeben, daß für ihn jede Heimat überflüssig ist?

DIE JAHRE IN GENUA

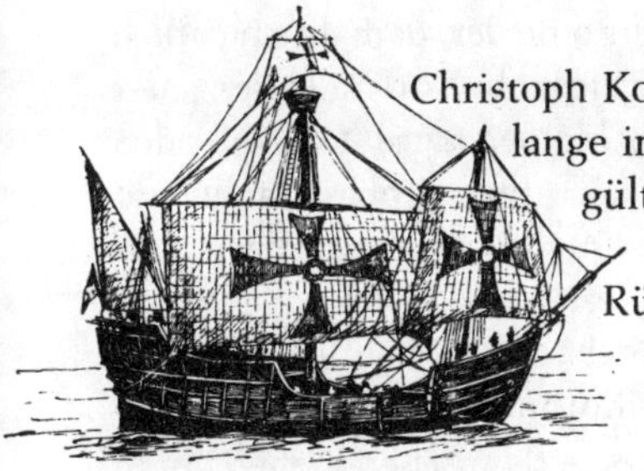

Christoph Kolumbus lebte jedenfalls nicht sehr lange in Genua. Er verließ die Stadt endgültig, bevor er etwa dreißig war und kehrte ihr damit für immer den Rücken. Doch schon als er dreizehn, vierzehn Jahre alt war, begann er, zur See zu fahren, und von da an war er ständig unterwegs, wobei ihm die Stadt und seine Familie nur als Stützpunkte in seinem rastlosen Leben dienten und mit der Zeit immer mehr an Bedeutung verloren.

Wenn man von einem genuesischen Kolumbus ausgeht, wie ich ihn für glaubhaft halte, muß man also in Betracht ziehen, daß sich die tatsächliche Beziehung zwischen dem Menschen und seiner Stadt, zwischen Kolumbus und Genua, auf die Kindheit und frühe Jugend beschränkte. Antonio Gallo, der Schreiber der San-Giorgio-Bank und Zeitgenosse von Kolumbus, der als Chronist das Schicksal Genuas seit 1477 aufmerksam verfolgte, bezeugt, daß der Entdecker Amerikas »sich nach Erreichen der Pubertät der Seefahrt verschrieb, obwohl er in seiner Kindheit wenig gelernt hatte«. Der Schreiber und Chronist sagt auch, daß Christoph »von plebejischen Eltern abstammte, die von der Wollverarbeitung lebten«.

In diesen Zeilen wird Kolumbus' ganze kurze Jugend zusammengefaßt, seine Geburt, das Milieu, seine Erziehung sowie seine Entscheidung, sich von diesen kümmerlichen Wurzeln zu trennen, die ihm kein Gedeihen erlaubten. Die Colombo, zu denen seine Familie gehörte, stammten aus Moconesi, im Tal von Fontanabuona, das etwa zwölf Kilometer vom Meer entfernt parallel zur Küste verläuft und von zerklüfteten Bergen eingeschlossen ist. Auch seine Mutter, Susanna di Fontanarossa, kam aus einem Bergdorf im Bisagno-Tal. Das Meer war für diese »Kastanienfresser« ein fremdes Element, zu dem sie wenig Vertrauen hatten. Doch die Stadt lockte. Die mittelalterliche Gesellschaft war gerade dabei, die geschlossenen Mauern zu durchbrechen, und die Bauern stiegen von den Bergen herab. Vorsichtig, wie sie waren, taten sie sich zusammen, ehe sie sich ins Neue hineinwagten. Als erster zog Kolumbus' Großvater, Giovanni, zu Beginn des Jahrhunderts von Moconesi zu Tal. Er ließ sich in Quinto nieder, damals ein östlich von Genua, vor den Toren der Stadt gelegenes Dorf zu Füßen jener Berge, die zu verlassen Giovanni beschlossen hatte. Er wählte den Beruf des Webers, des Wollwebers, ein etwas grobes Handwerk, das keine so besondere Sorgfalt und Qualifikation erforderte, wie das etwa für die Seidenherstellung nötig war.

Die Wollweberei muß dem frischgebackenen Städter jedenfalls genügend eingetragen haben, denn Giovanni blieb. Er brachte seinen Sohn, der Domenico hieß, bei einem flämischen Weber, der in Genua eine Werkstatt betrieb, als Lehrling unter. Nach dem Motto *pro famulo et discipulo* war der Lehrling halb Diener, halb Schüler, mußte fünf Jahre lang arbeiten und erhielt dafür Dach und Bett, Kleidung und Schuhwerk garantiert sowie hin und wieder ein paar Soldi. Domenico war damals elf Jahre alt. Eine Notariatsurkunde aus dem Jahr 1429, das erste Schriftstück, das über die Existenz jener Familie Colombo Auskunft gibt, aus der Christoph hervorgehen sollte, diese Urkunde informiert uns über Ereignisse, Namen, Herkunft und Berufe.

Folgen wir einen Augenblick dem jungen Domenico, der zwanzig Jahre später der Vater eines der berühmtesten Männer der Welt werden sollte. Die Welle der in die Küstenregion eingewanderten Bergbewohner rollt allmählich in Richtung Genua weiter. Sie alle üben dieselbe Tätigkeit aus, gehören derselben religiösen Bruderschaft an, heiraten untereinander, bewegen sich gemeinsam. Sie tun es in verhältnismäßig kurzer Zeit. Domenico ist ungefähr zweiundzwanzig Jahre alt, als er Quinto verläßt, um direkt in die Stadt zu ziehen, an den äußersten Stadtrand, aber doch schon innerhalb der genuesischen Stadtmauern, in jenes Viertel, wo die Leute wohnten, die wie er Wollweber waren. Die Identifikation mit Ort und Beruf ist nunmehr vollzogen und jede Verbindung zu den Bergen abgeschnitten. Von den Mönchen von Santo Stefano erhält Domenico ein Haus und ein kleines Grundstück in Pacht. Er zieht dorthin, in eine Gasse, die Vico della Olivella hieß.

Diese im Viertel Portoria gelegene Straße ist später, im Zuge von Genuas städtebaulichen Umgestaltungen, verschwunden. Zu jener Zeit aber war sie eine belebte Straße, denn sie verband die neue, ein Jahrhundert zuvor gebaute Einfriedungsmauer mit der alten Stadtmauer, die den bewohnten Kern Genuas umschlossen hatte; dieser Teil der Stadt reichte vom Hafen bis zu den ersten Erhebungen seiner Hügel. Zwischen den beiden Mauerringen hatte sich die Stadt ausgedehnt und verdichtet. Die Olivella-Gasse lag an der Grenze zu den äußeren Mauern; ihre Gärten schmiegten sich an die Bastionen der Stadt, und zwischen den Häusern waren noch manche Kennzeichen einer ländlichen Landschaft erhalten geblieben. Domenico hatte sich auf einem kleinen, baumbestandenen Streifen Land niedergelassen. Er lag nicht weit von der Porta dell'Olivella entfernt, einem der neuen Tore Genuas, die man nach der Ausdehnung der Stadt errichtet hatte. Dort heiratete Domenico 1445 Susanna, und dort wurde aller Wahrscheinlichkeit nach Christoph 1451 geboren. (Es ist darauf verwiesen worden, daß der Abstand zwischen der Eheschließung und der Geburt des ersten Kindes für ein junges Paar ein wenig zu groß erscheint. Deshalb wurde angezweifelt, daß Christoph der Erstgeborene war. Aber keine Spur weist auf die Existenz von Brüdern oder Schwestern hin, die möglicherweise vor ihm geboren wurden. Und in allen Notariatsurkunden, in denen Christoph neben dem Namen des Vaters erwähnt wird, erscheint er immer als der älteste Sohn.)

Einige Jahre nach seiner Niederlassung in Genua, als er schon auf dem Grundstück der Mönche wohnte, machte Domenico Colombo einen weiteren wichtigen Schritt nach oben, einen wahren Sprung in seiner neuen Eigenschaft als Stadtbewohner. Er wurde zum Wächter der Porta dell'Olivella ernannt und vom Dogen Giano Fregoso selbst für diese Aufgabe ausersehen. Das geschah im Jahr 1447. In der Hauptsache handelte es sich dabei um einen politischen Akt, eine parteiliche Ernennung. In Genua machten sich die Adorno und die Fregoso die Macht streitig, wobei die letzteren, zusammen mit den Fieschi und den Spinola, vage gibellinisch orientiert waren. Sie stützten sich auf die Franzosen, die Anjou, während die guelfische Partei unter spanischem Schutz stand, unter dem der im Mittelmeerraum bereits so mächtigen Aragonier, der Herren über Sizilien, die mit Hilfe des Papstes auch die Herrschaft über Neapel gewinnen wollten. Zerrieben zwischen diesen Kräften und Intrigen, hatte Genua ein schweres, unsicheres Leben. Weihnachten 1446, in dem Jahr, bevor Domenico Wächter des Olivella-Tors wurde, hatten die Fregoso die Stadt in einem Handstreich besetzt und waren in den Palazzo eingezogen. Domenico Colombo hatte sich auf ihre Seite geschlagen und sogleich davon profitiert.

Praktisch blieb er vier Jahre lang Wächter des Tors, da seine Amtszeit dreimal nacheinander verlängert wurde. Die letzte Verlängerung – sie erfolgte 1451, im Jahr vor Christophs Geburt – hatte er Pietro Fregoso zu verdanken, dem Dogen, der zum Zeitpunkt des Falls von Konstantinopel das Amt bekleidete. Er war der Nachfolger von Giano, dem alten Führer der Partei, dem nach seinem Tod feierliche Ehrungen zuteil wurden. Bei den Beisetzungsfeierlichkeiten wird unter den zweihundertneunundzwanzig Bürgern und Bewaffneten, die als dem Geschlecht treu Ergebene dem Sarg folgten, auch Domenico Colombo genannt. Er war also ein Aktivist mit auffallendem Ehrgeiz und einem nicht unbeträchtlichen Hang zum Sektierertum.

Als die Fieschi in den darauffolgenden Jahren vom Glück verlassen wurden, hatte das auch Auswirkungen auf Domenicos Schicksal. In Genua wuchs die Unsicherheit. Das Volk litt Not, denn der Handel mit dem Orient war gefährdet, und die katalanischen Korsaren unternahmen ihre Raubzüge, gelangten unbehelligt bis an die Küste, plünderten, brandschatzten und fuhren, beutebeladen und gestärkt, wieder davon. Mit fremder Unterstützung zogen die Adorno wieder in die Stadt ein.

Für Domenico wurde das Leben sehr schwer. Er mußte zu Hause bleiben, versteckt in seinem Gemüsegarten, und so tun, als ob nichts geschehen sei. Er geriet in finanzielle Schwierigkeiten, ohne jemanden zu finden, der ihm geholfen hätte. Wolle verkaufte sich, wie alles in Zeiten der Unruhe und der Veränderung, schlecht. Auch im Handel seines Berufsstandes stellten sich erste Mißerfolge ein.

Er zog in ein anderes Haus. Es lag nur etwa hundert Meter weiter, immer noch auf dem Gelände der Mönche von Santo Stefano, aber ein wenig näher zum Stadtgebiet, in Richtung der Porta Sant'Andrea, und zwar in der Gasse, die Vico Diritto di Ponticello hieß. Wer heute nach Genua kommt, bemerkt, daß diese Orte, die damals eher an der Peripherie lagen, jetzt in den lebhaften Verkehr des Stadtzentrums eingebunden sind und um die lärmerfüllte Achse der Via Venti Settembre herum liegen. Hinter der Reihe der grünen Autobusse, die sich heute auf dem Asphalt drängen, erkennt man ein angebliches »Haus des Kolumbus«, das sich unter den zylindrischen Türmen der Porta Sant'Andrea oder Porta Soprana duckt. Es ist aber nur eine Ausgeburt der Phantasie. Doch immerhin führte an ihm die Diritto-Gasse vorbei, und auf jenen Abhängen, den steilen Hängen des Ortsteils Ravecca, verlebte Christoph Kolumbus seine Kindheit. Dort lief, spielte und sah er das, was sich um ihn herum abspielte, und hörte, wovon man sprach, von Enttäuschungen und Hoffnungen.

1459 – Christoph war acht Jahre alt – versuchten die Fregoso und Fieschi, die Stadt wieder in ihren Besitz zu bringen. Die Schlacht tobte hier, zwischen den alten und den neuen Mauern, in dem Viertel, das das symbolische »Kolumbus-Haus« als echt ausweist. Pietro Fregoso flüchtete sich, von einem Keulenschlag getroffen, mit zerschmetterter Stirn, gejagt wie ein wildes Tier, sterbend unter die Porta Sant'Andrea. Wenige Stunden später hauchte er an der Schwelle des Dogenpalastes sein Leben aus. Der kleine Christoph, der vielleicht mit seiner Mutter und seinen jüngeren Geschwistern im sicheren Haus Zuflucht gesucht hatte, wird die Schreie, die Klagerufe und das Trampeln des Pferdes, das durch die engen Gassen des Viertels verfolgt wurde, gehört haben.

Die Gasse Vico Diritto di Ponticello, in der er nunmehr wohnte, und die Via Madre di Dio waren die Hauptstraßen des Wollweberviertels, die tägliche Bühne, auf der sich Christoph bewegte; sie waren Teil seines Lebens. Seine Spielkameraden waren Söhne von Webern und Gemüsegärtnern, die jeden Tag Früchte, Gemüse und die unterhalb der Mauern angepflanzten Kräuter zum Markt brachten. Vor allem ging er, wie es damals Brauch war, zu den Mönchen, und zwar zu denen von Santo Stefano und Santa Caterina, wo die Bruderschaft der Weißen oder *Cappucciati* den Ton angab, der die aus den Bergtälern Zugewanderten angehörten. In ihren Sakristeien lernte er die ersten Grundlagen des Schreibens,

Lesens und Rechnens; doch er erwarb dort auch rudimentäre Kenntnisse in der Kunst der Seefahrt, die in Genua für jeden Beruf als unentbehrlich galten. Sein Sohn Fernando berichtet: »Er studierte das, was ihm genügte, um die Kosmographen zu verstehen. Er befaßte sich auch mit Astrologie und Geometrie. Und da Ptolemäus sagt, daß niemand ein guter Kosmograph sein kann, der nicht zugleich auch ein Zeichner ist, übte er sich auch in der Kunst des Zeichnens, um die Länder darzustellen und kosmographische Körper flach und plastisch nachzubilden.«

Er hatte also schon eine ziemlich früh ausgereifte Vorliebe für die Abbildung des Globus mit Wasser und Land. Er lernte, ihn auf traditionelle Weise darzustellen. Aber bereits hinter jenen unbeholfenen Zeichnungen brach die Phantasie, die Vorstellungskraft hervor, und der Traum bahnte sich seinen Weg. Es war seine Art, sich vor der Banalität des Lebens, vor den Unsicherheiten und Schwierigkeiten zu retten, mit denen seine Familie aufgrund ihres neuen Status als Städter kämpfte. Christoph kapselte sich ab. Er zeigte nur wenig Begeisterung für die Webstühle, die Wolle, den Staub der Kämme und die Stoffstücke, die zum Trocknen auf die Wiesen gebreitet wurden. In der Werkstatt seines Vaters interessierte ihn vielmehr die Buchhaltung, die Führung des Betriebes, also die einfachsten Prinzipien des Unternehmertums, zu dem er sich seinem Wesen nach mehr hingezogen fühlte. Und zweifellos ging er oft zum Meer hinunter, wo die unterschiedlichsten Menschen mit Neuigkeiten eintrafen. Dort beobachtete man die Eigenarten vieler Nationen und ihre Bräuche, und dort wehte eine Luft, die nach Ferne und nach Wagnis roch. Mit einigem Schaudern konnte man einen Zipfel des Unbekannten erhaschen. Auch dies alles gehörte zu seinem Traum.

Der Vater hatte sich aus der Politik zurückgezogen und lebte nach der Vertreibung der Fregoso praktisch wie ein Geschlagener. Auf dem Haus in der Diritto-Gasse lastete wieder die Armut. Jetzt kämpfte man mit den Schulden, und Domenico wanderte auch für ein paar Tage ins Gefängnis, weil er sie nicht immer rechtzeitig zurückzahlte. Christoph wuchs heran, war bereits ein junger Mann. Die Familie brauchte ihn, seine Arbeitskraft. Aber er ließ sich nicht vom Beruf seines Vaters einfangen. Er absolvierte keine Weberlehre, er folgte nicht blind der Herde. Um aus der Enge auszubrechen, hatte der Vater begonnen, zwischen Genua und Savona einen kleinen Handel mit Wolle und Textilwaren zu betreiben. Er nahm auch Ladungen mit Wein und Käse auf und transportierte die Waren in die eine oder die andere Richtung. Unterhalb seines Hauses hatte er daneben noch eine Art Osteria, eine Schenke, eröffnet. In manchen Notariatsurkunden wird er daher auch als *Tabernarius*, als Gastwirt, bezeichnet.

Christoph entschloß sich, zur See zu fahren, um die Fracht seines Vaters zu begleiten, damit zu handeln, sie gegen andere Waren auszutauschen, um diese dann weiterzuverkaufen. Es waren kurze Küstenfahrten, mit leichten Booten und in Sichtweite der Ufer. Er fuhr bis Savona und legte in Voltri und Varazze an. Bestenfalls kam er bis Noli und Albenga. Dann versuchte er es auch an der anderen, der östlichen Riviera Liguriens, in Camogli, Sestri und Lerici. Die Schiffahrt ging langsam vonstatten. Er war ganze Tage und Nächte lang fort. 1492 teilte Kolumbus mit, »dreiundzwanzig Jahre lang zur See gefahren zu sein, ohne sich – von unbedeutenden Ausnahmen abgesehen – wirklich zu entfernen«. In einem anderen, von seinem Sohn Fernando zitierten Brief behauptet er, mit der Seefahrt begonnen zu haben, als er vierzehn Jahre alt war. Und in einem Dokument aus dem Jahr 1501 erinnert sich Christoph Kolumbus, der damals bereits Admiral des Ozeans war, mit Stolz daran, daß er »seit über vierzig Jahren gewohnt sei, zur See zu fahren und alles befahren habe, was bis heute befahren worden ist«.

Ich glaube nicht, daß es leicht war, vom Vater die Erlaubnis zur Seefahrerei zu bekommen. Es war eine Flucht aus der Tradition und auch vor der Autorität. Wahrscheinlich hat es Auseinandersetzungen und Mißhelligkeiten mit Domenico gegeben. Ein Knabe mußte große Energien aufbringen, wenn er bei einem so sturen, ehrgeizigen und streitsüchtigen Vater seinen eigenen Willen durchsetzen wollte. Die Beziehungen zwischen ihm und Christoph waren immer schwierig. Ein Beweis dafür ist, daß es zwischen ihnen zu keinem Briefwechsel kam, als der Vater alt war und Christoph, überhäuft mit Ehren, als Bezwinger nicht nur des Meeres, sondern auch der Armut, in Spanien lebte. Er war seinen eigenen, auf die Zukunft gerichteten Weg gegangen. So sehr er sich um seine Söhne und ihr Schicksal kümmerte, der Vater gehörte für ihn der Vergangenheit an.

Domenico war unterdessen nach Savona übersiedelt. Die

schwelenden Konflikte innerhalb seiner Familie gingen weiter, seine Schulden bei anderen Handwerkern und Kaufleuten blieben stehen. Die Geschäfte gingen schlecht, und er mußte – vielleicht schweren Herzens – einsehen, daß Christoph nicht ganz unrecht hatte, wenn er sich dem Meer zuwandte. Die wenigen Kontakte, die er noch mit der Partei der Fregoso aufrechterhielt, wurden genutzt, um dem jungen Seefahrer Routen zu sichern, die einträglicher waren als die, die nur an der ligurischen Riviera entlangführten. Einige Beschützer aus den Tagen des Kampfes – die Centurione, die Spinola, die Di Negro – erleichterten es Christoph, seinen Aktionsradius zu vergrößern, indem sie ihm einerseits Kommissionen übertrugen und ihm andererseits gestatteten, sich als Verbindungsmann auf solchen Seglern einzuschiffen, die weitere Reisen unternahmen. Die Centurione hatten auch Antonio Malfantes Reise finanziert, die diesen auf den Spuren des afrikanischen Goldes bis in die Sahara geführt hatte. Die Spinola hielten die Fäden des gesamten Levantehandels in der Hand, das heißt den Rest, der nach der Eroberung von Konstantinopel und der östlichen Meere durch die Türken noch überlebt hatte. Der am weitesten vorgeschobene Posten, von dem aus Genua noch in jene Richtung vordringen konnte, war die Insel Chios. Die Gesellschaften, die auf der Insel tätig waren, hatten sich damit einverstanden erklärt, dem Sultan immer höhere Tribute zu zahlen. Ihre Handelsvorteile behielten sie nur, weil sie einen Teil ihrer Gewinne in die türkischen Kassen steckten. So hielt sich Chios, zwischen Streitigkeiten um die Flagge und der Zahlung gewaltiger Summen, noch weitere fünfzig Jahre. Unterhalb der Küste von Smyrna gelegen und von einem feindlichen Meer umgeben, war es allein übriggeblieben – eine Art Gefangener, für den man immer wieder, aber nicht ohne Mut ein hohes Lösegeld zahlte.

Kolumbus gelang es, die Reise nach Chios zu unternehmen, ehe dieses gefährdete Bollwerk von der muslimischen Invasion verschluckt wurde. Und zwar gelang es ihm mit Unterstützung der Spinola. Im Rahmen einer Expedition reiste er im Jahr 1473 an Bord eines Dreimasters mit sehr hoher Takelage, der den Namen *Roxana* trug zur Erinnerung an eine schöne Ligurerin, die von türkischen Piraten geraubt, in die Sklaverei verkauft und durch die Liebe eines Prinzen befreit worden war. Dieser wurde später Sultan, heiratete sie und machte sie so zur Sultanin. Ihr neben einer

Moschee gelegenes Grabmal wird heute noch in Konstantinopel verehrt.

Die Reise war für den wenig mehr als zwanzigjährigen Christoph denkwürdig. Eine Spur davon findet sich in einer von seiner Hand stammenden Bemerkung am Rand eines Buches, wo er den Ätna beschreibt, den er vor Augen hatte, als er durch die Meerenge von Messina fuhr. Es war das erste Mal, daß er so weit reiste. Es handelte sich diesmal überhaupt um andere Größenordnungen: Die Schiffe, deren Masten dreißig Meter hoch oder noch höher waren, erschienen ihm riesig, wie Festungen, die aus dem Wasser ragten. Auch die Schiffahrt kam ihm neu vor. Die *Roxana* verlor keine Zeit mit Zwischenaufenthalten, wie es die Boote auf den kurzen Strecken entlang der ligurischen Küste getan hatten. Der Steuermann hatte die Küste weit hinter sich gelassen, fuhr auf offener See und achtete auf das Aufkommen der Winde, gegen die anzukämpfen sinnlos war. Es war besser, sich ihrer Kraft hinzugeben und ihrem Antrieb zu folgen. Für Kolumbus war das etwas Neues, eine bereichernde Erfahrung, die Reise war eine Bewährungsprobe für ihn. Man segelte nach einer ungefähren Schätzung und machte sich Winde und Strömungen zunutze. Das erforderte ständige Aufmerksamkeit, Beobachtungsgabe und ein sehr waches Gespür für den Kurs. Auf der Reise nach Chios, der dann viele andere folgten, konnte Kolumbus Genaueres über das Meer lernen, über die Vorteile und Risiken der Seefahrt.

Als er auf der Insel gelandet war, fühlte er sich wie jenseits einer Grenze. Hier begegneten sich Genuesen und Türken, Griechen, Tscherkessen und Araber. Wenige Meilen entfernt sah man Asien mit seinen Buchten und Bergen, Flüssen und Wäldern. Es erschien schweigsam und unzugänglich. Von seinen Küsten erstreckte sich der Kontinent über Tausende von Meilen bis nach Indien. Nicht weit von hier lag der Anfang der Gewürzstraße und der Seidenstraße, und vielleicht begann dort auch eine Goldstraße. Wie lange die Reise auch gedauert haben mochte, auf der man das Mittelmeer durchquert hatte, man war hier ja erst an der Schwelle zum Orient angelangt.

Auch diese Bilder und Überlegungen prägten sich in Kolumbus' aufnahmebereitem Gedächtnis ein. Nicht weit von Chios lag Konstantinopel, und auch Jerusalem war nicht fern. Christoph hat wohl versucht, einen Blick auf die palästinensische Küste zu werfen. Der Fall von Konstantinopel hatte dem religiösen Eifer neuen Auftrieb gegeben. Neue Orden und Kongregationen waren gegründet worden. Die Hoffnung, das Heilige Grab von Jerusalem zurückzuerobern, erschien immer mehr als eine Utopie. Doch Utopien wirken stimulierend und verbreiten sich schneller als jede Resignation. Die Mönche von Santo Stefano und Santa Caterina hatten auf den heranwachsenden Kolumbus einen gewissen Einfluß ausgeübt, weil sie für die Soldaten Christi die Wiederkehr heroischer Zeiten vorausgesagt hatten. Andere Mythen gingen unter, dieser erwachte zu neuem Leben. In solcher Zeit der Bedrängnis wurde der Glaube – im Sinne einer Schlacht interpretiert – zur rettenden Quelle, zu einer belebenden geistigen Übung. Und Chios stand im Zentrum all dieser Bewegungen und Strömungen.

Kolumbus blieb etwa ein Jahr auf Chios. Ein bißchen zu lange, als daß man annehmen könnte, seine Reise hätte nur dem Zweck gedient, Erfahrungen als Seemann zu sammeln. Er hatte sich mittlerweile endgültig von der Laufbahn eines Webers abgewandt und damit das Zusammenleben mit seiner Familie aufgegeben. Der neue Beruf des Seefahrers und Kaufmanns trug ihm genug ein, um ihm ein selbständiges Leben zu ermöglichen und auch dem Vater zu helfen, sich ein wenig aus seinen finanziellen Schwierigkeiten herauszuziehen. Einige Notariatsurkunden aus dem Jahr 1470 – eine von ihnen wurde weiter oben schon erwähnt – beweisen das. Wie wir gesehen haben, sollten in den nachfolgenden Jahren diese Verbindungen zu den Geschäften seines Vaters und zu dem Wohnsitz der Familie in Savona immer seltener, sporadischer werden, bis sie schließlich ganz abbrachen.

Nach Chios war Kolumbus eigentlich gegangen, um sein Glück zu versuchen. Er begann bei Null und hatte keine klaren Vorstellungen von seiner Zukunft. Er war zu jedem Versuch bereit, wenn er sich nur sein eigenes Leben aufbauen konnte; denn darauf lief seine Entscheidung hinaus. Auf Chios produzierte und vermarktete man eine äußerst einträgliche Ware, nämlich Mastix. Das ist ein aromatisches Harz, das vom Mastixstrauch abgesondert wird und das damals viel zur Herstellung von Lacken und Klebestoffen sowie in der Medizin verwendet wurde. Die Insel war mit diesen Sträuchern und mit Pinienwäldern bedeckt. Kolumbus berichtet, daß er gesehen hat, wie der Mastix aus den Bäumen von Chios gewonnen wurde. Dennoch machte er dort nicht das erhoffte Vermögen. 1474 verließ er Chios und reiste wahrscheinlich nach Savona. Allerdings nur, um Kräfte für neue See-Abenteuer zu sammeln, in die er sich in jenen Jahren auf der Suche nach sich selbst begab; denn dem Meer hatte er bereits seine Zukunft geweiht.

Diese Abenteuer illustrieren die Zeiten und Orte seiner ersten Bewährungsproben als Seefahrer und der damit verbundenen Wagnisse. Sie verdeutlichen auch, wie gegen Ende des 15. Jahrhunderts ein Mann, der die Meere befuhr, sich durchzuschlagen lernen mußte – ein Mann, der dem Meer nicht zum Opfer fallen, sondern dessen unbestreitbarer Held werden sollte.

Das erste dieser Abenteuer war ein Akt kriegerischer Piraterie, den Kolumbus schon 1472 begangen haben soll, als er erst einundzwanzig Jahre alt war. Wenn die Sache wahr ist, hätte die Reise nach Chios ein Jahr nach diesem Piratenstück stattgefunden, bei dem Christoph das Kommando geführt haben soll. Schon an diesem Punkt gehen die Rechnungen nicht auf, passen die Zeiten nicht zusammen. Wie kann man sich einen blutjungen Mann vorstellen, dem es gelingt, bei einer Kampfhandlung Kommandant eines Schiffes zu werden, und der sich wenige Monate später als einfacher Passagier auf die Reise nach Chios macht – kaum geduldet an Bord eines Handelsseglers, auf dem er sich überhaupt nur einschiffen kann, weil er die Gunst von mächtigen Beschützern seiner Familie genießt? Sowohl in der Logik des Lebens als auch in der der menschlichen Natur erscheint mir ein solcher Abstieg unglaubhaft.

Wo liegt also der Ausgangspunkt dieses Abenteuers, und inwieweit handelt es sich bei dieser Überlieferung um historische Wahrheit? Die Angelegenheit wurde von Kolumbus' Sohn Fernando enthüllt, einem nicht immer glaubwürdigen Chronisten des väterlichen Lebens, der eher einen Hang zu Fehlinterpretationen und Verwechslungen hatte. Um seiner Erzählung Nachdruck zu verleihen, führt Fernando einen Brief seines Vaters an, den dieser 1495 an die Könige von Spanien geschickt hatte. Er zitiert ihn und schreibt ihn eigenhändig ab; das Original des Briefes selbst ist verschollen. Bischof Las Casas, ein etwas zuverlässigerer Geschichtsschreiber, hatte ungehinderten Zugang zu den Schriftstücken, die Fernando gesammelt hatte oder sammelte. Und er sagt, er habe mit eigenen Augen den von Fernando zusammengestellten Text gesehen und kopiert. Las Casas wiederholt also Fernando, auch wenn seine *Historia general de las Indias* früher geschrieben wurde*.

Was ist so wichtig an dem, was Kolumbus in jenem an das Königspaar gerichteten Brief äußert? Er berichtet über ein Ereignis, das stattfand, als er noch jung war und zwischen den Aragoniern und den Anjou gerade der Kampf um den Besitz von Neapel tobte. Kolumbus' Auftraggeber, die Partei der Fregoso, Fieschi und Spinola, standen auf der Seite des Hauses Anjou. Im allgemeinen jedoch hatten alle Genuesen die Katalanen, die Aragonier, immer als Feinde angesehen. Diese hatten mehrmals die ligurische Küste verwüstet und machten den Genuesen die Routen des westlichen Mittelmeeres streitig. Zu jener Zeit war René d'Anjou das Oberhaupt seines Hauses. Und dem von Fernando zitierten Brief zufolge hatte dieser René d'Anjou Christoph Kolumbus beauftragt, nach Tunis zu fahren und sich in den Besitz der aragonesischen Galeasse *Ferrandina* zu bringen.

Kolumbus führte den Befehl aus. Er stach mit einem schnellen Segler von Genua aus in See und nahm Kurs nach Süden. Als das Schiff die Gewässer von Sardinien erreicht hatte und sich nicht weit von der Insel San Pietro befand, wurden Kolumbus und seine Mannschaft darauf aufmerksam gemacht, daß die *Ferrandina* nicht allein war, sondern von zwei weiteren Schiffen und einer Karacke eskortiert wurde. Die Besatzung bekam Angst und wollte umkehren. Kolumbus ließ nichts unversucht, um die Matrosen zur Fortsetzung ihrer Mission zu bewegen; doch es war nicht möglich, sie zu überzeugen.

Da – so sagt Kolumbus in dem von seinem Sohn zitierten Brief – »war ich gezwungen, zu einer List zu greifen«. Er tat so, als ob er den Wunsch der Mannschaft erfüllte und den Kurs in Richtung auf Marseille änderte. Statt dessen ließ er die Magnetnadel so drehen, daß der Kompaß nach Norden zeigte, während das Schiff weiter nach Süden segelte. »Kurz bevor es Nacht wurde, ließ ich die Segel beisetzen, und bei Sonnenaufgang befanden wir uns unterhalb von Kap Karthago. Alle waren fest davon überzeugt, in Marseille anzukommen.«

Mehr steht nicht in dem Brief, denn es handelte sich nur darum,

* Das Werk von Las Casas wurde 1550 verfaßt, das von Fernando 1564. Christoph Kolumbus war 1506 gestorben – ein halbes Jahrhundert, ehe die Biographen begannen, sein Leben nachzuzeichnen und über den fraglichen Brief zu berichten.

dem Königspaar zu beweisen, wie leicht es war, sich durch Veränderungen der Route und der Steuerung zu täuschen oder sich täuschen zu lassen. Tatsache ist, daß die *Ferrandina* zu der Zeit, als sie den Genuesen hätte in die Hände fallen sollen, nicht mehr in Tunis war.

Das geschah im Herbst 1472. Was jedoch tatsächlich stattfand, waren die Kriegshandlungen zwischen den Anjou und den Aragoniern und auch die Geschichte mit der *Ferrandina*, von der die zeitgenössischen Chroniken sprechen. Aber hat Kolumbus tatsächlich so gehandelt? Ich habe mich sehr bemüht herauszufinden, ob an der Episode etwas Wahres ist. Ich weiß, daß berühmte Historiker dem von Fernando zitierten Brief Glauben geschenkt und den von ihm wiedergegebenen Text vorbehaltlos akzeptiert haben. Aber andere, zahlreichere haben sowohl in bezug auf die Sache selbst Zweifel erhoben als auch in bezug auf die Existenz eines Briefes von Kolumbus, wie er von dessen Sohn rekonstruiert wurde.

Es gibt zu viele Ungereimtheiten in der Angelegenheit. Vor allem die Tatsache, daß man das Kommando eines Schiffes für eine so anspruchsvolle Aufgabe einem jungen Mann von wenig mehr als zwanzig Jahren, der eigentlich über keine Erfahrung auf See verfügte, übertragen haben sollte. Sicherlich, 1472 fuhr Kolumbus schon seit mehreren Jahren zur See. Aber er reiste als Überbringer von Waren, als Bote oder kleiner Handelsagent. Er selbst behauptete später, niemals Schiffsjunge gewesen zu sein, das heißt in der Kunst der Seefahrt niemals mit subalternen Aufgaben betraut worden zu sein. Und die Reisen, die er gemacht hatte, hatten ihn nur an den Küsten entlang oder nicht weiter darüber hinaus geführt.

Ferner fällt auf, daß die Reise so kurz war und nur von Sonnenuntergang bis Sonnenaufgang dauerte. Im November sind die Nächte zwar lang und können dreizehn oder vierzehn Stunden dauern. Doch zwischen der Insel San Pietro und Karthago liegen 180 Meilen, und nur wirklich außergewöhnliche Umstände hätten dazu führen können, daß ein Segelschiff diese Entfernung mit einer gleichbleibenden Geschwindigkeit von dreizehn Meilen in der Stunde zurücklegt. Hinzu kommt, daß René d'Anjou, auf dessen Befehl Kolumbus gehandelt haben soll, ein geschworener Feind des Hauses Aragón und auch von König Ferdinand war, an den Kolumbus jenen Brief gerichtet haben soll, in dem er ihm indirekt zu verstehen gab, gegen ihn und die Seinen gekämpft zu haben. Warum sollte er das getan haben? Bei dem Versuch, Kolumbus' mißverständliches Schweigen in bezug auf seine genuesische Herkunft zu erklären, hat man immer auch an die politischen Auseinandersetzungen gedacht, die Genua in Gegensatz zu den Spaniern gebracht hatten, an den langen Zwist zwischen den Genuesen und den Aragoniern. Warum sollte Kolumbus diese Sache so unerwartet und nur im besonderen Fall dieses Briefes verraten haben?

Ich kehre zu meiner Ausgangsüberlegung zurück. Das Leben eines Menschen ändert sich nicht von heute auf morgen, es macht nicht plötzlich einen Ruck vorwärts oder rückwärts. Die Zweifel, die sich in bezug auf die Sache mit der *Ferrandina* erheben, bestärken mich nur in dieser Überzeugung. Denn gerade Männer mit starkem Charakter und großem Mut, wie Kolumbus es seit seinen frühen Jahren war, können dieser Realität noch weniger als andere entfliehen. Ich glaube nicht, daß das Ereignis stattgefunden hat. Ja, ich glaube nicht einmal, daß Kolumbus einen solchen Brief hätte schreiben können. Fernandos Rekonstruktion beruht wohl – auch wenn man ihm guten Glauben zugute hält – auf Berichten und vertraulichen Mitteilungen, die sein Vater oder andere, die zu dessen Gefährten gehörten, ihm über die verschiedenen Abenteuer seines Seefahrerlebens gemacht hatten und die im Laufe der Zeit verblaßt und, Fernandos Neigung, Daten, Orte und Umstände durcheinanderzubringen, entsprechend, unbestimmbar geworden sind. Da andere Belege fehlen, vermag ich dem, was er in diesem Fall berichtet, absolut keinen Glauben entgegenzubringen.

Das zweite Abenteuer auf See, das Kolumbus während seiner ersten Seefahrerjahre erlebt haben soll, ist dagegen meiner Ansicht nach glaubwürdig. Glaubwürdig und durch zahllose Dokumente portugiesischen, italienischen und spanischen Ursprungs belegt. Sogar sein Sohn Fernando, der in seinen *Historie* natürlich über den Vorfall berichtet, liefert uns diesmal eine ziemlich glaubhafte Darstellung von der Sache, die er selbst aus dem Munde seines Vaters gehört hatte.

Im August 1476, einige Zeit nach der Reise nach Chios, nahm Kolumbus an einer Handelsexpedition genuesischer Schiffe teil, die nach Flandern und England führte. Es waren fünf Schiffe, die fast alle unter genuesischer Flagge mit dem bekannten roten Kreuz auf weißem Feld reisten. Nur eines segelte unter burgundischer Flagge, ein großer, bauchiger und schwerer Frachtsegler von dem Typ, den die Flamen Molk nannten. Einige der Schiffe gehörten den Spinola und den Di Negro, und die ganze Expedition diente ihren Geschäften. Kolumbus befand sich an Bord eines Walfängers, der im Besitz von Nicolò Spinola war. Diejenigen, die ihn auf Chios mit Aufgaben betraut hatten, brachten ihm auch weiterhin ihr Vertrauen entgegen. Die Erfahrung hatte ihn geschickter werden lassen, und er hatte sowohl als Seefahrer als auch in seiner Rolle als Geschäftsmann etwas dazugelernt. Auch diese Reise unternahm er nicht als Seemann, sondern die Aufträge, die man ihm anvertraut hatte, waren wahrscheinlich wichtiger als die, die er zuvor im Dienst derselben Handelsgesellschaften erfüllt hatte. Die Expedition war in der Tat von viel größerer Bedeutung und dauerte auch länger. Zum erstenmal in seinem Leben sollte Christoph Kolumbus auf den ihm bis dahin unbekannten Atlantik hinausfahren, auf den Ozean, dessen Großadmiral er einmal werden sollte.

Die aus den fünf Schiffen bestehende Flotte fuhr, wie es bei Handelstransporten üblich war, im Verbund. Aber jedes Segelschiff war zur Verteidigung gegen die Piraten, die in jenen Gewässern zu kreuzen pflegten, mit Bombarden und anderen kleinen Geschützen ausgestattet. Kurz nach der Durchfahrt durch die Meerenge von Gibraltar, wo früher die Welt zu Ende war, kam es zum Zusammenstoß mit den Korsarenschiffen. Dort, an der Einfahrt zum Ozean, hatte der gefürchtete französische Pirat Casenove Posten bezogen, um lohnender Beute aufzulauern. Casenove wurde auch Coullon genannt, und das entspricht der französischen Version des Namens Colombo oder Kolumbus. Wie wir bereits in einem anderen Zusammenhang sagten, kam es zwischen Kolumbus und Coullon im Laufe der Jahrhunderte zu manchen Verwechslungen. Auch in dem Bericht, den Leibniz im 18. Jahrhundert in einem aus dem Archiv entnommenen Dokument gelesen hatte, wurde der Name Coullon, dem Latein der Kanzleien entsprechend, mit Kolumbus übersetzt. Und der große Rationalist zögerte nicht, Kolumbus mit jenem Seeräuber zu identifizieren, anstatt ihn zu seinen Opfern zu zählen.

Denn Kolumbus wurde zu einem Opfer, nachdem es auf der

Höhe von Kap São Vicente – das ist der Teil von Portugal, der am weitesten in den Atlantik hineinragt – zum Kampf gekommen war. Die schon fast besiegten Genuesen warfen glühende Brandtöpfe, um die Holzteile der feindlichen Schiffe in Brand zu stekken. Aber die Segelschiffe waren so nah beieinander und nach den Entermanövern derart eingeklemmt, daß die Flammen sich rasch von Deck zu Deck, von Mast zu Mast, verbreiteten und einen Brand auslösten, in dem Angreifer und Angegriffene von einer einzigen Flammenzunge geleckt wurden. Der Korsar verlor vier Schiffe, die Genuesen drei. Die anderen flohen vom Ort der Katastrophe. Für diejenigen, die von den Flammen umzingelt wurden, gab es keinen anderen Ausweg, als sich ins Meer zu stürzen, wo es nur für jene eine Rettung gab, die schwimmen konnten oder die keine schwere Rüstung trugen. Fünfhundert vornehme Portugiesen (die Zahlen sind, wie es in den Berichten über Unglücke immer wieder geschieht, vielleicht übertrieben) sollen mit ihren Rüstungen in den Wogen versunken sein. Auch viele Matrosen und Kaufleute verbrannten oder ertranken. Das Schiff, auf dem Kolumbus sich befand, war voller See- und Kaufleute aus Savona, die fast alle den Tod fanden, so daß ein Zeitgenosse schreiben konnte, in Savona hätten »die Frauen die Welt voll geweint«.

Da er »ein guter Schwimmer« war, wie sein Sohn stolz hervorhebt, rettete Christoph sich, indem er zwei Wegmeilen schwamm, was etwa zehn Kilometern entspricht, und sich an ein Ruder klammerte, das zwischen den Wrackteilen umhergetrieben hatte. Er selbst schrieb viele Jahre später, »auf wunderbare Weise« in Portugal gelandet zu sein. Er ging bei dem Fischerdorf Lagos an Land, und zwar in einem derart erschöpften Zustand, daß es Tage dauerte, ehe er seine Kräfte zurückgewann. Derselbe Ozean, dem er seinen späteren Ruhm verdanken sollte, hätte ihn beinahe schon beim ersten Kontakt verschlungen. Und so wäre der Mann, der Name und das Unternehmen untergegangen, das er auf eben diesem Meer durchführen sollte.

Schon bald nach diesem Vorfall machte er sich wieder auf die Reise. Er fuhr nach Lissabon, wo die Spinola und Di Negro Geschäfte, Häuser und ihre Vertreter hatten. Lissabon war die erste Sprosse auf der Leiter zur Verwirklichung seines Traums. Praktisch ging er viele Jahre lang nicht mehr von dort weg. Es war eine entscheidende, zum Teil unfreiwillige und zum Teil erhoffte

Wendung. Auf jeden Fall eine von der Vorsehung gewollte Wende; denn wäre Kolumbus in Genua geblieben, wäre sein Atlantikunternehmen nicht einmal denkbar gewesen. Die politische Lage der Republik ließ kein Projekt zu, das ernsthaft auf eine maritime Expansion abzielte, noch hätten sich Geldgeber gefunden. Genua war nicht imstande, eine Unternehmung von der Art anzupacken, wie die, von der sein großer, nunmehr ausgewanderter Sohn vielleicht schon seit seinen früheren Jahren träumte. Genua bot nur die erste Bühne für Kolumbus' Existenz. Sein Leben als Entdecker Amerikas begann in Lissabon, also in dem Augenblick, in dem er Genua hinter sich ließ.

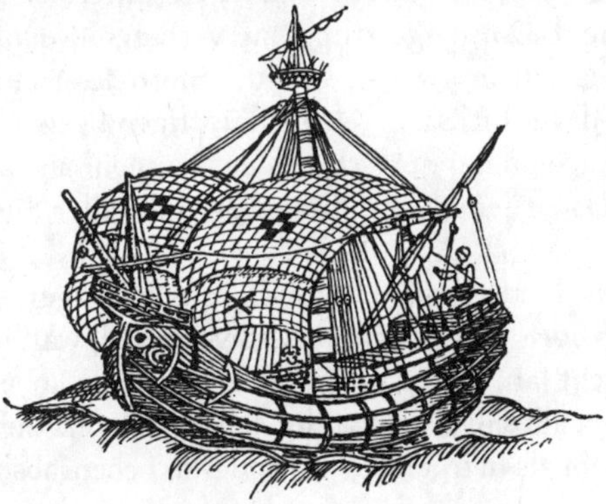

DIE JAHRE IN LISSABON

Christoph Kolumbus wurde zufällig nach Lissabon verschlagen, wie jemand, der von einem Felsen herunterstürzt und, statt sich in einem Dornengestrüpp zu verfangen, sanft auf einer Wiese landet. Für ihn war es der gute Stern des Schiffbrüchigen. Denn hätte das Schicksal für den zukünftigen Bezwinger des Ozeans einen geeigneteren Ort finden können als ausgerechnet Lissabon, das zu jener Zeit Ausgangspunkt aller Seefahrtsabenteuer war?

Kolumbus landete als Fünfundzwanzigjähriger in Lissabon. Und er blieb dort, bis er dreiunddreißig Jahre alt war, bis 1484. Das bedeutete acht Jahre in Lissabon in der Blüte des Lebens, in jenem Alter, in dem alles in einem völlig neuen Licht erscheint und man intensiver lebt als in irgendeinem anderen Lebensabschnitt. Während dieser acht Lissaboner Jahre befuhr Kolumbus den Atlantik in nördlicher und südlicher Richtung, von Island bis Afrika, von den arktischen bis zu den tropischen Gewässern. Er hielt sich auf den im Meer verstreut liegenden Inseln auf, an den äußersten bis dahin erforschten Grenzen. Er vertiefte sich in das Studium derer, die den Erdball ausgemessen hatten; er informierte sich über die Geographie der Länder und der Meere und las die Bücher jener Reisenden, die sie beschrieben hatten. Er hörte den Erzählungen der Matrosen zu, die sich auf die Atlantikrouten begeben hatten. Ihn faszinierten die Legenden, die sich um das Unbekannte rankten. Sie erregten seine Phantasie, und er begann nachzudenken und zu träumen. So lernte er, auf dem unsichtbaren Seil zwischen Wissen und Schwärmerei zu balancieren.

Lissabon bewirkte eine vollkommene Veränderung in Kolumbus. Es erweiterte seinen Horizont, öffnete ihm unerwartete Perspektiven. Bei seiner Landung in Portugal wußte der junge Genuese recht wenig von der Welt. Seine Bildung war rudimentär; er hatte niemals reguläre Studien betrieben, und seine Kenntnisse in bezug auf die Seefahrt beschränkten sich auf das Mittelmeer, »an dem«, wie Sokrates sagt, »wir alle da sitzen wie die Frösche am Rand des Teiches«. Die acht Jahre in Lissabon öffneten ihm die Augen. Der Erdball begann für ihn aus Kontinenten und Ozeanen zu bestehen. Zunächst verarbeitete er all diese Neuigkeiten auf ungenaue und verworrene Weise. Mit der Erweiterung der Kenntnisse kam dann die Schwierigkeit abzuwägen, wieviel davon anzuzweifeln und wieviel wahr war. Schließlich überwog der zähe, beharrliche und von einem bestimmten Augenblick an absolut unbeugsame Wille, all dem, was er gesehen, gehört und überlegt hatte, einen Sinn abzugewinnen. Was bisher geschehen war, wußte man. Aber man mußte auch ausrechnen können, was geschehen würde, wenn man weiter vordrang. An diesem Punkt hatte Kolumbus bereits die Phase der Träume überwunden. Er gelangte in das einzigartige, begeisternde Reich der Vorstellung, in dem er sich ganz allein bewegte.

So kam es, daß Kolumbus während seines Aufenthalts in Portugal den Plan faßte, den Weg nach Indien zu suchen, indem er nach Westen, über den Atlantischen Ozean, fuhr. *Buscar el levante por el poniente,* »den Osten von der westlichen Seite her zu suchen«, lautete sein Wahlspruch. Zwischen seinem Wegzug aus Lissabon und dem Unternehmen, das ihn für alle Zeiten berühmt machen sollte, lagen nur acht Jahre. Welche Vorgefühle und Impulse waren also für ihn mit der Tatsache verbunden, daß ihn das Schicksal nach Lissabon verschlagen hatte?

Die Städte waren sich damals nicht alle so ähnlich wie heute. Zwischen einem Ort und dem anderen gab es große Unterschiede. Jede Stadt hatte ihre eigene Atmosphäre, ihren eigenen Geruch. In Lissabon spürte man den Atem des Ozeans zwischen dem Hafen und den Häusern; es roch anhaltend und durchdringend nach Meersalz, nach Wind und grenzenloser Einsamkeit. Das Meer hat immer wieder einen anderen Geruch. Dem des Ozeans wohnt eine geheime Macht inne, die wie ein riesiges, fernes Herz pulsiert. Der Atlantik dringt über die breite Mündung des Tejo nach Lissabon ein, über den Fluß, dessen Wasser sich dort mit dem des Ozeans vermischt. Zwischen diesen Gewässern gelegen, glitzert Lissabon wie ein Diamant. Es ist eine helle und schwerelose Stadt, der noch dadurch etwas Unbeständiges anhaftet, daß der Himmel über ihr stets in Bewegung ist, und in Bewegung sind auch die Wellen, die Winde und der Horizont.

Ein Zug von Hügeln folgt der Biegung des Flusses. Heute reiht sich hier eine Villa an die andere, ein herrschaftliches Wohnhaus neben das andere. Doch als Kolumbus hier lebte, war die Küste noch wild und unbebaut; sie strömte würzige Düfte aus. Von jenen Höhen wehten die Gerüche von Feldern und Wiesen nach Lissabon, und die Stadt wurde durch die Farben der Natur belebt, durch die Blüten des gelben Ginsters, der scharlachroten Geranien und durch die bizarr verrenkten Äste der Feigenbäume, die über den Hang ragten. Wenn man von der anderen Seite des Tejo herüberblickte, wirkten die rot und grün bemalten Fassaden der Häuser und deren bunte Fenster und Mauern wie fröhliche Vorboten der Stadt. Im unteren Teil wand sich das Labyrinth der engen, überfüllten Geschäftsstraßen, voller Menschen, die umherschwärmten, als ob sie versuchten, einen Ausgang aus einem Irrgarten zu finden. Es war das Symbol für das Leben, für seine Freuden und seine Geheimnisse.

In jenem Viertel hatte sich eine Kolonie von Genuesen niedergelassen, um ein Kaufhaus herum, von dem sich heute noch, in der Nähe des Hafens, einige Überreste finden. Bartolomé, Christophs jüngerer Bruder, besaß dort einen Laden, eine Art Lagerhaus, in dem er geographische Karten und vielleicht auch Bücher verkaufte. Die für den Gebrauch von Seefahrern angefertigten Karten wurden von Bartolomé gezeichnet, dem Christoph gelegentlich, wenn er nicht gerade zur See fuhr, bei der Arbeit half. Beide waren gute Kartenzeichner und boten für die Namen der Städte, Häfen, Inseln, Meere und Kontinente auch ihre Schönschreibkünste auf. Bartolomé war wahrscheinlich auf Einladung seines Bruders nach Lissabon gekommen, nachdem dieser mit den Vertretern seiner genuesischen Auftraggeber Kontakt aufgenommen hatte, um jene Reise nach Norden fortzusetzen, die durch den Schiffbruch unterbrochen worden war. Christoph bemerkte, daß die Lissaboner Seeleute voller Ungeduld nach immer neueren Routen und deutlicheren und besser lesbaren Karten verlangten. Sie wurden ihnen aus der Hand gerissen, und die Kartenzeichner arbeiteten Tag und Nacht. Die portugiesische Seefahrt hatte sich bereits völlig auf die Atlantikküsten verlagert. Lissabon war wirklich von der Idee des Ozeans besessen.

Es dauerte nicht lange, bis auch Kolumbus von diesem Taumel erfaßt wurde. Er war wahrscheinlich im September 1476 nach Lissabon gekommen, und schon in den ersten Monaten des Jahres 1477, zwischen Januar und Februar, schiffte er sich auf einem mit Waren beladenen Konvoi ein, den die Centurione und Di Negro für die Reise nach Flandern, England und Island ganz neu hatten ausrüsten lassen. Es ging also zum oberen nördlichen Rand der Welt; denn Island war das letzte der bekannten Länder, jenes Thule, das die Alten mit dem äußersten Rand der Erde gleichgesetzt hatten. Selbst Ptolemäus vermochte es an keiner Stelle zu lokalisieren, die nicht ebenso unbestimmt und in Nebel verhüllt gewesen wäre wie der Himmel des Nordens, der den meisten Menschen auf der Welt unbekannt war.

Über das Meer, das »Meer der Finsternis« genannt wurde, gelangte Kolumbus bis dorthin. Einer bei Las Casas zitierten Notiz zufolge stieß er vielleicht sogar noch weiter vor, denn dort sagt Kolumbus: »Im Februar des Jahres 1477 segelte ich hundert Meilen über die Insel Thule hinaus.« Er zeichnet auch die Breitengrade auf, so wie wenn er sie gemessen hätte. Von den bei Ptolemäus erwähnten weichen sie um zehn Grad in nördlicher Richtung ab. Und – wie Kolumbus präzisiert – befindet sich nicht einmal »diese Insel innerhalb der Grenze, an der, Ptolemäus zufolge, der Westen endet, sondern viel weiter westlich«. Großen Eindruck machten auf ihn die Gezeiten und der Unterschied zwischen Ebbe und Flut. »Als ich mich dorthin begab, war das Meer nicht zugefroren, wiewohl es Flutwellen gab, die so stark waren, daß an einigen Stellen die Flut zweimal täglich fünfundzwanzig Ellen hoch stieg und um ebensoviel sank.« Das Maß entspricht zwölf bis dreizehn Metern, während in Island das Wasser an Voll- und Neumondtagen nur um vier oder fünf Meter steigt. Kolumbus verwechselte das wohl mit den Angaben für Bristol, einem Hafen, in dem er anlegte, ehe er nach Island weiterreiste. Für Bristol sind die Zahlen, die er angibt, nicht übertrieben.

Im Verlauf dieser Reise kam Kolumbus, vielleicht auf dem Rückweg, auch nach Irland. In Galway erfuhr er, daß eines Tages dort »zwei Menschen« gelandet seien, »Schiffbrüchige, die sich an zwei Planken anklammerten, ein Mann und eine Frau, ein schönes

Geschöpf«. Es hieß, sie seien aus Kathei gekommen, aus dem Osten. Aber Kolumbus und die irischen Seeleute unterhielten sich auf Latein, und die Verständigung muß bei ihren Gesprächen sehr ungenau gewesen sein. Jedenfalls bestärkten sie Kolumbus' schon beinahe krankhaftes Interesse für alles, was er über die Geheimnisse des Atlantik erfahren konnte. Informationen dieser Art erfragte er überall. In Island wußte man von der Existenz weiter westlich gelegener Länder, von Grönland, von Labrador. Das war den erstaunlichen Erkundungsfahrten der Wikinger zu verdanken, die ihren Widerhall in den nordischen Sagen gefunden hatten und mit ihnen verbreitet wurden. Vielleicht war noch etwas, was der Wahrheit nahekam, übriggeblieben, und es ist mehr als nur wahrscheinlich, daß Kolumbus auch in Island Fragen gestellt, zugehört und versucht hat, die Phantasie von der Wirklichkeit zu trennen. (Auch wenn die Phantasie im Grunde seine bevorzugte Gangart war.) Eine Spur von seinen Nachforschungen findet sich in dem Buch von Lord Dufferin, *Briefe aus nördlichen Breiten*, in dem der Autor folgendes berichtet: »Es wird überliefert, daß im Monat Februar 1477 mit einem aus Bristol kommenden Schiff ein genuesischer Seemann in Reykjavík eintraf, der ein langes Gesicht und graue Augen hatte und sich insbesondere für alles interessierte, was mit den Entdeckungen der Wikinger zusammenhing.«

Ohne den Heldentaten der Wikinger Abbruch tun zu wollen, muß doch gesagt werden, daß damals nie jemand von einem neuen Kontinent gesprochen hatte. Die Wikinger waren große Seefahrer, und auf der Suche nach guten Fischgründen drangen sie weit in den Atlantik vor. Vielleicht gelangten sie im Verlauf einzelner Expeditionen sogar bis zu den Küsten Amerikas, so wie jemand, der sich im Dunkeln tastend vorwärtsbewegt und plötzlich gegen etwas stößt. Aber sie gaben nicht vor, irgend etwas entdeckt zu haben, noch verfolgten sie eine entsprechende Absicht. Fest steht, daß sie keine Spur von Zeugnissen hinterließen. Was sie taten oder nicht taten, bewirkte nichts, was in die Geschichte eingegangen wäre. Es blieb im Bereich der Sagenwelt – nur eine Reminiszenz ohne irgendwelche Belege.

Inwiefern war das, was er in Erfahrung bringen konnte, für Kolumbus von Nutzen? Er war ganz durchdrungen von der Sehnsucht nach etwas Neuem, fühlte sich jedoch noch nicht als Protagonist. Aber wenn er von anderen Ländern westlich von Island reden hörte, warum sollte er nicht gedacht haben, daß es in der Weite des Ozeans immer noch ein »Jenseits« gab? Über den Horizont hinaus, wo die Sonne auf ihrer Wanderung nach Westen unterging – in Lissabon genauso wie in Reykjavík, in Irland ebenso wie vermutlich auch in weiter entfernten Gegenden, bis zu denen die Wikinger vorgedrungen waren?

Kolumbus war damals in jenem Alter, in dem der Mensch das heimliche Gefühl hat, daß das Beste ihm noch bevorsteht. Aber er ließ nicht zu, daß das Glück oder der Zufall über seine Zukunft entschied. Er versuchte, sie zu verstehen und in die eigenen Hände zu nehmen. Er suchte so fieberhaft wie einer, der gräbt, weil er einen Schatz finden will, von dem er weiß, daß er in der Erde versteckt ist, aber nicht genau wo. Kolumbus' Schatz war das, was »jenseits« existierte, in der Gegend, die man erreichte, wenn man nach Westen, über den Atlantik, fuhr. Aber er kannte nicht das Wo und das Wie. Zu Beginn seiner Suche wußte er nicht einmal, ob sie möglich war. Er hatte Zeit und die jugendliche Überzeugung, daß das Bessere erst noch kommen würde. Und er fühlte, wie um ihn herum diese fruchtbare Saat von Lissabon aufging, wo im Grunde alle im Bann derselben Versuchungen standen wie er. Allein schon in Lissabon zu leben, war in jenen Jahren ein verrücktes Abenteuer. Niemals in der Geschichte der Menschheit gab es einen so schwindelerregenden Fortschritt in der Geographie wie damals. All jene, die mit dem Meer zu tun hatten – Gelehrte und Seefahrer, Astronomen und Kaufleute – befanden sich in einer Art von Nahkampf mit dem Ozean. Auch für sie sollte das Beste noch kommen, denn die Welt hatte nach einer Jahrtausende dauernden Erstarrung gerade erst begonnen, sich auf die Seewege zu stürzen. Portugal und die Menschen, die dort lebten, waren die ersten, die glaubten, daß es jenseits des Meeres irgendwo unbekannte Länder gab. In Lissabon beschäftigte man sich mit nichts anderem als damit. Aus diesem Grund wurden die Karten ständig überholt, während die Kosmographen Neues herausfanden und die Seefahrer Unbekanntes sichteten. Und was ist ansteckender als rege Aktivität? In Lissabon sammelten sich die klügsten Köpfe aller Länder wie Wandervögel, die sich zu Schwärmen zusammenschließen – Mathematiker und Geographen, Deutsche, Juden, Italiener und Araber. Sie malten sich die Zukunft aus. Und Kolumbus entflammte inmitten dieser ganzen Glut.

Die Kunst der Seefahrt hatte ihn immer schon begeistert. An den genuesischen Schulen und während seiner Reisen im Mittelmeer hatte er davon gehört. Aber die Größe der Welt, wie sie sich ihm von Lissabon aus darstellte, und die Ausdehnung des Ozeans erweckten in ihm das Gefühl, über viel zu geringe Kenntnisse zu verfügen. Die Gelehrten, die den Laden seines Bruders aufsuchten, kamen ihm wie unbezwingbare Berggipfel vor. Der führende Kopf dieser Gruppe war *Mestre* Vizinho, ein Schüler des berühmten jüdischen Astronomen Abramo Zacuto. Diese Leute beabsichtigten, der Erde, dem Himmel und den Meeren die richtige Größe und Form zu geben. Sie gingen von den biblischen Überlieferungen und den Werken der Antike aus. Aufmerksam studierten sie, was Reisende beschrieben hatten, die aus den entlegensten Gegenden der Welt zurückgekehrt waren, wie etwa Marco Polo oder jene Seefahrer, die weiter als die anderen vorgedrungen waren. Und auf der Grundlage dieser Angaben entwickelten sie ihre wissenschaftlichen Theorien.

Vor so großer Gelehrsamkeit kam Kolumbus sich ziemlich unwissend vor, doch er kapitulierte nicht. Wie er sich in die Meere vorgewagt hatte, so stürzte er sich jetzt auf Bücher. Er las ungefähr alles, was man damals erreichen konnte. Er studierte, machte Anmerkungen. Der Schleier der Unwissenheit war für jedermann dicht, aber nicht undurchdringlich. Und Kolumbus verstand es, ihn so weit zu lüften, daß er dahinter sein genaues Ziel, das Versteck des Schatzes, fand.

Was las er? Das wird einigermaßen deutlich, wenn man sich die Bücher ansieht, die sein Sohn Fernando in seiner Bibliothek aufbewahrte und die dann dem Kolumbus-Archiv in Sevilla einverleibt wurden. Dort kann man noch heute jene Exemplare betrachten, die Kolumbus selbst mit Anmerkungen versehen hat. Zu den am meisten konsultierten Büchern, denen, die ihn durch sein ganzes Leben hindurch begleiteten und die er auch während seiner Ozeanüberquerungen bei sich hatte, gehörten vor allem folgende: die *Historia Rerum* des Kardinals Piccolomini, des späteren Papstes Pius II., die *Ymago Mundi* des Kardinals Peter von Ailly, der Anfang des Jahrhunderts Rektor der Sorbonne gewesen war, Marco Polos *Wunder der Welt*, die bekannter sind unter dem Titel *Il Milione*, sowie Plinius' *Naturalis Historiae Libri* und Zacutos *Almanaque Perpetuo*.

Von diesen war für Kolumbus der Text des Kardinals von Ailly am wichtigsten. Bei diesem Werk handelte es sich eigentlich nur um eine recht einfache Zusammenfassung von Zitaten aus alten Texten. Doch für den Entdecker Amerikas stellte es ein nahezu unentbehrliches Kompendium des griechischen und römischen Denkens über die Geographie der Welt, eine Art zusammenfassender Auswahl der Dinge dar, die man unbedingt wissen mußte. Obwohl sich Kolumbus eine vertiefendere Lektüre ersparte, besaß er doch Kenntnisse über Plato, Aristoteles, Theophrast, Cicero, Seneca, Pomponius Mela und Macrobius; das waren jene Autoren, die er in Aillys Buch mit den meisten Anmerkungen versah. In allererster Linie jedoch schöpfte Kolumbus aus der Bibel. Ein viel benutztes Nachschlagewerk, das Kolumbus sicherlich kannte, war eine Handschrift aus dem 15. Jahrhundert, das Werk eines spanischen Gelehrten, in dem die verschiedenen Bibelstellen zu kosmographischen und astronomischen Themen einander gegenübergestellt und sämtliche Konkordanzen angegeben waren. Hüter der biblischen Wahrheit waren über die Jahrhunderte hinweg die Kirchenväter gewesen. Unter ihnen bevorzugte Kolumbus den heiligen Augustinus. Aber der Autor, auf den alle grundlegenden geographischen Kenntnisse zurückgingen, war und blieb Ptolemäus. Ptolemäus war Kolumbus' Liebling, aber auch sein Kreuz, die Quelle seiner Zweifel und seines Staunens. Wenn er Ptolemäus blind vertraut hätte, hätte er Amerika nicht entdeckt, doch ohne Ptolemäus hätte er es gar nicht entdecken können.

Im ptolemäischen System existierte die Welt nur zur Hälfte; sie war eine in ihrem Umfang und ihrer Oberfläche halbierte Erde. Das ptolemäische Weltbild begrenzte die geistigen Horizonte des Mittelalters wie die vier Wände einer Gefängniszelle. Für Ptolemäus war der Ozean – wie für alle Alten – nicht befahrbar; er verkörperte das Unendliche, einen unermeßlichen Raum, in dem sich die Grenzen der Welt verloren. Das Unbekannte konnte man erforschen, doch das Unendliche zu durchreisen, war unmöglich, ja, es war geradezu eine Gotteslästerung. Vor diesem Hindernis, das im Laufe der Zeit logisch und religiös begründet wurde, indem man die Gebote des Glaubens mit denen der Wissenschaft vermengte, blieb die traditionelle Theorie bei einer dreigeteilten Welt stehen. Diese bestand aus drei benachbarten Regionen ohne trennende Ozeane, nämlich aus Europa, Afrika und Asien, die noch nicht als Kontinente bezeichnet wurden. Und andere Gebiete existierten nicht.

Lissabon glaubte schon nicht mehr an so genaue Modelle, so unveränderliche Systeme. In Lissabon gab es keinen Seefahrer – ich spreche bewußt nicht von Gelehrten, Geographen und Mathematikern –, der nicht von der Kugelgestalt der Erde überzeugt gewesen wäre. Allein schon das vergrößerte die Welt, nahm dem Ozean, dessen Wellen an die Ufer des Tejo schlugen, den Anschein des Unendlichen. Es mußte eine entgegengesetzte Seite geben, wo jene Wellen sich genauso brachen und ausliefen. Aber in welcher Entfernung? In welcher Richtung? Niemand wußte es. Einige Unerschrockene hatten die Suche gewagt, so erzählte man wenigstens. Doch sie waren nicht mehr zurückgekehrt. Es überwog die Furcht, daß ein solches Unternehmen nicht in der Macht des Menschen liege.

Kolumbus' Briefe, seine Gegenüberstellungen, seine Anmerkungen und Aufzeichnungen drehten sich nur um diese Fragen, um die Größe der Landgebiete und Gewässer, um das, was jenseits des Ozeans existierte oder existieren könnte. Er fand Hoffnung für seine Gedanken. Macrobius hatte von der »vierzipfeligen Erde« gesprochen und eine »vierte« Weltregion vermutet. Plato, der den Legenden um die Insel Atlantis nachging, ahnte ein »verborgenes« Land, das größer war als Asien und Afrika. Pomponius Mela erwähnte einen *alter orbis*, eine andere Welt außerhalb der bekannten. Cicero glaubte, daß es auf der Erde zwei bewohnbare Zonen gäbe. Das waren Lichtstrahlen in der Finsternis, die aufschimmerten und wieder verschwanden. Kolumbus unterstrich in Aillys Buch die mythische Schilderung in der *Äneis*, die Anchises seinem Sohn Äneas gibt: »Es gibt Länder jenseits der Zeichen des Tierkreises, jenseits der Wege der Jahre und der Sonne.« Jenseits. Also auch der große Meister Vergil glaubte daran.

Andere handschriftliche Anmerkungen von Kolumbus in der *Ymago Mundi* verdeutlichen, welchen Weg er in Lissabon zurücklegte, was er dazulernte. (Wenn man in den vergilbten Pergamenten blättert, die in der Bibliothek von Sevilla lagern, spürt man noch heute förmlich die Erregung, die Zweifel und Hoffnungen, mit denen er diese Randnotizen formuliert hat.) *Mare totum navigabile*, alles, was Meer ist, ist auch mit Schiffen befahrbar. Und weiter: »Alle Meere sind mit Landgebieten übersät.«; »Der Ozean ist nicht leerer als andere Meere.«; »Jedes Land hat seinen Westen und seinen Osten.« Kolumbus konnte mit einzigartiger Leichtigkeit und Schnelligkeit in dem, was er las oder hörte, ständige Anspielungen auf die kommenden Ereignisse erkennen, auf die er immer rascher hinsteuerte. Er stürzte sich ihnen entgegen, ohne den genauen Weg zu kennen. Er wurde dabei viel eher von der Intuition geleitet, die Anregungen, welche von der Realität ausgehen, mit der Phantasie in Verbindung bringt und triumphierend zwischen dem schwebt, was die Weisheit lehrt, und was die Begeisterung sich ausmalt. In jenen ungeduldigen und erregten, aber stets zur Stärkung seiner Hoffnungen geschriebenen Anmerkungen, schien er fast mit einer prophetischen Gabe in seinen Forschungsgegenstand einzudringen, und so gewann jedes Wort, jedes Thema einen höheren Sinn und wurde so etwas wie Poesie. Phantasiebegabung, Vorstellungskraft, Prophetie, Poesie und auch unsinnige Wirklichkeitsferne – all das arbeitete in ihm und ließ ihn nicht mehr los.

In seinen Lissaboner Jahren bestand Kolumbus' Leben nicht nur aus Lesen und Studieren und dem langen Wachen im Laden seines Bruders, wenn er den Gelehrten und den Seeleuten zuhörte. Im Tagesablauf des Helden gab es auch Platz für die Stunden der Muße, der Plaudereien, der Liebe. In Lissabon heiratete Christoph Kolumbus, und zwar in dem Jahr nach der Rückkehr von seiner Reise in den Norden. Der Frau, mit der er die Ehe schließen sollte, begegnete er bei einem Besuch der Allerheiligen-Kirche, die mit einem Kloster des mächtigen Sant'Iago-Ordens verbunden war. Beide gingen in jene Kirche, um die Messe zu hören. Dorthin begaben sie sich auch zu den Vespergottesdiensten, anfangs zufällig, später wurden sie dort öfters von der Liebe zusammengeführt. In der geschlossenen Gesellschaft des Mittelalters hatte die Kirche als Ort für Rendezvous mit Damen eine alte Tradition. Im Leben der Bürger bot sie fast die einzige Gelegenheit zur Begegnung der Geschlechter. Fernando Colón, der nicht aus dieser Ehe hervorging, beschreibt die Eroberung der portugiesischen Braut so: »Sie gewöhnte sich so sehr an meinen Vater und schloß so große Freundschaft mit ihm, daß sie seine Frau wurde.«

Kolumbus, damals um die siebenundzwanzig, gefiel offensichtlich. Man wird nie sagen können, wie er tatsächlich ausgesehen hat. Es existieren keine nach der Wirklichkeit angefertigten Bilder von ihm, weder Gemälde noch Beschreibungen. Kein malender Zeitgenosse hat uns seine Gesichtszüge überliefert, und die Autoren, die als erste von ihm sprachen, schrieben alle erst verhältnismäßig spät, Jahrzehnte nach seinem Tod. Die Porträts, die wir immer wieder in den Büchern abgebildet sehen, welche seinen Unternehmungen gewidmet sind – das berühmteste ist das von Sebastiano del Piombo – sind der Phantasie entsprungen. Sie verleihen ihm zumeist ein nazarenisches Äußeres mit wehenden Haaren, wie es sich für einen gehörte, der den Glauben in die unbekannte Hälfte der Welt brachte. 1892 wurde zum vierhundertsten Jahrestag der Entdeckung Amerikas in Chicago eine Kolumbus-Ausstellung durchgeführt, die einundsiebzig Kolumbus-Porträts aneinanderreihte. Keines ähnelte dem anderen; Kolumbus wurde einmal mit Bart und einmal ohne dargestellt, mit unterschiedlicher Hautfarbe, bald mit länglicher und bald mit ovaler Gesichtsform.

Wenn man von dem ausgeht, wie er in den kurzen Anmerkungen jener geschildert wird, die ihn persönlich kannten, dann muß Christoph rötliche Haare von lebhaftem Blond gehabt haben, die ziemlich früh weiß wurden; sein Teint war hell und ein wenig sommersprossig; er war sehr reizbar und lief leicht blutrot an. Er war ein gutgewachsener Mann, der Las Casas und Oviedo zufolge »größer war als der Durchschnitt«. Er hatte lebhafte, blaue oder auf jeden Fall helle Augen (für die isländischen Fischer waren sie »grau«). Sein Blick war eher hart, starr, die Stirn breit; insgesamt machte er einen recht vornehmen Eindruck mit einem gewissen Ernst und einem ausgeprägten Hang zur Willensäußerung. Da er schweigsam und beharrlich war, erschien seine Persönlichkeit rätselhaft. Aber wenn er wollte, war er gewinnend und drückte sich mit Leichtigkeit aus. Dies geschah, wenn er sich vorgenommen hatte, etwas zu erreichen. War das auch bei der Eroberung der jungen Besucherin der Allerheiligen-Kirche der Fall?

Sie hieß Felipa Moniz mit Mutternamen, Perestrello mit Vatersnamen. Wir wissen nicht, wie sie aussah. Wenn eine Frau sehr schön ist, so pflegt man das zu sagen, und die Spuren der Bewunderung bleiben. Felipa hat keine solchen Spuren hinterlassen. Wir können daher annehmen, daß sie nicht gerade eine Schönheit war. Wahrscheinlich war sie jünger als Christoph. Was man von ihr weiß, ist, daß sie einer Familie entstammte, die etwas blaues Blut in den Adern hatte, Beziehungen zu Hofkreisen unterhielt und in Portugal einen gewissen Einfluß besaß. Perestrellos Vorfahren waren ein Jahrhundert zuvor eingewandert; sie stammten ursprünglich aus Piacenza. Er war ein Seemann mit solider Bildung und gehörte zum Kreis jener unternehmungslustigen jungen Männer, die von Heinrich dem Seefahrer in der berühmten Schule der hoch über dem Ozean gelegenen Burg von Sagres erzogen wurden. Er war vierzig Jahre, bevor Christoph in die Familie kam, mit den Männern des Prinzen Heinrich an der Entdeckung von Madeira beteiligt gewesen. Eine der Inseln des Archipels, die kleine Insel Porto Santo, war von einer Expedition besetzt worden, die unter Perestrellos persönlicher Führung gestanden hatte. Als Belohnung dafür hatte er den Titel eines Gouverneurs erhalten und das Recht, die Insel zu verwalten. Aber diese war winzig, verfügte über keinerlei Reichtümer und war obendrein noch ohne Süßwasser. Es war wirklich kein Geschäft. Felipas Vater kehrte nach Lissabon zurück und wurde Ratsherr der Stadt. Zur Zeit von Felipas Eheschließung war er bereits seit einigen Jahren tot, und das Schicksal der Familie lag in den Händen von Christophs Schwiegermutter, Dona Moniz.

Auch sie war adliger Herkunft, aber das Pech mit der Insel und der Tod ihres Mannes hatten die Familie in Schwierigkeiten gebracht und einen sozialen und finanziellen Niedergang zur Folge gehabt. Für Kolumbus aber bedeutete die Ehe einen Aufstieg in der portugiesischen Gesellschaft. Es war keineswegs üblich, daß ein junger Einwanderer, der sich gerade in Lissabon niedergelassen hatte, die Erbin eines aristokratischen Namens heiratete. Es gibt keine Anhaltspunkte, die Zweifel an einer Liebesheirat rechtfertigten. Aber Kolumbus verstand es ohne Frage, aus dieser Ehe Vorteile zu ziehen, die er vielleicht von vornherein auch in Betracht gezogen hatte.

Über das Eheleben von Christoph und Felipa wissen wir so gut wie nichts. Es dauerte wenig mehr als fünf Jahre, denn Felipa starb 1485, und es hat den Anschein, daß der Witwer sich darüber nicht allzu verzweifelt zeigte. Sie hatten einen Sohn, Diego, der später sämtliche Titel und Privilegien erben sollte, die sein Vater aufgrund seiner Entdeckung erhalten hatte. Jedenfalls stehen einige wichtige Tatsachen in Kolumbus' Leben im Zusammenhang mit dieser Ehe, vor allem sein langer Aufenthalt auf den mitten im

Ozean gelegenen, sechshundert Meilen von Lissabon entfernten Inseln von Madeira.

In das Herz des Atlantik, nach Porto Santo nämlich, begaben sich die beiden jungen Leute gleich nach ihrer Heirat, und zwar als Gäste eines Bruders von Felipa, der die Regierungsgeschäfte der Insel führte. Es handelte sich nicht um eine Hochzeitsreise. Christoph und seine Frau blieben zwei Jahre dort, und reisten nur die kurze Strecke, die Porto Santo von Funchal trennt, das auf der Hauptinsel der Madeira-Gruppe liegt. Man dachte an eine Beschäftigung, die die finanziellen Verhältnisse der Familie aufbessern sollte, und Porto Santo bot Kolumbus, der halb Kaufmann, halb Seefahrer war, einen Sitz für seine Arbeit und seine Geschäfte; in zweiter Linie diente es als Beobachtungsposten für seine noch unbestimmten und ihn beunruhigenden Zukunftspläne.

Aber wie schon bei anderen Versuchen erwiesen sich Kolumbus' kaufmännische Fähigkeiten als unzulänglich. Auf den Reisen, die er vor seiner Heirat unternommen hatte, hatte er sich bereits auf Madeira mit dem Transport von Zucker und anderen Waren befaßt. Er versuchte, diese Tätigkeit nun auf Dauer auszuüben, aber mit wenig Erfolg. Wichtiger und in gewisser Hinsicht entscheidend war der direkte Kontakt mit dem Ozean, den Kolumbus auf Porto Santo praktisch vor der Haustür hatte und der ihn Tag und Nacht mit seinen Träumen konfrontierte.

Felipas Mutter, die das junge Paar auf seiner Reise begleitet hatte, stellte Christoph die Karten ihres Mannes zur Verfügung, die dieser auf Porto Santo zurückgelassen hatte und die wertvolle Informationen über die Schiffahrt im Ozean enthielten. Der Sohn Fernando schrieb, was er vom Vater gehört hatte: »Seine Schwiegermutter überließ ihm die Schriftstücke und Navigationskarten von Perestrello, einem großen Seefahrer, der Karten, Segelhandbücher und handschriftliche Aufzeichnungen über die Atlantikrouten entlang den afrikanischen Küsten, auf Madeira und den Azoren gesammelt hatte.« Zu Perestrellos Zeit war die Insel Madeira eine wichtige Basis für alle portugiesischen Entdeckungen im Atlantik gewesen. In der Folge war es als Haltepunkt und Anlegestelle der Seefahrer zu einem Umschlagplatz für Nachrichten geworden, die die Seeleute von ihren Reisen mitbrachten. Für die Ortsansässigen fügte man die zahlreichen direkten Beobachtungen über die Windverhältnisse hinzu, über die Wellen, Strömungen und den Flug der Vögel – das waren unersetzliche Erfahrungen, die für die Kunst der Schiffahrt auf hoher See, auf einsamen und unbekannten Routen, weitab von den Bezugspunkten an der Küste von grundlegender Bedeutung waren.

Dies war die informative Seite des Aufenthalts auf Porto Santo. Aber es gab auch Legenden, die Kolumbus' Phantasie erregten. Zu jener Zeit glaubten alle an die Inseln. Die aufeinanderfolgenden Entdeckungen der Kanarischen Inseln, der Azoren, der Madeira-Gruppe und des Archipels der Kapverdischen Inseln hatten deutlich gemacht, daß der Atlantik mit Inseln übersät war. Davon hatten bereits die Großen der Antike gesprochen: Da waren Platos Atlantis, Plinius' »schwimmende Inseln« und die »verlorenen Inseln« der fernsten Jahrhunderte des Mittelalters. Aus dem Nebel des Nichts tauchten diese vom Ozean umgebenen Landgebiete auf, diese Urbilder des Paradieses, die mit Urwald, sattgrünen Palmen und jungfräulichen Wiesen bedeckt waren. Unberührte, unschuldige Inseln. Und sofort stürzte man sich auf alle Seekarten und Globen, um den Atlantik mit weiteren Inselchen und imaginären Archipelen zu füllen. Karten und Globen wurden auf Befehl der Mächtigen oder solcher Personen angefertigt, die sie den Mächtigen zum Geschenk machen wollten. Die leeren Räume in den Ozeanen wurden nicht gern gesehen; sie konnten die Hersteller in den Verdacht der Unwissenheit bringen. So präsentierte man neben den echten Inseln auch falsche, wie etwa Antilia, San Brandano, die Felsen Brasiliens. Viele dieser Phantasieprodukte waren so zählebig, daß sie erst in der zweiten Hälfte des 19. Jahrhunderts endgültig aus den Karten der britischen Admiralität verschwanden.

Die Inseln waren wie seltsame Stimmen, die vom Meer herüberdrangen. Auch auf Porto Santo gab es Leute, die schworen, gesehen zu haben, wie sich auf hoher See, »auf der anderen Seite«, neue Inseln abzeichneten. Kolumbus blieb Stunden, ja Tage am Strand, fasziniert von seinem Ozean. Unaufhörlich erklang das Echo der Wellen, die Gegenwart des Atlantik wirkte berauschend. Er beherrschte die Sinne mit seinen Düften und Gerüchen, die aus der Ferne herüberdrangen, immer aus Westen, wie Kolumbus meinte. Auch der Wind wehte ständig von West nach Ost – eine wertvolle Beobachtung, die er auf Porto Santo machte. Er überlegte, daß die Sonne in Madeira zwei Stunden später aufging als in

Genua. Er mußte sich fragen: Wenn die Erde wirklich rund ist, wie viele Sonnenstunden trennten dann Madeira von den äußersten Rändern Asiens, vom Traumziel Indien? Meiner Ansicht nach hat Porto Santo für Kolumbus die Bestätigung seiner anfänglichen Intuition gebracht, wonach der Osten über den Westen zu erreichen war *(»buscar el levante por el poniente«)*. Osten – das hieß Asien, Indien, Kathei. An die Existenz eines Landes wie Amerika dachte man damals nicht einmal im Traum. Amerika war mehr als nur ungeahnt, es war einfach nicht existent. Der Atlantik zwischen Europa und Asien war leer. Leer bis auf jene Inseln, die den Traum am Leben hielten. Wurde Amerika nicht vielleicht eben deswegen entdeckt, da niemand, nicht einmal Kolumbus, sich seine Existenz vorstellen konnte?

Weniger Bedeutung messe ich den verschiedenen Märchen – vielleicht auch Tatsachenberichten – bei, die sich auf das Strandgut bezogen, welches die Atlantikstürme auf Madeira oder den Azoren an die Küste der Inseln spülten. An den Stränden hatte man Holzstücke, dicke Rohre von unbekannten Pflanzen gefunden, und auf der Insel Flores soll das Meer zwei Leichen an die Küste geschwemmt haben, »die sehr breite Gesichter zu haben schienen, welche anders geformt waren als die der Christen«. Zum großen Teil handelte es sich um Geschichten, die nach Kolumbus' Entdekkung erzählt wurden, oder einfach um Seemannsgarn, an dem jeder ein bißchen weitergesponnen hatte.

Dazu rechne ich auch jene Sage vom unbekannten Steuermann, die noch heute berühmt ist und von manchen geglaubt wird. Ein Schiff, das im sturmbrausenden Ozean seine Masten verloren hatte und ganz der Gewalt der Wellen ausgeliefert war, soll zufällig in Porto Santo gelandet sein, als sich Kolumbus gerade dort aufhielt. Alle Seeleute waren auf See geblieben bis auf den Steuermann, der das Ufer erschöpft und am Ende seiner Kräfte und seines Lebens erreichte. Kolumbus soll ihn in seinem Haus aufgenommen und in dessen Todesstunde von ihm erfahren haben, daß es auf der anderen Seite des Ozeans, »jenseits« also, andere Länder gäbe, an die die Stürme sein Schiff geworfen hätten. Kolumbus soll den unbekannten Steuermann gebeten haben, ihm eine Skizze der zurückgelegten Strecke zu zeichnen. Danach hätte der Mann seinen Geist aufgegeben, und Kolumbus sei der einzige Mensch geblieben, der das Geheimnis kannte.

Der erste, der diese Geschichte um 1535 aufschrieb, war der Kolumbus-Biograph Oviedo. Doch am Ende der Erzählung kommentierte er: »Für mich ist das alles unwahr.« Fast zur gleichen Zeit wurde die Geschichte vom unbekannten Steuermann von dem Dichter Garcilosa in aller Ausführlichkeit beschrieben. Er überlieferte sie der Nachwelt mit der Angabe jeder Einzelheit, selbst den Namen des Steuermanns wußte er preiszugeben. Es schien, als habe er den Stoff zu einem Roman umgearbeitet, und als solcher gefiel er dem Publikum und wurde ein großer Erfolg. Und noch mehr: Während der langen Erbschaftsprozesse wurde diese Geschichte von allen Gegnern des Kolumbus weidlich ausgeschlachtet. Im Laufe der Jahrzehnte wurde sie mit weiteren Erfindungen angereichert: Kolumbus soll dem Steuermann die Karten »abgeluchst« und ihn gar eigenhändig umgebracht haben, um als einziger das Geheimnis zu kennen. Fast ein Jahrhundert nach der Entstehung der Legende glaubten manche, den Steuermann mit dem andalusischen Seefahrer Alonso Sánchez gleichsetzen zu können, der aus Palos oder Umgebung stammte. An diesem Märchen stimmt nicht, daß Kolumbus auf seiner Suche nach dem westlichen Seeweg eine plötzliche Erleuchtung gehabt haben soll, so als ob es einen genau bestimmbaren Augenblick der Erkenntnis gegeben hätte, nachdem ihn der unbekannte Steuermann über alle Einzelheiten unterrichtet hatte. Dieser dient eher als ein *Deus ex machina,* wie man ihn aus frühen Theateraufführungen kennt. Es ist eine traditionelle Methode, dieses und andere Rätsel durch phantasievolle Einlagen zu lösen, mit denen seit Jahrhunderten experimentiert wird und die sich seit Jahrhunderten in solchen Märchen wiederholen, welche gerade die Seeleute so lieben und die sich so gut in ihr Raunen über außergewöhnliche Begebenheiten einfügen.

Alles andere als imaginär war hingegen die große Atlantikreise, die Kolumbus vor dem Tod seiner Frau, im Jahr 1482 oder 1483, die afrikanische Küste entlang und bis zum Äquator führte. Die Portugiesen, die großen Erforscher des afrikanischen Atlantik, hatten kurz zuvor im goldreichen Gebiet von Mina das Fort São Jorge errichtet. Elmina lag in jenem Teil des Kontinents, der damals allgemein Guinea genannt wurde und sich von Kap Verde bis zum Nigerdelta erstreckte. Das Fort befand sich im Gebiet des heutigen Ghana, in dem immer noch ein Küstenort mit einer Festung aus späterer Zeit existiert, die auf den Ruinen des alten Forts gebaut wurde. Der Name des Ortes, Elmina, klingt suggestiv.

In Mina fanden die Portugiesen viel Gold und glaubten, einen Märchenschatz entdeckt zu haben. Tatsächlich war das Gold nur von vielen Generationen angehäuft worden, und es gab keine entsprechend umfangreiche Produktion. Die Begeisterung der ersten Jahre erwies sich als unbegründet. Doch Kolumbus hatte daran teil und lernte diese Atmosphäre kennen. Es war die Reise nach Guinea, die in ihm den unwiderstehlichen Reiz des Goldes weckte, in dessen Bann er ein Leben lang stehen sollte. Neue Länder zu entdecken, war für ihn in einem gewissen Sinn dasselbe wie Gold zu entdecken, verborgenen Reichtum, den versteckten Schatz. Dieses noch ganz mittelalterliche Fieber ging zur Besänftigung der Gewissen mit einer religiösen Schwärmerei einher, die der moralischen Rechtfertigung diente. Die Expeditionen, die nach Guinea fuhren, schwenkten die Fahnen des Kreuzes und predigten, daß mit dem in Afrika gefundenen Gold das Heilige Grab von der muslimischen Herrschaft befreit werden müsse. Es sollte die Finanzierung eines heiligen Krieges sichern, und der Papst gewährte all jenen, die auf der Reise umkamen, den vollkommenen Ablaß. Das Motiv, daß Jerusalem mit dem in den neuen Gebieten entdeckten Gold zurückerobert werden sollte, kehrt bei Kolumbus' atlantischen Abenteuern häufig wieder. Einstweilen lernte er persönlich, was Seefahrt in den tropischen Meeren bedeutete, mitten im Atlantik, um den sein ganzes Denken kreiste.

Für einen Fremden war es nicht leicht, einen Platz an Bord der Schiffe zu finden, die nach Guinea fuhren, einer Route entlang, die die Portugiesen geheimzuhalten und mit niemandem zu teilen wünschten. Hier wirkten sich Kolumbus' Beziehungen zum Hof von Lissabon günstig aus, die sowohl der Schwiegervater zu seinen Lebzeiten als auch die Familie der Schwiegermutter aufgrund ihrer adligen Herkunft angeknüpft hatten. Diese Beziehungen ebneten ihm den Weg zu einer so ersehnte Reise. Es war seine erste große koloniale Erfahrung. Er fuhr unter einem sternenübersäten Himmel, dessen Konstellationen sich änderten, je näher sie dem Äquator kamen. Als die Expedition das Fort erreichte, verschwand der Polarstern fast am Horizont. Auf den Stationen entlang der Reiseroute sah er Menschen, Pflanzen und Tiere, die weder die griechischen noch die römischen Geographen je beschrieben hatten. Es freute ihn, feststellen zu können, daß die heißen Gegenden bewohnbar waren und daß man dort weder Ungeheuer noch Geißeln Gottes antraf, und auch die Schiffe nicht im äquatorialen Feuer verbrannten. »Sein« Ptolemäus war von der Wirklichkeit widerlegt worden.

Er nahm alles zur Kenntnis – das, was er sah, und das, was ihn lockte. In den Schriften, die er hinterließ, selbst in dem Bericht über die große Atlantiküberquerung, finden sich sehr häufig Hinweise auf diese Reise nach Guinea. Offensichtlich bildete sie eine Art Brücke zwischen den Jahren des Wartens und denen des Erfolges. Von Island bis Madeira, von Lissabon bis Guinea verband ihn eines mit seinem Traum – der Ozean, den Kolumbus kennen, lieben und befahren gelernt hatte. Der Atlantik war zu seiner Welt geworden.

DER MUT ZUM IRRTUM

Gegen Ende des 14. Jahrhunderts regte ein französischer Bischof, Nikolaus von Oresme, Theologe und Verfasser von Abhandlungen über Mathematik und Astrologie, die zu seiner Zeit berühmt waren, vor einer Versammlung von Gelehrten in Paris zu einem Gedankenspiel an: Angenommen, Plato würde in Athen zu einer Reise um die Welt aufbrechen und nach Westen gehen, während Sokrates nach Osten, also in die entgegengesetzte Richtung reiste, um ebenfalls eine Reise um die Welt zu machen. Nach genau drei Jahren träfen sich Plato und Sokrates in Athen wieder, ein jeder aus der entgegengesetzten Richtung kommend. Oresmes Pointe bestand nun aus der folgenden Frage: Waren Plato, Sokrates und die übrigen Athener, die in der Stadt geblieben waren, während die beiden unterwegs waren, alle um drei Jahre älter geworden, oder war die Zeit für sie unterschiedlich vergangen? Wenige konnten darauf antworten. Die meisten widersprachen einander. Oresme löste die Frage so: Als Plato in Athen eintraf, hatte er einen Tag weniger gelebt als diejenigen, die in der Stadt geblieben waren, und Sokrates einen Tag mehr.

Der französische Bischof hatte nichts anderes getan, als jene Berechnung der Zeitverschiebungen vorwegzunehmen, die den Reisenden, die heute mit dem Flugzeug von einem Kontinent zum anderen fliegen, so vertraut geworden ist. Zu seiner Zeit jedoch, im ausklingenden Mittelalter und ein Jahrhundert vor Kolumbus' Unternehmung, bedeutete Oresmes Gedankenspiel etwas viel Wichtigeres. Seine Aussage enthält eine kurze Zusammenfassung der beiden Themen, die die Grundlage von Kolumbus' Projekt bildeten: Daß nämlich der Osten auch von Westen her erreicht werden könne und daß der kürzeste Weg nach Indien über den Atlantik führe. Beim ersten Punkt ging es um die Kugelgestalt der Erde, beim zweiten um die Feststellung, daß man, wenn man sich auf einer sphärischen Oberfläche bewegt, jeden Punkt des Globus erreichen kann, unabhängig davon, ob man sich ost- oder westwärts bewegt.

Diese Ideen waren zu dem Zeitpunkt, als Kolumbus seinen Plan faßte, keine großen Neuigkeiten mehr. In den Bibliotheken aller europäischen Fürsten befanden sich Weltkarten, und sowohl die christlichen als auch die jüdischen und arabischen Gelehrten glaubten, daß die Erde rund sei. Aber diese Ideen blieben Theorien, großartige geistige Leistungen. Niemand hegte die Absicht oder den Wunsch, praktischen Nutzen daraus zu ziehen – mit Ausnahme der Kartographen, die sie, wenn auch im beschränkten Umfang, auf ihre Karten übertrugen, und der Gelehrten, die sie auf den Abbildungen des Globus symbolisch darstellten. Der Schritt, den Kolumbus vorwärts machte, bestand darin, daß er jene neuen, allgemein formulierten Aussagen über die Gestalt der Erde einfach für vorläufige, nicht bestreitbare Wahrheiten hielt, aus denen sich konkrete, dem Fortschritt dienende Hypothesen ableiten ließen. Und er glaubte, aufgrund dieser Hypothesen die Teile, aus denen die Welt sich zusammensetzte, besser kennenlernen zu können. In der Kugelform der Erde waren die unerforschten Gebiete enthalten. Jetzt ging es nur noch darum, sich auf den Weg zu machen, loszufahren, um sie zu entdecken.

Nach seiner Rückkehr von der Reise nach Guinea, die Kolumbus 1483 unternommen hatte, war er von diesen Gedanken erfüllt. Er hatte Erfahrungen gesammelt, Abenteuer erlebt, Überlegungen und Forschungen angestellt und gelesen. Schon lief er Gefahr, sich zu verzetteln. Viele Jahre lang hatte er nur vor sich hin geträumt, doch jetzt hatte er den Ozean durchmessen, ihn kreuz und quer befahren. Er war nicht mehr nur auf Visionen angewiesen, sondern hatte direkt den physischen Kontakt zu ihm gespürt. Nun war der Augenblick gekommen, einen systematischen Plan zu entwerfen, der ihm helfen würde, die Grenze zwischen Traum und Wirklichkeit zu überspringen.

Jene Grenze – darüber war er sich sicherer denn je – war der Ozean. Die grundlegende Theorie über die Kugelgestalt der Erde, die allem zugrunde lag, brachte ihn zu demselben Punkt, nämlich dem Ozean. Auch darüber war Kolumbus sich ganz sicher. Das

Ziel, das er anstrebte, schien ihm so untrüglich, daß er keine weiteren Erklärungen brauchte, um seine Sicherheit zu rechtfertigen. Keine Frage beunruhigte ihn. Kolumbus war aber auch praktisch veranlagt und wußte, daß man ein derartiges Unternehmen nicht als Privatmann durchführen konnte. Nur die Zustimmung und der Schutz eines Herrschers, eines Fürsten, konnten ihm die notwendigen Mittel und Zuschüsse garantieren. Dem Herrscher oder Fürsten mußte er ein konkretes Projekt vorlegen; er mußte ihm erklären, warum der Weg über den Ozean der günstigste war, und ihm beweisen, daß die Chancen für eine erfolgreiche Überquerung gut stünden. Dazu mußte er überzeugend, logisch und verständlich reden können. Er mußte einen systematischen Plan aufstellen.

Der erste Teil war einfach. Allein schon anhand der Weltkarte, die die Mächtigen in ihren Studierzimmern griffbereit hielten, erkannte man sehr wohl, daß man, wenn man sich auf der sphärischen Oberfläche des Erdballs bewegte, jeden Punkt der Welt erreichen konnte, ob man nun in die eine oder in die andere Richtung fuhr. Bis jetzt war man, wenn man nach Indien oder nach Kathei, von dem Marco Polo erzählt hat – zum Gold, zu den Gewürzen und zu den Edelsteinen – wollte, nur in Richtung Osten gereist. Nach dem Fall von Konstantinopel war dieser Weg äußerst beschwerlich, an einigen Stellen unpassierbar geworden. Warum sollte man es nicht über den entgegengesetzten Weg, über den nach Westen, versuchen? Die Kugelgestalt der Erde gewährleistete, daß man genauso ans Ziel gelangen würde.

Damit war der einfache Teil aber schon zu Ende; denn nun traten neue Schwierigkeiten auf. Es genügte in der Tat, die beiden Reisewege zu nennen, um festzustellen, daß sie von einem wesentlichen Unterschied gekennzeichnet waren. Der Weg nach Osten führte ausschließlich über Land und war schon hinlänglich erprobt. Für Kolumbus' Vorschlag, den Weg in westlicher Richtung, mußte der Seeweg gewählt werden, ja, er schloß sogar die Überquerung des Ozeans, des unbekanntesten Teils des Globus, mit ein. Man mußte sich spontan fragen, ob eine Atlantik-Expedition nicht den Rahmen der menschlichen Möglichkeiten sprengte. Welche Entfernungen würde man zurücklegen müssen? Wie lange würde sie dauern? Die bis dahin bekannten See-Unternehmungen hatten bestimmte Grenzen niemals überschritten. Und wenn sie sie überwunden hatten – wie es ein gutes Jahrhundert zuvor den genuesischen Seefahrern Vivaldi gelungen war –, dann waren sie im Nichts verschwunden. Wie würden die Seeleute eine lange, vielleicht zu lange Einsamkeit überstehen? Würde man all die Lebensmittel an Bord nehmen können, die man für eine Überquerung brauchte, die viele Wochen, wahrscheinlich Monate, dauern würde? Und wie war das mit den Reserven, die man im Fall eines Mißerfolges für die Rückreise benötigte?

Das waren nicht nur theoretische Probleme. Sie hatten durchaus praktische Seiten. Die Fürsten liebten es nicht, ein Projekt nur auf Hoffnung zu bauen. Wenn sie schon Geld und Schiffe in die Unternehmung investieren sollten, dann verlangten sie angemessene Garantien dafür, daß kein Geld verschwendet wurde und die Schiffe nicht verlorengingen. Um die Menschen machte man sich weniger Sorgen. War es denn nicht so, daß es drei Kategorien von Menschen gab – Lebende, Tote und Seefahrer? Ihr Schicksal hing immer an einem seidenen Faden. Die Seeleute wußten das, und hatten dieses Los trotzdem akzeptiert.

In diesen Fragen schwang wieder die ganze Finsternis des Mittelalters mit, die Angst vor der Natur, vor dem, was unbekannt war. Die sachlichen Voraussetzungen und die Hilfe der Wissenschaft spielten keine Rolle mehr. Es gab zwar den Drang in die Zukunft, aber er stand im Widerspruch zur lastenden Erinnerung an die Vergangenheit. Mit seiner Entscheidung für den Ozean gelang es Christoph Kolumbus, die Widersprüche des Mittelalters zu überwinden. Das Interesse der Menschen hatte sich bis dahin auf das Land beschränkt. Kolumbus verlagerte sein Ziel auf das Wasser. Dies auch nur vorzuschlagen, erforderte Mut.

Was die Mathematiker und Astronomen auch an Neuem herausfanden – die Menschen, die in jenen letzten Jahrzehnten des 15. Jahrhunderts lebten, hatten in ihrem Innersten die alte Vorstellung noch nicht aufgegeben, wonach der Ozean um alle Landgebiete kreiste und ein Meer »außerhalb« der Welt, des Lebens und des Wissens war. Die Kontinente lagen im Mittelpunkt des Erdballs, und der Ozean legte sich wie eine starre, eine letzte Grenze um sie herum. Niemandem war es in den Sinn gekommen, ihn zu überqueren, ja nicht einmal, sich seiner Unermeßlichkeit auszusetzen – abgesehen von ganz wenigen Abenteurern, die man für verrückt gehalten und nur als Irre im Gedächtnis behalten hatte, als Beispiele für Anmaßung und Wahn. Der Ozean war »unendlich«. Und kann man an das Ende von etwas Unendlichem gelangen? Der Ozean war »unbekannt«. Und wie stellte man es an, in dem, was unbekannt ist, einen Weg zu finden? Dem Unendlichen, dem Unbekannten wohnte etwas Heiliges inne, und an das Heilige darf man nicht rühren, es ist unantastbar.

Dieses waren die geistigen Schranken, die sich zwischen dem Menschen und dem Ozean erhoben: »der atlantische Abgrund«, der in seiner Unbegrenztheit etwas beinahe Ungeheuerliches hatte, denn es gab eine Übereinstimmung zwischen dem Unendlichen und dem Nichts. Die Portugiesen hatten dem äußersten Vorgebirge, das von der marokkanischen Küste, nahe dem Wendekreis, in den Atlantik hineinragt, den Namen »Kap des Nichts« gegeben. Wer sich von dort in das Nichts hineinwagte, der verlor sich auch im Nichts. Vom Kap des Nichts kehrte man nicht mehr zurück.

Kolumbus suchte mit diesen Mythen Schluß zu machen und die Angst zu überwinden – eine Angst, die er selbst nicht empfand. Er fühlte sich vielmehr vom Unendlichen angezogen wie vom Reiz eines Labyrinths, der ewigen Magie des geheimnisumwitterten, aber nicht unauffindbaren Weges. Kolumbus' Frage war eine moderne Frage: Ist das Unbekannte das, was man nicht kennen kann, oder nur das, was man nicht kennt? Über die Antwort gab es bei ihm keine Zweifel.

Aber da waren noch die Herrscher, die Fürsten, die es zu überzeugen galt. Ihnen mußte man beweisen, daß man die Strecke zwischen Europa und Asien auf dem Seeweg zurücklegen konnte, daß sie nur kurz war, und daß man sie mit normalen Schiffen und den verfügbaren Mitteln bewältigen konnte. Er packte dieses Problem an, indem er als erstes die bekannten Entfernungen zusammenrechnete. Der Landweg zwischen Europa und Asien war bereits zurückgelegt worden, und es existierten Angaben zur Messung des Erdumfangs. Vom äußersten Punkt Europas bis zum äußersten Punkt Asiens war die Strecke über den Ozean so lang wie die Differenz zwischen diesen beiden Zahlen, zwei bekannten Zahlen. Und man würde sich nicht mehr hinter der Ausrede verstecken können, es handle sich um Unbekanntes.

Welche Berechnungen hatten die berühmtesten Geographen angestellt? Kolumbus begann bei Ptolemäus. Ptolemäus zufolge bedeckten die Landgebiete, die sich zwischen dem Kap São Vicente, dem äußersten Zipfel Europas an der atlantischen Küste, und dem Kap Kattigara erstreckten, das er als äußersten Zipfel Asiens nennt, etwa 180 Längengrade. Da der Erdumfang seit dem frühesten Altertum mit 360 Längengraden gemessen wurde, war das die Hälfte des Erdballs. Die Welt war also, Ptolemäus zufolge, zur Hälfte mit Land bedeckt, während die andere Hälfte vom Wasser, dem Ozean, eingenommen wurde.

Kolumbus war mit diesen Zahlen nicht einverstanden. Er meinte, Ptolemäus habe bei der Schätzung der Ozeanbreite übertrieben. Und er begann aufmerksam nachzuforschen und alle Texte der anderen Gelehrten Zeile für Zeile zu studieren, um jeden Hinweis zu erhaschen, der den Weg über den Atlantik auf eine zuversichtlich stimmendere Länge verringerte. Da war etwa Marinos von Tyrus, ein Grieche, der im zweiten Jahrhundert gelebt und die mathematische Geographie begründet hatte. Für Marinos von Tyrus, den Kolumbus über das Buch des Kardinals von Ailly kennenlernte, nahmen die Landgebiete eine Breite von 225 Grad ein, eine Fläche, die erheblich größer war als die von Ptolemäus errechnete. Durch die Verlängerung des Landweges verringerte sich automatisch die Länge des Seeweges, die auf lediglich 135 Grad reduziert wurde. Von Ptolemäus' Berechnungen, wonach die Welt zur Hälfte aus Land, zur Hälfte aus Wasser bestand, kam man so zu einem Verhältnis von drei Achteln Wasser zu fünf Achteln Land, und das paßte viel besser in Kolumbus' Vorstellung. Übrigens hatten auch Aristoteles, Plinius und Seneca den Anteil der Meeresoberfläche auf drei Achtel der Fläche des ganzen Erdballs geschätzt. Kolumbus reihte ihre Zitate emsig aneinander. Aber er vergaß zu sagen, daß die Zahlen des Ptolemäus keine Alternativen waren, welche zu einer Hypothese gehörten, die sich nach Belieben mit anderen vergleichen ließ. Ptolemäus hatte nach Marinos von Tyrus gelebt und die Berechnungen seines Vorgängers sehr gut gekannt. Er hatte sie widerlegt und durch neue Messungen korrigiert. Kolumbus vermied es, davon zu sprechen. Er bewunderte Ptolemäus, doch für die Berechnung der Ozeanfläche zog er Marinos vor.

Allerdings paßte diese ihm auch noch nicht ganz. Obwohl der Ozean bei Marinos eine geringere Ausdehnung hatte, war er ihm doch noch zu groß. Deshalb fügte Kolumbus den 225 Grad des

Landweges eigenmächtig noch weitere 28 Grad hinzu, und zwar aufgrund von Hinweisen, die er bei Marco Polo gefunden hatte. Diese waren Ailly noch nicht bekannt gewesen, hatten aber den Europäern neuerdings vor Augen geführt, wie riesig weit sich Asien erstreckte und daß es von einer bis dahin ungeahnten Größe war. Die achtundzwanzig von Kolumbus hinzugerechneten Grade gingen tatsächlich auf sehr unpräzise Bemerkungen des venezianischen Reisenden zurück und sollten jenen Regionen entsprechen, die Marco Polo pauschal als das »ganze Indien jenseits des Ganges« definierte.

Auf weitere dreißig Längengrade schätzte Kolumbus die Entfernung zwischen Kathei (China) und Zipangu (Japan) und fügte sie ebenfalls seiner Berechnung hinzu. Die Schiffe, die den Ozean in Richtung Indien überqueren würden, müßten ja zunächst in Zipangu landen. Der unbekannte und einsame Teil des Seeweges wurde also weiter verringert. Kolumbus zog noch weitere neun Grad ab; denn er beabsichtigte, auf den Kanarischen Inseln Station zu machen und die eigentliche Atlantiküberquerung erst von dort aus durchzuführen. Von den 180 Grad des Ptolemäus waren also nur noch 68 übriggeblieben, etwas mehr als ein Drittel. Mit einer nochmaligen und diesmal völlig willkürlichen Korrektur zog Kolumbus weitere acht Grad ab und verringerte so die gesamte Entfernung auf die fast schon lächerliche Zahl von 60 Grad. Und er tat das einzig und allein in der Annahme, daß Marinos von Tyrus, seine Quelle, das tatsächliche Maß für ein Grad überschätzt hatte.

Ob mit Absicht oder nicht, er irrte sich gewaltig. Allerdings war das nicht sein einziger Fehler. Auf See mißt man die Entfernungen nämlich nicht in Graden, die in der praktischen Seefahrt immer nur ziemlich vage Anhaltspunkte sind, sondern in Meilen. Die Seeleute können die Geschwindigkeit, mit der ihr Segelschiff vorankommt, abschätzen, und sie tun das in Meilen. Und wenn sie die Entfernung, die zurückgelegt werden muß, in Meilen kennen, dann können sie ausrechnen, wie lange die Reise dauern wird. Das mußte Kolumbus machen: Die Grade in Meilen umrechnen, um die zurückzulegende Strecke zu messen.

Auch hier boten sich ihm verschiedene Hypothesen an. Der Grad, also die Distanz zwischen zwei Längengraden, wurde, bezogen auf den Umfang der Erde an ihrer größten Ausdehnung, dem Äquator, geschätzt. Aber die Schätzungen waren unterschiedlich, verschieden formuliert. Kolumbus, der sich die Bürgschaften der Fürsten verschaffen mußte, entschied sich natürlich für solche, die die kürzeste Strecke auswiesen. Heute hat der Grad für einen modernen Reisenden einen genauen Wert, nämlich 60 Seemeilen; das entspricht etwa 111 Kilometern. Für die Ziele, die Kolumbus mit seinen Demonstrationen verfolgte, wäre dieses Maß kritisch gewesen. Und es wäre nicht so leicht zu manipulieren gewesen wie die Messung in Graden. So unglaublich es erscheinen mag, aber Aristoteles kam bei der Berechnung des Grades zu einem Wert, der mit dem übereinstimmt, den uns heute die elektronischen Rechengeräte liefern. Zwischen der Messung des Aristoteles und der des Computers beträgt die Differenz kaum ein paar Meter. Die perfektesten Maschinen beschränken sich also darauf, das zu wiederholen, was der menschliche Verstand bereits vor dreiundzwanzig Jahrhunderten herausgefunden hat!

Dieses Mal war für Kolumbus Ptolemäus besser geeignet, der ein Grad mit 50 Meilen berechnete, indem er – diesmal ohne Korrektur – an die Schätzung von Marinos von Tyrus anknüpfte. Als ob es nicht genügt hätte, fand Kolumbus, der zwischen Aillys Zitaten herumsuchte, daß die Hypothese des arabischen Kosmographen Al Farghani (oder Alfraganus) für ihn noch günstiger wäre. Seit einiger Zeit waren die berühmten Zentren des europäischen Geistes darangegangen, die griechischen und arabischen Texte zu studieren und zu übersetzen, die im Überfluß vorhanden waren und seit Jahrhunderten in ihren verstaubten Grüften schlummerten. Selbst Ptolemäus war erst vor kurzem wieder ins Blickfeld der Gelehrten gerückt. Das gleiche galt für diesen Al Farghani, vor allem wegen seiner Abhandlung über die »Sterne und die Himmelsbewegungen«. Dort fand er für den Grad eine Maßangabe von 50 arabischen Meilen; dies entsprach etwa der Berechnung des Aristoteles. Doch Kolumbus erlag erneut einem Irrtum, indem er davon ausging, daß die arabische Meile das Äquivalent zur römischen Meile sei, die in Wirklichkeit aber sehr viel kürzer war. Auf der Grundlage dieser falschen Schätzung hätte Al Farghanis Grad am Äquator nur 45 Meilen messen dürfen und auf der Höhe, auf der Kolumbus seine Atlantiküberquerung durchzuführen beabsichtigte, sogar noch weniger. So bot Al Farghani den niedrigsten Schätzwert für die Entfernung, die zurückzulegen war. Und Kolumbus wählte unter allen möglichen Hypothesen die von Al

Farghani. Auf diese Weise gelang ihm die gröbste Unterschätzung der Breite des geographischen Grades, an die sich die Geschichte seit Eratosthenes erinnert. Da er sich auf diese falschen Zahlen stützte, war Kolumbus' Welt um ein gutes Viertel kleiner als die tatsächliche.

Und deshalb schrieb er auf eine Seite der *Ymago Mundi* folgendes an den Rand: »Zwischen dem Ende Spaniens und dem Anfang Indiens ist das Meer nicht breit und in wenigen Tagen zu überqueren.« In einem der Berichte, die er nach der Rückkehr von seinen Atlantiküberquerungen verfaßte, präzisierte er dieses Konzept noch näher, indem er das folgende Wort von Aristoteles als Zeugnis heranzog: »Der Meister der Scholastik sagt, daß der Erdball nur von wenigen Wasserflächen bedeckt wird, und da diese miteinander verbunden sind und aneinander stoßen, nehmen sie auch sehr wenig Platz ein. Man kann leicht von Spanien nach Indien fahren, was – einem Hinweis des Kardinals von Ailly zufolge – auch von Averroes bestätigt wurde.«

Kolumbus' Unternehmen beruhte also auf zwei gewaltigen geographischen Fehlern: Der Umfang der Erde wurde weit unterschätzt, während die Ausdehnung Asiens weit überschätzt wurde. Wenn man die beiden falschen Angaben zusammenzählte, ergab sich für die Ozeanüberquerung eine auf ein Minimum reduzierte Strecke. Das war für denjenigen ermutigend, der zu entscheiden hatte, und vielleicht auch für den, der segeln würde. Aber da dies die einzige Art war, die Kolumbus zu Gebote stand, um die Angst vor dem Unbekannten zu besiegen, darf man eine so ungenaue Berechnung der Wirklichkeit nicht nur als Folge eines Irrtums ansehen: Bei Kolumbus vermischten sich Mißverständnisse mit Traumvorstellungen, die zu jenem Körnchen von – genialem – Wahnsinn gehören, der das Unmögliche möglich macht.

Ich habe versucht, für diese kolossalen Fehler, die Kolumbus machte und auf die er all seine Pläne gründete, eine Rechtfertigung zu finden. Ich bin davon ausgegangen, daß in jenen Jahren in bezug auf die ungenauen, oft sich verändernden geographischen Kenntnisse eine Verwirrung herrschte, die so groß war, daß sie einem Rauschzustand gleichkam. Man konnte leicht phantasieren und gar nicht bemerken, daß man es tat. Ich habe auch über die Tatsache nachgedacht, daß Kolumbus praktisch ein Autodidakt mit vielen Bildungslücken und einer unzulänglichen Grundausbildung war. Für Autodidakten ist das Verharren im Irrtum, das blinde Vertrauen in das, was sie entdeckt zu haben glauben, typisch. Die Kenntnisse, die er hatte sammeln können, waren im übrigen mittelalterliche Kenntnisse, die sich unter dem Schirm der Autorität der Klassiker versteckten und die von scholastischen Gelehrten immer wieder gesichtet und überprüft worden und deshalb recht wenig erhellend waren. Der Geograph George Nunn, der vor ungefähr fünfzig Jahren ein für meine Begriffe mustergültiges Buch über Kolumbus' geographische Kenntnisse schrieb, räumte resümierend ein, daß »Kolumbus angesichts der Umstände den Fehler, den er machte, einfach machen mußte«.

Genügt das zu seiner Rechtfertigung? Ich glaube nicht. Es war mehr der Zufall als die Intuition, die ihn dort, wo er mit Sicherheit Indien vermutete, Amerika finden ließ, dessen Existenz er sich nicht einmal im Traum hätte vorstellen können. Wenn es nicht so gewesen wäre, hätte er aufgrund der falschen Schätzung der Entfernung zwischen Europa und Asien noch monatelang auf See bleiben müssen. Er wäre nie angekommen. Das Nichts, das herauszufordern er sich nicht scheute, hätte ihn erbarmungslos verschluckt. Und heute würde kein Mensch von ihm sprechen; denn er wäre ein unbekannter, im Unbekannten verschwundener Forschungsreisender.

Ich will auf etwas anderes hinaus. Was Kolumbus rettet, ist nicht die Geographie, sondern der Mut, der auch in seiner Weigerung lag, sich mit dem zu begnügen, was alle für wahr hielten. Dem geographischen Irrtum fügte Kolumbus die List der Begeisterung hinzu. Er mißachtete absichtlich die Zahlen und verstieß vorsätzlich gegen die Regeln. Das war keineswegs ein dem Mittelalter entsprechendes Verhalten. Kolumbus stand mit den Füßen noch im Mittelalter, dessen Kind er war und das ihm Grenzen setzte. Aber für seine Phantasie war es keine Grenze mehr; denn auf seiner Reise in die Zukunft balancierte er auf einem Seil über einer unbekannten Wirklichkeit. Das Neue an Kolumbus war sein Forscherdrang, die Schnelligkeit, mit der es ihm gelang, Tatsachen und Phänomene zu erklären, die noch nicht interpretiert waren und deren Deutung man noch nicht einmal versucht hatte. Er war vielschichtig und unruhig in seinem Denken, in seinem Willen aber unerschütterlich. Auch das war Mut.

Er wurde nicht von Zweifeln berührt. Der Mangel an kritischem Denken war eines der typischen Merkmale des Mittelalters. Doch das half Kolumbus in seiner Beharrlichkeit so sehr, daß es – zumindest teilweise – seine Irrtümer erklärt, das heißt, jene, die er unbewußt begangen hat. Wie in allen Menschen, die vom Hauch der Größe angeweht werden, so gab es auch in ihm eine Mischung von Rationalem und Irrationalem. Rational war sein Wunsch, etwas zu entdecken, sein Wissensdurst. Irrational seine Gewißheit, dabei erfolgreich zu sein. Las Casas schrieb, daß Kolumbus »in seinem Herzen die ganz sichere Zuversicht hegte, das zu finden, von dem er erklärte, er würde es finden – so als ob er es nur in seinen Koffer gesperrt hätte«.

Wie ein Auserwählter fühlte er sich zu einer Mission prädestiniert. Er hatte ein prophetisches Gespür für das, was er erleben würde. Am Ende ließ er die Geographen, die Astronomen und die Philosophen hinter sich. Er suchte seine Gesprächspartner unter den Propheten und Hilfe in der Bibel. Im Buch Esra, wo über die Tage der Schöpfung berichtet wird, fand er folgendes geschrieben: »... Und am dritten Tag hast du die Wasser und den siebten Teil der Erde vereint, und die sechs anderen Teile hast du getrocknet.« Das war seine endgültige Erleuchtung. Esra wurde vom heiligen Augustinus für einen Propheten gehalten. Wie oft wird er von Kolumbus zitiert, wie eine Fahne beim Angriff geschwenkt: »Esra behauptet, die Welt bestehe zu sechs Teilen aus Land und zu einem aus Wasser.« Das war mehr als bei Aristoteles, Ptolemäus, Marinos von Tyrus und Al Farghani. Esra ist der Glaube, die mittelalterliche Auffassung von der Lehre, die nicht von der Wahrheit unterschieden werden kann. Wie sollte Kolumbus in Esra nicht das Zeichen des Himmels erkennen, auf das er wartete? Er würde sich auf das Meer begeben und weder nach Ptolemäus noch nach Aristoteles segeln, sondern nach Esra, mit dem Herzen und der Hoffnung auf das Alte Testament vertrauend. Und auch das war Mut.

Nachdem die Planung des Unternehmens auf diese Weise abgeschlossen war, und zwar in der Form, von der er annahm, sie sei besonders vertrauenerweckend und am besten vor den Schrecken des Unbekannten geschützt, entschloß er sich, sein Projekt dem König von Portugal vorzustellen, um die erforderlichen Mittel von ihm zu erhalten. Dies geschah Ende 1483, kurz vor dem Tod seiner Frau Felipa. Wir müssen davon ausgehen, daß es eben die

Beziehungen der Familie seiner Frau zum Hof waren, die ihm den Zugang zu den königlichen Gemächern erleichterten, was für einen Fremden plebejischer Abkunft ohne irgendeinen Ruf als Geograph oder Seefahrer nicht so einfach zu erreichen war. Die Moniz hatten gesellschaftliche Beziehungen zu Kreisen, die dem König nahestanden, und waren wahrscheinlich auch direkte Verwandte eines der Männer, die am Lissaboner Hof großen Einfluß ausübten, nämlich des Kanonikus Fernando Martins, der später Kardinal werden sollte.

Dieser Martins hatte besondere Gründe, sich für Kolumbus und sein Entdeckungsvorhaben zu interessieren. In seiner Jugend war er mehrmals in Italien gewesen, hatte die päpstliche Kurie besucht und in Rom und Florenz Freundschaft mit einigen Persönlichkeiten der damaligen wissenschaftlichen Kreise geschlossen. In Florenz hatte er Paolo Toscanelli, den Humanisten und Handschriftenforscher, kennengelernt, der sich auch der Mathematik und der Geographie widmete. Dieser war ein hervorragender Dilettant, der die Wissenschaft in seinen Mußestunden betrieb. Von Beruf war er Arzt, und wie im Fall aller Kliniker der damaligen Zeit gehörte es zu seinem Tätigkeitsbereich, für Cosimo de' Medici und seine Angehörigen Horoskope zu stellen. Toscanelli war also auch Astrologe; in seinen freien Stunden beschäftigte er sich als Kosmograph und als Zeichner von Meeren und Kontinenten. Er muß vielseitig begabt gewesen sein, wenn Regiomontanus, der sich in Florenz mit ihm beriet, ihn als »einen der hervorragendsten Gelehrten« seiner Zeit bezeichnete.

Nach seiner Rückkehr nach Lissabon berichtete Martins dem König über diesen Toscanelli und einige seiner originellen Ideen über die Art und Weise, wie man den Fernen Osten erreichen könnte. Er erzählte so viel, daß der Herrscher – damals Alfons V. – durch Martins eine präzise Frage an Toscanelli richten ließ: Welches ist, seiner Meinung nach, der kürzeste Weg nach Indien? Das war 1474, als schon die beiden Hypothesen von der Ost- und der Westroute aufzuleuchten begannen. Toscanelli antwortete mit einem lateinisch geschriebenen Brief und legte eine sehr detaillierte Karte bei, auf der die Ozeanroute bis zu den Regionen von Kathei und Zipangu eingezeichnet war. Angefügt waren Beschreibungen und Daten, die sich auf die Entfernungen bezogen, Bemerkungen über die Möglichkeiten, auf dazwischenliegende Inseln zu stoßen

– unter anderem auf das altbekannte Antilia, das durch die mittelalterlichen Köpfe spukte –, sowie Hinweise auf die Berichte von Seeleuten und Reisenden. Toscanelli schloß mit der Behauptung, daß die Überquerung des Ozeans der kürzeste Weg nach Asien sei: *»brevior via ad loca aromatum«*, der kürzeste Weg zu den Gegenden, wo die Gewürze wachsen.

Als Alfons V. Toscanellis Antwort erhielt, hatte er bereits die Expeditionen nach Guinea und die Versuche einer Umsegelung Afrikas gefördert; er hatte sich also für den Weg in die entgegengesetzte Richtung entschieden. Toscanellis Hinweise wurden beiseite geschoben, und der Briefwechsel landete in den Staatsarchiven, wo er unter Verschluß kam. Höchstwahrscheinlich hat Martins, mit dem Kolumbus über seine Heirat in ein verwandtschaftliches Verhältnis getreten war, es dem späteren Entdecker Amerikas persönlich erlaubt, Toscanellis Karten unter dem Siegel der Verschwiegenheit zu Rate zu ziehen. Kolumbus soll sie sogar abgezeichnet haben; denn wir finden eine peinlich genaue Wiedergabe davon auf den Vorsatzblättern von Papst Piccolominis *Historia Rerum*, in derselben Buchausgabe, die Kolumbus auf all seinen Reisen bei sich trug und die zu den Büchern aus Kolumbus' Besitz gehören, die sich heute in der Bibliothek von Sevilla befinden.

Übrigens behaupteten sein Biograph Las Casas und sein Sohn Fernando, es habe auch zwischen Kolumbus und Toscanelli einen direkten Briefwechsel gegeben, der das in Gang gebracht habe, was für Kolumbus noch im Zustand der Planung war. Diese Geschichte erscheint mir zu gefällig, zumal sie mit vielen Lobsprüchen garniert ist, die Toscanelli, weil er ihn so kühn fand, an Kolumbus gerichtet haben soll. Aber er fügte dem, was Toscanelli an den König geschrieben hatte und von dem Kolumbus Kenntnis besaß, nichts hinzu. Sicher, auch ich glaube, daß der Brief und vor allem die von Toscanelli gezeichnete Karte ihn ins Schwärmen brachten. »Diese Karte entzückte Kolumbus«, schreibt Las Casas wörtlich. Aber sie brachte vor allem die Bestätigung der Wahrheiten, die Kolumbus vorausgeahnt hatte. Toscanelli gab den Produkten seiner Phantasie einen gewissen Anschein von wissenschaftlicher Sicherheit. Die beiden Hypothesen über den Reiseweg – die von Kolumbus und die von Toscanelli – waren nicht einmal identisch. Doch geographisch waren alle beide falsch. Kolumbus' Hypothese enthielt jedoch eine größere Anzahl von Fehlern, die die Überfahrt viel einfacher erscheinen ließ. Und trotz seiner Begeisterung für Toscanelli hütete sich Kolumbus davor, sie für den Teil, der ihn betraf, zu korrigieren.

Der König von Portugal, der Kolumbus 1483, fast zehn Jahre nach Toscanellis Brief, in Audienz empfing, war der erstgeborene Sohn von Alfons V. und war erst kurz zuvor seinem Vater auf den Thron gefolgt. Er regierte unter dem Namen Johann II. und interessierte sich, wie seine Vorgänger, brennend für die Seefahrt. »Sein Geist schweifte immer über jede Grenze hinaus«, sagte von ihm sein Hofschreiber Ruy de la Piña.

Der König und Kolumbus verstanden sich nicht. Kolumbus bot all seine Überzeugungskünste auf, die er meisterhaft beherrscht zu haben scheint. Er erläuterte sein Vorhaben, ließ den Gedanken an das Gold wie ein Signal aufblitzen, erinnerte an die großen Beispiele anderer Herrscher, die den Anstoß zu Entdeckungen gegeben hatten: an Alexander den Großen, der den Philosophen Onesikritos mit einer Flotte nach Taprobane, zur Insel Ceylon, entsandt hatte, damit er die Antipoden erforschte; an Nero, der zwei Centurionen an den Hof des Königs von Äthiopien geschickt hatte, um die Quellen des Nil erkunden zu lassen.

Johann II. hörte unbewegt zu. Viele Jahre später beschrieb Kolumbus jene Begegnung in einem Brief mit folgenden Worten: »Der Herr verschloß König Johann Augen und Ohren, um ihn nicht verstehen zu lassen, was ich sagte.« João de Barros, der getreue Chronist der damaligen portugiesischen Ereignisse, schrieb, daß Kolumbus auf den König »mit dem, was er sagte, eher überspannt und phantasievoll als präzise gewirkt« habe. Johann »schenkte ihm wenig Glauben«, Kolumbus' Reden erschienen ihm »unsinnig«.

Hatte er vielleicht unrecht, angesichts eines Unbekannten, der als Beweis für das, was er für wahr erklärte, Esra und Abschnitte aus der Bibel zitierte? Johann verstand sehr viel von der Seefahrt. In seiner Jugend hatte er von seinem Vater den Auftrag erhalten, ein Bild von all den für möglich gehaltenen Entdeckungen zu zeichnen. Er hatte auch Toscanellis Karte überprüft und sie für unbrauchbar erklärt. Und jetzt kam Kolumbus daher und schlug ihm gerade diesen Wahnsinn vor. Er war bereit, ihm sein Nein ins Gesicht zu sagen. Doch er wählte eine höflichere und hinhaltendere Ablehnung. Er zog die Sache dadurch in die Länge, daß er um die Stellungnahme einiger Gelehrter bat. Zu ihnen gehörten der Bischof von Ceuta, Don Diego Ortiz, der Kosmograph war, und die beiden jüdischen Gelehrten José Vizinho und Rodrigo, Experten in der nautischen Geographie. Einstimmig hielten sie Kolumbus' Berechnungen für falsch und empfahlen, seine Forderungen zurückzuweisen. Der König gab seine Ablehnung daraufhin offiziell bekannt.

Lope de Vega hat in einer völlig in Vergessenheit geratenen Komödie mit dem Titel *El Nuevo Mundo* diese Episode geschildert (da er über tausend Bühnenwerke verfaßt hat, ist es unmöglich, sie alle vor dem Vergessen der Jahrhunderte zu bewahren!). Dieses Lustspiel wurde hundert Jahre nach der Begegnung zwischen Kolumbus und König Johann aufgeführt, die Gegenstand gleich der ersten Szene ist. Lope de Vega legt dem König von Portugal viel schärfere Worte in den Mund, als dieser in Wirklichkeit gebraucht hatte. Auch in der theatralischen Fiktion läßt Johann Kolumbus lange reden, um ihm dann zu antworten, daß »der Radius eines auf dem Papier gezeichneten Kreises nicht der Weg der Sonne« sei. Wenn er ihn dann mit seiner Ablehnung wegschickt, sagt er ihm brutal, er solle sich die Flausen aus dem Kopf schlagen. Im spanischen Vers klingt der entsprechende, so beleidigende Satz sehr grotesk: »*Procura cura para tu locura!*«, was etwa soviel heißt wie: Sorg dafür, daß dich jemand von deinem Wahnsinn heilt.

Kolumbus wurde also wie ein Verrückter beurteilt, der sich in den Kopf gesetzt hatte, über den Ozean nach Asien zu fahren. Aber das war ja gerade sein Vorzug, der ihn von solchen Leuten wie Toscanelli, Ailly,Regiomontanus und den anderen Leuchten der Astronomie, Geographie und Mathematik seiner Zeit unterschied. Diese theoretisierten über ihre Bücher, wie man nach Indien fahren sollte, ob in westlicher oder östlicher Richtung. Kolumbus theoretisierte nicht – er wollte in der Tat dorthin reisen. Und um dorthin zu gelangen, wollte er den Ozean, einen Mythos, bezwingen. War er wahnsinnig? Oder war er nur wagemutig? Vielleicht werden wir uns nie genau vorstellen können, was er fühlte. Kolumbus lebte in einer Welt voller Ideen, die den unseren unwahrscheinlich fern sind. Was wir wissen, ist, daß er aus dieser Welt heraus wollte. Und man wird niemals einen neuen Weg einschlagen können, ohne das Risiko des Wagnisses einzugehen.

BEATRIZ UND ISABELLA

Es ist schwerer, den Lauf eines Gedankens anzuhalten als den eines Stieres. Kolumbus' Gedanken waren in den Jahren von Lissabon geradezu galoppiert, doch jetzt kamen König Johanns Gelehrte und sagten ihm, er habe sich vergaloppiert und vollkommen verrannt. Und verständlicherweise lehnte der König ab. Für Kolumbus war das – gelinde gesagt – eine herbe Enttäuschung. Die Phantasie war mit der Macht zusammengeprallt, und die Macht hatte die Phantasie aus den prunkvollen Sälen, in denen sie residierte, vertrieben. Waren seine Berechnungen falsch? War das Unternehmen undurchführbar? Für Kolumbus konnte es keine Verunsicherungen geben. Wer sich irrte, das waren jene aufgeblasenen Doctores und jener vorsichtige König. Aber die Jahre, seine acht portugiesischen Jahre waren verloren. Von dem langen Warten und Hoffen blieb als einziges Ergebnis die Last des Mißerfolgs. Manch einer hätte aufgegeben.

Doch nicht Kolumbus. Kolumbus gab seinem Willen, der ihn weiterdrängte, nicht einmal einen Augenblick lang Ruhe. Er nahm eine nüchtern-kühle Einschätzung der Sachlage vor. Wo hatte er versagt? Er hatte sich in den Fallstricken der Theorien verfangen, in den Details mathematischer Argumente. Angesichts der Umwandlung der Welt, die er so deutlich vor sich sah, waren es nur Lappalien, aber in jenen Kleinigkeiten waren seine Gutachter äußerst erfahren und beschlagen. Er hätte den Kampf auf ih-

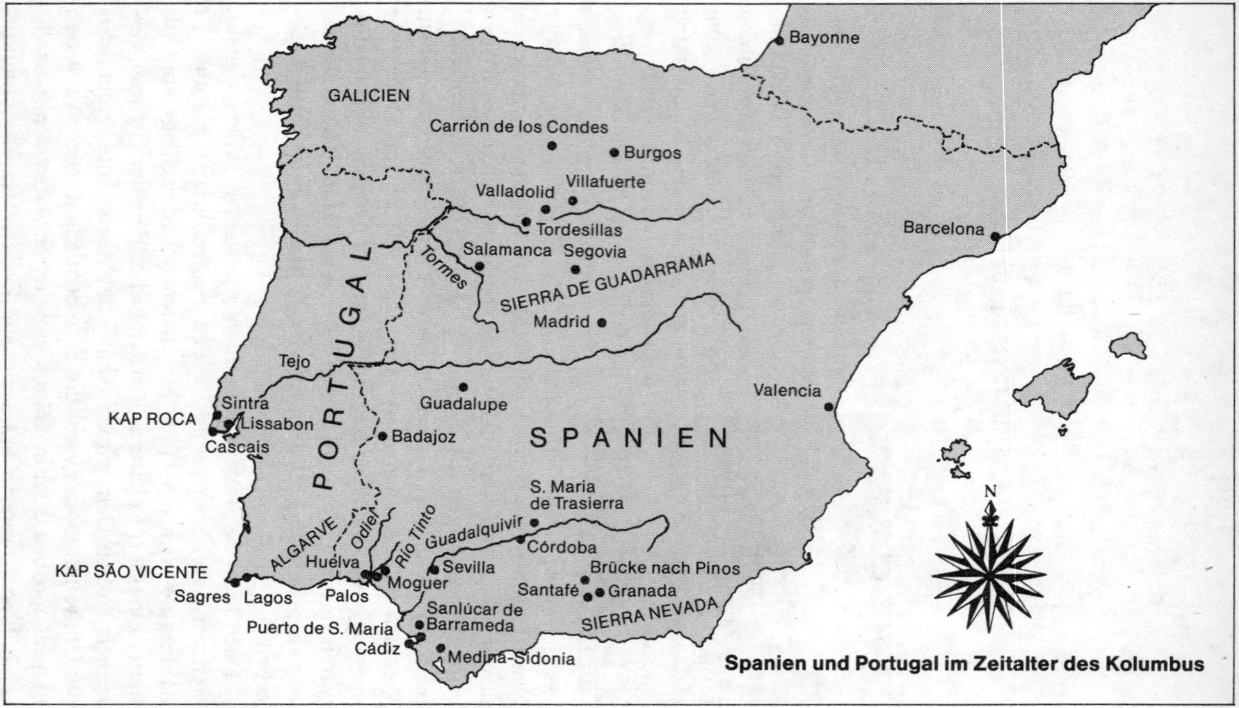
Bayonne
GALICIEN
Carrión de los Condes
Burgos
Valladolid
Villafuerte
Tordesillas
Barcelona
Salamanca
Segovia
Tormes
SIERRA DE GUADARRAMA
Madrid
PORTUGAL
Tejo
Valencia
Sintra
Guadalupe
KAP ROCA
Lissabon
Cascais
Badajoz
SPANIEN
S. Maria
de Trasierra
N
ALGARVE
Odiel
Rio Tinto
Guadalquivir
Córdoba
KAP SÃO VICENTE
Huelva
Sevilla
Brücke nach Pinos
Moguer
Santafé
Granada
Sagres
Lagos
Palos
Sanlúcar de
Barrameda
SIERRA NEVADA
Puerto de S. Maria
Cádiz
Medina-Sidonia
Spanien und Portugal im Zeitalter des Kolumbus

rem Gebiet nicht annehmen dürfen. Ein weiterer Fehler seinerseits war es gewesen, dem König keinen Ruhm in Aussicht gestellt zu haben. Das Argument, den Weg nach Indien zu finden, genügte nicht, um das zu rechtfertigen, was man für einen Wahnwitz hielt. Es bedurfte einer stärkeren Anziehungskraft, einer Sache, die die Gefühle entflammte und sie in höhere Sphären hob, zu denen die kleinlichen Attacken der Theoretiker nicht vordringen konnten.

Das war die Lektion von Lissabon. Kolumbus würde sie sich merken, um bei der nächsten Prüfung nicht mehr zu versagen. Er ließ nicht nach, sondern lernte dazu. Er wußte sehr gut, daß er für seine Unternehmung einen Fürsten brauchte und daß der schwierigste Schritt – vielleicht der ganzen Unternehmung – darin bestand, den Fürsten zur Finanzierung zu bewegen. Aber welchen Fürsten? Außer Portugal gab es in Europa nur drei Königreiche, die am Atlantik lagen und mächtig genug waren, um sich vielleicht für ein Projekt wie das zu interessieren, das Kolumbus vorschwebte. Das waren Frankreich, England und Spanien. Kolumbus entschied sich für Spanien. Es war das nächste, in Reichweite gelegene Land und gehörte zur Welt des Mittelmeers, die er seit seinen ersten Erfahrungen auf See kannte. Und es war auch das einzige Land, neben Portugal, das an jener Route präsent war, von der er bereits wußte, daß sie durch keine andere zu ersetzen war. Spanien hielt seit einigen Jahrzehnten die Kanarischen Inseln besetzt, die, fünfhundert Meilen von den europäischen Küsten entfernt, mitten im Ozean lagen. Von dort würde er zu seinem Sprung ansetzen. Wer würde ihm besser helfen können als Spanien? (Nicht im entferntesten dachte er an Genua. Es kam ihm nicht einmal der Gedanke, nach Genua zurückzukehren, um die Wunde des Abgelehntseins zu lindern und um das Image vom unbekannten Fremden loszuwerden, das ihn zu verfolgen begann. Genua war in Kolumbus' Leben bereits ein völlig geschlossenes Kapitel.)

Seine Wahl fiel also auf Spanien. Keine zufällige Wahl, sondern – meiner Meinung nach – wohlgeplant. Nach den Erfahrungen von Lissabon überließ Kolumbus bis zu den letzten Augenblicken seines Lebens nie mehr etwas dem Zufall. Recht einfältig erscheint mir die Darstellung, die Kolumbus mit seinem Söhnchen an der Hand zeigt, wie er in fast zerlumpten Kleidern und mit ausgestreckter Hand an die Tür des Klosters von Palos klopft, um wie ein ausgehungerter und verzweifelter Bettler um Hilfe zu bitten. Die Wände von Häusern und Palästen sind fast überall mit Bildern dieser Art bedeckt, und ihre volkstümliche Ausdrucksweise hat ganze Generationen getäuscht, für die der Held immer als ein Mann erscheinen mußte, der mit dem Schicksal ringt. So ein Kolumbus schien ein rechter Kolumbus zu sein; denn vor dem Erfolg muß lange gelitten werden, wenn dieser sich überhaupt einstellt. Die zahllosen Bücher, die im Laufe der Jahrhunderte erschienen, bildeten den Kontrapunkt dazu, indem sie von einem vom Pech verfolgten Kolumbus berichteten, der vom Schicksal gebeutelt wurde und im Unglück unerschrocken blieb, aber so unerschrocken wie ein Grashalm, der von den Wellen davongeschwemmt wird.

Kolumbus war nicht von diesem Schlag. Er ließ sich nicht gehen. Er saß nicht untätig herum und wartete. Die Ablehnung des Königs von Portugal wurde ihm Ende 1484 mitgeteilt. Schon gegen Ende des folgenden Frühjahrs, 1485, überschritt er die Grenze und meldete sich in Palos, einem Hafen auf andalusischem Gebiet, der nur ein paar Meilen von Portugal entfernt lag. Es war eine wohlüberlegte Entscheidung. Für die Ziele, die er sich steckte, konnte er nicht ohne Orientierungspunkte nach Spanien kommen, nicht mehr so aufs Geratewohl, wie er acht Jahre zuvor an der portugiesischen Küste gelandet war. Die Zeit verrann unerbittlich, und Kolumbus hatte gelernt, daß man nicht durch Zufall vorankommt. Auch die Zukunft war eine Route, die festgelegt werden mußte.

Wen kannte er in Spanien? Dort lebten zwei seiner Schwäger, die Schwestern seiner Frau Felipa geheiratet hatten. Der eine war jener Pedro Correa, der als erbliches Lehen die Gouverneurswürde von Porto Santo erhalten hatte, dieser kleinen, zur Madeira-Gruppe gehörenden Insel. Er begnügte sich mit dem Titel und den mageren Einkünften, die sie abwarf, hatte sich aber seit langem nicht mehr dorthin begeben. Er wohnte in Huelva, in allernächster Nähe zur portugiesischen Grenze, im Gebiet von Kastilien. Unweit von Huelva lebte auch der andere Schwager, ein Flame namens Muller, der seinen Namen zu Muliar hispanisiert hatte. Huelva ist die erste spanische Stadt, in die man von Portugal aus gelangt. Es ist eine Stadt am Meer, am Atlantik, direkt neben Palos, von dem es durch einen Wasserarm nahe dem Zusammenfluß des

Río Odiel mit dem Río Tinto getrennt wird. In Palos wohnten andere Freunde von Kolumbus, Seeleute, denen er in Lissabon oder auf seinen Reisen begegnet war. Die Seefahrer von Palos waren wegen ihrer Erfahrung und ihres Abenteuergeistes berühmt. Für Kolumbus waren sie immer gute Gesprächspartner gewesen. Sie verstanden ihn. In Palos, auf dem Hügel über dem Meer, lag ein Franziskanerkloster, das jene, die an der Küste entlangfuhren, gut kannten, nämlich das Rábida-Kloster. Kolumbus hatte alte Verbindungen zu den Franziskanern. Die Mönche von Santo Stefano in Genua waren die Besitzer jenes Geländes gewesen, auf dem sein Vater sein Haus gebaut hatte, und die von Santa Caterina waren seine ersten Lehrer gewesen. Der heilige Franziskus war wie eine Schutzgottheit für Kolumbus, und er blieb ihm immer treu ergeben. Es hat sogar den Anschein, daß der Entdecker Amerikas als Tertiarier in den Franziskanerorden eingetreten ist. Las Casas behauptet, daß Kolumbus einige der Mönche des Rábida-Klosters gekannt und gewußt hatte, daß es unter ihnen Astronomen und einen Beichtvater der Königin gab, denen man großen Einfluß am Hofe nachsagte.

Er hatte also Verwandte, Freunde und die Franziskaner, die alle nur ein paar Meilen um einen am Ozean gelegenen Hafen herum wohnten. Es wird deutlich, daß dieser Ort sehr günstig gelegen war. Daß Kolumbus ihn nach reiflichen Erwägungen gewählt und rechtzeitig die notwendigen Kontakte hergestellt hatte, ist völlig glaubhaft. Er kam nicht aus heiterem Himmel dorthin. Wer ihn erwartete, wußte, wann er eintreffen würde und was er brauchte. Er war auch nicht mittellos. In Portugal hatte er nicht in ärmlichen Verhältnissen gelebt; er hatte eine Frau aus adliger Familie geheiratet, die ein gewisses Vermögen besaß. Jetzt war seine Frau gestorben und hatte Kolumbus mit dem kleinen Diego zurückgelassen, der zur Zeit der Übersiedlung nach Spanien vielleicht sieben Jahre alt gewesen sein mochte. Bei dem, was er zu tun beabsichtigte, war ihm das Kind im Wege. Er mußte es irgendwo unterbringen. Möglicherweise dachte Kolumbus zuerst an eine der Tanten in Huelva. Als er, mit dem Kind an der Hand, an der Klosterpforte anlangte, war er kein umherirrender Mann, der um Hilfe bat. Es handelte sich um eine vereinbarte Zusammenkunft.

Es gibt Historiker, die hartnäckig behaupten, Kolumbus habe die Grenze heimlich überschritten. Sie beziehen sich auf einen

Satz in dem Buch von Fernando, der annimmt, daß sein Vater »*lo más segreto que pudo*«, so heimlich er konnte, aus Portugal abreiste. Was will das besagen? Vor allem hat Kolumbus die Grenze wahrscheinlich nicht über den beschwerlichen und gewundenen Landweg überquert, sondern ist über das Meer gekommen. Heimlich? Es ist schwer, sich dazu zu äußern. Was die Kontrollen, die Grenzen und die Ausweispapiere anlangt, so war es zu jener Zeit viel angenehmer, durch Europa zu reisen, als heute. Aber es gab auch viele Gründe für eine heimliche Ausreise. Im Fall von Kolumbus hat man davon gesprochen, daß er überschuldet gewesen und von Gefängnisstrafe bedroht worden sei. Er habe es im Grunde seinem Vater nachgemacht, der von Genua nach Savona gezogen war, um seinen Gläubigern zu entgehen. Doch in bezug auf den Vater kennt man die näheren Umstände. Was Christoph anlangt, so gibt es keine Belege dafür, daß er ein zahlungsunfähiger Schuldner war.

Andere haben sehr viel scharfsinniger argumentiert, daß Kolumbus die Strafe des Königs fürchtete, weil er die Karten von Toscanelli kopiert oder gar entwendet habe. Sie lagen in den königlichen Archiven unter Verschluß und gehörten zu jener Art von Informationen, die als Staatsgeheimnis galten. In dieser Hinsicht waren die Herrscher im allgemeinen, aber die von Portugal im besonderen, sehr streng und hüteten sie eifersüchtig. Die Schiffahrtswege dienten dem Wohlstand und der Sicherheit. Wenn man von geheimen Wegen wußte, durfte man nicht darüber reden, und Ausländern war es verboten, sie in Augenschein zu nehmen. An diesem Gedankengang könnte etwas Wahres sein, wenn Kolumbus seine Beziehungen zum Hof tatsächlich mißbraucht hätte, um sich in den Besitz jener Karten zu bringen, und wenn der König – in einem solchen Fall – wirklich Wind davon bekommen hätte. Eine Hypothese in der Hypothese und daher zu kompliziert, um glaubhaft zu sein.

Ein drittes Motiv für ein heimliches Verschwinden könnte politischer Natur gewesen sein; denn die Moniz, die Familie seiner Frau, hing der Partei der Braganza an. Die Braganza gehörten zu einer illegitimen Linie des portugiesischen Königshauses, welche sich von einem außerehelichen Sohn Johanns I. herleitete, dem der Titel eines Herzogs von Braganza verliehen worden war. Sie bewarben sich, wie alle übergangenen Erben, um den Thron. Und der unzufriedene Teil des Adels, der im Schatten jeder Dynastie mauschelt, zögerte nicht, sie zu begünstigen. Gehörten die Moniz zu dieser Fronde? Die Geschichte sagt es nicht eindeutig. Aber kann man sich vorstellen, daß jene Schwäger von Kolumbus und Ehemänner der beiden Schwestern Moniz, die sich beide mit ihren adligen Gemahlinnen jenseits der portugiesischen Grenze, wenige Meilen von der Heimat entfernt, befanden, sich auf eine glanzvolle Karriere vorbereiteten? Sie verkehrten nicht am Hof des Königs, der für ihre Position der beste und geeignetste Ort gewesen wäre. Im Gegenteil, sie hatten ihn verlassen und sich nach Spanien abgesetzt. Die Grenze hatten sie hinter sich gelassen. Waren sie aus Angst vor Repressalien geflüchtet? Folgte Kolumbus ihnen heimlich aus demselben Grund?

Ich überlasse es dem Leser, sich, wenn er will, aus dem Gewirr von Mutmaßungen zu befreien, die in jedem Fall nebensächlicher Natur sind. Im übrigen sind alle ziemlich fragwürdig, denn es spricht wenig für sie. Am wahrscheinlichsten ist vielleicht noch die letzte. Aber die Frage hatte sehr wenig Einfluß auf Kolumbus' weiteren Weg. Er wollte nach Spanien und ist dorthin gegangen. Ob er es heimlich getan hat oder nicht, ist für uns von relativ geringem Interesse. Wir wissen auch, daß er sich bemühte, in Spanien nützliche Beziehungen aufzubauen. Er war nicht auf gut Glück losgezogen; vielmehr machte er bei seinen Schwägern halt, nahm Kontakt mit den Mönchen von Palos auf und sorgte für die Unterbringung seines Sohnes. Und als er sich über das sicher war, was ihn erwartete, wandte er sich an das Rábida-Kloster, das ihm als Sprungbrett dienen sollte; denn er beabsichtigte, mit dessen Hilfe das Projekt den spanischen Herrschern vorstellen zu können.

Im Rábida-Kloster gab es zwei Menschen, die im Hinblick auf die Ziele, die Kolumbus verfolgte, sehr wertvoll waren. Der eine war Pater Antonio de Marchena, ein Kosmograph und Humanist, der bei Hofe in großem Ansehen stand und sich mit Leidenschaft den nautischen Studien verschrieben hatte. Kolumbus merkte sofort, daß Marchena sich so für sein Vorhaben interessierte, daß er den Argumentationen, die es möglich erscheinen ließen, Glauben schenkte. Er entschloß sich, sich ihm – von Franziskaner zu Franziskaner – anzuvertrauen. Über ein Jahrhundert vorher hatten die Franziskaner eine Schule ins Leben gerufen, die sich der kosmographischen Lehre widmete. Entgegen den Lehren des heiligen Augustinus, der ein großer Theologe und Heiliger, aber als Geograph nicht gleichermaßen überzeugend war, setzte diese von Duns Scotus gegründete Schule die Kugelgestalt der Erde und die Bewohnbarkeit der Äquinoktialgebiete als gegeben voraus.

Die andere Persönlichkeit war Pater Juan Pérez, der Prior des Klosters. Als junger Mann hatte er dem Amt der *Contadores* der Krone, der Staatsbuchführung, angehört und war Page der Königin Isabella gewesen. Später hatte Pérez beschlossen, ins Kloster einzutreten, und Isabella hatte ihm den Titel ihres persönlichen Beichtvaters verliehen. Das war eigentlich nur ein Ehrentitel, der aber dem Mönch wegen seiner alten Beziehungen zum Hof und wegen seines feinen politischen Gespürs, das er in dieser Eigenschaft unter Beweis stellen konnte, großen Einfluß verschaffte. Pérez war vom Bericht seines Gastes, der ihm wunderbar vorkam, fasziniert. Die Mönche waren begeistert, wenn sie Kolumbus von der göttlichen Vorherbestimmung reden hörten und davon, daß es gelte, die Seelen der Bewohner der neuen Gebiete, die er entdekken würde, zu retten. Das erschien ihnen wie ein neues Wunder des heiligen Franziskus.

Man tauschte Meinungen aus, suchte nach Lösungen, erteilte Ratschläge. Die Diskussionen waren ausgedehnt, und die Bücher der Klosterbibliothek wurden zur Beratung herangezogen. Die Gespräche dauerten bis in die Nacht hinein und wurden in einsamen und stillen Sälen geführt. Manchmal lud man auch erfahrene Seeleute vom Ort zur Teilnahme ein, etwa den alten kastilischen Steuermann Pedro de Velasco, der dreißig Jahre zuvor unter portugiesischer Flagge an einer Azoren-Expedition teilgenommen hatte. Velasco war mit dem Ozean vertraut. Er erzählte, daß man manche Inseln des Archipels, die am weitesten entfernt liegen, dadurch entdeckt hatte, daß man den Flug der Vögel, die im Meer immer »Boten des Landes« sind, verfolgte. Naturbeobachtungen gehörten zu Kolumbus' Lieblingsbeschäftigungen, neigte er doch von seinem Wesen her eher zur Intuition als zur Kalkulation.

Diese Nächte des Gesprächs, der Hoffnung, waren schön. Auch ich bin unter den Kreuzgewölben des Klosters, auf seinen im Halbschatten liegenden Wandelgängen und im kleinen, mit Blumen geschmückten Patio, der zum Spital blickt, spazierengegangen. Viele Stellen sind noch so, wie Kolumbus sie gesehen hat, angefangen bei dem Portal aus rotem und zitronengelbem Stein, an das er klopfte. Man spürte, und man spürt heute noch, daß die Araber hier nach einem langen Aufenthalt ihre Spuren hinterlassen haben. Der Stil des Klosters ist von ihrem Einfluß und den Bräuchen geprägt, die sich mit ihnen verbreitet hatten. Die weiße Tünche der Mauern, die starken Pfeiler, die verzierten Ziegel, ja selbst die Farbe des Steines springen als das ins Auge, was sie tatsächlich sind, wehmütig stimmende Erinnerungen an den Orient. Doch von der Höhe des Klosters erkennt man wie von einem ins Meer ragenden Vorgebirge das Azurblau des Ozeans. Wenn die Sonne untergeht, versinkt sie an jenem Horizont, auf den Kolumbus den Bug seines Schiffes richten sollte.

Während der Zusammenkünfte im Rábida-Kloster kam man schließlich auf den Namen eines Mannes, den man zunächst ansprechen konnte. Mönche und Seefahrer schlugen Kolumbus vor, er solle bei der ersten Runde auf der Jagd nach Geldern versuchen, sein Unternehmen direkt unter die Schirmherrschaft des Herzogs von Medina-Sidonia zu stellen. Er war damals der mächtigste unter den spanischen Granden und auch der reichste. Seine Besitzungen lagen verstreut um den Hafen von Sanlúcar, an der Mündung des Guadalquivir. Lange weiße Mauern schlängelten sich meilenweit an den Flanken der Hügel von unten nach oben. Reihen von Feigenbäumen und Myrtenhecken zogen sich dort entlang. Und hinter jeder Mauer lagen Grundstücke und Landhäuser des Herzogs von Sidonia, Don Enrique de Guzmán. Konnte er Kolumbus' Expedition finanzieren?

Diese Frage stellte sich nicht einmal. Don Enrique hatte sich immer für die Reisen auf dem Atlantik interessiert, hatte seine Segelschiffe ohne königliche Genehmigung nach Guinea fahren lassen und besaß selbst Schiffswerften in Lepe, unweit von Palos. Kolumbus' Idee gefiel ihm. Aber die Jahre, in denen er sich alles erlauben konnte, was ihm sein Reichtum gestattete, waren vorbei. Er mußte am Hof darüber sprechen und wurde nicht ermutigt. Da er nicht gewohnt war, Absagen zu erhalten, insistierte er. Und das tat er mit einer Hartnäckigkeit, die an Arroganz grenzte, die seinem Charakter eigen war und sein Schicksal prägte. Das Königspaar, das sich zu jener Zeit in Sevilla aufhielt, schlug ihm die Tür vor der Nase zu.

Isabella von Kastilien und Ferdinand von Aragonien hatten ihre beiden Kronen vereinigt, aber ihre Königreiche waren noch voneinander getrennt. Die Aragonier richteten ihr Interesse auf das Mittelmeer, schon aufgrund der Lage der Gebiete, über die sie die Oberhoheit ausübten. Diese befanden sich im Norden Spaniens und hatten sich bis Barcelona und entlang der Ostküste ausgedehnt. Das Königreich Kastilien, das von Isabella beherrscht wurde, tendierte dagegen mehr dem Atlantik zu; man fühlte sich vom Ozean angezogen. Isabella hatte versucht, sich in die Routen nach Guinea hineinzudrängen, über die Portugal das ausschließliche Monopol zu besitzen glaubte. Etwa zehn Jahre zuvor hatte es sogar einen Krieg gegeben, den ersten Kolonialkrieg zwischen europäischen Ländern. Für Isabella endete er mit einem Mißerfolg: Im Vertrag von Alcáçovas verpflichtete sich Spanien, keine Afrika-Expeditionen mehr durchzuführen. Die Karavellen, die gewagt hatten, an der afrikanischen Küste entlangzufahren und mit dreißig oder vierzig Schiffen Streifzüge fast nach Piratenmanier zu unternehmen, stammten beinahe alle aus Palos oder Sanlúcar und waren in der Hauptsache vom Herzog von Medina-Sidonia finanziert worden.

Isabella hatte damals auch die Ozeanrouten zu Privilegien der Krone erklärt. Die Vorstellung, eine Expedition ohne die Zustimmung der königlichen Behörden als ein rein privates Unternehmen auf den Atlantik zu schicken, war Utopie geworden. Die Hochseeschiffahrt war nunmehr eine Sache des Staates.

Kolumbus bekam das persönlich zu spüren, als er sich nach seinem gescheiterten Versuch bei Sidonia an den anderen Granden der Gegend, den Herzog von Medinaceli, wandte. Medinaceli war zwar weniger reich als Sidonia, aber immerhin so wohlhabend, daß es für ihn fast eine Belanglosigkeit gewesen wäre, eine so kleine Flotte auszurüsten, wie Kolumbus sie benötigte – »drei oder vier gut ausgerüstete Karavellen, denn mehr verlangte er nicht«. Der Herzog von Medinaceli, Don Luis de la Cerda, hatte seinen Seestützpunkt im Hafen von Santa María, unweit von Cádiz. Es befanden sich unzählige Karavellen in seinem Besitz. Wenn sein Vermögen auch kleiner war als das des Herzogs von Medina-Sidonia, so stand er doch als direkter Nachfahre der frühen Könige am Hof in höherem Rang.

Kolumbus wurde im Spätherbst des Jahres 1485 in Cádiz vom Herzog empfangen. Er hatte die Empfehlungsschreiben der Franziskaner des Rábida-Klosters und konnte außerdem seine ganze Geschichte vortragen. Der Plan des phantasiebegabten Fremden entzückte Medinaceli am Ende so sehr, daß er ihm jede Art von Unterstützung zusagte: Schiffe, Besatzung, Gastfreundschaft und Geld für seine persönlichen Bedürfnisse während der Zeit des Wartens. Einige Monate lang lebte Kolumbus praktisch auf Kosten des Herzogs und verbrachte ganze Tage im Hafen von Santa María, wo er der Ankunft und Abfahrt von alten Segelschiffen und dem Bau der neuen im dicht am Ufer gelegenen Arsenal zuschaute.

Wenn der Herzog von Sidonia es für richtig gehalten hatte, die Königin über sein Vorhaben zu informieren, ohne es zu wagen, gegen Isabellas Willen zu handeln, war Medinaceli dem Thron zu treu ergeben, um sich nicht noch untadeliger zu verhalten. Er schrieb an die Königin, schilderte ihr das Unternehmen und erklärte sich bereit, viertausend Dukaten für den Bau der Karavellen und die Lebensmittelvorräte für ein Jahr bereitzustellen. Er bat die Königin um die Erlaubnis, seine Absicht in die Tat umsetzen zu dürfen.

Isabellas Antwort war nicht so endgültig wie die, mit der sie auf die Arroganz von Sidonia reagiert hatte. Aber sie enthielt auch nicht das Ja, das Medinaceli vielleicht erwartet hatte. In einem Brief, den er nach Kolumbus' Rückkehr von seiner ersten Atlantiküberquerung schrieb, erinnerte sich der Herzog: »Als ich sah, daß dieses Projekt wichtig war und die Entscheidung unserer Frau Königin anheimgestellt werden mußte, schrieb ich Ihrer Hoheit davon. Und da antwortete sie mir, ich solle jenen Mann zu ihr schicken.« – »Jener Mann« war Kolumbus. Die Königin wollte ihn treffen. Auch seine Phantasie wurde zu einer Sache des Staates.

Kolumbus reiste unverzüglich nach Córdoba, wo der Hof zu jener Zeit residierte. Er stellte sich Alonso de Quintanilla, dem Verwalter der Krongüter, vor. Pater Juan Pérez, der Prior des Rábida-Klosters, war als junger Mann, als er noch *Contador* war, in seiner Behörde gewesen. Quintanilla und Pérez kannten sich, und unter den Empfehlungsschreiben, die Kolumbus bei sich trug, war auch ein Brief des Franziskaners, der sein Projekt befürwortete.

Er wurde freundlich empfangen. Am 20. Januar 1486 stellte er sich offiziell bei Hofe vor. Von jenem Tag an wurde Kolumbus als »im Dienste« des Königspaares stehend betrachtet. Quintanilla zahlte ihm eine kleine Summe Geldes aus in der Erwartung, daß ihm ein regelrechtes Gehalt überwiesen würde. Darüber mußte die Königin entscheiden, die sich zu jenem Zeitpunkt nicht in Córdoba befand. Zusammen mit ihrem Gemahl, König Ferdinand, hatte sie sich nach Madrid begeben und von dort dann in andere Gebiete ihrer Königreiche, um den endgültigen Schlag gegen Granada, das letzte noch in den Händen der Araber befindliche Emirat in Spanien, vorzubereiten. Nach dem Fall von Granada würde die *Reconquista* des überfallenen Vaterlandes abgeschlossen sein; das bedeutete unvergänglichen Ruhm. Die Araber hatten sieben Jahrhunderte zuvor von Spanien Besitz ergriffen. Jetzt, in den Jahren, die Kolumbus wartend verbrachte, durchlebte man das letzte Kapitel dieses langen Dramas.

Im Mittelalter war es üblich, daß die Höfe von Burg zu Burg, von Stadt zu Stadt zogen. Das hing zum großen Teil damit zusammen, daß es unmöglich war, die Riesenschar von Gästen, Adligen, Kriegsleuten, Geistlichen, Sekretären, Schreibern, müßigen Freunden sowie die Armee von Hofschranzen und deren Familien aus den lokalen Ressourcen zu unterhalten. Wenn die Lebensmittel aufgezehrt und die Finanzen erschöpft waren, flog der »Heuschreckenschwarm« anderswohin. Ein weiterer Grund für Isabellas und Ferdinands Umherziehen lag auch in der militärischen Unruhe ihres im Krieg stehenden Landes. Die Belagerung von Granada war ihr wichtigstes Ziel, und es hatte Vorrang vor allen anderen Problemen. Kolumbus konnte warten.

So begannen für den großen Entdecker die langen Jahre des Wartens. Acht solche Jahre hatte er schon in Portugal zugebracht, und er sollte noch weitere sechs Jahre in Spanien verbringen, ehe er zumindest erkennen konnte, ob sein Plan zu verwirklichen war oder nicht. Er durchlebte Zeiten, in denen jede Hoffnung verflogen schien, und andere, in denen sie plötzlich wieder aufflammte. Im ganzen war es eine Zeit der Rastlosigkeit und der Sorge. Er war wie ein Mann, der einer Fata Morgana nachjagt, die sich in Nichts aufzulösen droht, bevor er sie erreicht.

Die ersten Monate in Córdoba waren nicht quälend. Kolumbus begann, Persönlichkeiten des Hofstaats kennenzulernen, bis zu ihren Vorzimmern zu gelangen. So wurde ihm etwa gestattet, mit dem Kardinal von Spanien, dem Erzbischof von Toledo, Don Pedro González de Mendoza, zu sprechen. Aufgrund seiner Machtfülle und seines Reichtums galt dieser als »dritter König«, als eine Art nicht verfassungsmäßiger Premierminister. Zu ihm vorzudringen, bedeutete, zum Zentrum der Macht vorzustoßen. Mendoza war Kolumbus nicht feindlich gesinnt. Aber auch er stand, mehr als jeder andere, »im Dienste« der Könige. Er beschränkte sich darauf, dem fremden Gast zu erklären, daß der Kreuzzug gegen die Mauren die Krone vor schwere finanzielle Probleme gestellt hatte. Die Staatskasse war völlig leer. Das ganze Geld, das man im Land einsammelte, war für den Krieg bestimmt. Kolumbus mußte einsehen, daß das nicht der geeignete Augenblick war, um eine immerhin beträchtliche Unterstützung zu bitten.

Der Forscher in Kolumbus analysierte die Worte Mendozas. Sie lösten eher Ärger als Unruhe in ihm aus, und er bereitete seine Gegenrede vor. Wie konnte man es zu einer Frage des Geldes machen, wenn es doch um eine Unternehmung ging, die zu den Quellen des Goldes, des Silbers, der kostbarsten Edelsteine führen würde? Den Kardinal verblüfften diese Argumente. Es lag etwas sehr Verlockendes in den Plänen jenes Fremden, der so beredt war, wenn er die Nützlichkeit seines Unternehmens, seine Berechtigung verteidigte, und so schweigsam, fast geistesabwesend, wenn er die Gründe für die Zweifel und Unsicherheit hörte, die das Vorhaben in seinem Gegenüber auslöste.

Während dieser Besuche im Königspalast, die nun schon einige Monate in Anspruch nahmen, wurde Córdoba zu Kolumbus' erster Wahlheimat in Spanien. Córdoba war schön. Es war – vielleicht mehr als jede andere Stadt in Spanien – eine arabische Stadt geblieben. Es war die Stadt der Kalifen, muslimisch geprägt und still, von der Sonne verzehrt. Córdobas enge und holprige Gassen lagen schweigend da wie ausgetrocknete Flußbetten; seine kleinen Plätze waren mit Bäumen bepflanzt, und seine hohen Mauern leuchteten weiß. Es wurde von der Kathedrale beherrscht, die inzwischen dem christlichen Kult zugeführt worden war. Das riesige Gebäude hatten nämlich die Araber erbaut und die *Mezquita* zur zweitgrößten Moschee der Welt nach der von Mekka gemacht. Sie hatte fast tausend Säulen aus grünem und purpurrotem Marmor, neunzehn Schiffe, die zum Orangengarten hin offen waren, und rund herum zogen sich die Mauern aus hellem Stein, die Córdoba umschlossen hielten.

Kolumbus fühlte sich dort wohl. Dadurch, daß hier viele

Fremde zusammenströmten, die in Córdoba ein geschäftliches Zentrum erkannt hatten, weil es im Nachschubgebiet der Streitkräfte und in der Nähe des Thrones lag, gab es auch zahlreiche italienische Kaufleute und Händler, etwa einen Joria, einen Leardo, einen Battista Aulo, die Solaro, Morandi und Gentile. Es fehlte auch nicht an Genuesen. Sie wohnten zumeist bei der Puerta de Hierro, einer Unterkunft mit Bogengängen und Balkonen, die am rechten Ufer des Guadalquivir, zwischen der Synagoge und der Kirche von San Salvador, lag. Kolumbus bummelte gern durch die Straßen, auf der Suche nach Landsleuten, mit denen er sich unterhalten konnte. Er kehrte oft bei zwei Brüdern genuesischer Herkunft ein, Apothekern, deren Läden in diesem Viertel gelegen waren. Sie hießen Luciano und Leonardo Barroia. In den Apotheken herrschte immer reger Verkehr: Dort traf man andere Leute, knüpfte Verbindungen zu Personen unterschiedlichen Ranges. Bei den Barroia lernte Kolumbus durch Zufall einen jungen Mann namens Diego de Harana kennen, einen großen Geldverschwender, der immer fröhlich gestimmt, unordentlich und überaus gesellig war – ein *Hidalgo,* wie es nur ein phantasiebegabter Spanier sein kann. Kolumbus dagegen war seinem Wesen nach ein eher reservierter, wenig gesprächiger Mann, der seinen Gedanken nachhing. Der Launigere riß den Schweigsameren mit. Vielleicht zog er ihn mit jenen freundlichen Neckereien auf, die den Grundstock der Freundschaft bilden. Er nahm Kolumbus mit zu sich nach Hause und stellte ihn seiner Frau Costanza vor. Er ließ ihm den Tisch decken, der der einer wohlhabenden Familie war. Von seinem Wohlstand zeugten auch die Möbel und der ganze Hausrat. Und er machte ihn mit seiner zwanzigjährigen Cousine Beatriz bekannt.

Córdoba war »für seine duftenden Blumen, seine starken Maulesel und seine liebreizenden Frauen« berühmt. Beatriz gehörte zu diesem Typ der Cordobeserin. Kolumbus war gewiß nicht auf Frauen versessen. Ganz andere Leidenschaften legten sein Herz in Fesseln und hielten ihn ein Leben lang gefangen. Aber er wirkte auf Frauen und legte eine fast unerschütterliche Nonchalance dem anderen Geschlecht gegenüber an den Tag, eine Art von innerem Unbeteiligtsein, die ihm die Frauen zufallen ließ. Er hatte seine Liebschaften. Aber er ließ die Frauen kommen; er wurde verfolgt und war kein Verfolger, war Gegenstand von Leidenschaften, die nicht unbedingt seine eigenen waren. So war es mit Felipa gewesen, seiner Frau, die ihn hatte heiraten wollen und vor der er kapituliert hatte. Als noch junger Witwer fehlte es ihm nicht an weiblicher Gunst, und hin und wieder ging er darauf ein. Man hat viel über ein Liebesverhältnis mit der Marquesa de Moya geredet, die der Königin sehr nahestand und die er bei Hofe kennenlernte. Vielleicht diente sie ihm dazu, ihn bei Isabella in den angenehmsten Farben zu schildern. Aber jetzt hatte er dieses blutjunge Mädchen vor sich, das geblendet war von den warmen Worten jenes Unbekannten, seiner Phantasie, dem Traum von Reichtümern, die man hinter der Glut seiner Reden ahnte. Sie war von ihm fasziniert und wurde seine Geliebte.

Über diese Liebe, die im Leben von Kolumbus zweifellos eine bedeutende Rolle gespielt hat, ist sehr wenig, um nicht zu sagen nichts oder fast nichts bekannt. Und ebensowenig oder nichts weiß man über sie, die schöne Beatriz. Sie war die Mutter seines zweiten Sohnes, Fernando, der im August 1488 geboren wurde. Kolumbus heiratete Beatriz nicht, obwohl ihn seine strenge Religiosität von dem Abgrund der Todsünde hätte fernhalten müssen. Wir wissen nicht warum. In Kolumbus' ganzem Leben gibt es immer wieder weiße Stellen, zweifelhafte Daten, ungeklärte Fakten. Es ähnelt dem Lauf jener Flüsse, die viele Meilen lang offen unter der Sonne dahinfließen und dann plötzlich in verborgenen Hohlräumen verschwinden. Und man braucht Höhlenforscher, um dem unterirdischen Lauf auf die Spur zu kommen. Aber nicht immer sind diese imstande, solche Spuren zu entdecken. Und was die verborgenen Stellen in Christoph Kolumbus' Leben anlangt, so gelingt es fast nie, Licht in sie zu bringen.

Wer war diese Beatriz? Warum heiratete Kolumbus sie nicht? Beatriz Enríquez de Harana stammte aus einer Winzerfamilie, die in Santa María de Trasierra, etwa zwanzig Kilometer von Córdoba entfernt, Landgüter besaß. Eine wohlhabende Familie, könnte man sagen. Beatriz hatte eine gewisse Erziehung genossen; sie konnte lesen und schreiben, was bei nichtadligen Frauen selten vorkam. Sie hatte sehr früh schon ihre Eltern verloren und war unter die Vormundschaft ihres väterlichen Onkels, Rodrigo Enríquez de Harana, gestellt worden. Dieser war der Vater von Diego, mit dem sich Kolumbus angefreundet hatte und durch dessen Vermittlung Beatriz und er sich kennenlernten. Ihre Verbindung unterschied sich in nichts von einer Ehe, doch sie heirateten nicht. In dem Kreis, in dem Kolumbus in Córdoba lebte, war es nicht einmal eine heimliche Beziehung. Die um fünfzehn Jahre jüngere Beatriz hatte sich ihm völlig anvertraut, hörte ihm zu und glaubte ihm. Kolumbus' Träume wurden Beatriz' Träume. Es war das festeste Band, das ein Mann sich wünschen konnte, der von außen umgeben von den Zweifeln der anderen, in seinem Inneren aber vollkommen sicher war. Beatriz' Liebe füllte eine Leere in dem schwierigsten Augenblick von Kolumbus' Leben, als nämlich seine Zukunft nur noch an einem dünnen Faden hing und ihn das Warten quälte. Es ist nicht ausgeschlossen, daß Beatriz, die nicht unbegütert war, mit ihren Rücklagen dazu beigetragen hat, ihren Geliebten in der Zeit zu unterstützen, in der seine Mittel nahezu erschöpft waren. Das war zu dem Zeitpunkt, als der Herzog von Medinaceli seine Unterstützungszahlungen eingestellt hatte und die aus dem Hofschatzamt noch nicht eintrafen, weil sie erst ab dem Frühjahr des Jahres 1487 überwiesen werden sollten. Kolumbus allein war ein armer Mann. Aber er verstand es immer, sich einigermaßen vermögende Frauen zu wählen – zuerst seine Ehefrau Felipa, dann Beatriz.

Wenn es den Spezialisten der Kolumbus-Forschung auch gelungen ist, ein allerdings recht blasses Bild von Beatriz zu rekonstruieren, so hat doch keiner von ihnen einen glaubhaften Grund für die Tatsache anführen können, daß Kolumbus sie nicht zum Altar geführt hat. Das bleibt ein Geheimnis, das – wie so manches im Leben des großen Entdeckers – in den Schleier der Vermutungen gehüllt ist. Es sind verschiedene Hypothesen aufgestellt worden: Beatriz habe für die Eitelkeit, mit der Kolumbus in der Öffentlichkeit auftrat, aus zu bescheidenen Verhältnissen gestammt; er habe Beatriz nicht geheiratet, weil sie bereits verheiratet war; jemand schrieb sogar, sie habe in einer Kneipe Wein ausgeschenkt; manch anderer zog die Geschichte mit der Marquesa de Moya aus der Schublade und behauptete, Kolumbus habe nicht deren Eifersucht erregen wollen, weil er befürchtete, sonst ihren günstigen Einfluß auf die Königin zu verlieren. Nichts von all dem wirkt überzeugend oder glaubwürdig. Und wenn man keine hieb- und stichfesten Hinweise, keine gesicherten Dokumente hat, um einen Zweifel zu zerstreuen, ist es besser, sich an das zu halten, was man wirklich weiß.

Nach Kolumbus' Zeit in Córdoba verschwindet Beatriz von der Bildfläche. Wir finden keine Spur mehr von ihr, die in der nachfolgenden Zeit niemals mehr an Kolumbus' Seite in Erscheinung tritt. Sie kam nicht einmal zu seinem Begräbnis, niemand hat sie gesehen, obwohl sie noch am Leben war, als Kolumbus starb. In einem Brief an seinen Sohn Diego aus dem Jahr 1505, der verschiedene testamentarische Kodizille enthält, mahnt ihn Kolumbus mit ungewöhnlicher Wärme, »sich um Beatriz Enríquez zu kümmern, die schwer auf meinem Gewissen lastet, auch wenn es mir hier verwehrt ist, den Grund dafür zu nennen«. In einem anderen Absatz wird bestätigt, daß sie »die Mutter von Don Fernando, meinem Sohn« ist. Ihr wurde eine Rente ausgesetzt, welche der Pfründe hinzugeschlagen wurde, in deren Genuß Beatriz nach Kolumbus' erster Entdeckung gekommen war. Sie war nämlich in den Genuß der besonderen Belohnung gekommen, den das Königspaar jenem Seemann auf Lebenszeit gewährte, der am Ende der Überquerung als erster Land sichten würde. Kolumbus behauptete, dieser Lohn gebühre ihm, und er leitete die Einkünfte an Beatriz weiter. Die Könige von Spanien gewannen die erforderlichen Mittel aus der Verpachtung einiger Metzgereien in Córdoba. So lebte Beatriz von Kolumbus' Unterstützung, der vielleicht beabsichtigte, auf diese Weise das Geld zurückzuzahlen, das seine Geliebte ihm in der Zeit seiner Bedrängnis geopfert hatte. Aber die Distanz wurde nicht mehr überwunden.

Anfang Mai jenes Jahres 1486 kehrte das Königspaar nach Córdoba zurück. Und Christoph Kolumbus wurde endlich von ihnen in der königlichen Residenz empfangen. Zu Beginn der Audienz wahrscheinlich von beiden, vom König und von der Königin. Dann ließ Ferdinand, wie immer, wenn das Thema ihn nicht interessierte, Isabella allein fortfahren. Zwischen den beiden Königreichen, die, wie bereits erwähnt, zu jener Zeit noch getrennt waren, gab es auch eine Teilung der Rechtsprechung. Der Ozean fiel in den Interessenbereich Kastiliens und war deshalb Sache der Königin. In seiner *Historia de los Reyes Católicos* (1486 hatten die Könige diesen Beinamen noch nicht; er wurde ihnen einige Jahre später vom Papst verliehen) schildert Andrés Bernáldez, ein Vertrauter von Kolumbus, die Begegnung mit dem Herrscherpaar so: »Er erzählte ihnen, was er sich ausgedacht hatte, und sie schenkten ihm nicht viel Glauben. Er sprach mit ihnen und beteuerte, daß das, was er sagte, wahr sei, und er zeigte ihnen die Weltkarte. Auf diese Weise weckte er in ihnen den Wunsch, von diesen Ländern sprechen zu hören.«

Wahrscheinlich verlief die Audienz anfänglich tatsächlich so. Aber es war Isabella, die sie fortsetzte, und es war zweifellos sie, die wünschte, »von jenen Ländern sprechen zu hören«. So erzählte Kolumbus seine Geschichte. Er war redegewandt, überzeugend. Die Einfachheit, die Natürlichkeit, mit der er sich ausdrückte, grenzte an Raffinesse. Kann man zugleich aufrichtig und raffiniert sein? Kolumbus war es. Er war von Natur aus aufrichtig und durch Erfahrung raffiniert geworden. Er kannte die Zweifel, die es zu zerstreuen galt. Er durfte weder zu begeistert noch zu eifrig erscheinen und nicht einmal übertrieben selbstsicher, sonst riskierte er, Argwohn zu erregen. Er sprach mit Wärme in der Stimme und bequemte sich zur Aufrichtigkeit, die immer schon ein Mittel war, die Aufmerksamkeit der anderen auf sich zu ziehen. Er war gesprächig. Im Zusammenhang mit seiner Begabung als Gesprächspartner behauptet sein Biograph Las Casas, daß »Unser Herrgott Kolumbus eine besondere Gnade verliehen hatte, die die anderen veranlaßte, ihn mit Liebe zu betrachten«. In seiner Haltung, die einen recht vornehmen Eindruck machte, lag etwas Melancholisches. Er fand den richtigen Zugang zu Isabella, indem er immer wieder das Bild von den unzähligen Völkern heraufbeschwor, die den Glauben noch nicht kannten und bereit waren, von den Armen des Kreuzes umfangen zu werden. Er sprach von neuen Ländern. Aber er schilderte der frommen Königin vor allem die neuen Seelen, die man gewinnen könnte. Die Königin hörte dem Fremden zu. Sie teilte seine Sehnsucht nach einer neuen Welt, nach einer größeren christlichen Welt.

Die Audienz im maurischen Zimmer des Alcázar, wo der Königspalast seinen Sitz hatte, zog sich bis tief in die Nacht hinein. Die kleinen Fenster des Saales, in dem Kolumbus empfangen worden war, blickten auf den Fluß, der von der starken römischen Brücke überspannt wird, die Augustus in den Anfangsjahren des Kaiserreiches errichtet hat. Unter den Bögen der Brücke standen Mühlen. Kolumbus redete weiter und hörte nicht mehr auf. Alles war verrückt oder irreal – das einsame Gespräch, die als Wahrheiten verpackten Phantasien, der Mann und die Frau. Der Frühling war schon vorgerückt. Die Gärten standen in Blüte, und die frischen Maiendüfte stiegen bis zu den massiven Mauern des Alcázar empor.

Isabella war fünfunddreißig Jahre alt. Kolumbus ebenfalls. Die Königin war blond; ihr Haar war von der Farbe des Honigs. Ihre Augen waren hell, die Haut weiß, das Gesicht voll. Sie war nicht groß und wirkte eher rundlich. In ihrem Ganzen lag ein wenig Sanftheit und ein wenig Hochmut. Wenn sie lächelte, spielte eine gewisse Süße um ihre Lippen, doch keine Spur von Zartheit war in ihren groben, fast plebejischen Gliedmaßen mit dem gebieterischen Gehabe, das Frauen an den Tag legen können, wenn sie sich hart zeigen wollen.

Die Königin fixierte Kolumbus, während er sprach, und las von seinem Gesicht Anzeichen von Kühnheit, Ehrgeiz und Entschlossenheit ab. Er versprach das Unmögliche, doch das tat er in faszinierender Weise. Isabella war eine sensibel veranlagte Frau, sehr viel sensibler als der König und eher geneigt, die Phantasie zu schätzen. Sie liebte die Musik und förderte das wenige an Dichtung, was in diesen sehr schweren Jahren noch in die Welt hinausdrang. Vielleicht erkannte sie etwas davon in dem Projekt, das der Fremde ihr ans Herz legte. Sie empfand ihm gegenüber eine spontane Sympathie, gerechtfertigt durch die Faszination, die vom Einfallsreichtum ausgeht, eine Art von intellektueller Gemeinsamkeit vor dem grausamen Hintergrund von Krieg, Ignoranz und Brutalität. Kolumbus kehrte zu vorgerückter Stunde zu seinem Hauptthema zurück, nämlich daß Jerusalem mit dem Gold des Orients zurückerobert werden könnte. Er hatte bemerkt, daß diese Vorstellung das Herz der Königin berührte; sie träumte von Erlösung statt von Entdeckung. Das Streben und der Eifer der beiden verstärkten sich gegenseitig. Kolumbus hatte Isabella dahin gebracht zu glauben, daß sie jene Dinge, die er wollte, selbst auch wollte.

Die Fäden, die sich zwischen einem Mann und einer Frau spannen, sind immer geheimnisvoll. Anthony Burgess, der große katholische Schriftsteller unserer Tage, spricht von der »unwiderstehlichen, trügerischen Verlockung, die sich im dunklen Untergrund aller Frauen verbirgt«. Aus diesen Tiefen stieg auch bei Isabella allmählich das Ungewöhnliche, Unvorstellbare empor, das für Kolumbus' Schicksal entscheidend war – ebenso wie Beatriz schenkte auch Isabella ihm Glauben.

DER KRIEG VON SALAMANCA

Nach der Begegnung mit Isabella verging die Zeit nicht gerade schnell. Ganz im Gegenteil. Als Kolumbus' warme Stimme verstummt und die Düfte jener Nacht verflogen waren, wurde alles wieder unsicher und unklar. König Ferdinand betrat als Isabellas Gemahl und Mitregent erneut die Bühne. Man durfte keine Entscheidung auf der Grundlage von Eindrücken und nicht genauer verifizierten Empfehlungen treffen. Daher wurde beschlossen, Kolumbus' Projekt einer eigens dafür eingesetzten Expertenkommission vorzulegen. Das war bereits ein Erfolg für den unbekannten Fremden. Aber würde sich nicht das gleiche wiederholen wie in Lissabon? Auch dort hatte sich Kolumbus mit den Fachleuten herumschlagen müssen und war besiegt worden.

Doch damals hatte er nicht Isabella hinter sich gehabt. Kolumbus erhielt aus der Börse der Königin sofort Vorschüsse, die ihm auch im darauffolgenden Jahr, 1487, ausgezahlt wurden und ungefähr fünfzehntausend Maravedi, gleich vierhundert Golddukaten, betrugen. Das war nicht schlecht. Er war wie zahlreiche andere – Astronomen, Gelehrte, Philosophen, Chronisten – ein Schützling des Herrscherpaares geworden. Gleichzeitig hatte er sich eine Art Exklusivrecht auf das Unternehmen gesichert. Kolumbus stand nunmehr im Dienste der Krone.

Der Vorsitz der Kommission wurde Pater Fernando de Talavera, dem Prior des Prado-Klosters und privaten Beichtvater der Königin, übertragen. Er gehörte dem Orden der Hieronymiten an und war ein sehr gebildeter Mann. Seine Interessen richteten sich hauptsächlich auf das, was der Verbreitung des Glaubens dienen konnte. Unter diesem Gesichtspunkt war Kolumbus ein nützlicher Mann, und was er sagte, paßte in den Rahmen von Talaveras

Vorstellungen. Während seines Aufenthaltes in Lissabon hatten ihm die Hieronymiten, deren Kloster am Ufer des Tejo stand, eben aus diesen Gründen sehr aufmerksam zugehört. Zwischen den Zielen der Mönche und Kolumbus' Plan gab es Übereinstimmungen. Aber Talavera war ein rational denkender Mensch und jeder Neuheit gegenüber mißtrauisch. Ein Mann wie Kolumbus zog ihn an und schreckte ihn ab. Zwischen den beiden Persönlichkeiten herrschte eine psychologische Spannung bis zum Zerreißen, die im Grunde der echte Kern der sechs Jahre dauernden Schlacht zwischen Kolumbus und seinen Gutachtern war.

Die Prüfungskommission trat meistens am Hofe zusammen oder, besser gesagt, in der Stadt, wo der Hof gerade residierte. Im Jahr 1486 war das bis Weihnachten Córdoba gewesen. Im darauffolgenden Winter wurde in Salamanca Hof gehalten, nachdem das Herrscherpaar in jene Stadt umgezogen war. Im Volk heißen Kolumbus' Richter »die Weisen von Salamanca«. Sie werden als Leute geschildert, die in ihren langen »Verhören« unerbittlich, dumm und stur waren, weil sie die Größe des Mannes, den sie vor sich hatten, nicht begriffen hatten. Aber das stimmt nicht.

Salamanca war nur einer der vielen Versammlungsorte. Es gab keine anderen Kommissionen außer der, deren Vorsitz Talavera übernommen hatte. Es ist falsch, von anderen Kommissionen – etwa von Córdoba oder Sevilla – zu sprechen. Es gab nur die von Salamanca. Diese Kommission zog umher, reiste zusammen mit dem Hof innerhalb von Spanien von einem Ort zum anderen. Die Gutachter blieben jedoch dieselben, auch wenn es zu gelegentlichen Änderungen in der Besetzung der Kommission kam. Kolumbus folgte ihnen von einer Stadt zur nächsten, um für ihre Fragen zur Verfügung zu stehen. Er begleitete sie von einem Punkt zum anderen und trug stets seine Hoffnungen und seine immer schwereren, immer unausweichlicheren Enttäuschungen mit sich. Man muß aber auch erwähnen, daß er nicht ständig befragt wurde und daß es nicht zu jenen dramatischen Verhören kam, bei denen Kolumbus beinahe als Angeklagter erschien und die großen Gelehrten sich wie ein Gericht versammelten. Dieses Bild ist über die Jahrhunderte hinweg in gedruckter oder gemalter Version verbreitet worden. Man hörte zunächst die Erläuterung seines Projektes an, und zwar wahrscheinlich in Córdoba. Dann traf hin und wieder bald das eine, bald das andere Kommissionsmitglied oder ganze Gruppen von Mitgliedern mit Kolumbus zusammen, um Klarstellungen von ihm zu verlangen oder um ihm Einwände entgegenzuhalten. Die Arbeiten kannten ihre toten Punkte und Unterbrechungen allein schon deswegen, weil die verschiedenen Mitglieder auch ihre gewöhnlichen Ämter ausüben mußten: Sofern es sich um Professoren handelte, mußten sie an der Universität lehren, ihre Wissenschaft betreiben und Bücher schreiben, während die Seelsorger sich ihren Andachtsübungen widmen mußten.

Wenn der Name Salamanca in die Geschichte eingegangen ist, dann hängt das damit zusammen, daß Salamanca die berühmteste Stätte der Gelehrsamkeit von ganz Spanien war. Salamanca gehörte damals neben Paris, Bologna und Oxford zu den vier großen europäischen Universitäten. Ihr Ruf drang über Berge und Meere. Das im Platerescostil verzierte Portal, durch das man die Universität von Salamanca betritt und das aus einem goldfarbenen, ins Rosa spielenden Stein errichtet ist, war wie ein Symbol für den Zugang zum Wissen. Auf die Fassade sind Wappen, Figuren und Ornamente gemeißelt, die so phantasievoll sind, als wollten sie andeuten, daß auch die Wissenschaft nicht ohne Erfindungsgabe auskommen kann. Kolumbus muß diese augenzwinkernde Symbolik zweifellos gefallen haben. Auch er wird das berühmte Tor betrachtet haben, so, wie man es heute, in die Zeiten versunken, ansieht. Dabei entdeckt man schließlich zwischen den anderen Basreliefs jene eigentümliche Darstellung eines Frosches, der auf dem kahlen Kopf eines Mannes quakt – eine Verkörperung der Unkeuschheit. Kolumbus mag an Beatriz gedacht und die Darstellung mit Demut bewundert haben.

Demut und besorgtes Bangen, das waren seine Gefühle in Salamanca. An der Universität lehrte Abramo Zacuto, der Verfasser des *Almanaque Perpetuo*, der für Kolumbus eine Art Bibel war. Dort waren die klügsten Köpfe seiner Zeit, die brillantesten Denker, die gründlichsten Forscher konzentriert. Kolumbus hatte Angst vor ihnen. Ihre Sprache war oft nicht die seine. Wie schon in Portugal, hielten die Männer der Wissenschaft den Ideen die Theorien entgegen, und Kolumbus erinnerte sich nur zu gut an seinen portugiesischen Mißerfolg, an die Art, wie dieser sich nach und nach abgezeichnet hatte. Angesichts dieser unvermeidlichen Wiederholung derselben Gegensätze fühlte er sich unbehaglich und unbeholfen.

Was war Kolumbus gegenüber den Weisen von Salamanca? Er selbst schrieb: »Sie sagen von mir, daß ich in der Wissenschaft nicht beschlagen, daß ich ein unwissender Seefahrer, ein Laie sei.« Er gehörte also zur Mehrheit der Menschen, zur Durchschnittswelt, die von der wissenschaftlichen Arbeit absolut keine Ahnung hat. López de Gomara, der etwa vierzig Jahre nach Kolumbus' Tod über dessen Unternehmungen berichtete, definierte ihn so: »*No era docto más bien entendido*«, er war zwar nicht gelehrt, aber beschlagen. Es war eine Begegnung zwischen Ungleichen: Auf der einen Seite standen die, die etwas wußten, auf der anderen einfach nur einer, der »etwas von den Dingen verstand«. Kolumbus' ganze Theorie war wenig wert, wenn er auf seinen beiden Argumenten herumritt, das heißt, auf dem von der Kugelgestalt der Erde – die übrigens von allen allgemein anerkannt wurde – und dem von der geringen Entfernung zwischen Europa und Asien, die hingegen auf einer falschen Berechnung beruhte. Zudem verstand Kolumbus es nicht, dafür überzeugende Beweise zu liefern. Die Fragen, die ihm die Gelehrten stellten, beantwortete er immer ziemlich knapp. Es schien, als ob er den Stand seiner Kenntnisse verschleiern wollte, und deshalb tat er geheimnisvoll, so, wie wenn er ein paar entscheidende Geheimnisse verschweigen wollte. Was Kolumbus wußte, war, daß er mit Leuten verhandelte, die sehr viel gebildeter waren als er. Und er versuchte nur, seine Unwissenheit zu verbergen.

Aber wer waren diese Gutachter, die nicht imstande waren, ihn zu begreifen? Wir kennen weder ihre Namen, noch besitzen wir darüber Dokumente. Der einzige, der außer Talavera bekannt ist, ist ein gewisser Rodrigo Maldonado, ein hochgelehrter Mann, der sich aber offensichtlich eher in der Jurisprudenz als in der Kosmographie auskannte. Das ist übrigens eines der Elemente, die bezeichnend erscheinen: Die Kommission, der Talavera vorsaß, war nicht hauptsächlich mit Kosmographen und Astronomen besetzt, sondern mit Theologen und Rechtsgelehrten. Man ließ sich mehr auf die Erörterung theologischer Fragen ein, als auf die praktische Beurteilung des Vorhabens. Kolumbus, der seine mangelhafte Bildung bereits als Hindernis empfand, war auf diesem Feld noch mehr im Nachteil.

Die Versammlungen von Salamanca – die nur einen Teil der Sitzungen der Kommission, aber wahrscheinlich die wichtigsten ausmachten – wurden in dem zwischen der Kathedrale und der Universität gelegenen Dominikanerkloster San Esteban abgehalten. Der gesamte Gebäudekomplex wurde von jenem goldenen Farbton des Steines bestimmt, der aus einem nahe der Stadt gelegenen Steinbruch stammt und *Salmantino* genannt wird. Diese helle Farbe kennzeichnet noch heute die Mauern der Kirchen und herrschaftlichen Wohnhäuser, die auf den Anhöhen liegen, von denen aus man auf das blaue Wasser des Tormes herabblickt. Tormes ist der Name jenes Flusses, zwischen dessen Krümmungen Salamanca liegt. Unter freiem Himmel sieht man die Helligkeit der Farben und der Sonne, doch sobald man die Schwellen des Klosters überschreitet, taucht drinnen alles in ein Halbdämmer, ein Schweigen, in Dunkelheit. Der Kapitularsaal, wo die Sitzungen der Kommission stattfanden, ist streng und eindrucksvoll gestaltet. Seine Wände sind grau, die Holzdecke von der Zeit geschwärzt. Kolumbus war bei den Dominikanern untergebracht; er wohnte bei ihnen. Er wartete und versuchte zu verstehen, welche Richtung die Diskussionen der Gelehrten nahmen, zu denen er immer seltener zugelassen wurde und deren Fragen er immer knapper und mit großer Vorsicht beantwortete.

Die Dominikaner hatten ihm eine Zelle zugewiesen und ihn zum Refektorium zugelassen. Manchmal nahmen sie ihn in der schönen Jahreszeit mit aufs Land nach Valcueva, wo der Orden einen Meierhof besaß. Dort, inmitten der Natur, fernab von den Ängsten der Stadt, schüttete Kolumbus sein Herz aus. Er wußte, wie man mit den Mönchen reden mußte. Mit ihnen brauchte er sich nicht im Dickicht der Theorien zu verfangen. Es waren Männer des Glaubens, an der Schwelle zur Poesie. Kolumbus zog sie in seinen Bann. Er beschrieb die fernen Länder, die zu erreichen waren; er spielte auf neue Scharen von Seelen an, die zu bekehren waren, eine noch unbekannte Menge, die darauf wartete, in Christi Arme geschlossen zu werden. Wie ein Auserwählter sprach er, wie ein Mann, den die göttliche Vorsehung für jenes Unternehmen vorherbestimmt hat. Auch er hatte seinen unerschütterlichen Glauben, den Glauben an sich selbst. Konnte er siegen?

Der Prior von San Esteban war Pater Diego Deza. Er war Professor der Theologie an der Universität von Salamanca und galt als eine Leuchte in der christlichen Auslegung. Diego Deza gehörte wahrscheinlich nicht zur Talavera-Kommission, zumindest nicht im engeren Sinne. Aber Talavera beratschlagte sich oft mit ihm, und er äußerte seine Zweifel und legte die Schwierigkeiten dar, auf die die Kommission bei der Überprüfung eines Projektes stieß, das in bestimmter Hinsicht absurd war. Der Prior von San Esteban hielt es dagegen für »vernünftig«. Er machte sich Kolumbus' Sache aus menschlicher Sympathie zu eigen, wegen des Eifers, mit dem sein fremder Gast es zu schildern verstand, vielleicht auch wegen der darin enthaltenen, von der Vorsehung bestimmten, aber noch ungeahnten Möglichkeiten. Diego Deza sollte für Kolumbus ein Freund für das ganze Leben bleiben. In Salamanca war er der erste, der sich auf seine Seite stellte.

Die Streitgespräche der Weisen waren – wie ihre Bildung und die damaligen Schulen – aristotelisch geprägt. Sie waren von den jahrhundertealten Hemmungen bestimmt, die von der Doktrin ausgingen. Sie zitierten immer und bis zum Überdruß den heiligen Augustinus. Und der heilige Augustinus glaubte, daß der Rest der Welt unbewohnbar war, daß man von den Antipoden ins Leere fiel, daß die heißen Zonen der Erde eine derartige Hitze abstrahlten, daß alles – Menschen, Schiffe, jede Form pflanzlichen und tierischen Lebens – verbrannte. Kolumbus erwiderte, daß die Portugiesen bei ihren Reisen nach Afrika jene Regionen erreicht hätten. Aber die Gelehrten zogen das in Zweifel. Gott habe die Welt vor vielen Tausenden von Jahren geschaffen, und nie habe jemand mit Sicherheit irgendeinen Teil jener unbekannten Gegenden kennengelernt. Es sei nicht möglich, daß dieser Kolumbus jetzt daherkomme und behaupte, ausgerechnet er wisse mehr als alle früher und heute lebenden Menschen. Welche wissenschaftlichen Beweise er denn habe?

Die zur Kommission gehörenden Kosmographen meinten, daß die Welt so groß, so weit sei, daß drei Jahre nicht genügen würden, um den Rand des Orients zu erreichen. Kolumbus hielt dem seine Berechnungen über den Grad entgegen, das Zeugnis von Marco Polo und die Untersuchungen von Toscanelli. Er zitierte auch Esra, und das rettete ihn davor, der Frevelhaftigkeit, der Herausforderung der Heiligen Schrift beschuldigt zu werden. Aber wissenschaftlich rechtfertigte es ihn nicht.

In der Überlieferung des Volkes, das die feinsten Nuancierungen des Denkens nicht kennt, werden die Gelehrten, welche über Kolumbus urteilten, als rückständige Leute geschildert. Gewiß aber sahen die langen Erörterungen in Wirklichkeit anders aus. Gerade in Salamanca wurden damals die neuesten und zuverlässigsten Theorien über die Größe des Erdballs entwickelt. In ihrer Mehrheit jedoch waren Kolumbus' Gutachter – wie Washington Irving sie in seiner schönen, im 19. Jahrhundert verfaßten Biographie definierte – »mittelalterliche Mandarine«. Sie machten keinen Unterschied zwischen einer Meinung und einem Glaubensartikel. Für uns heute ist es schwer, sie zu verstehen, den Sinn einer Debatte wie der zwischen Kolumbus und seinen Gutachtern zu begreifen. Viele Übertreibungen sind auf das Buch seines Sohnes Fernando zurückzuführen, der, um die Gestalt seines Vaters zu überhöhen, so weit ging, diejenigen, die sich ihm entgegengestellt hatten, zu verleumden. In der damaligen Disputierkunst gab es sehr viele Komponenten, von denen manche für uns heute unbegreiflich bleiben. So etwa der Widerspruchsgeist als Mittel der Redekunst, eine vollkommene Geistesübung, die man auch bei den klarsten und unumstößlichsten Argumenten anwenden konnte. Es war eine fast schon abstrakte Beharrlichkeit, deren Regel lautete, allem, was gesagt wurde, immer das Gegenteil entgegenzusetzen. Es war Sache des Gesprächspartners zu beweisen, daß er recht hatte. Und Kolumbus sah, daß er in dieser Mechanik des Denkens, in diesen Übungen der reinsten Logik, ungewandt, ja nahezu hilflos war.

Unterdessen hatte die Spannung zwischen ihm und Talavera, von der bereits die Rede war, weiter zugenommen. Kolumbus tat sich groß, indem er sich häufig auf die Vorherbestimmung berief, auf eine Mission, zu der er sich von oben bestimmt fühlte, und Talavera demütigte ihn. Die persönlichen Spannungen waren ihm lästig und ließen ihn in Deckung gehen. Für Kolumbus war das Wortgefecht über sein Projekt zum Labyrinth geworden. Zwei Dinge vor allem sprachen gegen ihn. Das erste und grundlegende bestand in der Tatsache, daß es ihm nicht gelang, sich zu erklären, sich verständlich zu machen. Einige Aspekte der Auseinandersetzungen gingen auf religiöse Fragen und theologische Interpretationen zurück, die Kolumbus nicht zu beantworten wagte. Las Casas sagte: »Zu den wichtigsten Argumenten schwieg er immer.« Im Hinblick auf die mehr technische Seite waren seine Waffen denen, über die seine Gegner mit so großer Sicherheit verfügten, weit unterlegen. Er war am Ende stets der Unterlegene oder zumindest der Unverstandene. Einem großen Teil der Kommissionsmitglieder gelang es nicht zu begreifen, was er wollte, und zwar nicht wegen einer Voreingenommenheit, sondern weil ihre Sprachen und die Art, die Fragen anzugehen, verschieden waren.

Die andere grundlegende Unvereinbarkeit wurde durch die Distanz zwischen den beiden unterschiedlichen Ebenen bestimmt, von denen die Konfrontation ihren Ausgang nahm: Für Kolumbus war es die Ebene der Phantasie, für seine Gutachter die der wissenschaftlichen Gültigkeit. Die auf rätselhafte Wege geführten Mitglieder der Kommission verloren die Geduld. »Sie hielten mein Unternehmen für eine Art zu scherzen«, schrieb Kolumbus später. Auf die Phantasie, die für sie ein Rätsel war, reagierten die Gutachter mit Hohn. Nichts setzt sich leichter der Boshaftigkeit aus als ein Mann, der ins Lächerliche gezogen wird. Und Kolumbus bekam die Bitterkeit des Spotts, nicht selten begleitet von Schmähungen, zu spüren. Er erlitt das Schicksal, für verrückt gehalten zu werden.

Aber wer »wußte« zu jenen Zeiten wirklich etwas? Und was? Wozu diente das Wissen, in dessen Besitz zu sein die Gelehrten sich rühmten? Nicht nur Kolumbus »wußte nichts«. Niemand »wußte«. Alle standen vor dem Unbekannten. Und vor dem Unbekannten richtete die Wissenschaft wenig aus, viel aber die Intuition, der Mut und die verspottete Phantasie. Kolumbus besaß all das. Die anderen nicht. Wollte man die Dispute von Salamanca beschreiben, so glaube ich, daß diese Zeilen allein genügen würden.

Deshalb muß man nicht meinen, die ganze Kommission habe nur Zweifel gehegt. Die Charaktere waren verschieden, und verschieden waren auch ihre Ansichten. Kolumbus hatte glühende Verteidiger wie Deza und unbeugsame Widersacher wie Maldonado. Andererseits stand die Kommission in zu engem Kontakt mit dem Hof, um nicht von dort wieder etwas über die Stimmungen, die unterschiedlichen Neigungen zu erfahren. Da war die Position der Königin, die trotz allem an Kolumbus glaubte oder zumindest geneigt war, ihm Vertrauen zu schenken. Andere Persönlichkeiten am Hofe wogen ihre Meinung in dem einen oder anderen Sinne ab. Der Einfluß der Mönche des Rábida-Klosters, vor allem von Juan Pérez, reichte bis zur Schwelle des Thrones, um nicht zu sagen, noch weiter. Talavera, der den Zeitpunkt festlegen mußte, zu dem die Diskussionen abgeschlossen und ein Urteil gefällt werden sollte, neigte dazu, Ausflüchte zu machen. Er war ein absolut unparteiischer Mensch von großer intellektueller Redlichkeit. Aber er war ebenso vorsichtig und zog sehr aufmerksam jede Nebenwirkung einer möglichen Entscheidung in Betracht. Das galt auch für die Ebene der internationalen Beziehungen: Spanien war damals ganz mit dem endgültigen Sturm auf die letzte Festung der Mauren beschäftigt, und die Vorstellung, daß man, wenn man Kolumbus' Forderungen erfüllte, feindselige Reaktionen von seiten Portugals riskieren würde – dieser Gedanke erschien ihm noch schrecklicher als der, sich von einem wahnwitzigen Projekt überzeugen zu lassen.

So vergingen die Monate, die Jahre. Die Schar der Gelehrten zog im Gefolge des Königs, der im Krieg stand, von Stadt zu Stadt, und Kolumbus folgte ihr, erfüllt von seiner Sehnsucht und seiner zu lange enttäuschten Begeisterung. Dann kamen die Jahre 1488 und 1489. Niemand fällte eine Entscheidung, und Kolumbus machte auch keinen Rückzieher. Bei Riccardo Bacchelli finde ich – in einem vergessenen Vortrag mit dem Titel »Über die Gründe, weshalb ich keine Biographie von Christoph Kolumbus geschrieben habe« – folgende zutreffende Definition: »Kolumbus' Schlacht war eine menschliche Schlacht, die mit der Leidenschaft der Verzweiflung geführt wurde.« (Lope de Vega legt ihm, als Figur seiner Komödie, folgenden Satz in den Mund: »Ich bin wie einer, der seine Flügel in den Händen und einen Stein an den Füßen hat.«)

Er war unglaublich standfest. Er kapitulierte nicht einmal, als Talavera sich in den letzten Wochen des Jahres 1490 endlich entschloß, das so lange hinausgeschobene Urteil der Kommission der Weisen zu verkünden. Es war ein grausames Verdikt: »Nichts kann die Unterstützung durch Eure Hoheiten rechtfertigen«, lautete der endgültige, an die Könige gerichtete Beschluß, »für ein Projekt, das auf äußerst schwachen Grundlagen ruht und dessen Verwirklichung jedem unmöglich erscheint, der – auch nur einigermaßen – über solche Probleme Bescheid weiß.« Kolumbus' Pläne waren wie zartes Fleisch zerrissen, zerfetzt, zerstört worden. Das Urteil erklärte seine Hypothesen für »unsinnig«. Man richtete den Finger auf seine »kolossalen« Irrtümer: Die Entfernung zwischen Kastilien und Indien sei viel größer als die von Kolumbus geschätzte, und der größte Teil des Erdballs bestehe nicht aus »trockenen Gebieten«, sondern aus Wasser oder jedenfalls aus unbewohnbaren Gegenden, wie das der heilige Augustinus als unanfechtbare Autorität unmißverständlich lehrte. Hier wurde auch die Überzeugung wiederholt, es sei völlig unwahrscheinlich, daß es so viele Jahrtausende nach der Erschaffung der Welt noch Länder von bedeutender Größe geben könne, von deren Existenz man noch nichts wisse. Die theologischen und scholastischen Rügen der Kommission waren vom Lauf der Zeiten verschärft worden; denn in eben diesen Jahren begann die Heilige Inquisition ihren Höhepunkt zu erreichen. Der berühmte Torquemada, der übrigens ebenfalls ein Beichtvater der Königin war, hatte die Befugnisse eines Generalinquisitors übernommen, und die Kampagne, die die Vertreibung der Juden zum Ziel hatte, wurde eingeleitet. Der Glaube durfte nicht wanken, und um nicht zu wanken, durfte nicht darüber diskutiert werden. Wer die heiligen Schriften in Zweifel zu ziehen wagte, zog den Bannstrahl der Kirche auf sich. Kolumbus ging auch dieses Risiko ein, denn Talavera und die Gelehrten, die der Kommission angehörten, konnten ihre Strenggläubigkeit nicht aufs Spiel setzen. Das war natürlich nur einer der Gründe für die Ablehnung und hatte nichts mit irgendeiner wissenschaftlichen Bewertung zu tun. Aber es spielte eine hervorragende Rolle bei dem sehr strengen Ton, in dem das Urteil formuliert war, und bei der Auswahl der angeführten Argumente.

Was Kolumbus anlangt, so konnte er nunmehr nur noch auf die Königin und auf jene wenigen, einflußreichen Persönlichkeiten zählen, die ihm als Freunde verblieben waren. Höchstwahrscheinlich hatte Isabella den Anstoß zu der Mitteilung gegeben, mit der Kolumbus über das negative Urteil der Gelehrten informiert wurde. Anscheinend hat es innerhalb des Kollegiums eine Minderheit gegeben, die eine andere Meinung vertreten hatte, auch wenn das Urteil als einstimmig gefaßter Beschluß präsentiert wurde. Vielleicht zog Isabella die Verschiedenheit der Ansichten in Betracht und versuchte, einen Weg zu finden, der nicht unbedingt den Weg für spätere Erwägungen versperrte. Fest steht, daß das Urteil Kolumbus mitgeteilt wurde, ohne ihm ganz die Hoffnung zu rauben, weil angedeutet wurde, daß man »bei einer besseren Gelegenheit« wieder über das Thema verhandeln könne. Das hieß: Wenn wir, das Königspaar, weniger stark von den Kriegsgeschehnissen in Anspruch genommen werden, die es uns heute nicht gestatten, uns mit irgend etwas anderem als mit diesen zu befassen. Wir werden später darüber reden.

Es scheint zuzutreffen, daß Kolumbus in der Zwischenzeit aufgrund einer besonderen Gunst weiterhin zum Hof zugelassen wurde – als eine Person, »die kommt, um Dinge zu besprechen, die unseren Dienst betreffen«. Das war schon ein ermutigendes Zeichen, auch wenn Alonso de Quintanilla, der Schatzmeister einer leeren Staatskasse, ihm seit längerer Zeit kein Geld mehr gab und auch nicht den Befehl hatte, ihm welches zu geben. Es waren die Jahre, die Kolumbus später als die »des großen Bangens« bezeichnete. In Sevilla hatte die Hochzeit der Infantin Isabella, der Erstgeborenen des Herrscherpaares, mit dem Thronerben von Portugal stattgefunden. Der Hof war in Festtagsstimmung, und in dieser Atmosphäre der Unbeschwertheit wehte ein Geist von Nachsicht und Wohlwollen. Das half, die Folgen von Talaveras Keulenschlag zu lindern. Es sah so aus, als ob auch für den Krieg gute Aussichten bestünden. Ferdinand und Isabella rechneten damit, Ende Sommer 1491 in Granada einzuziehen. Und das war der Augenblick, in dem Kolumbus hoffen konnte, den abgerissenen Faden seiner Träume wieder aufzunehmen. Es war die »bessere Gelegenheit«, die die Königin vage angekündigt hatte, und es bestand die Aussicht, daß seine Warterei bald ein Ende haben würde. Das Bangen wurde durch die Hoffnung gemildert – eine Kraft, die seine Beharrlichkeit stets von neuem entflammte. Kolumbus war ein ruheloser Charakter. Aber er verstand es, sich in Geduld zu üben, und das war der wichtigste Weg zum Sieg, auch zu einem Sieg über sich selbst.

Gegen Ende 1491 sah es wieder so aus, als ob alles verloren wäre. Im Krieg gab es keine Entscheidung, das Königspaar hatte sich vollkommen verrannt, und die Kassen des Staates waren leer. Kolumbus' Hartnäckigkeit wurde lästig, unangemessen. Er wurde nicht mehr bei Hofe empfangen. Die Weisung hieß, ihn fernzuhalten, keine Zeit mit ihm zu vergeuden, während viel dringendere Dinge anstanden. Die Situation des späteren Entdeckers verhärtete sich dramatisch. Abgesehen von den kleinen Zuwendungen von Beatriz, deren Vermögen ebenfalls aufgezehrt war, erhielt er kein Geld mehr. Er mußte seinen zweijährigen Sohn und den anderen, den älteren, unterhalten, der in La Rábida geblieben war. Alle hatten ihn vergessen. Um leben zu können, hatte er angefangen, geographische Karten zu zeichnen. Es scheint, daß er auch Bücher verkaufte, Abhandlungen über Astronomie und Geographie, und in die Fußstapfen seines Bruders Bartolomé trat. Es ging schnell mit ihm abwärts.

Im Herbst machte er einen Abstecher nach La Rábida. Er wollte seinen Sohn Diego wiedersehen; vielleicht beabsichtigte er, ihn zu dessen Tante nach Huelva zu bringen. Anscheinend hatte Diego es nach so vielen Jahren satt, dort im Kloster zu leben. Und den Vater hielt es nicht länger in Spanien. Er wollte fliehen und das Glück, das ihm in Spanien immerfort den Rücken zeigte, anderswo suchen. Er war schon vierzig Jahre alt. Das Leben verging schnell. Während der Krieg von Salamanca tobte, hatte er bereits begonnen, bei Karl VIII. von Frankreich und Heinrich VII. von England vorzufühlen. Vergebens. Als sein Gesandter hatte sein Bruder gedient, der dann einige Zeit in Fontainebleau, am französischen Hof, blieb, wo er als Kartenzeichner arbeitete. Es war auch zu einem Briefwechsel mit dem König von Portugal gekommen. Johann II. zeigte sich ihm gegenüber herzlich und legte eine gewisse Besorgtheit an den Tag. In seiner Antwort nannte er ihn »geliebter Freund«, trieb ihn zur Eile an, weil er ihn sehen wollte, und er versprach ihm seine Unterstützung. Aber ausgerechnet zu jener Zeit kehrte Bartolomeu Diaz von einer seiner Expeditionen zurück, auf der er das Kap der Guten Hoffnung umsegelt und somit den östlichen Seeweg zum Traumziel Indien geöffnet hatte. Die Probleme schienen von einer Seite her gelöst worden zu sein, die der entgegengesetzt war, an die Kolumbus so fest glaubte. In Lissabon brauchte man ihn nicht mehr. (Manche späteren Chronisten stellten die Hypothese auf, daß Kolumbus sich, um sich wieder unter den Schutz von König Johann zu stellen, erneut nach Lissabon begeben und dort vom glücklichen Ausgang von Diaz' Versuch gehört habe, mit dem er sich auch getroffen haben soll. Aber es existieren keine Zeugnisse, die diese Vermutungen begründet erscheinen lassen.)

Wer könnte je die plötzliche Laune des Glücks, dieses Phönix', erklären, der bereit ist, sich in den Augenblicken der größten Verzweiflung aus der Asche zu erheben? Das widerfuhr Kolumbus, als er völlig am Ende seiner Kraft angelangt war. Vielleicht ist es für einen genialen, aber von niemandem anerkannten Menschen ideal, wenn er plötzlich vom Schicksal nach oben gehoben wird.

An der Wende zum Jahr 1492 schien sein wahnwitziger Vorschlag bereits gestorben, seine Sache schon verloren. Im Januar jenes Jahres jedoch fällt Granada in spanische Hände, und der Krieg gegen die Mauren ist nach jahrhundertelangen Kämpfen für immer beendet. Die Geister erwachen, und man denkt an die Zukunft. Spanien hat jetzt große Zukunftsmöglichkeiten, denn alle düsteren Nebel der Vergangenheit haben sich aufgelöst. Die ersten, die begreifen, was für günstige Gelegenheiten sich ihnen eröffnen, sind die Geschäftsleute. Kolumbus hatte unter ihnen einige Freunde, die sich in den Jahren des Wartens still und vorsichtig verhalten hatten, jetzt aber ungeduldig darauf brannten, beim Sturm auf die guten Chancen zu den ersten zu gehören. Der frühere Umgang mit den genuesischen Geschäftskreisen der Centurione und der Di Negro begann eine Rolle zu spielen. Der Herzog von Medinaceli trat wieder auf den Plan, der ein paar Jahre zuvor der Königin den Vortritt hatte lassen müssen, der aber die Faszinationskraft des Unternehmens nicht vergessen hatte, für das er sich damals so begeistert hatte. Diese Beziehungen waren in Córdoba und Sevilla, im Vorfeld des Triumphs von Granada, in aller Stille weitergepflegt worden. Die direkte Verbindung zum Hof hatten die Mönche von Palos aufrechterhalten, dieselben, die sie sechs Jahre zuvor geknüpft hatten. Die Königin hatte weder das Gespräch im Alcázar, noch das Gesicht des Fremden vergessen, der sich ihr anvertraut hatte, und auch nicht die angekündigten Abmachungen. Sollte also nach dem endlosen Winter auch für Kolumbus wieder ein fast schon nicht mehr erhoffter Frühling einziehen?

Er zog tatsächlich ein. Und die Wende des Schicksals begann sich ausgerechnet im Augenblick der größten Niedergeschlagenheit zu vollziehen, als Kolumbus nach La Rábida zurückkehrte, um seinen Sohn wiederzusehen und in der Freundschaft der Mönche ein wenig Wärme zu finden. Sie waren die ersten gewesen, die ihn empfangen hatten, als das Feuer der Hoffnung noch in ihm gelodert hatte. Die Franziskaner von Palos zeigten sich standhaft und treu. Sie waren nicht nur imstande, Trost zu spenden, was die Aufgabe jedes Dieners Gottes ist, sondern waren auch Kämpfer, bereit, für das, woran sie glaubten, einzustehen. Sechs Jahre zuvor hatten sie schon Kolumbus' Vorhaben als etwas von der Vorsehung Bestimmtes beurteilt, dessen Ausführung im Rahmen der menschlichen Möglichkeiten lag. Sie hatten sich direkt darum bemüht, der Königin diese Überzeugung nahezubringen. Sie hatten den Fortgang der Prüfungen von Salamanca und der anderen Orte verfolgt, als die Kommission der Weisen die Zähne des Zweifels in das wehrlose Fleisch jenes Glaubenden schlug, der wie ein Opferlamm auf dem Altar lag. Sie hatten an jenen Versammlungen die Langsamkeit, die Konfusion und die Heuchelei der zu vielen Bedenken und zu vielen Ängste bemängelt. Vielleicht irritierte sie auch die Einmischung anderer Arten von Geistlichen, anderer Orden oder anderer Angehöriger von kirchlichen Berufen. Bekanntlich wird unter Gleichen oft noch mehr gestritten als zwischen Gegnern. Im Grunde waren die Franziskaner von Palos mit Talaveras Schiedsspruch alles andere als glücklich, und noch weniger waren sie von seiner Richtigkeit überzeugt. Und als Kolumbus niedergeschmettert in ihrem Kloster eintraf, beschränkten sie sich nicht darauf, ihn zu trösten, sondern sagten ihm, daß eine Schlacht niemals verloren ist, solange man auf dem Feld bleibt. Sie, die Franziskaner von Palos, wollten weiterkämpfen, sie hätten noch Pfeile im Köcher.

Sie gingen mit Kolumbus die Fragen noch einmal von A bis Z durch. Sie wiesen ihn auf die Fehler hin, die er bei den Verhandlungen gemacht hatte, wogen aufmerksam das Pro und Kontra jener Punkte gegeneinander ab, die im Laufe der langen Debatten angesprochen wurden. Und sie zogen auch Leute zu Rate, die außerhalb ihres Klosters wohnten, etwa den Arzt von Palos, der etwas von Astronomie verstand und ein großer Sammler von Seefahrergeschichten war. Er hieß García Hernández. Als schon betagter Mann berichtete er ziemlich ausführlich über diese Dinge, als er als Augenzeuge im Verlauf jenes Prozesses aussagte, der einige Jahrzehnte nach Kolumbus' Tod von dessen Erben angestrengt wurde. Und sie forderten vor allem einen Mann zur Teilnahme an ihren Zusammenkünften auf, der in der Folge eine der Hauptpersonen von Kolumbus' Unternehmung – im Guten wie im Bösen – werden sollte, nämlich den weitgereisten Seemann Martín Alonso Pinzón. Pinzón galt in Palos und an der ganzen Küste als bester unter den andalusischen Seefahrern. Er stand in hohem Ansehen, war das Oberhaupt einer Familie von guten Seeleuten und eine führende Figur in der Kunst der Seefahrt. Und er war – was auch keine Schande war – sehr begütert. Er besaß selbst eine

Karavelle und andere, kleinere Schiffe. Er war kreuz und quer im Mittelmeer gesegelt, im Ozean an den Küsten Guineas entlanggefahren und bis zu den Kanarischen Inseln vorgedrungen. Ein Jahr zuvor hatte er in Rom die Kosmographen des päpstlichen Hofes besucht, über den derzeit Innozenz VIII. herrschte. Er war bestens über jedes Projekt und jede Nachricht und höchstwahrscheinlich auch über die Karten von Toscanelli unterrichtet. Kolumbus hatte Pinzón schon früher kennengelernt. Seinen Charakter mochte er nicht besonders, denn er war arrogant. Doch er schätzte dessen Erfahrung, seine praktischen Kenntnisse, sein großes Gespür für das Meer.

Diese Männer diskutierten tage- und nächtelang in der Stille des Rábida-Klosters darüber, wie die großen Lücken gefüllt werden konnten, die die Weisen von Salamanca bei ihren Erörterungen aufgerissen hatten. Sie kamen zu dem Schluß, daß es ausreichend Anlaß zu einem erneuten Versuch gab, den Widerstand der Hofberater zu überwinden, die sich hinter ihren Zweifeln verschanzt und zwischen Kolumbus und den beiden Königen, vor allem zwischen Kolumbus und der Königin, eine Barriere errichtet hatten. Nach der denkwürdigen Begegnung zwischen Christoph und Isabella, die im Frühjahr 1486 im Alcázar von Córdoba stattgefunden hatte, hatte der Mann, der zum Ruhme Spaniens eine neue Welt entdecken sollte, nicht mehr direkt mit der Königin Verbindung aufnehmen können. Seit fast sechs Jahren waren die einzigen Gesprächspartner des Königspaares Kolumbus' Gutachter gewesen, dieselben, die am Ende beschlossen hatten, sein Projekt zu Fall zu bringen. Das war der springende Punkt in der Sache. Es war nötig, daß die Königin Kolumbus nach sechs Jahren noch einmal anhörte.

Die Vermutung sei gestattet, daß auch sie das vielleicht wünschte. Aber der Begegnung standen die Mühsale des Krieges im Wege, König Ferdinands Gleichgültigkeit gegenüber solchen Problemen, mit denen Kolumbus sich beschäftigte, der Einfluß der Weisen, die Isabella von Kolumbus fernhielten, sowie die finanziellen Fragen, die die Ratgeber angesichts der leeren Staatskasse listig aufgebauscht hatten. Selbst wenn die Königin unter diesen Bedingungen eine Begegnung gewünscht hätte, hätte sie nicht den ersten Schritt tun können. Jemand mußte sie dazu bewegen.

Aber wer? Mit Sicherheit nicht Pinzón, der zwar in Palos eine große Autorität war, jedoch am Hof über keinerlei Einfluß verfügte. Das soll festgehalten werden: Wenn die Atlantikunternehmung, die in jedem Fall nicht ohne die Zustimmung des Herrscherpaars hätte durchgeführt werden können, von Pinzón abgehangen hätte, wäre sie nie realisiert worden. Pinzón hatte viele gute Eigenschaften, aber er war grob, vom Wesen her aufsässig und zu keiner anderen Verhandlung fähig als zum Feilschen oder zu Bordstreitereien. Der Mann, der geeignet war, die Türe wieder aufzustoßen, und der in diesen Dingen sehr viel Erfahrung hatte, war Pater Pérez. Er wußte im Schlaf, wie man in den Labyrinthen des Hofes vorgehen mußte. Er genoß das Privileg des geistlichen Standes und des Beichtgeheimnisses. Er kannte Isabella und ihre Art zu herrschen und übernahm die Aufgabe, das Kapitel Kolumbus wieder aufzuschlagen, als es gerade endgültig geschlossen schien.

Er schickte der Königin einen sehr zurückhaltenden Brief, der von einem an der Küste tätigen Lotsen, Sebastiano Rodríguez, nach Sevilla gebracht wurde. Niemand weiß, was in diesem Brief stand, und ich glaube, daß es niemand je erfahren wird. Es erscheint mir sinnlos, dem Beispiel vieler zu folgen und von vertraulichen Mitteilungen über Toscanellis Karten oder vom Roman des unbekannten Steuermanns zu phantasieren, der Kolumbus die Route nach Indien verraten haben soll – Dinge, über die Isabella aus dem einfachen Grunde nichts wußte, weil Kolumbus seinen Gutachtern nichts davon gesagt hatte. Meine Überzeugung geht vielmehr dahin, daß Pérez' Brief eher wegen der darin ausgedrückten Gefühle als wegen der Informationen vertraulichen Charakter hatte. Es war ein Brief, der an das Herz der Königin appellierte, das von den Zweifeln, in die es sich gehüllt hatte, befreit werden mußte. Und da die Königin mit ihrem weiblichen Instinkt bereit war, Kolumbus zu verstehen, ihn zu begreifen, antwortete Isabella.

Kaum zwei Wochen, nachdem Pérez' Brief an den Königspalast in Sevilla, den alten Alcázar der Araber neben der Kathedrale, abgeschickt worden war, traf das Antwortschreiben in Palos ein. Die Königin rief Pater Pérez an den Hof und wollte sich mit ihm beratschlagen. Die Tür war wieder offen.

Zwischen dem Spätherbst 1491 und dem Beginn des Winters gab es ein aufgeregtes Hin und Her. Pérez bot in Sevilla zweifellos seine ganze Redekunst auf. Sein Beharren begründete er mit der

Ahnung, daß im Fall einer Weigerung Spaniens andere – vielleicht Frankreich oder sogar Portugal – akzeptieren würden. Dieses Argument beeindruckte auch König Ferdinand. Die spanische Krone war in jenem Augenblick siegreich und neigte eher zur Expansion als zur Bescheidung. Der Prior des Rábida-Klosters fand angesichts der neuen Bedingungen unter den vielen Höflingen, die an der Schwelle zur Macht umherschwärmten, nicht wenige Verbündete. Auf glühende Unterstützung traf er bei der Marquesa de Moya, auch wenn ihre Motive recht wenig mit Politik zu tun hatten. Sie hieß, nebenbei erwähnt, ebenfalls Beatriz. Es gelang ihr sogar, ihre Begeisterung auf ihren Gemahl, Andrés de Cabrera, zu übertragen, einen wichtigen Ratgeber am Hof – ob er nun über das Verhältnis, das zwischen ihr und dem Seefahrer bestand oder angeblich bestand, Bescheid wußte oder nicht. Bei der Königin setzte sich auch Pater Deza, der Dominikaner aus Salamanca, für Kolumbus ein. Was jedoch den Ausschlag gab, war das Verhalten von Luis de Santángel, einer Persönlichkeit, die zum engsten Kreis um König Ferdinand gehörte. Er war Schatzmeister des Hauses Aragón und zugleich Generalsteuereinnehmer, aber auch ein selbständiger Geschäftsmann, der mit den genuesischen und florentinischen Kaufleuten, welche sich in Sevilla und Córdoba niedergelassen hatten, in Verbindung stand. Auf der Suche nach guten Geschäften und Investitionsmöglichkeiten drängten diese sich schon auf die Wege, die das Ende des Krieges geebnet hatte.

Alles in allem war dieser Santángel ein eher obskurer Typ, der allerdings mit Klugheit, Unternehmungsgeist, Machtfülle und einer Überzeugungskraft ausgestattet war, die ihm half, immer das zu erreichen, was er sich in den Kopf gesetzt hatte. Santángel war ein Mann, dem das Risiko Spaß machte, wenn außer dem Risiko auch die Wahrscheinlichkeit bestand, beträchtliche Gewinne zu erzielen. Die Königin glaubte zwar an Kolumbus, fragte sich aber, wo sie das Geld zur Finanzierung der Expedition auftreiben könnte. Da für die drei Karavellen und die paar Dutzend Matrosen schließlich keine allzu große Summe benötigt wurde, zögerte Santángel nicht, der Königin zu versichern, daß er bereit sei, das vorzustrecken, was zunächst dringend gebraucht würde. Mit ihm würden einige seiner Geschäftsfreunde aus Sevilla zusammenarbeiten, darunter der Genuese Ferdinando Pinello, ein Vertrauensmann des Herrscherpaares in finanziellen Angelegenheiten, der später ein sehr treuer Freund von Kolumbus während seiner Ozeanreisen werden sollte. In den volkstümlichen Erzählungen heißt es, daß Isabella Santángel ihren Schmuck als Garantie angeboten habe, um das Gelddarlehen von ihm zu bekommen. Das gab den Anstoß zur Entstehung des Bildes von einer mutigen und weitblickenden Königin, die zu Opfern bereit war, um Spanien künftige Gewinne zu sichern, und die sich auf diese Weise vielleicht insgeheim ihren intellektuellen Neigungen hingab (was allein schon eine gute Tat gewesen wäre). In der amerikanischen Stadt Santo Domingo steht vor dem Palast des Vizekönigs, der für Kolumbus erbaut wurde, auch wenn er selbst ihn nicht mehr beziehen konnte, eine große Statue von Isabella mit ihrem Schmuckkästchen in der einen Hand, während sie mit der anderen gerade eine Kette aus der Schatulle nimmt. Es ist eine aus der Phantasie geschaffene Skulptur, denn Isabella mußte niemals – wie einige berühmte vornehme Damen der römischen Geschichte – ihre Juwelen opfern. Santángel genügte. Und zwar nicht nur, um vorsorglich für die – geringen – Ausgaben zu garantieren, die das Abenteuer verschlingen würde, sondern um ihr über jede politische oder wissenschaftliche Bewertung hinaus die Bürgschaft eines Kenners zu sichern. Santángels Geste trug entscheidend dazu bei, daß aus dem Nein ein Ja wurde.

Es hat den Anschein, daß zu diesem Zeitpunkt in großer Eile ein neuer Rat von Weisen einberufen wurde, der teils wieder mit denselben Leuten besetzt war, teils aus neuen Gutachtern bestand, die weniger durch theologische Vorurteile gehemmt und aufgeschlossener waren. Die Stimmung am Hofe tendierte zum Konsens; die Ränkeschmiede zeigten sich geneigt, und die Königin schien fest für die Sache gewonnen. Die Zweifel der Geographen und Kosmographen blieben wahrscheinlich die gleichen wie vorher. Aber sie wurden von der allgemeinen Begeisterung fortgespült, und alle alten Hindernisse wurden sehr rasch eingerissen. So geschah es und geschieht es auch heute noch oft bei langwierigen Debatten. Wenn die Müdigkeit zunimmt oder eine neue Begeisterung ausbricht, erscheint es fast natürlich, wenn Überzeugungen, die über Jahre aufrechterhalten wurden, innerhalb von wenigen Tagen ihre Richtung ändern. In Sevilla mußte man sich dringend mit anderen Dingen beschäftigen, und außerdem schuf der Sieg eine günstige Atmosphäre. Als Pater Pérez nach Palos zurückkehrte, überbrachte er Christoph eine mündliche Botschaft Isabellas: »Sagt ihm, er solle ruhig weiterhoffen, bis er einen Brief von der Königin erhält.«

In dem Brief, der kurze Zeit darauf eintraf, wurde ihm eine Audienz gewährt. Isabella wollte Kolumbus persönlich sehen, und sie schickte ihm ein Säckchen mit Florinen, »damit er sich anständig kleiden, ein Reittier kaufen und sich Ihrer Hoheit vorstellen« konnte. Kolumbus stürzte nach Sevilla, aber der Hof hatte in der Zwischenzeit im Lager von Santafé Quartier bezogen. Santafé war ein Dorf mit nur wenigen Einwohnern, das ein paar Kilometer von Granada entfernt lag, über dessen Übergabe man bereits mit dem letzten maurischen Herrscher auf spanischem Boden, dem blutjungen Boabdil, verhandelte.

Als Kolumbus sich bis zur Frontlinie vorgewagt hatte und in Santafé eintraf, verwandelte sich das Zeltlager schon in eine richtige, mit Türmen und Zinnen bewehrte Stadt. Es war eine rechteckige Einfriedung, in der einige tausend Leute, Höflinge, Offiziere, Ratgeber und Soldaten, Schutz gefunden hatten. Dort herrschten in einem Klima militärischer Strenge Unordnung und Aufregung. Die steinernen Mauern umrahmten die kriegerische Szene im Grün der Ebene, mit den blutroten Mauern der Alhambra, die die Höhen des in der Ferne liegenden Granada beherrschten; höher noch in den Himmel ragten die Schneegipfel der Sierra Nevada, die in der Sonne glitzerten. Um die Einfriedungsmauer von Santafé lief ein breiter Graben, der von den vier Toren der Stadt überquert werden konnte. Jedes Tor blickte in eine andere Himmelsrichtung. Je ein Viertel der Mauer zog sich um ein Viertel des Ortes. In der Mitte war ein Exerzierplatz angelegt, an dem sich die Kirche und der nur einstöckige, weiße und graue Königspalast gegenüberstanden. Diese provisorische Stadt ist über fünf Jahrhunderte bis heute erhalten geblieben. Wenn man sie betritt und sich das Leben derer, die sie einst bewohnten, ins Gedächtnis ruft, hat man das Gefühl, die Geschichte von rückwärts zu durchlaufen. Kolumbus trat durch diese Tore ein, machte auf diesem Platz halt und wurde in den Palast geführt. Dort sah er Isabella wieder.

Es war ein anderer Mann als der Gesprächspartner, der beim letzten Treffen mit der Königin sechs Jahre zuvor in Córdoba noch vor sich hingeträumt hatte. Die Prüfungen hatten ihn hart gemacht; der Stolz umkleidete ihn wie ein Panzer. Sein Vorschlag war angenommen worden. Jetzt war es an ihm, in diesem Spiel die Führung zu übernehmen. Vom lästigen Bittsteller war er zur benötigten, zur unersetzlichen Hauptperson geworden. Man hatte ihn gerufen, weil man ihn brauchte.

Die einführenden Artigkeiten nahmen nur kurze Zeit in Anspruch, kurz war das Lächeln der Königin, kurz der Blick, der aus den blauen Augen des Fremden auf sie fiel. Dann stellte Kolumbus sofort seine Bedingungen, oder besser gesagt, er diktierte sie. Es waren harte Bedingungen, und beinahe schon anmaßend war die Art, wie er sie vortrug. Vor allem wollte er einen Adelstitel, um aus der Anrüchigkeit eines Fremden ohne Stammbaum herauszutreten. Er forderte den Rang eines Admirals, der in allem dem des Großadmirals von Kastilien gleich sein sollte, an dessen Seite Kolumbus Admiral des Ozeans sein würde. Und in Abhängigkeit vom Rang wollte er, daß ihm die Befugnisse eines Vizekönigs und Generalstatthalters über all die Länder übertragen werden sollten, die er entdecken würde. Die Titel und Befugnisse mußten erblich sein, vom Sohn auf den Sohn übertragbar. Außerdem verlangte er als Einkommen zehn Prozent auf den gesamten Verkehr und Handel zwischen den neuen Besitzungen und Spanien, einschließlich des Wertes an dem Gold, Silber und an den Edelsteinen, die in den entdeckten Gebieten gefunden würden.

Kolumbus' Forderungen erschienen absurd. Sie wurden mit Staunen zur Kenntnis genommen. Der Königin verschlug es die Sprache. Der König, dem sie mitgeteilt wurden, zeigte sich entschieden dagegen. Sie versuchten zu handeln, andere Grundlagen für eine Übereinkunft zu finden. Kolumbus blieb hart. Weder Isabellas Lächeln noch die Schroffheit der Ratgeber machten ihn nachgiebig. Er schien wie aus Stahl. Mehr noch: Jeder Vorschlag, der auf eine Änderung seiner Forderungen abzielte, machte ihn wütend. Vergeblich schwankte Isabella zwischen dem Stolz einer Herrscherin und der Zauberkraft der Phantasie. Der Sieg der Waffen, den man während der Verhandlungen feierte, vergrößerte jede Perspektive: Mit der Macht des Königspaares war auch sein Wunsch nach Expansion gewachsen. Der feierliche Einzug in Granada als Befreier des Vaterlandes und der Christenheit stand unmittelbar bevor. Und nun kam ein unbekannter Fremder daher, um ihnen sein Gesetz zu diktieren. Das war etwas Wahnwitziges, etwas Unmögliches. Die Könige gaben nicht nach, und Kolumbus blieb hart. Es gab keine andere Lösung als den Bruch. Kolumbus schwang sich wieder auf sein Pferd, ließ die Mauern von Santafé und die Stadt hinter sich. Ihm blieb nichts als »der Tag und die Nacht«, wie die Spanier für jemanden sagen, der alles verloren hat und nichts mehr sein eigen nennt.

Doch sofort begannen sich um den König und vor allem um die Königin herum wieder jene Kräfte zu rühren, die die Durchführung des Unternehmens wünschten. Von den Mönchen waren es Pérez und Deza, von den Hofberatern Quintanilla und Cabrera, von den Geschäftsleuten Santángel und Pinello, von den Damen die Marquesa de Moya und die Statthalterin einer der Kanarischen Inseln, Beatriz de Bobadilla, eine enge Vertraute der Königin. Freundschaft, Interessen, weibliche Gemütsbewegung – wer könnte einer Verschwörung dieser Kräfte widerstehen?

Das Argument, das die Entscheidung in eine andere Richtung lenkte, war sehr einfach. Abgelehnt worden war nicht Kolumbus' Projekt, mit dem nunmehr alle einverstanden waren. Zurückgewiesen hatte man das Übermaß an Privilegien, die er dafür verlangte, die Maßlosigkeit seiner Forderungen. Doch Kolumbus' Freunde argumentierten so: Wenn er den Herrschern Indien einbringen würde, dann hätte er sich jene Privilegien verdient. Und wenn er scheiterte, würde er eben nichts bekommen. Was riskierte man dabei? Der Plan war kühn, aber nicht sehr teuer. Und der Preis, der dann zu zahlen wäre, müßte an der Bedeutung des Erfolges gemessen werden, falls man einen Erfolg haben würde. Es würde genügen, die Urkunde, mit der sich die Könige verpflichteten, bis zu seiner Rückkehr geheimzuhalten, schlug Santángel der Königin vor. Das war die Logik der Dinge, wenn man einmal von dem Stolz absah, mit dem Kolumbus die ganze Sache unannehmbar gemacht hatte. Und die Königin kapitulierte ein zweites Mal. Sie befahl, ihn zurückzurufen.

Kolumbus' Pferd war kein großes Streitroß. Man setzte einen *Alguacil*, das heißt einen Gerichtsdiener, mit einem sehr schnellen Läufer auf seine Spur. Dieser holte ihn ein, als er gerade die Brücke von Pinos überqueren wollte. Kolumbus war auf dem Weg nach Córdoba. Aber der *Alguacil* befahl ihm, »unverzüglich« vor der Königin zu erscheinen, »weil Ihre Hoheit bereit sei, das Geschäft abzuschließen«.

Kolumbus wendete sein Pferd. Er hatte gesiegt.

DIE DREI KARAVELLEN

Nachdem Kolumbus, umgeben von den Ehrerbietungen und den lächelnden Mienen aller, seiner alten Feinde und Freunde, an den Hof zurückgekehrt war, ließ er nicht einmal einen Tag verstreichen, sondern machte sich sofort an die Arbeit. Vor allem mußte er den Vertrag aufsetzen, der seinen neuen Status bestätigten sollte. Er wollte, daß die außergewöhnlichen Privilegien, die er gefordert hatte, in einer vom König und von der Königin unterzeichneten Urkunde festgehalten würden. Es bedurfte weiterer Verhandlungen und langer Konsultationen, die am Rande der üblichen Beratungen der Krone stattfanden. Aber bei den Diskussionen ging es nicht mehr um strittige Punkte, sondern nur um Formfragen, um die Art der Urkunde und die Formulierung dessen, was man zu gewähren beschlossen hatte. Die Königin verfolgte persönlich den Fortgang der Verhandlungen, die der Kanzlei übertragen worden waren. Sie hatte sich von Juan de Coloma, dem Sekretär des Königs, vertreten lassen. Die Entwürfe des Textes wurden Abschnitt für Abschnitt von Pater Pérez überarbeitet, der für jene Tage wieder in seine alte Rolle als Mann des Hofes geschlüpft war.

Die Versammlungen wurden in dem kleinen, weißgrauen Palast am Hauptplatz von Santafé abgehalten, der heute restauriert ist und wieder so aussieht wie damals, und an dem Gedenktafeln angebracht sind, die an dieses Ereignis erinnern. Es schien eine leichte Aufgabe zu sein. Doch die Bürokratie hat ihre Gesetze – das war immer so und wird immer so sein. Es dauerte drei Monate, bis das Ziel erreicht war. In der Zwischenzeit folgte Kolumbus seinen königlichen Gastgebern und nahm an den Festen und Zeremonien teil, mit denen die Eroberung von Granada gefeiert wurde. Er beteiligte sich an der Prozession, die feierlich in die Stadt einzog. Die Banner flatterten im Wind, die Trommeln wirbelten, und die Paradeuniformen glänzten in der Sonne. Die Könige von Spanien ließen sich aber nicht in Granada nieder. Sie betraten die Alhambra, setzten sich auf die Elfenbeinthrone von erlesener Machart und nahmen die Huldigung der Honoratioren entgegen. Aber abgesehen von einigen, von der Etikette vorgesehenen Pflichtübungen, die schnell während der Stunden des Tages absolviert werden mußten, kehrten sie nicht mehr dorthin zurück. Am Abend gingen sie wieder nach Santafé hinunter, wo sie ihren ständigen Aufenthalt genommen hatten, bis der Hof in andere Städte Spaniens weiterzog.

Granada hatte sieben Jahrhunderte lang unter arabischer Besetzung gelebt. Die ganze Bevölkerung war vor Generationen muslimisch geworden und haßte die Christen, die sie als ihre natürlichen Feinde betrachtete. Die Gefühle der Einwohner von Granada hatten tiefe, ferne Wurzeln, die seit fast undenklichen Zeiten vom Vater auf den Sohn übertragen worden waren. Der Sieg der Waffen reichte nicht aus, um ihre Überzeugungen zu ändern, und es war auch nicht der Augenblick, an ihre Bekehrung zu denken. Sie empfingen die Könige, die neuen Herrscher, mit einer Mischung aus Bestürzung und Mißtrauen. Ferdinand und Isabella hatten Angst vor Verschwörungen und vor Verzweiflungstaten von Fanatikern. Sie zogen es vor, sich vom Ort ihres Triumphes fernzuhalten, und beschränkten sich darauf, diesen Triumph mit dem größtmöglichen Gepränge zu feiern. Dann überließen sie das Feld den Inquisitoren. Granada, das aufgrund von Boabdils Kapitulation ohne Blutvergießen erobert worden war, hatte seinen Krieg noch nicht beendet. Er begann gerade erst.

Unten jedoch, in Santafé, war Kolumbus' Krieg zu Ende. Am 17. April 1492 wurde sein Vertrag mit dem spanischen Herrscherpaar endgültig signiert. Unter der Zeile »*Yo el Rey*« und »*Yo la Reina*«, die in schöner Schrift unter dem Dokument stand, setzte Juan de Coloma, »*por mandado del Rey y de la Reina*«, auf Geheiß des Königs und der Königin, seine Unterschrift. Das Dokument hatte die Form eines einseitigen Zugeständnisses, erlassen von der obersten Gewalt »betreffs der von Don Cristóbal Colón erbetenen

Dinge mit dem Ziel, ihn irgendwie für das zu entschädigen, was er entdeckt«.

In den letzten fünf Jahrhunderten ist über den Text von Santafé alles geschrieben worden, was zu schreiben menschenmöglich war. Dem Leser mag die Bemerkung genügen, daß dieser auf Kolumbus' Bitten einging und eine volle Zustimmung enthielt, ohne jedoch wie das Ergebnis einer Verhandlung zu erscheinen, was er in Wirklichkeit aber war. Das Dokument besagt, daß die eingeräumten Privilegien eine Belohnung seien »für das, was er entdeckt«. Die ganz klare Absicht dahinter war also, daß der Text des Abkommens erst nach der Rückkehr von der Reise, die er nun antreten sollte, Gültigkeit erlangen würde, das heißt einzig und allein im Fall eines Erfolges. Das war das Argument gewesen, das alle Gegner zum Schweigen gebracht hatte. Kolumbus konnte Spanien viel Ruhm und großen Reichtum einbringen. Das, was das Herrscherpaar ihm als Gegenleistung versprach, war verhältnismäßig wenig, wenn man es an dem maß, was dann bereits erreicht sein würde. Vorläufig handelte es sich aber sowohl im Hinblick auf das Geben als auch das Nehmen nur um Hypothesen. Auf der Stelle, das heißt in Santafé, erhielt Kolumbus nur einige Titel, die nichts kosteten. Im Text war er schon mit dem Höflichkeitstitel *Don* angesprochen worden, einem Prädikat, auf das er größten Wert legte, und das er viel mehr ersehnte als es für die bedeutete, die es ihm schenkten.

Aber das Wichtigste war der Rest. Alle zeigten sich erstaunt über jenes Ergebnis, das im Widerspruch stand zu so vielen Urteilen, Prüfungen und Gutachten der höchsten Persönlichkeiten, die derart negativ begründet waren, daß sie Kolumbus eigentlich hätten erledigen müssen. Statt dessen wurde er nun mit dem Ehrentitel eines Gesandten der Herrscher in die unbekannten, neuen Gegenden des Ozeans entsandt – eine Aufgabe von so hohem Prestigewert und mit so beträchtlichen Vorteilen, daß jeder andere Gegenstand von Neid am Hof dagegen verblaßte. Jetzt konnte der große Entdecker nach langen Jahren plötzlich die aufgehaltene Hand umdrehen: Von einem lästigen Bittsteller, dem man immerzu Nein gesagt hatte, war er auf einmal zum Leiter einer Expedition geworden, die dem Ruhm entgegensteuerte. Sogar die Hoffnung hatte ein Ende gefunden, nun begann die Wirklichkeit.

Die Urkunde von Santafé bestätigte das alles. Die Könige hatten alles akzeptiert, was er verlangte. Nicht ein Jota war an dem verändert worden, was diese noch wenige Wochen zuvor empört zurückgewiesen hatten und was sie nunmehr gütigst als »Bitten« des Seefahrers zu unterzeichnen gedachten. Die Endfassung des Textes, die uns die spanischen Archive erhalten haben, ist von einer fast lakonischen Kürze. Alles steht auf wenig mehr als einem vergilbten und im Laufe der Jahrhunderte kostbar gewordenen Blatt, das aber noch das Leben jenes Tages widerspiegelt: die Hände der Schreiber, die bestrebt waren, keinen Fehler zu machen, die fliegende Unterschrift von Juan de Coloma, und über dieser die Zeile mit den Namen der Machthaber »*Yo el Rey, Yo la Reina*«.

Es sind nur fünf Absätze. Im ersten wird *Don* Cristóbal Colón zum Admiral des Ozeanischen Meeres auf Lebenszeit ernannt. Dieser Titel war an die Erben, »von einem auf den anderen«, zu übertragen. Der Rang eines Admirals sollte für Kolumbus dieselben Privilegien mit sich bringen, wie die, die der Großadmiral von Kastilien, Don Alfonso Enríquez, erhalten hatte. Das war ein gewaltiger Schritt für einen Fremden, der sich kaum fünfzehn Jahre zuvor noch zwischen der Wolle und den Schulden seines Vaters bewegt und von den kleinen Handelsaufträgen jener Kaufleute gelebt hatte, die ihre Hände schützend über ihn hielten. Aber es war nicht das erste Mal, daß Spanien Admiräle ernannte, die aus anderen Nationen stammten. Den genuesischen Boccanegra, Vater und Sohn, war im 14. Jahrhundert derselbe Rang verliehen worden.

Im zweiten Abschnitt »geruhen Ihre Hoheiten«, Kolumbus zu ihrem Vizekönig und Generalstatthalter »auf jedem Stück Festland und jeder Insel« zu bestimmen, die er im vorerwähnten Ozeanischen Meer »entdecken würde«. Er erhielt damit die Befugnis, für jedes Amt, das in seine Gerichtsgewalt fiel, drei Personen seines Vertrauens vorzuschlagen, unter denen die Herrscher dann die zu ernennende auswählen würden.

Der dritte Abschnitt betrifft die Belohnung sowohl für den Admiral als auch den Vizekönig. Seiner als unverschämt empfundenen Forderung entsprechend, wird ihm in der Urkunde von Santafé der zehnte Teil auf alle Waren zuerkannt, ob es sich um »Perlen, Edelsteine, Gold, Silber oder Gewürze« handelte (das waren Produkte des Orients, die Reichtümer Marco Polos, denn Ferdinand, Isabella und Kolumbus hatten nur Indien im Sinn!) oder um irgendwelche anderen Waren, mit denen man innerhalb der Grenzen der neuen Admiralität Handel treiben würde.

Der vierte Abschnitt präzisiert, daß dann, wenn andere Kaufleute die Zuständigkeiten des Admirals anfechten sollten, nur er selbst oder derjenige, der ihn am fraglichen Ort vertritt, befugt ist, über den Streitfall zu entscheiden, »und sonst kein anderer Richter«.

Im fünften Abschnitt wird eine andere jener Bitten von Kolumbus erfüllt, die zuvor als unannehmbar abgelehnt worden waren. Es geht um die Genehmigung, in jedes Schiff, das mit den neuen Besitzungen Handel treiben würde, eigenes Kapital zu investieren, und zwar durfte er bis zu einem Achtel der gesamten Kosten übernehmen; dafür stand ihm der achte Teil des Gewinns zu.

»Kapitulationen« nannte man dieses Schriftstück, das mit diesem Begriff als die »Kapitulationen von Santafé« in die Geschichte eingegangen ist. Kapitulation steht für eine Transaktion, ein Abkommen über zu gewährende Privilegien. Es ist ein Wort aus der Diplomatensprache. Aber auch im übertragenen Sinn ist dieser Begriff, angesichts der Vorgeschichte, die bis jetzt Thema des vorliegenden Buches war, mehr als zutreffend: Die Könige gestanden Kolumbus alles zu, was er wollte, das heißt, sie kapitulierten vor ihm.

Texte, die wie diese Kapitulation mit nur einer Seite allzu kurz sind, haben zwar den Vorteil der Knappheit, aber den Nachteil, daß sie zu viele – implizite, aber nicht explizite – Dinge verschweigen. Wem soll man im Zweifelsfall recht geben? Hier erhoben sich viele Fragen. Einige davon warf Kolumbus selbst in den letzten Jahren seines Lebens auf, und nach seinem Tod wurden sie von den Erben über Generationen und Generationen vor die Richter getragen. Im ersten Absatz der Kapitulationen von Santafé werden der Rang und die Privilegien des Admirals des Ozeanischen Meeres mit denen von Don Alfonso Enríquez, dem Großadmiral von Kastilien, gleichgesetzt. Don Alfonso war ein Onkel des Königs und kassierte eine Abgabe von dreißig Prozent – etwa ein Drittel also! – auf den gesamten Verkehr zwischen Kastilien und den Inseln, insbesondere mit den ungefähr fünfzig Jahre zuvor entdeckten Kanarischen Inseln. Von diesem Drittel sollte, zusammen mit dem Zehntel der Waren und dem Achtel der Schiffe, oft die Rede sein, als Kolumbus sich anschickte, seine Rechnung aufzumachen. Stand es ihm zu? Die Könige von Spanien erkannten es ihm niemals zu, und ebensowenig die Gerichte seinen Erben, die irgendwann nur noch mit ihrem Admiralstitel dastanden und nicht einmal mehr über eine Pfründe als Geldquelle verfügten. Ein weiterer umstrittener Abschnitt war der zweite, in dem Kolumbus die Befugnis erhielt, in den Gebieten, deren Vizekönig und Generalstatthalter er sein würde, alle politischen, richterlichen und fiskalischen Ämter selbst zu besetzen und von ihm abhängen zu lassen. Die Titel eines Vizekönigs und Generalstatthalters wurden ihm in der Folge aberkannt, um die Einzigkeit der obersten Gewalt wiederherzustellen. War das Rechtens? Durften die Könige von Spanien, die inzwischen die Katholischen Majestäten geworden waren, gegen ein so feierlich geschlossenes Abkommen verstoßen? Sie hatten das Dokument nicht eigenhändig unterzeichnet und Juan de Coloma die Aufgabe überlassen, ihren Willen auszudeuten. Aber mit dieser Unklarheit handelten sie unklug und gaben zu einer Mißhelligkeit Anlaß, die niemals eindeutig ausgeräumt werden konnte.

Zusammen mit den Kapitulationen wurden weitere sechs Dokumente unterzeichnet und Kolumbus ausgehändigt. Eines von diesen enthält Präzisierungen hinsichtlich der Kolumbus verliehenen Titel, über sein Recht, den Titel *Don* zu führen, und über den Gebrauch solcher Privilegien seitens seiner Nachkommen. Ein anderes ist das Beglaubigungsschreiben, das den fremden Herrschern vorzuzeigen war, mit denen Kolumbus in Kontakt kommen würde. Ein drittes Dokument ist eine Art Reisepaß, überschrieben mit der Zeile »Für unseren edlen Kapitän Cristóbal Colón«, der den Herrschern jener Länder vorzulegen war, in denen er landen würde. (Die Könige waren, ebenso wie Kolumbus, der Überzeugung, daß das Zipangu oder Cibao, Japan oder China, sein würden.) Die übrigen Schriftstücke enthielten Verfügungen der Herrscher hinsichtlich der Ausrüstung der Flotte, die sich auf den offenene Ozean hinauswagen sollte.

Kolumbus beeilte sich, um vor der kalten Jahreszeit aufbrechen zu können. Er verließ Santafé am 12. Mai. Beim Abschied von dem Herrscherpaar rief er die Heilige Dreifaltigkeit an. Zwei Könige und ein Seefahrer – konnte es eine passendere Parallele geben? Man hatte gemeinsam beschlossen, daß der Einschiffungshafen Palos sein sollte, der Ort, der im Guten wie im Bösen für Kolumbus schicksalsbestimmend gewesen war. Die Wahl war weder zufällig noch einfach gefühlsmäßig getroffen worden. Das Gericht der Heiligen Inquisition hatte sich mit großem Eifer ans Werk gemacht und die Herrscher zur Unterzeichnung eines Erlasses bewogen, der die Vertreibung der damals sehr zahlreich in Spanien lebenden Juden zum Gegenstand hatte. Die meisten von diesen wurden nach Afrika oder nach Norditalien verfrachtet. Die Operation war kompliziert und verstopfte die wichtigsten Häfen Kastiliens, wie etwa Sevilla oder Cádiz. In Cádiz schifften sich auf Schiffen aller Art mehr als achttausend unliebsame Familien ein. Die Molen waren überfüllt mit endlosen Menschenschlangen, mit Klagen und menschlichem Leid.

Palos dürfte jedoch Kolumbus nicht unangenehm gewesen sein; denn er hatte Freunde dort, und die dortigen Seeleute waren erfahrene und abenteuerlustige Männer. Aber die erste Annäherung verlief keineswegs in brüderlichem Geiste. Ganz im Gegenteil. Mit ihrer Sparwut – die letzten Endes eine mehr oder weniger unbewußte Art war, sich für die Zugeständnisse zu rächen, die sie Kolumbus gemacht hatten, und für den Stolz, den er daraus ableitete – griffen die Könige bei der Zusammenstellung der Flotte, die er brauchte, praktisch zu einer List, und zwar auf Kosten der Einwohner von Palos. Sie rührten eine Schmuggelaffäre wieder auf, bei der es um Waren gegangen war, die ein paar Schiffe aus Palos in Afrika oder auf den Inseln an Bord genommen und ohne königliche Erlaubnis eingeführt hatten. Das Urteil der Herrscher lautete: Eigentlich müßten wir eure Stadt zu einer saftigen Geldstrafe verurteilen; statt dessen müßt ihr uns »zu euren Lasten und Kosten« zwei Karavellen stellen, die mit dem ausgerüstet sind, was für eine zwölfmonatige Seereise vonnöten ist. Kolumbus brauchte drei Karavellen, und so viele hatten sie ihm versprochen. Zwei wurden konfisziert; es blieb nur noch eine übrig, für die sie zahlen mußten.

Diese von Isabella und Ferdinand unterzeichnete Verfügung wurde am 23. Mai vom Notar von Palos, Francisco Fernández, feierlich in der Pfarrkirche von San Jorge verlesen. Die San-Jorge-Kirche steht noch heute, dicht neben den Ruinen der alten Burg. Sie ist aus *Piedra caliza* gebaut, einem gelbbraunen Sandstein, der sich an der Sonne wie die Wangen eines Mädchens rötet. Wenn man das Kirchenschiff betritt, erkennt man unter dem Schatten der von starken Pfeilern gestützten Bögen die schmiedeeiserne Kanzel, von der aus die königliche Anordnung verlesen wurde. Kolumbus war zugegen. Er überreichte dem Bürgermeister von Palos persönlich den Text der Verfügung, welcher dann dem Notar zurückgegeben wurde, der die Kanzel bestieg, um sie zu verlesen.

In der Kirche drängte sich das einfache Volk. Es ist kein sehr großes Gebäude, deshalb mußten viele draußen vor den Türen bleiben, von denen die eine zum Berg und eine andere zum Tal hinschaut. Diese letztere hieß – und heißt immer noch – Puerta del Embarcadero. Ein mit roter Erde bedeckter Weg führte von hier hinunter zum Río Tinto, zu jener Flußbiegung, die den Segelschiffen als Hafen diente. Die Matrosen von Palos, die sich die Verfügung anhörten, drängten sich um jene Tür. Und sie waren keineswegs glücklich über das, was sie hörten. In dem Schreiben der Könige wurde angeordnet, die Karavellen müßten »binnen zehn Tagen nach Erhalt dieses Befehls« fertig gerüstet sein.

Es war eine nahezu absurde Forderung, und sie wurde in der Tat nicht erfüllt. Ein weiterer Fehler war die ebenfalls an diesem Tage verkündete Verfügung, sämtliche Zivil- und Strafverfahren derer einzustellen, die sich zur Teilnahme an der Expedition bereitfinden würden. Darüber zeigten sich die Mönche des Rábida-Klosters bestürzt; denn sie hatten ihren Ruf für das Unternehmen, das sie befürwortet hatten, hergegeben und konnten nun nicht glauben, daß sich die Mannschaft aus Kriminellen zusammensetzen sollte. Vielleicht befürchtete man, daß es in Palos keine so furchtlosen Seefahrer gab, die wagten, den geheimnisvollen Ozean zu durchpflügen. Vielleicht glaubte man, bei denen auf Widerwillen zu stoßen, die sich aus freien Stücken einem Fremden anvertrauen sollten. Es stimmt allerdings, daß sich die Seeleute von Palos, nachdem sie der Verlesung in der San-Jorge-Kirche zugehört hatten, in den Kneipen verstreuten und jenen Kolumbus verhöhnten, der sie befehligen sollte, sowie dessen Beschützer, die Mönche, zusammen mit all den Mördern und Verbrechern, die sie hinter sich herzogen.

Martín Alonso Pinzón war an jenem Tag nicht da. Er kehrte etwas später nach Palos zurück, und alle warteten ab, um zu sehen, was er tun würde. In Palos gab Pinzón den Ton an. Kolumbus war zu der Überzeugung gelangt, daß er die Partie nicht allein spielen konnte. Einige Verständigungsversuche hatte es bereits zwischen Kolumbus und Pinzón gegeben. Aber immer mit einem gewissen, auf Gegenseitigkeit beruhenden Widerstreben. Die beiden Männer schätzten sich, mochten sich aber nicht. Pinzón sah in Kolumbus einen Dahergelaufenen mit wenig Erfahrung, der allerdings wegen des Schwungs seiner Ideen und seiner Versessenheit auf Neues faszinierend wirkte. Kolumbus hielt Pinzón für einen ausgezeichneten Seemann, aber das war auch alles. Sein mißtrauisches, anmaßendes und nicht aufrichtiges Wesen mißfiel ihm. Kolumbus fürchtete, daß Pinzón die Oberhand gewinnen würde. Pinzón beneidete Kolumbus um seine Siegessicherheit. Die Distanz zwischen ihnen war unüberbrückbar. Vielleicht hätte sie durch Freundschaft, durch Aufrichtigkeit überwunden werden können. Aber zwischen Kolumbus und Pinzón gab es niemals Freundschaft, und es gab auch niemals eine echte Aufrichtigkeit.

Das einzige, was ihnen gemeinsam war, war, daß sie einander brauchten. Beide glaubten an die Unternehmung und wollten sie ausführen. Pinzón stand jedoch im Hinblick auf Phantasie, Bildung und gesellschaftliche Beziehungen auf einem zu tiefen Niveau, um allein alle Hindernisse zu überwinden, die sich auftaten, bevor sie die Zustimmung der Herrscher erhielten. Und ohne diese wäre es ein Wahnsinn gewesen, das Abenteuer zu wagen. Kolumbus konnte aus ganz anderen Gründen nicht ohne Pinzón auskommen. Vor allem konnte Pinzón ihn von der Feindseligkeit der Seeleute von Palos befreien, denn Kolumbus bildete sich bestimmt nicht ein, daß er sich nur mit entlassenen Sträflingen aufs Meer begeben könne. Etwas ganz anderes war vonnöten! Eine Expedition wie diese, zu der man aufbrechen würde, brauchte erfahrene Männer, die etwas konnten und sich auskannten. Wenn man nicht mit ihnen hätte rechnen können, wäre wahrscheinlich etwas eingetreten, was Kolumbus bei seinen Vorhersagen immer hatte ausschließen wollen, nämlich der Mißerfolg. Kolumbus hatte sowohl den Königen gegenüber als auch gegenüber den Gelehrten, die ihn geprüft hatten, und Pinzón selbst gegenüber sein Vorleben verschwiegen. Er beschränkte sich darauf zu sagen, daß er seit seiner frühesten Jugend zur See gefahren sei und alle Meere kannte, die ein Mensch kennen konnte. Aber er wußte ganz gut, daß er all das eher als Zuschauer denn als wahrer Protagonist gemacht hatte. Er war an Bord vieler Schiffe Passagier gewesen. Aber inwiefern hatte er das Handwerk des Seemanns erlernt, wenn er sich doch damit begnügt hatte, denen zuzuschauen, die es ausübten? Kolumbus war im Begriff, an der Spitze von drei Karavellen und etwa hundert Mann von Palos aus in See zu stechen, versehen mit der Flagge eines Admirals, die gut sichtbar am Großmasten wehte. Aber er hatte nie in seinem Leben ein Schiff befehligt! Man kann von sich überzeugt sein, aber nur bis zu einem gerechtfertigten Punkt und nicht weiter. Und deshalb brauchte Kolumbus Pinzón.

Was war Kolumbus doch für ein eigenartiger Mensch! Jahrelang war er seiner Chimäre nachgejagt, von der Jugend bis zu den ersten weißen Haaren, die ihm vorzeitig wuchsen. Die Chimären entfliehen, sie verschwinden. Aber Kolumbus' Beharrlichkeit bei der Jagd nach der seinen war so groß, daß das Traumziel schließlich mit dem Träumenden verschmolz. Er war in den Körper der eigenen Utopie geschlüpft, so als ob sie leben und echt sein würde, und die Utopie war in sein Herz eingezogen. Nachdem Phantasie und Wirklichkeit so sehr miteinander gekämpft hatten, waren sie zu ein und derselben Sache geworden und waren nicht mehr voneinander zu trennen. So wurde Kolumbus, der fast zwanzig Jahre lang ein überspannter Phantast gewesen war, in dem Augenblick plötzlich zum Realisten, zum Rechner, in dem er seinen Traum verwirklichen konnte. Dennoch wurde er nicht sich selbst untreu. Er veränderte sich auf natürliche Weise, so wie manche Tiere, die mit dem Wechsel von Temperatur oder Licht ihre Farbe ändern.

Kolumbus kam also zu dem Schluß, daß man für eine so schwierige Seereise ins Unbekannte wie die, die er zu unternehmen gedachte, einen wirklichen Seemann mit großer Erfahrung brauchte. Er besaß diese Gaben nicht oder hatte zumindest nicht die Gelegenheit gehabt, sie unter Beweis zu stellen. Aber Pinzón hatte sie mit seinem Trupp von verläßlichen, mutigen und erfahrenen Seeleuten. So zeichnete sich im Verlauf der Gespräche, die Kolumbus mit dem Mann aus Palos führte, eine recht vernünftige und realistische Teilung der Aufgaben und Zuständigkeiten ab. Kolumbus stand als Initiator der Idee, als Erforscher des Traums, die Leitung der Expedition zu. Kein anderer konnte sich in die Weiten seines Denkens hineinwagen. Pinzóns Sache war die praktische Durchführung der Unternehmung, der Kampf mit dem Meer und die Führung der Schiffe. Diese Teilung verstand Kolumbus sehr stolz als Beziehung zwischen Herrn und Diener.

Seine mangelhaften fachlichen Kenntnisse waren ihm völlig einerlei; kein Minderwertigkeitskomplex bremste ihn. Im Gegenteil, das Bündnis mit Pinzón ersparte ihm nur die Beschäftigung mit lästigen Einzelheiten und ließ ihm in der höheren Sphäre seiner Phantasie, im Bereich seiner Erfindungskraft, freieren Lauf.

Und der Ruhm? Wenn er das Ziel erreichte, würde er ihm allein gebühren. Für Kolumbus konnte es kein Zögern geben, denn er hatte sein Leben diesem Ziel geweiht. Pinzón diente ihm dabei nur als notwendiges Instrument und war in dieser Hinsicht für ihn kaum mehr als ein Schiffsrumpf oder ein Segel. Später sollte es zu Verdruß und Protesten kommen. Wenn man nach Palos kommt, sieht man mitten auf dem größten Platz der Stadt ein Denkmal, das dem Entdecker Amerikas gewidmet ist. Es stellt aber nicht Kolumbus, sondern Martín Alonso Pinzón dar. Die Geschichte kennt viele Beispiele auch für diese Art von Patriotismus. Aber der Ruhm irrt sich nicht, er kann sich nicht irren. Den Namen Christoph Kolumbus kennt man noch nach fünf Jahrhunderten auf der ganzen Welt. Es gibt keinen berühmteren Namen als den seinen, der überall bekannt ist. Sein Ruhm ist weiter gedrungen als selbst der der größten Dichter und Feldherren. Aber wer kennt schon den Namen Pinzón? Die Zeit hat ihn begraben, hat ihn in ihrem finsteren Rachen verschluckt. Nur das Denkmal von Palos erinnert an seinen großen Sohn und weist ihm einen Ruhm zu, der seine tatsächlichen Verdienste übersteigt.

Das Bündnis kam zustande. Pinzón versprach sich davon wieder Geld und gute Geschäfte, mit denen er den Reichtum, über den er bereits verfügte, zu mehren hoffte. Aber es lockte auch das Abenteuer, das in den Wagnissen lag, die man eingehen mußte, ein Kitzel mehr in seinem Leben, das er auf den Meeren zugebracht hatte. Außerdem hatte er sich in den Kopf gesetzt, nicht den ganzen Spaß an dem Unternehmen einem Fremden zu überlassen; denn die Erregung, die Mut machte, war in erster Linie ein Gefühl der Vorfreude. Dies waren Gründe, die man eingestehen konnte. Im Innersten seines Herzens mochte er auch einen Traum vom Ruhm hegen.

Sobald sich herumgesprochen hatte, daß Pinzón da war, machten sich alle Matrosen von Palos für die Reise bereit. Für die Männer, die ihn kannten, war Pinzón der Garantieschein. Sie glaubten, daß er mit seiner Erfahrung jenen schweigsamen Admiral beschützen würde, von dem ihr Wohl und Wehe abhängen konnte. Es war eine instinktive, aber sehr richtige Einschätzung. Auch Kolumbus hatte, als er Pinzón neben sich stellte, die Absicht verfolgt, sich einen klugen Beschützer zu sichern. Er hätte das niemals zugegeben, und er hielt es immer in seinem Innersten verborgen. Aber das Bündnis war hauptsächlich aus diesem Grund geschlossen worden.

Pinzón machte seine Runde durch die Hafenkneipen von Palos und versprach allen das Blaue vom Himmel. Auf der anderen Seite des Ozeans würden sie Häuser mit goldenen Dachplatten vorfinden. Niemand müßte mehr im Elend dahinvegetieren. »Ihr werdet reich und glücklich heimkehren«, sagte er und verspottete jene, die sich nicht einschiffen wollten, als »jämmerliche Sardinenverkäufer«. Ein gewisser Yáñez de Montilla, ein alter Seemann aus Palos, der die Zeiten überdauert hatte und zur Zeit der Prozesse um Kolumbus' Erbe noch lebte, machte vor Gericht die folgende Aussage: »Martín Alonso ging mit so großem Eifer daran, die Mannschaften anzuheuern und zu ermutigen, als ob die Entdeckung für ihn und seine Söhne gemacht werden sollte.«

Damit wird die Vermutung, die Besatzung habe sich aus kriminellen Elementen zusammengesetzt, hinfällig. Dennoch nahm man sie zum Anlaß für weitere Legenden: Kolumbus sei inmitten einer Schar von Kriminellen und schlechten Seefahrern im Ozean gesegelt; die Besatzung habe nur den einen Wunsch gehabt umzukehren, sobald sie die Hoffnung aufgegeben hatte, nach den ersten Tagen der Reise Land zu finden. In Wahrheit waren von den neunzig Männern an Bord nur vier mit dem Gesetz in Konflikt gekommen und hatten sich auf die Bekanntmachung hin anheuern lassen, die eine Aussetzung der Strafen versprach. Es waren vier zum Tode Verurteilte, die sich in der Umgebung von Palos versteckt hatten. Ein gewisser Bartolomé de Torres, ein Matrose, hatte im Verlauf eines Streites in einer Hafentaverne einen Mann umgebracht. Die anderen drei, Freunde von ihm, hatten ihm bei der Flucht geholfen. Pinzón kannte sie; sie waren mit ihm zur See gefahren. Auf Kolumbus' Reise führten sie sich tadellos. Einer von ihnen, Juan de Moguer, wurde später sogar Schiffsführer.

Von den neunzig Besatzungsmitgliedern kennt man die Namen von siebenundachtzig Matrosen: Auf der Liste stehen also fast alle, die zusammen mit Christoph Kolumbus Amerika entdecken sollten. In den spanischen Archiven finden sich die Verzeichnisse der öffentlichen Angestellten, die aus der Staatskasse bezahlt wurden. Da die Heuer der Seeleute, die an der Expedition teilnahmen, von der Krone ausbezahlt wurde, sind diese, Name für Name, getreulich registriert worden. Sie kosteten insgesamt 250000 Maravedi im Monat. Die Offiziere bekamen 2000 Maravedi, die Matrosen 1000 und die *grumetes* (Schiffsjungen, Laufburschen) noch weniger. Von diesen Beträgen wurde ein Teil im voraus ausgezahlt, während der Rest in der Heimat beiseite gelegt wurde, um nach der Rückkehr überwiesen zu werden. An Bord gab es nichts zu kaufen oder zu verkaufen.

Es war eine rein spanische Besatzung, abgesehen von nur vier, mit Kolumbus fünf, Ausländern. Außer dem Admiral gab es einen Portugiesen, einen Genuesen namens Jacomo Rico, einen Seemann aus Venedig und einen aus Kalabrien. Mit Ausnahme einer Gruppe von Basken bestand das ganze seefahrende Personal aus der Crème de la Crème der andalusischen Seefahrerschaft, aus den besten, handverlesenen Seeleuten von Palos und anderen von ihren Freunden, mit denen zusammen sie bereits zur See gefahren waren und die aus den nahegelegenen Häfen von Cádiz oder Sevilla stammten. Das will besagen, daß die große Mehrheit der Besatzungen sich aus Pinzóns Männern zusammensetzte, von ihm angeheuert und ihm ergeben war. In vielen Fällen gehörten sie zum selben Familienverband, wie – unter den bekanntesten – die Niño und die Pinzón selbst, die zum Beispiel mit vier Mitgliedern auf den Schiffen der Flotte vertreten waren.

Flotte ist vielleicht eine zu bombastische Bezeichnung für die drei kleinen Segelschiffe, deren Schiffsraum zusammengenommen kaum die zweihundert Tonnen übertraf. Aber die drei Karavellen des Kolumbus – die *Santa María*, die *Pinta* und die *Niña* – gehörten mit ihren Namen und ihren verschiedenen guten und schlechten Qualitäten und jede mit ihrer eigenen Geschichte ebenfalls zu den Protagonisten der großen Reise. Die beiden kleineren, die *Pinta* und die *Niña*, hatten, dem königlichen Befehl entsprechend, die Bürger von Palos gestellt. Die *Niña* war in den Werften von Moguer, einige Meilen von Palos entfernt, gebaut worden und gehörte Juan Niño, der an Bord blieb und zusammen mit Kolumbus die Überquerung durchführte. Die *Niña* war das leichteste der drei Segelschiffe, eine echte Karavelle, das heißt ein schnelles, sehr wendiges Schiff, das sich wegen seines geringen Tiefgangs für den Küstenverkehr eignete. Kolumbus dachte, daß es besonders gut für die Erforschung der Inseln und Küsten eingesetzt werden könnte, die sofort nach Beendigung der Ozeanreise in Angriff genommen werden sollte. Um ein solches Schiff den Verhältnissen auf hoher See und den harten Bedingungen auf dem Atlantik anzupassen, änderte man das Segelwerk, indem man die dreieckigen Segel, die sogenannten Lateinersegel, durch viereckige ersetzte. Praktisch betraf diese Veränderung die größten Masten, den Großmasten und den Fockmasten. Der Besanmast behielt sein dreieckiges Segel, während auch das kleine Segel am äußersten Bugende eine viereckige Form hatte. Die Lateinersegel waren hervorragend geeignet, an den Wind zu gehen, waren aber nicht so nützlich, wenn die Winde vom Heck her wehten, und mit Winden aus dieser Richtung rechnete Kolumbus. Die Übernahme der Segel mit viereckiger Fläche sollte bei starken Winden und den großen Wellen des Ozeans mehr Sicherheit geben und den Navigationskurs erleichtern.

Dieses Auswechseln der Segel war die einzige Änderung, die an einem Schiffstyp vorgenommen wurde, der im Grunde seit mindestens zwei Jahrhunderten unverändert geblieben war. Das Schiff war noch nach rein mittelalterlichem Muster gebaut, eine völlig auf der Erfahrung beruhende Konstruktion, die die Schiffszimmerleute ohne im voraus ausgearbeitete und geplante Entwürfe handwerklich ausführten. Ebenso primitiv waren die Navigationsinstrumente, die nur dazu dienten, den Kurs anzuzeigen. Man fuhr meist in Sicht der Küste, und wenn andere Bezugspunkte fehlten, fuhr man mit der unverzichtbaren Hilfe des Kompasses weiter, unterstützt von den Schätzungen, die von der Intuition, der Erfahrung und jenem sechsten Sinn für das Meer diktiert wurden, welcher die Menschen jahrtausendelang geleitet hatte. Kolumbus' Flotte war in ihren Ausmaßen bescheiden, im Hinblick auf ihre nautischen Qualitäten aber geradezu mittelmäßig. Es war ein Unternehmen, bei dem die Menschen die Hauptrolle spielten. Nur ihr Mut und die Genialität dessen, der sie antrieb, machten es überhaupt möglich.

Die *Niña* beispielsweise änderte bis zu den Kanarischen Inseln nicht einmal ihr Segelwerk. Man wechselte es nur aus, weil sie schon im ersten Ozeanabschnitt, der erst ein Vorspiel sein sollte, in Schwierigkeiten geraten war. Das andere requirierte Segelschiff, die *Pinta*, stammte aus den Flußwerften von Palos. Es war eine rein nach Pinzóns Vorstellungen ausgerüstete Karavelle, an deren Bord sich Mitglieder von Pinzóns Familie, seine Offiziere und Matrosen befanden. Navigatorisch war sie hervorragend – zwar ein bißchen weniger schnell als die *Niña*, aber solide und gut gezimmert. Die einheitliche Zusammensetzung der Mannschaft und die absolute Autorität, mit der Martín Alonso Pinzón auf ihr regierte, machten aus der *Pinta* ein nahezu perfektes Schiff, das man ohne zu zögern in jene unbekannten Meere steuern konnte, auf die es sich nun hinauswagte.

Dann war da die dritte Karavelle, die, die den beiden beschlagnahmten hinzugefügt werden mußte. Sie hieß *Gallega*, denn sie war in Galicien gebaut worden und gehörte einem galicischen Reeder namens Juan de la Cosa. Sie hatte im Hafen von Palos gelegen und auf ihre Ladung gewartet. Kolumbus einigte sich mit dem Eigentümer, der eine Vorliebe für See-Abenteuer hatte, und charterte sie mit dem Geld der Königin. Die *Gallega* war größer als die beiden anderen Segelschiffe. Sie hatte einen Raumgehalt von etwa hundert Tonnen und einen ziemlich gerundeten, bauchigen Rumpf mit höheren Wänden. Es war ein Atlantikschiff, das besser als die anderen für die schwere See geeignet war. Aber gemessen an den Größenordnungen, an die wir heute gewöhnt sind, war sie immer noch eine Nußschale, die kaum eine Länge von vierundzwanzig Metern erreichte; das heißt, sie war gerade zwei oder drei Meter länger als die beiden andalusischen Karavellen.

Da sie das größte Schiff von Kolumbus' Flotte war, wählte er sie zum Admiralsschiff und schiffte sich auf ihr ein. Er änderte ihren Namen und nannte sie, entsprechend dem frommen Brauch, alles, was aufs Meer hinausfuhr, nach Heiligen zu benennen, *Santa María*. *Santa María* wurde ein berühmter Name, der Name des berühmtesten Schiffes der Welt. Aber eigentlich mochte Kolumbus sie nicht. Die *Santa María* war plump und schwer und sah nicht so elegant aus wie die *Niña* oder die *Pinta*. Zudem war sie weniger schnell und weniger wendig als diese. Auch ihr Tiefgang war größer – ein Fehler, der später dramatische Konsequenzen haben sollte. Kolumbus' Lieblingsschiff war die *Niña*, jene Karavelle, die am längsten überlebte: Die *Niña* nahm an fast allen Atlantiküberquerungen von Kolumbus teil und war noch lange nach dem Tod des Admirals im Einsatz.

(Ich nenne sie alle drei Karavellen, aber das ist nicht richtig. Ich weiß das deshalb so genau, weil ich in Barcelona José Martínez-Hidalgo, den Direktor des Schiffahrtsmuseums, getroffen habe, der als maßgeblichster Kenner der Geschichte der Seefahrt für die Jahrhunderte der spanischen Eroberungen seit Kolumbus gilt. Martínez-Hidalgo behauptet – und ich glaube, mit Recht –, daß nur die *Pinta* und die *Niña* Karavellen waren, während die *Santa María* ein *nao*, ein Schiff, war. Er hat ein Buch geschrieben, um seine These zu belegen. Von ihm habe ich viele Dinge gelernt, die ich sonst nicht erfahren hätte. Aber wie könnte ich jedesmal von zwei Karavellen und einem Schiff sprechen? Ich möchte den Leser nicht verwirren, und noch weniger möchte ich eine Abhandlung über die Schiffahrt schreiben. Wenn von den drei Schiffen des Kolumbus die Rede ist, denkt jedermann an drei Karavellen. Kolumbus hat Amerika nicht mit zwei Karavellen und einem Schiff entdeckt, sondern mit drei Karavellen. Martínez-Hidalgo räumt selbst ein, daß der auf der Bauweise beruhende Unterschied zwischen der *Santa María* und den beiden anderen sehr geringfügig ist. Möge der berühmte Gelehrte mir verzeihen, wenn ich weiterhin alle drei Karavellen nennen werde.)

Martínez-Hidalgo war es übrigens, der mir gegenüber zugegeben hat, daß es keinerlei Daten oder Dokumente gibt, die eine zuverlässige Rekonstruktion von Kolumbus' Segelschiffen erlauben würden. Es ist kein wahrheitsgetreues Bild und keine Zeichnung von auch nur einer der drei Karavellen auf uns gekommen. Niemand kann sagen, wie sie in Wirklichkeit ausgesehen haben. Es gibt einige Darstellungen aus jüngerer Zeit, die anhand von Hinweisen, mit Berufung auf zeitgenössische Bücher und aufgrund von Ähnlichkeiten mit anderen Karavellen jener Jahrhunderte angefertigt wurden. Zum 400. Jubiläum der Unternehmung im Jahr 1892 wurden einige Kopien davon gebaut, eine von genuesischen Gelehrten in Pegli, eine andere für die Ausstellung von Chicago. Alle weisen einige ungenaue oder aus der Phantasie gegriffene Details auf. Auch Martínez-Hidalgo rekonstruierte vor ungefähr zwanzig Jahren eine *Santa María*, die in Amerika bei einem Brand zerstört wurde. Er ließ das Modell noch einmal anfertigen, und dieses Exemplar wird jetzt in Caracas ausgestellt.

Ein Fachmann für solche Neugestaltungen war Don Júlio Gallién. Er hatte für die Ausstellung von Sevilla im Jahr 1927 ebenfalls eine Kopie der *Santa María* angefertigt. Aber die Kolumbus betreffenden Imitationen scheinen vom Pech verfolgt zu sein. Galliéns Modell ging vor Cartagena unter, als es gerade in ein Reparaturbecken getragen wurde. Gallién ließ ein zweites Exemplar nachbauen. Es liegt noch heute an der Mole von Barcelona, vor dem Kolumbus-Denkmal, vertäut, und ich habe nicht versäumt, es zu besuchen.

Es ist tatsächlich ein großes Segelschiff, mit hohen Wänden, die – mit Ausnahme der rot bemalten Bodenwrangen, auf denen die Beplankung auflag – alle schwarz angemalt waren. In den Gegensatz ihrer Farben scheint die *Santa María* von Barcelona wie in einen Käfig eingesperrt zu sein. Sie hat nur ein einziges Oberdeck, das nicht einmal breit war, vollgestopft mit Tauen, Masten, Segeln, Rollenzügen, den Wasserpumpen und den kleinen Ballastfässern. Die Länge des Decks wird am Bug und am Heck von zwei Balken begrenzt. Im hinteren Deckaufbau war Kolumbus' niedrige und sehr einfach eingerichtete Kajüte. Das Mobiliar bestand aus einem Bett, das hinter Vorhängen versteckt war, welche zu einem Baldachin zusammengerafft wurden, einem Tisch, einem Tresor mit den Karten und den Navigationspapieren sowie einer Truhe. An den drei Seiten des Raumes befanden sich drei kleine Fensteröffnungen. Unterhalb der Kajüte hatte man einen Raum geschaffen, der so eng war, daß nur ein oder höchstens zwei Offiziere darin Platz finden konnten.

Die Back war noch kleiner und niedriger. Sie diente als Abstellgelegenheit für Segel, Trosse und anderes Schiffszubehör, vielleicht auch dazu, den Herd der Kombüse vor den Unbilden des Wetters zu schützen. Es gab keinen Schlafraum für die Matrosen. Sie legten sich dort schlafen, wo gerade Platz war, bei schönem Wetter auch auf dem Deck. Die am meisten umkämpfte Schlafstätte war der Bereich der Schiffsluke, im Zentrum des Schiffes. Es war die einzige ebene und deshalb begehrte Fläche; denn das Deck hatte einen Eselsrücken, war also konvex gewölbt.

Auf diesem engen Raum lebten, segelten, aßen und schliefen etwa vierzig Mann. Eine Zahl, die einem hoch erscheinen kann, wenn man an die heutigen Besatzungen denkt oder auch an die, die vor Kolumbus' Zeiten genügt hatten, um ein Segelschiff zu steuern. Es waren die viereckigen Segel, die die Bedingungen an Bord so veränderten. An den Masten des Schiffes mußten die Rahen angebracht werden, und dann mußte man dort hinaufklettern – was mit viel Arbeit verbunden war –, um die Segel auf- oder abzugeien, die man früher direkt von Deck aus hatte aufziehen und niederholen können. Bei einem so großen Gedränge von Menschen waren die Wohnbedingungen absolut primitiv. Die aus Holz gebauten Segelschiffe waren nie wasserdicht, und die *Santa María* litt nicht wenig unter diesem Mißstand. Die Leckwasserpumpen mußten täglich in Betrieb gesetzt werden, und trotzdem waren die Bilgen immer von einer guten Handbreit Leckwasser überflutet. Es wimmelte von Insekten, und der Gestank war manchmal unerträglich.

Wenn man bedenkt, daß die königliche Verordnung Ende Mai von der Kanzel der San-Jorge-Kirche verlesen wurde und daß die Karavellen am 3. August zur Ozeanüberquerung in See stachen – nach wenig mehr als zwei Monaten also, trotz der ganzen Unannehmlichkeiten, die mit dem Erwerb der Schiffe und dem Anheuern der Mannschaften verbunden waren –, dann mutet einen dieses Tempo fast wie ein Wunder an. Von aufreizender Langsamkeit war Kolumbus plötzlich in rasenden Galopp gefallen. In der Zeit des Wartens war sein Schwung nicht erlahmt. Er war wie eine Feder, die jederzeit bereit ist loszuschnellen. Er riß jedes Hindernis mit sich fort und überwand während der Vorbereitungszeit die tausend unvorhergesehenen Schwierigkeiten, eine nach der anderen. Er konnte kaum abwarten, sich von jeder Fessel zu lösen. Er wollte sich nicht von der vorgerückten Jahreszeit überraschen lassen und vielleicht nicht einmal von der Last der Jahre, die er auf dem Buckel hatte und die er als eine immer schwerer zu tragende Bürde empfand.

Die letzte Aufgabe war die Ladung der Lebensmittel, von Wasser und Wein. Der Proviant war für ein Jahr berechnet und sollte im Fall eines Mißerfolgs für eine Rückreise ohne Zwischenaufenthalt ausreichen. Man schaffte auch »die gewöhnlichen Waren von geringem Wert« an, »die sich für den Handel mit den wilden Völkern eigneten«. Das waren Glasperlen, kleine Spiegel, Nadeln, Glöckchen und bunte Kopfbedeckungen. Die afrikanischen Bevölkerungen am Golf von Guinea hatten dieses Plunderzeug mit Begeisterung angenommen, und es gab keinen Grund zu der

Annahme, daß die Inder, Japaner und Chinesen anders reagieren würden. Zum Beschweren der Laderäume mit Ballast wurden Stein- und Bleikugeln verwendet, die gegebenenfalls auch für die leichten Bordgeschütze benutzt werden konnten. Das waren Bombarden aus Eisen, die an Deck auf Lafetten aufgebaut waren, sowie kleine Kanonen, die im Volksmund kleine Falken, Falkonetten, genannt wurden. Diese waren kleinkalibrige Feldgeschütze, die an den Schiffswänden postiert wurden, um unwahrscheinliche Enterungsversuche zu vereiteln. Es gab keinen einzigen Krieger unter den Mannschaften, die nur über einige Armbrüste und Musketen verfügten. Es war keine für Kämpfe oder Eroberungen ausgerüstete Flotte. Sie eignete sich lediglich zu Entdeckungen und Erkundungen.

Am 2. August war alles soweit. An Bord der *Santa María* gingen neununddreißig Mann, an Bord der *Pinta* siebenundzwanzig und an Bord der *Niña* vierundzwanzig Mann. In diesen Zahlen sind die Offiziere, die Matrosen, die Schiffsjungen und die Personen mit besonderen Aufgaben mitgerechnet, die sich auf der *Santa María* eingeschifft hatten. Alle Männer wohnten in der San-Jorge-Kirche der Messe bei. Die Karavellen ankerten in einer Art von Becken, das von einem Arm des Río Tinto gebildet wurde, der damals hier zum Meer bog und heute aufgeschüttet ist. Die Kirche erhebt sich wenige Meter von jenem Punkt entfernt, auf einer leichten Neigung des Geländes. Dort steht man der Puerta del Embarcadero gegenüber, durch die Kolumbus' Seeleute zu ihrem letzten Gebet eintraten. Und von dort gingen sie an Bord ihrer Schiffe.

In jener Nacht schliefen alle sehr wenig. Sie dachten nach, ließen ihre Phantasie schweifen, hatten Angst. In ihrer Vorstellung zogen Bilder von goldbedeckten Palästen vorüber, von endlosen, unbekannten Wasserflächen, vom atlantischen Abgrund, den es zu überwinden galt, bevor man reich werden konnte. Jedem klopfte das Herz aus dem einen oder dem anderen Grund beklommen – so wie immer im Leben, wenn eine Trennung oder eine Veränderung unmittelbar bevorsteht. Der Sprung, zu dem sie ansetzten, würde ein gewaltiger sein; denn sie trennten sich von einem ganzen Zeitalter, das nach ihrer Expedition nicht mehr »Mittelalter« genannt werden sollte. Und was die Veränderung anlangt, so waren sie sogar im Begriff, die ganze Welt zu verändern.

DER TAG DER MÖWE

Noch vor Sonnenaufgang waren die neunzig Seereisenden alle auf den Beinen, an Deck ihrer Segelschiffe. Die Nacht, die von Ungeduld erfüllte Augustnacht, war lang gewesen in der drückenden Schwüle, die auf dem Fluß, auf den Schiffen und auf den Mannschaften lastete. Die Dunkelheit begann sich schon an den Rändern des Himmels zu lichten, und noch rührte sich kein Windhauch und auch kein Blättchen auf der Erde. Der Tag brach an, als ob er am Horizont angenagelt wäre. Die Seeleute wußten, was das bedeutete. Sie sagten: Heute ist der Tag der Möwe.

Der Tag der Möwe ist der Augenblick, in dem diese Vögel auf dem Meer ihre Nester aus Algenbüscheln bauen. Für dieses Geschäft muß der Himmel ruhig und das Wasser unbeweglich sein. Das erste Licht des Tages zeigte ein stahlgraues, glattes Meer, matt wie trübes Glas. Kolumbus war unruhig. Er begann sein Abenteuer, ohne mit dem Wind Glück zu haben, und noch dazu am Morgen eines Freitags, was für die Seefahrer kein gutes Omen ist.

Alle blickten nach oben, um die Unbeweglichkeit des Himmelsgewölbes zu betrachten. Es hatte ein heißes, drückendes Gewicht. Das einzige Gefühl, das man empfand, war das der wallenden Glut, die lodernde Umklammerung der Hitze, die noch weiter zunahm. Man wußte nicht einmal, auf was man wartete. Vielleicht auf die Sonne, um dann in ihren Strahlen Schiffbruch zu erleiden.

Aber kaum kündigte der Schein der Morgenröte das Verschwinden der Sterne an, machte sich Kolumbus ans Werk. Er ließ die Leinen losmachen, und endlich erfüllten die Befehle, die von Deck zu Deck wiederholt wurden, die Stille ebenso wie der Singsang der Matrosen beim Hantieren mit den Brassen. Am Flußufer drängten sich die Menschen – zurückbleibende Gefährten, Verwandte, eine Gruppe alter und junger Frauen. Sie riefen ihr Lebewohl und durchbrachen damit ebenfalls die drückende Stille des Tages der Möwe.

Pünktlich um sechs Uhr befahl Kolumbus mit lauter und fester Stimme, »im Namen Jesu« in See zu stechen. Er ließ auf der *Santa María* seine Admiralsflagge hissen, die ein dunkelgrünes Kreuz auf weißem Feld aufwies. Über den Armen des Kreuzes standen die Initialen F und Y für Ferdinand und Isabella. Aber ohne die Mitwirkung des Windes konnte die Flagge sich nicht entfalten. Die Karavellen kamen mit ihren schlaffen, windleeren Segeln nur mit äußerster Langsamkeit voran. Man mußte den Fluß mit eingezogenen Rudern hinunterfahren und sich dabei auf der Strömung halten, die vom Rückfluß der Flut bewegt wurde.

Die drei Segelschiffe zogen, eines hinter dem anderen, träge unter den Mauern des Klosters vorbei. Die Mönche beteten gerade aus dem Brevier die Prim, jenes Gebet, das man zur »ersten« Stunde betet, dann, wenn der Tag anbricht. Kolumbus kniete nieder und viele mit ihm. Die anderen entblößten das Haupt; zu jener Zeit trugen die Mitglieder der Besatzungen gewöhnlich eine Mütze aus roter Wolle. Um acht Uhr trafen die Schiffe an der Sandbank von Saltes ein, die die Mündung des Flusses vom offenen Meer trennt. Sie fuhren in den Kanal ein, der »Kanal des Heiligen Vaters« genannt wird, und glitten zwischen den mit Pinien bewachsenen Stranddünen hindurch. Die Ausfahrt war eng; sie erschien wie die letzte Umarmung Europas für die, die sich anschickten, diesen Erdteil zu verlassen. Danach befanden sich die neunzig Männer allein auf dem Ozean.

Sie begegneten sogleich ziemlich starken Brisen, die aus der Gegenrichtung wehten. Der Tag der Möwe schien ein vergessenes Vorzeichen. Die Segel wurden gehißt. Dabei setzte man die dreieckigen steif, während die Rahen der viereckigen so weit gedreht wurden, wie die Amwindfahrt es erforderte. Man hielt Kurs auf Süden und, um schneller voranzukommen, versuchte die Flotte, unterhalb der Küste, auf der Seite von Cádiz und Gibraltar, zu segeln. Dann drehte sich gegen Abend plötzlich der Wind, und die Karavellen, die Kurs auf Südwesten, auf die Kanarischen Inseln, genommen hatten, konnten die ganze Takelung lockern und schnell vorankommen. Der günstige Wind stimmte alle froh. Vielleicht, so dachten sie, würde es eine schnelle Fahrt werden, kürzer als vorhergesehen. Wagte auch Kolumbus, das zu hoffen? In der *Ymago Mundi* des Kardinals von Ailly, die er an Bord der *Santa María* mit sich trug, schätzte man, daß zur Überquerung des Ozeans zwischen Europa und Indien wenige Tage, *paucis diebus*, genügen würden. Und dies war erst der erste Tag. Kolumbus vermerkte in seinem *Bordbuch* die zurückgelegte Strecke: sechzig Seemeilen*. Es war ein zaghaftes Näherrücken an das Ziel seiner Träume, das vielleicht in viel weiterer Entfernung lag, als er hoffte.

Aber das Leben hatte sich schon verändert. Kolumbus hatte sich nicht nur vom Land entfernt, sondern auch von der Warterei, von der Ungewißheit. Er war in seinem Reich, mit dem Bug gen Westen, inmitten des Ozeans, von dem er so lange geträumt hatte. Wer schon mit dem Segelschiff unterwegs war, weiß, wie die Geräusche, die das Schweigen des Meeres begleiten, die seelischen Kräfte stärken: Das Knarren des Holzes, wenn das Schiff schwankt, das Ächzen der gespannten Taue, eine Art Trauergesang, ein Klagelied, das Sausen des Windes in den Segeln, das Brechen der Wellen an den Flanken, die flinken Schauder, die Echos, die Resonanzen, die über das Deck huschen. Es ist vertrautes und geheimnisvolles Universum, eine unglaubliche Verflechtung von Unveränderlichkeit und Bewegung in der grenzenlosen Freiheit des Meeres, dieser merkwürdigen flüssigen Welt, die ihre Formen in jedem Augenblick aufs neue zusammensetzt, die einander immer ähneln und doch immer anders sind. Es ist wie das Leben selbst! Wenn Kolumbus sich jene Jahre ins Gedächtnis rief, als er zwischen Diskussionen und Ablehnungen von Hof zu Hof zog, konnte er nicht umhin, sich wie neugeboren zu fühlen, wie aus einem Schlaf erwacht, der endlos erschienen war. Die Leute mit ih-

* Bei Angaben und Zitaten halten wir uns in der Regel an die im Insel-Verlag erschienene deutsche Übersetzung des *Bordbuchs* (Frankfurt am Main, 1981, insel taschenbuch 476). (A. d. Ü.)

ren Ränken und Listen waren an Land zurückgeblieben, hinter ihm, und vor ihm raunte das Unbekannte, galt es, das Neue zu finden. Waren es Wege, die die Vorsehung ihm gebahnt hatte?

Kolumbus glaubte fest daran. Aber ohne den Mut, sich selbst zu verstehen, kann keine Hilfe genügen. Es ist ein Mut, der sich von dem unterscheidet, den derjenige empfindet, welcher die Angst bezwingt oder sie nicht fürchtet. Kolumbus' Mut war etwas viel Selteneres, weil er dessen Wurzeln in sich selbst freigelegt hatte, indem er sich von allem abkapselte, was nicht zu ihm gehörte – von den Gefühlen der Zuneigung, von den Bindungen, den Erinnerungen, von der Vergangenheit. Auch von den Frauen, die er geliebt hatte, auch von der Stadt, die seine Heimat war. Jetzt existierte nur noch die Zukunft, und seine Zukunft war er selbst.

Er hielt Kurs auf die Kanarischen Inseln, die Vorhalle zum Unbekannten. Das wahre Abenteuer sollte erst noch beginnen. Für die andalusischen Seefahrer war die Kanaren-Route fast schon zu einer alltäglichen Reise geworden. Sie befuhren sie nun bereits seit mehr als einem halben Jahrhundert, hatten die Strecke Hunderte von Malen zurückgelegt. Jene Meere bargen keine Geheimnisse – weder in bezug auf die Winde noch auf die Entfernungen. Kolumbus blieb keine andere Wahl, er mußte diese Route nehmen. Auf Toscanellis Karten und auf den seinen war Zipangu auf derselben Breite wie die »Glücklichen Inseln« eingezeichnet (das war jener Name, mit dem die Kanarischen Inseln seit Plinius bezeichnet wurden). Um nach Zipangu zu kommen und die Küste Asiens zu berühren, mußte man sich von den Kanaren entfernen, geradeaus weiterfahren und unverändert Kurs auf Westen nehmen. Das würde der neue Weg nach Indien sein.

Die Überfahrt von Spanien zu den Kanarischen Inseln hatte allerdings ihre Schwierigkeiten – verursacht durch widrige Winde und schwere See. Schließlich befand man sich auf dem Ozean. Zu Beginn des 15. Jahrhunderts hatten die ersten spanischen Seefahrer jenem Abschnitt des Meeres den Beinamen *Golfo de las yeguas*, Golf der Stuten, gegeben. Ihre Schiffe waren mit Stuten beladen gewesen, die auf den Kanarischen Inseln hätten gezüchtet werden sollen. Vielleicht waren sie überladen; denn, als der Sturm die Wogen anschwellen ließ, gingen sie unter. Die drei Karavellen von Kolumbus überstanden die Prüfung sehr gut. Die kleineren, die *Pinta* und die *Niña*, fuhren schneller am Wind als ihr Admiralsschiff. Oft mußten sie die Segelkraft vermindern, um sich nicht zu weit von der *Santa María* zu entfernen, die langsamer vorankam. Es gab ein System von Signalen, mit deren Hilfe die Flotte beisammengehalten werden sollte. Am Heck jeder Karavelle hing ein eisernes Becken, in dem man Feuer entzünden konnte. Nachts leuchtete es rot. Tagsüber ließ es, wenn man die geeigneten Zutaten verwendete, lange Rauchschwaden entweichen, die gleichfalls sichtbar waren. Man konnte nacheinander mit verschiedenen *Fumos* oder *Fuegos* signalisieren. Aufgrund ihrer Anzahl erkannte man, ob es sich um einen Befehl handelte, den Kurs zu ändern, die Segelkraft zu vermindern oder sich an das Admiralsschiff anzunähern, um mündliche Anweisungen von Bord zu Bord zu erhalten. Nur für einen einzigen Fall war ein anderes Signal vorgesehen – mit der Ankündigung durch einen Kanonenschuß –, nämlich dann, wenn nach den Kanarischen Inseln, jenseits des Ozeans, Land gesichtet würde.

Mit ihren weißen gehißten Segeln wirkten die Karavellen wie Vögel, die über die Meeresoberfläche dahinflogen. Die Männer, die sie steuerten, wußten, wie man sich auf offener See bewegt. Wenn man ihre Aufgaben mit denen der heutigen Marine vergleicht, dann war jedes Schiff auf drei Offiziere angewiesen: Da war der Kapitän, der die Disziplinargewalt über alle an Bord befindlichen Personen und deren Dienste ausübte, dann der »Eigentümer« oder Schiffsführer, eine Art von zweitem Chef mit dem direkten Kommando über die Besatzung, der für die Ausrüstung des Schiffes verantwortlich war, und schließlich der Steuermann, ein Erster Offizier, dem es oblag, für die eigentliche Navigation zu sorgen, die zurückgelegten Entfernungen abzuschätzen, die Route aufzuzeichnen und das Wetter vorherzusagen. Auf der *Santa María*, auf der Kolumbus der Kapitän war (der zugleich aber auch Generalkapitän der Flotte war), hieß der »Eigentümer« Juan de la Cosa und der Steuermann Peralonso Niño. Auf der *Pinta* war Martín Alonso Pinzón Kapitän, Francisco Pinzón der »Eigentümer« und Rafael Sarmiento der Steuermann. Auf der *Niña* hatte ein anderer Pinzón, Vicente Yáñez, Kapitänsrang, während Juan Niño der »Eigentümer« war und Sancho Ruiz der Steuermann.

Zusammen mit den Matrosen hatten sich auch einige Zivilisten mit verschiedenen Aufgaben eingeschifft, und zwar fast alle an Bord der *Santa María*, auf der sich deswegen mehr Leute drängten als auf den beiden anderen Karavellen. Kolumbus hatte, immer noch in der Annahme, er würde in den Herrschaftsgebieten des Großkhans landen, einen Dolmetscher mitnehmen wollen. Dieser hieß Luis de Torres und konnte Hebräisch und Arabisch, das als Urgrund aller Sprachen galt. Er hatte auch seinen Freund aus Córdoba, Diego de Harana, den Cousin von Beatriz, mitgenommen und ihn zum *Alguacil de la armada,* zum Polizeioffizier der Flotte, ernennen lassen. Er mußte die bestrafen, die gegen die Disziplin verstoßen hatten, und hatte auf den beiden Karavellen Leute, die ihm untergeben waren. Der Notar und der Sekretär der Flotte war Rodrigo de Escobedo, dem es oblag, im Namen der Könige nach der Inbesitznahme jedes neuen entdeckten Landes die amtlichen Urkunden auszustellen. Zusammen mit ihm fuhren auf der *Santa María* zwei weitere Leute vom Hof: Zum einen der Inspektor Rodrigo Sánchez, der die Ausgaben überprüfen und sich vergewissern mußte, daß der Krone jener Teil, der ihr gebührte, in Gold und Edelsteinen ausbezahlt wurde (man erwartete oder wünschte, daß dieser Teil reichlich ausfallen würde); zum anderen war da ein sogenannter *Repostero* oder Majordomus des Königs mit Namen Pedro Gutiérrez. Tatsächlich hatte sich dieser aus eigenem Antrieb eingeschifft und hatte keine genau definierten Aufgaben, da Kolumbus schon einen Haushofmeister und einen Pagen zur Verfügung hatte, welche beide ihm persönlich zugeteilt waren.

Dieser *Repostero real,* Pedro Gutiérrez, war der einzige überflüssige Reisende an Bord. Vielleicht war er ein Spitzel Ferdinands und jener Hofschranzen, die Kolumbus feindlich gesinnt waren. Alle anderen hatten ihre genau festgelegten Aufgaben: Es gab auf jedem Schiff einen Chirurgen, auch wenn die Flotte vor Gesundheit strotzte; es gab einen Aufseher, der sich um die Schiffsausrüstung kümmerte und beispielsweise sehr genau aufpaßte, daß die Mäuse daran gehindert wurden, während der Aufenthalte in den Häfen die Segel zu zernagen. Es gab einen Schiffskoch, der über die Lebensmittel und das Feuer in der Küche wachte und auch die Aufgabe hatte, die jeweiligen Gesänge anzustimmen, die die Schiffsjungen wiederholen mußten, wenn die Wache wechselte.

Der Wachwechsel fand alle vier Stunden statt und wurde von zwei Gruppen von Matrosen mit jeweils fünfzehn Mann vollzogen. Tag und Nacht hielt jede Gruppe vier Stunden Wache und ruhte sich dann vier Stunden aus. Die erste Wache trat ihren Dienst um sieben Uhr früh an und sprach ein Vaterunser, ein Ave Maria und ein Gloria, um den Tag im Zustand der Gnade zu beginnen. Die zweite begann um elf; das war die Stunde der einzigen warmen Mahlzeit, die an Bord eingenommen wurde. Zuerst aßen die, die ihren Dienst antreten mußten, dann diejenigen, die ihn beendet hatten. Die Grundnahrung bestand aus Pökelfleisch, Käse, Sardinen und Heringen aus dem Faß, geröstetem Brot oder Schiffszwieback, den man am trockensten Platz des Schiffes aufbewahrte, und einer Suppe aus Kichererbsen, Linsen oder Bohnen, in der hin und wieder ein wenig Reis schwamm. In den Stunden der Muße fischte man mit der Angelschnur. Wenn man Glück hatte, gab es dann frischen Fisch, einen Leckerbissen. Die Wachhabenden standen zu zweit auf vorgeschobenem Posten am Bug und zwei saßen im Mastkorb; die anderen bedienten die Segel, wenn ein entsprechender Befehl vorlag, machten die Schotten und die Brassen zurecht und zogen alle zwei Tage die Taue an, die sich leicht lockerten. Dann mußten sie die Decks sauber und blank halten und dafür sorgen, daß alles Erforderliche getan wurde, damit das Schiff in schöner Ordnung gehalten wurde. Die anstrengendste Schicht war die am Ende der Nacht, die um drei Uhr begann. Es war die sogenannte »Friedhofswache« – kalt, still, voller unheimlicher Schatten.

Wenn man auf dem Meer unterwegs ist, verliert man ein wenig das Zeitgefühl. Der Rhythmus des Tages war von diesen Wachwechseln gekennzeichnet, von ihrer Regelmäßigkeit, die schließlich allen in Fleisch und Blut überging. Die Dauer der Schichten wurde mit Hilfe einer Sanduhr gemessen, deren Inhalt für dreißig Minuten reichte. Kolumbus' Seeleute nannten sie auf spanisch *Ampolleta*. Ein Schiffsjunge drehte sie um, sobald sie leer war, und nach acht Drehungen der Sanduhr fand die Wachablösung statt. An Bord rechnete man nicht in Stunden, sondern in *Ampolletas*. Oder man folgte den kanonischen Zeiten – der Terz, der Vesper, der Komplet. Es waren auch die Stunden des Gebets, die im gemeinsamen *Salve Regina* gipfelten, das von allen bei Sonnenuntergang gesungen wurde, wobei jeder auf seine Weise sang, mißtönend und schrill. Kurzum – es war nicht gerade ein Gesangverein. Es waren Seeleute, die am Abend sangen, jeder nach seiner Stimme und nach seinem Können. (Kolumbus betete allein, in seiner *Toldilla* kniend. Er war der einzige, der sich den direkten Dialog mit dem Unendlichen erlauben konnte.)

Mit welchen Instrumenten navigierte man? Das einzige wirklich wichtige war der Kompaß. Das ist im Grunde auch noch in unseren Tagen so, nur mit dem Unterschied, daß heute der Kompaß von einer Unzahl von anderen elektronischen Präzisionsgeräten begleitet wird, während man zu Kolumbus' Zeiten nicht viel mehr besaß als diesen einfachen Führer. Der Kompaß von damals sah denen, die heutzutage im Gebrauch sind, sehr ähnlich – eine simple Scheibe aus Papier, auf die die Windrose eingezeichnet war – mit zweiunddreißig Fächern, den zweiunddreißig Kompaßstrichen, unterschieden in Dreiecke, Rauten und Pfeile. Von ihnen unterscheiden sich die heutigen Kompasse nur durch ihre Aufhängung und die bessere Qualität der Magnetnadeln. Kolumbus' Kompaß lag in einer runden Schale, die an einem Zapfen so befestigt war, daß er sich mit den Bewegungen des Schiffes drehen konnte. Die Nadel, die Nord suchte, war mit einem Stück Magnetit magnetisiert worden, das vom Kapitän wie der kostbarste aller Schätze bewacht wurde. Das auf dem Kompaß markierte Zeichen zeigte die Richtung an, in die das Schiff fuhr.

Über den Kompaß, der in der *Bitácora*, dem Kompaßhäuschen, aufbewahrt wurde, zog man eine Haube, um ihn vor den Unbilden des Wetters zu schützen; vor ihn stellte man ein Öllämpchen, um ihn nachts anzuleuchten. An Bord gab es einen anderen Kompaß, genannt Steuerkompaß, der für den Gebrauch des Steuermanns neben der Ruderstange gehalten wurde. Es gab auch Ersatzkompasse und viele Reservenadeln, mindestens an die zwanzig. Die Matrosen »lasen« den Kompaß nicht ab – weder die Namen der Winde, noch die Anzahl der Grade, noch die Abkürzungen für die Himmelsrichtungen. Auf den damaligen Kompassen stand nichts von all dem, und zwar aus dem einfachen Grund, weil die Matrosen nicht lesen konnten. Um die verschiedenen Richtungen voneinander zu unterscheiden, orientierte man sich an der Breite, der Form und der Farbe der verschiedenen Dreiecke, Rauten oder Pfeile. Diese Zeichen kannte man auswendig. Nur der Norden war anders markiert, nämlich mit einer Lilie als unveränderlichem Symbol.

Um den Punkt zu errechnen, an dem sich das Schiff befand, benötigte der Kapitän außer dem vom Kompaß angegebenen Kurs noch zwei weitere Angaben: Er mußte die Zeit und die Geschwindigkeit abschätzen. Die Zeit maß die *Ampolleta*, das Halbstundenglas. Für die Geschwindigkeit benutzte man im allgemeinen ein Logscheit, das die Seeleute auf spanisch *Corredera* nannten. Es war nichts anderes als ein schwimmendes, mit einem Stückchen Blei versehenes Holzscheit, das ins Meer geworfen wurde; daran war eine Leine gebunden, eine Schnur, die durch eine Reihe von Knoten in regelmäßige Abstände unterteilt war. Das Schiff legte so viele Meilen in der Stunde zurück, wie Knoten ausliefen. Aus diesem Grund wird die Geschwindigkeit der Schiffe noch heute in Knoten gemessen.

Soweit man weiß, bediente sich Kolumbus nicht der *Corredera*. Er berechnete die Geschwindigkeit nach Augenmaß, indem er aufmerksam die Schnelligkeit beobachtete, mit der die Wellen, die sich am Bug brachen, am Heck ankamen. Er berechnete sie mit Hilfe des Schaums, der Zeit, die es dauerte, bis der weiße Streifen verschwand, den das Schiff hinter sich aufwühlte. Er versuchte, den Grad der Windstärke einzuschätzen, untersuchte das Verhalten der Wellen. Das zu beobachten, hatte er sich in den langen Jahren angewöhnt, die er auf See, an Bord der verschiedensten Schiffe, verbracht hatte. Zu jener Zeit waren die nautischen Instrumente recht wenig hilfreich. Sie waren noch wenig entwickelt, ganz einfach. Die Art von Navigation, die Kolumbus praktizierte, beruhte auf persönlichen Schätzungen. Und dennoch machten die Methoden, deren er sich bediente, gut 99 Prozent der Seefahrerkunst aus. Zwar hatte Kolumbus, bevor er sich mitten auf den Ozean hinauswagte, nie ein Schiff befehligt. Aber er hatte viel beobachtet, viel gelernt und besaß reiche Erfahrungen und Intuition.

In einem Buch, das Jean Charcot über die Qualitäten geschrieben hat, die der Entdecker Amerikas als Seefahrer unter Beweis gestellt hat, heißt es, daß »Kolumbus ein Gespür für das Meer besaß, jene geheimnisvolle Weisheit, die es in den ruhmreichen Zeiten der Segelschiffahrt so vielen Kapitänen erlaubt hat, in den unendlichen Weiten der Sieben Meere ihren Weg einzig mit ihrem Spürsinn zu finden.« Charcot war ein alter und gelehrter Seefahrer, der seinen Doktor der Medizin an der Sorbonne gemacht hatte, aber sein ganzes Leben der Erforschung der Ozeane auf den Polarrouten widmete. Diese Reisen unternahm er mit der berühmten *Pourquoi pas?*, einem Schiff, das in die Geschichte eingegangen ist. Er starb mit siebzig Jahren, 1936, auf hoher See. Charcot war einer, der sich auskannte. Und man fügt dem, was er über Kolumbus gesagt hat, recht wenig Neues hinzu, wenn man einen anderen berühmten Experten für die Seereisen des Kolumbus zitieren möchte, den Amerikaner Morison. Morison rekonstruierte genau die Route, der Kolumbus im Jahre 1492 folgte. Er fuhr sie nach, Abschnitt für Abschnitt und maß sie mit den modernen Instrumenten. Er kam dabei zu folgendem Ergebnis: Kolumbus, der die Geschwindigkeit berechnete, indem er die Blasen des Schaums betrachtete, und auf die damals gewaltige Entfernung von dreitausend Seemeilen kam – so weit war seine Reise ins Unbekannte, das heißt, ein Sprung von beinahe sechstausend Kilometern –, verrechnete sich nur um wenig mehr als fünf Prozent. Um dieses Buch zu schreiben, habe ich vier Jahre gebraucht – vier Jahre, die ich mit Kolumbus verbracht habe. Aber ich habe mich noch immer nicht an den Gedanken gewöhnt, daß er das, was wir den Wunderwerken der Elektronik überlassen, allein aufgrund seines Gespürs fast exakt berechnet hat. Das bleibt für mich ein Wunder.

Die Art, mit der Kolumbus den Weg eines Schiffes vorzeichnete, heißt »geschätzte Seefahrt«. Es gibt auch eine andere Methode, die »astronomische Seefahrt«. Dabei wird die Position des Schiffes durch die Beobachtung der Himmelskörper bestimmt. Die Kenntnis der »astronomischen Seefahrt« existierte auch schon zu Kolumbus' Zeiten. Es war ein uraltes Wissen: Odysseus beobachtete, während er segelte, die Sterne, und Homer und Vergil haben die Wunder des Meeres und des Himmels besungen. Aber die Routen waren bekannt und lagen in jener Wasserpfütze, die auch Mittelmeer genannt wird. Kolumbus hatte es mit einer ganz anderen Art von Einsamkeit und Unermeßlichkeit zu tun. Um mit Hilfe der Sterne ins Unbekannte hineinzusteuern, hätte er Präzisionsinstrumente und gründliche Kenntnisse benötigt, und er besaß doch weder das eine noch das andere. Um den Ozean zu überqueren, genügte es nicht, nach oben zu schauen. Als Kolumbus sein Unternehmen durchführte, blickte er mehr auf das Meer als auf den Himmel.

Dennoch gefiel es ihm, sich als Kenner der astronomischen Seefahrt aufzuspielen. Er hatte auf seiner Reise nach Guinea ein Minimum an Kenntnissen erworben, und oft widmete er sich Beobachtungen über die Höhe des Polarsterns, anhand deren Messung sich die geographische Breite bestimmen läßt, auf der man sich gerade befindet. Wenn er sich mit jenen Berechnungen beschäftigte, hatte er das Gefühl, Gegenstand der Bewunderung zu sein. Für die Uneingeweihten ist die Astronomie etwas durch und durch Geheimnisvolles. Die Messung der Gestirne ähnelt einer prophetischen Vision. Und Kolumbus gefiel das alles; es stimmte mit den Schwingungen seiner Phantasie überein.

Gewiß, er hatte einige Kenntnisse auf dem Gebiet der Astronomie und der astronomischen Geographie erworben. Er hatte sie – allerdings ohne Erfolg – auch während der Streitgespräche von Salamanca angewandt. Aber einerseits waren seine Kenntnisse unvollständig und ziemlich wirr, und andererseits existierten zu seiner Zeit keine zuverlässigen Präzisionsinstrumente für die Beobachtung der Himmelskörper, oder sie waren noch nicht in der Praxis eingeführt worden. Und ohne Präzision kann die Wissenschaft der Astronomie zwar faszinieren, aber sie führt einen nicht weit.

Kolumbus reiste mit einem Quadranten und auf seiner ersten Ozeanreise vielleicht auch mit einem Astrolabium, einem Instrument sehr viel jüngeren Datums. Das Astrolabium ist letztendlich nichts anderes als eine Vervollkommnung des Quadranten; es ist imstande, detailliertere, aber zugleich auch kompliziertere Angaben zu liefern. Um was für Angaben handelte es sich dabei? Durch zwei kleine Löcher, die in eine Holzlatte gebohrt waren, ermöglichte es der Quadrant, den Stern, der Gegenstand der Beobachtung war – zumeist der Polarstern –, auf einer vertikalen Ebene mit der Seeoberfläche anzuvisieren. Wenn der Stern von den beiden Löchern eingerahmt zu sein schien, las man die Messung der Höhe ab, die durch ein Senkblei auf dem mit Meßstrichen versehenen Bogen des Quadranten angegeben wurde. Aber wie schwer war es, die Übereinstimmung zwischen dem Stern und dem Schiff im Gleichgewicht zu halten! Durch das Schlingern und das Stampfen des Schiffes wurde der Richtpunkt ständig verschoben. Oft gelang es nur sehr mühsam, ihn vom schwankenden Deck eines Segelschiffes aus wiederzufinden und die genauen Positionen im Visier der beiden kleinen, auf die Unendlichkeit des Firmaments gerichteten Löcher einzufangen. (Sprechen wir nicht vom Astrolabium. Für Christoph Kolumbus war es zu kompliziert, und es hat den Anschein, daß er es gar nicht bedienen konnte. Tatsächlich wissen wir nichts darüber, ob dieses Instrument bei den anderen Reisen, die er nach seiner Entdeckung unternahm, zu seiner Ausrüstung gehörte. Die das Astrolabium lobten und schrieben, es sei ihm zu verdanken, daß Kolumbus nach Amerika gelangte, kannten Kolumbus nicht, hatten sich nicht mit ihm als Menschen beschäftigt. Die Entdeckung Amerikas ist der Imagination zu verdanken, und nicht der Technik. Eben aus diesem Grund ist Kolumbus eine große Persönlichkeit der Geschichte.)

Im ausgehenden Mittelalter wurde die Astronomie tatsächlich nur von Gelehrten betrieben. Ihre Studien hatten in den letzten Jahrzehnten des 15. Jahrhunderts beträchtliche Fortschritte gemacht. Aber sie gingen noch nicht über den Bereich der Theorie hinaus. Die Seeleute, auch die besten, wandten die astronomischen Methoden nicht auf die Seefahrt an, und nicht einmal Kolumbus bediente sich ihrer, um seinen Kurs durch den Ozean zu steuern. Er beschränkte sich darauf, sie bei Beobachtungen anzuwenden, die sich in einigen Fällen als äußerst wertvoll und geradezu innovativ erwiesen. Aber er benutzte den Quadranten und die Sterne erst nach seiner Ankunft in Amerika. Und vergessen wir nicht, daß er Kartenzeichner war. Er wollte mit der größtmöglichen Genauigkeit die Umrisse der neuen Küsten und die Position der Inseln bestimmen und sie exakt auf die Karten übertragen, die er anfertigte. Dabei war ihm der Quadrant von Nutzen, von großem Nutzen sogar. Von einer Reede in der ruhigen See oder, besser noch, von Land aus kann man das Instrument mit einer gewissen Präzision einsetzen. Sagen wir also, daß Kolumbus bei seiner Überquerung des Ozeans die Methode der Seefahrt nach Schätzung anwandte und nur in geringem Umfang die der astronomischen Seefahrt. Die Astronomie diente ihm in geographischer Hinsicht, um seine Entdeckungen zu beschreiben und um den Orten, die er entdeckt hatte, der Wirklichkeit entsprechende Umrisse zu geben.

All das ergibt sich eindeutig aus dem *Bordbuch*, an dem Kolumbus seit seiner Abreise aus Palos mit methodischer Aufmerksamkeit schrieb. Wahrscheinlich führte er auch auf seinen nachfolgenden Reisen ein ähnliches Reisetagebuch. Aber uns ist nur ein einziges erhalten geblieben – zum Glück das der ersten Atlantiküberquerung. Ich glaube sagen zu können, daß es das faszinierendste Logbuch in der Geschichte der Seefahrt ist. Die Zeit des Kolumbus ist eine Zeit der großen Seereisenden, von Diaz bis Magalhães, von Da Gama bis Caboto. Doch keine ihrer denkwürdigen Fahrten ist mit so großer Genauigkeit und mit einer solchen Fülle von Details beschrieben worden. Vor allem nicht mit so großer Frische, jenem Hauch von Poesie, der Kolumbus' Sehnsucht, die Sehnsucht seines ganzen Wesens, beflügelte.

Kolumbus' *Bordbuch* ist nicht in seiner ursprünglichen Form auf uns gekommen. Nach der Rückkehr von seiner Ozeanüberquerung überreichte er den Herrschern seine Notizhefte, damit diese sie den Experten zum Studium überließen, und er hielt ihren Inhalt geheim, wie wenn es sich um eine Staatsaffäre gehandelt hätte. Als solche galt damals jede Mitteilung über neue Entdekkungen. Die Könige verpflichteten sich, Kolumbus das *Bordbuch* nach der Anfertigung einer Abschrift zurückzugeben. Man weiß nicht ganz genau, wie die Dinge liefen und welche Verwirrung um Texte und Empfänger daraus entstand. Es sieht so aus, daß Isabella Kolumbus eine der Abschriften geschickt und das Original behalten hat. Es scheint bewiesen zu sein, daß Kolumbus' erstgeborener Sohn Diego, der Junge, der zusammen mit ihm von den Mönchen des Rábida-Klosters beherbergt worden war, die Abschrift des *Bordbuchs* mit nach Santo Domingo nahm, wo er als Gouverneur und auch als Vizekönig mit erblichem Titel residierte. (Der Palast des Vizekönigs steht noch heute in Santo Domingo. In dem Garten, der ihn umgibt, befindet sich die Statue von Isabella, von der bereits die Rede war.) Las Casas, der die erste Kolumbus-Biographie verfaßte, als er als Missionar in Santo Domingo war, zog den Text des *Bordbuchs* heran, das Diego ihm zur Verfügung gestellt hatte. Las Casas war ein sehr akkurater, aber auch sehr langsam arbeitender Forscher. Einige Passagen jenes *Bordbuchs* schrieb er Wort für Wort ab, andere zitierte er in Form einer indirekten Rede. Er ließ nichts Wesentliches weg, und da die Kopie des *Bordbuchs*, die Diego besaß, verlorengegangen ist und sonst keine mehr existieren, ist Las Casas' Buch die einzige Quelle, die uns seine Rekonstruktion ermöglicht. Aber es handelt sich dennoch um eine nach zwanzig Jahren Abstand wieder gelesene Zusammenfassung. Wenn darin noch heute eine gewisse Lebendigkeit und das Interesse für die berichteten Dinge aufblitzen, ist das ganz

»Ich habe Ihren Hoheiten erklärt,
daß das ganze sich aus meinem Unternehmen
ergebende Gold…

... zur Wiedereroberung Jerusalems verwendet werden müsse«, notierte Christoph Kolumbus in seinem Tagebuch. Der Vertrag mit der spanischen Krone von 1492 sicherte ihm zudem die erbliche Würde eines Großadmirals, den Status eines Vizekönigs der zu entdeckenden Länder und ein Zehntel aller Handelseinnahmen aus diesen Gebieten.

Nichts davon erfüllte sich für Kolumbus, und die ganze Tragweite seiner Entdeckung wurde erst nach seinem Tod deutlich. Heute gibt es keine Kontinente mehr zu entdecken. Sein Eldorado findet jeder bequem bei der nächsten Bank, und das mit Verträgen, die eingehalten werden.

das Verdienst des Entdeckers von Amerika. Wie mag das *Bordbuch* erst in seiner ursprünglichen Fassung gewesen sein, und über welchen Schatz würden wir verfügen, wenn auch die anderen Logbücher, die er auf den nachfolgenden Reisen mit ihrem wechselnden Glück schrieb, erhalten geblieben wären!

Aus Kolumbus' *Bordbuch* geht hervor, daß die drei Karavellen nur sechs Tage brauchten, um von Palos in die Gewässer der Kanarischen Inseln zu gelangen, während man für diese Reise gewöhnlich acht oder zehn Tage benötigte. Das will heißen, daß die Karavellen ausgezeichnet segelten und von den richtigen Winden unterstützt wurden, in einem Meer, das doch unter Umständen auch rauh und grob sein kann. Für die Schiffe waren das Fahrwasser des Ozeans, seine unterschiedlichen Winde und die andersartige Bewegung der Wellen neu. Die Reise ging, wie gesagt, schnell und stand unter einem guten Stern. Aber kurz vor der Ankunft kam es zu einem Zwischenfall.

Am 7. August, bereits in Sicht der Inseln – der hohen Berggipfel, der Wolkenkronen und der Küstenlinie, die begann, den Horizont zu durchbrechen – löste sich das Steuerruder der *Pinta* aus den Angeln. Pinzón teilte mit Hilfe von Rauchsignalen mit, daß er Schwierigkeiten hatte, und Kolumbus kam sogleich an Bord der zurückgebliebenen Karavelle. Im *Bordbuch* heißt es, daß Pinzón eine Sabotage vermutete. Er hatte zum Zeitpunkt der Abreise aus Palos merkwürdige Zusammenkünfte beobachtet und den Eigentümer der Karavelle persönlich, Cristóbal Quintero, verdächtigt, er wolle sein Segelschiff nicht über die Kanarischen Inseln hinaus reisen lassen wegen des Risikos, es zu verlieren. Quintero hatte sich als Besatzungsmitglied, als Seemann, anheuern lassen. Die geringste Absprache mit einigen seiner Männer genügte, um einen Schaden zu verursachen, der die *Pinta* außer Gefecht gesetzt hätte.

Pinzón neigte seinem Wesen nach zum Mißtrauen gegenüber den anderen. Er beharrte darauf, das Steuerruder auszubessern, und es gelang ihm auch. Kolumbus lobt ihn deshalb in seinem *Bordbuch* und würdigt seinen »Mut« und seine »Geistesgegenwart«. Ihre Abmachung funktionierte offensichtlich. Aber am folgenden Tag – ein Tag mit starkem Wind und hohem Seegang – wiederholte sich der Vorfall. Notdürftige Reparaturen halten dem Atlantik schlecht stand. Dieses Mal wurde das Steuerruder der

Pinta praktisch herausgerissen. Das Segelschiff begann abzutreiben, und es war leck geschlagen. Es war nicht möglich, es wieder in Ordnung zu bringen. Die beiden anderen Karavellen fuhren weiter; sie hatten nunmehr diesen Abschnitt ihrer Reise fast beendet und vereinbarten, sich im Hafen von Las Palmas, auf Gran Canaria, wiederzutreffen, wo es eine Werft gab, die so gut ausgestattet war, daß dort Eisen geschmiedet und jeder Schaden am Schiff ausgebessert werden konnte.

Auch die *Santa María* und die *Niña*, die am 8. August in den Gewässern der Hauptinseln eintrafen, hatten ihre liebe Not, weil die Gegenwinde sie aufs offene Meer hinaustrugen. Die *Pinta* sah man nicht mehr, und Kolumbus hatte sogar beschlossen, nach einer anderen Karavelle Ausschau zu halten, um mit einer voll funktionstüchtigen Flotte weiterzusegeln. Es schien, daß auf Gomera, einer kleineren Insel unweit von Gran Canaria, gerade eine eintreffen sollte. Es handelte sich wie im Falle der *Santa María* ebenfalls um ein galicisches Schiff, zwar mit geringerer Wasserverdrängung, aber von erprobter Robustheit. Sie war für den Verkehr im Ozean, zu den damals bekannten Archipelen, gebaut worden.

Deshalb segelte Kolumbus nach Gomera, wo er am 12. August, einem Sonntag, eintraf. Doch er fuhr nicht nur aus diesem Grund dorthin: Gomera ist von allen Kanaren die grünste und fruchtbarste Insel, und Kolumbus hatte im Sinn, sich dort mit großen Mengen von Wasser, Holz und Lebensmitteln einzudecken. Noch besser war, daß Gomera von einer Frau regiert wurde, die er kannte, nämlich von Beatriz de Bobadilla, einer engen Freundin der Marquesa de Moya, die auch an Isabellas Hof verkehrte. Kolumbus war ihr in Santafé, im entscheidenden Augenblick seines Lebens, begegnet und hatte gefühlt, daß diese neue Beatriz für ihn Partei ergriff. Beatriz de Bobadilla war jung, verwitwet und Gouverneurin. Alle bewunderten sie, angefangen bei König Ferdinand, der ihr galante Aufmerksamkeiten hatte zuteil werden lassen. Es bestanden auch geschäftliche Verbindungen zwischen Beatriz de Bobadilla und einem Kreis von genuesischen Großkaufleuten, an deren Spitze Francisco Riberol stand, der aus Rivarola in Val Polcevera stammte, einem Ort nahe Genua. Alles in allem hatte es den Anschein, daß Kolumbus nicht nur zufällig auf Gomera haltgemacht hat.

Er hielt sich viele Tage dort auf, gequält von ständiger Ungeduld, denn der Herbst rückte vor, und erfüllt von dem brennenden Wunsch, endlich den Ozean zu überqueren, der hier den letzten bekannten Strand bespülte; außerdem sagte ihm sein Gespür, daß die Winde in jenem Augenblick günstig waren. Aber das galicische Schiff war immer noch nicht eingetroffen, und auch die Gouverneurin mit der schwarzen Haarpracht ließ auf sich warten. Noch nicht einmal die *Pinta* war in Las Palmas angekommen, und diese Verspätung erfüllte Kolumbus mit Sorge. Nach einem so hoffnungsvollen Beginn drohte die Reise jetzt in eine unvorhergesehene Stockung zu geraten.

Es vergingen Tage und Nächte in der Burg von San Sebastián, wo Beatriz de Bobadilla residierte und wo Kolumbus empfangen werden sollte. Bis heute erhalten blieb von dieser Burg eine Art Ruine, der einzige Flügel des Gebäudes, der den Jahrhunderten getrotzt hat und der als »Torre del Conde« bekannt ist. Im *Bordbuch* erzählt Kolumbus, in der Burg »viele hochgeehrte Edelleute aus Spanien« getroffen zu haben*, die als Besucher ihres immer gastfreien Hofes auf Beatriz warteten. Einige der Gäste kamen von der Insel Hierro, der westlichsten der Kanarischen Inseln, jener Insel, die am weitesten in die offene See hineinragt. Da sie von den Zielen wußten, die sich Kolumbus gesteckt hatte, beeilten sie sich, ihm zu erzählen, daß an manchen Tagen, an denen der Himmel heller war, am fernen Horizont die Umrisse einer blauen Insel auftauchten. Sie erschienen und verschwänden wie die Reflexe eines Signals. Es waren Phantasiegeschichten, Illusionen. Aber sie ließen Kolumbus' Ungeduld noch weiterwachsen, er fieberte der Abreise entgegen.

Eine Woche hielt er es auf Gomera aus. In der Zwischenzeit hatte er einige seiner Leute mit Instruktionen für Pinzón nach Las Palmas geschickt. Keiner kehrte zurück, um ihm Neues zu berichten, bis er sich entschloß, selbst hinzufahren und nachzusehen. Als er im Hafen von Las Palmas eintraf, sah er bei der Landung keine Spur von der *Pinta*. Er war wütend und verzweifelt. Vielleicht witterte er einen Verrat; denn seit dem Augenblick, in dem

* Wenn der Sinn der deutschen Übersetzung des *Bordbuchs* (vgl. Anm. S. 144) von dem der italienischen Vorlage abweicht, wird eine direkte Übersetzung bevorzugt, um den Intentionen Granzottos gerecht zu werden. (A. d. Ü.)

er sich – bereits in Sichtweite der Inseln – von der *Pinta* entfernt hatte, waren elf Tage vergangen.

Die *Pinta* traf am darauffolgenden Tag, dem 24. August, endlich in Las Palmas ein. Zwölf Tage lang hatte sie sich ohne Steuerruder treiben lassen unter aufreibenden Manövern, um wieder ihren Kurs einzuschlagen, aus dem sie immer wieder hinausgeworfen wurde. Die Werft wurde von Kolumbus und Pinzón geradezu bestürmt, und in weniger als einer Woche wurden die Ruderfinger des Steuerruders neu gebaut, wieder an die richtige Stelle gesetzt, überprüft und mit äußerster Präzision eingestellt. Man reparierte auch die Beplankung an den lecken Stellen. Schmiede, Zimmerleute und Kalfaterer wurden zur Eile angetrieben. Nach Abschluß der Arbeiten erschien die *Pinta* wie neu, und Kolumbus verzichtete darauf, sie durch ein anderes Segelschiff zu ersetzen. Er sprach darüber auch mit dem Eigentümer der *Niña*, Juan Niño. Er überredete ihn, die dreieckigen Segel gegen viereckige auszutauschen, so daß von jenem Augenblick an alle drei Karavellen sich mit der gleichen Ausrüstung dem Ozean stellen konnten. Am 1. September waren sämtliche Reparaturarbeiten abgeschlossen. Zwar waren die Operationen schnell durchgeführt worden, doch der Aufenthalt auf den Kanarischen Inseln dauerte schon zwanzig Tage.

Man mußte wegen der Eindeckung mit Vorräten nach Gomera zurückkehren. Die drei Karavellen kamen am 2. September dort an. Endlich war auch Beatriz de Bobadilla eingetroffen; Kolumbus freute sich, sie zu sehen. Der Empfang war sehr herzlich. Wenn man von den Begegnungen ausgeht, die Kolumbus mit den verschiedenen Frauen seines Lebens hatte, dann muß er ein faszinierender Mann gewesen sein. Er gefiel auf den ersten Blick, und die Frauen waren instinktiv geneigt, ihm die Arme zu öffnen, mehr als er das tat oder wahrscheinlich tun wollte. Dies geschah auf die unterschiedlichste Weise – mit jugendlicher Frische bei Felipa Moniz, mit Naivität und vertrauender Hingabe bei der Beatriz aus Córdoba, mit stürmischem Verlangen bei der Marquesa de Moya, mit königlicher Zurückhaltung bei Isabella, die damit vielleicht das Klopfen ihres Herzens überspielte. Und wie verhielt es sich im Fall der Beatriz von Gomera? Man hat viel herumgedichtet um die Beziehungen zwischen ihr und Kolumbus, über die man schon zu jenen Zeiten munkelte und die man in den nachfolgenden Jahrhunderten mit einer Fülle von Erfindungen aufbauschte. Es mag Wahres daran sein. Es ist möglich, daß die Gouverneurin und der Forscher sich nicht darauf beschränkten, einander freundlich zuzulächeln. Kolumbus kehrte auf seiner zweiten Reise nach Gomera zurück und sah Beatriz de Bobadilla wieder. Vielleicht war es erst bei jener zweiten Begegnung, daß die Hindernisse für eine Liebe aus dem Weg geräumt wurden. Vielleicht auf beiden Seiten. Beatriz war energisch und von ungestümem Temperament. Sie wußte, was sie wollte. Kolumbus war kein Schürzenjäger, er war aber auch nicht gewohnt, nein zu sagen. Der Leser mag sich ausmalen, was ihm gefällt. Es existieren zwar keine Dokumente, existiert haben aber jene Männer und Frauen, denen das Blut ebenso heiß in den Adern floß wie uns heute.

Wie es zumindest den Anschein hat, bemühte sich Beatriz de Bobadilla sehr, Kolumbus zu guter Versorgung mit Vorräten zum besten Preis zu verhelfen. Die Karavellen wurden bis zum Rand mit Fleisch, Mehl und Käse gefüllt. Die Matrosen durchstreiften die Insel, um Holz zu sammeln und Wasser zu schöpfen.

Am Tag vor der Abreise gingen alle in die Himmelfahrtskirche, um die Messe zu hören und ihre Sünden zu beichten: Diese Kirche sieht man oberhalb der Hafenesplanade zwischen den mit Kieselsteinen gepflasterten Gassen und den niedrigen hellen Häusern. Auf dem kleinen Platz vor der Kirche sind einige schattenspendende Bäume stehengeblieben. Das Klima ist feucht und heiß. Der Nördliche Wendekreis verläuft ganz in der Nähe der Kanarischen Inseln.

Für die Nacht des 6. September wurde Vollmond erwartet. Kolumbus wartete ihn nicht ab. Man hatte ihm mitgeteilt, daß einige portugiesische Karavellen nördlich der Insel kreuzten – entweder um auf der Lauer zu liegen oder um die Entwicklung aufmerksam zu verfolgen. Wahrscheinlich waren sie beauftragt, zu überprüfen, ob Kolumbus sich mit seiner Flotte auf die afrikanischen Küsten zubewegen würde, von denen die Portugiesen meinten, daß deren Gewässer ausschließlich ihnen zustünden. Der Admiral grübelte bei sich über das Auf und Ab in seinen Beziehungen zu König Johann nach, der sich zunächst für sein Projekt interessiert gezeigt, es dann aber abgelehnt hatte; dem er erneut geschrieben hatte, als jede Hoffnung verloren schien, und von dem er eine Einladung erhalten hatte, der er nicht Folge leistete. Er hatte den Beistand Portugals gesucht, doch jetzt stand er in kastilischen Diensten. Wollte König Johann sich rächen?

Diese Fragen beunruhigten Kolumbus. Und da es nur eine einzige Art gab, sie zu lösen, nämlich möglichst schnell abzureisen, lichtete man in den frühen Stunden des 6. September, gleich nach Anbruch des Tages, die Anker und setzte die Segel. Der an die Lotsen und die Steuerleute ausgegebene Befehl lautete: Kurs nach Westen. Das bedeutete, immer geradeaus zu segeln, mitten im Ozean, bis an das andere Ende. Die unsterbliche Reise begann.

DIE UNSTERBLICHE REISE

Die Überquerung wurde langsam, fast behutsam in Angriff genommen. Man stürmte nicht aufs Meer hinaus, sondern unternahm eher einen Versuch, wie jemand, der sich auf ein unbekanntes und neues Gelände hinauswagt und sich bei den ersten Schritten vorsichtig bewegt. Es schien, als gäbe es nichts besonders Ungewöhnliches am Anblick von Wasser und Himmel, nur jenen Kitzel, sich an einem bis dahin niemals berührten Rand des Erdballs zu bewegen. Es war, wie wenn man sich auf einen Balkon begibt und nicht weiß, was für eine Aussicht sich von dort aus bieten wird.

So verging der erste, ziemlich träge Tag. Noch waren die fernen Schatten der Kanarischen Inseln in Sichtweite. Die Schiffe blieben im windstillen Meer fast stehen. Erst gegen Abend, als die Sonne am Horizont zu sinken begann, machte ein erstes Zeichen deutlich, daß dies eine außergewöhnliche Reise war: Ein großer purpurroter Teppich breitete sich über den Ozean aus, die Strahlen der untergehenden Sonne schienen geradewegs in die Augen der Matrosen, die den Bug ihrer Schiffe genau nach Westen gerichtet hatten, zu jenem Horizont, an dem die Sonne versank.

Das Besondere, das Schauspiel lag nicht in der Tatsache, daß die Sonne unterging, sondern darin, daß sie auf diese Weise unterging, mit jenem purpurnen Feuer, das den Himmel in ungeahnten Farben erstrahlen ließ. Viele von Kolumbus' Matrosen und er selbst waren schon in der Nähe des Äquators, den afrikanischen Küsten entlang, gesegelt. Aber die Dimensionen jener Räume waren anders, ebenso wie die Tiefe des Himmels, der dort nicht so völlig im offenen Meer versank. Anders war vor allem die Fahrtroute; denn auf der Reise nach Afrika entfernte man sich von dem

Horizont, an dem die Sonne unterging, während man jetzt geradewegs auf ihn lossteuerte. Da man direkt nach Westen fuhr, schienen Schiff und Sonnenuntergang aufeinander zuzulaufen, um sich einander in die Arme zu werfen. Und so würde es lange Tage und Nächte gehen, ohne daß man wußte, wie viele es sein würden. Da es kein Maß gab, konnte man sagen, daß das wunderbare Licht, das den Seefahrern am ersten Abend entgegengeleuchtet hatte, sie bis ins Unendliche begleiten würde. Die Segelschiffe tauchten in diesen Flammenschein ein, und die gesamte Flotte färbte sich, von den Mastkörben bis zu den Wänden, mit dem Gold des tropischen Sonnenuntergangs. Gemahnte es vielleicht an die Farbe des Goldes, an die Hoffnungen, deretwegen viele von diesen Männern das Risiko eingegangen waren und dem Unbekannten die Stirne boten?

Das Unbekannte! Bis jetzt zeigte es sich nach wie vor sehr ruhig, fast vertraut. Das Meer war glatt wie die Wange eines jungen Mädchens, und die Winde waren so schwach und flau, daß die Flotte schon am zweiten Tag der Seereise gezwungen war beizulegen. Die Flaute dauerte bis zur Morgendämmerung des 9. September, einem Sonntag. Gleich nach Sonnenaufgang begann eine Brise aus Nordost zu wehen, die stark genug war, um die Karavellen, welche noch immer in Sichtweite der Kanarischen Inseln waren, vorwärtszuschieben. Am Vormittag verschwanden die weit entfernten Umrisse der letzten, am weitesten westlich gelegenen Insel Hierro am Horizont. In der Beschreibung des Unternehmens seines Vaters bemerkt Fernando Colón: »Nachdem Hierro verschwunden war, verloren sie das Land ganz aus den Augen.« Viele hatten Angst. Einigen der Jüngeren – sie waren noch Kinder – wich die Farbe aus dem Gesicht. Nunmehr befanden sie sich in der weiten Leere des Ozeans. Es schien, als ob nichts mehr hinter ihnen läge, und vor sich konnten sie nichts erkennen außer dem purpurnen Teppich des Sonnenuntergangs. Sonst war alles Wasser, Meer, Ozean. Und ein paar leichte Wolken am Himmel, die noch unbekannten Vorboten der Passatwinde.

Was sind das für geheimnisvolle und wundersame Winde, auf deren Flügeln Kolumbus den Atlantik überquerte? Damals kam man auf dem Meer nur dann voran, wenn die Luft in den Segeln vibrierte, und von der Stärke und der Richtung dieses unsichtbaren Antriebes hing viel ab. Deshalb ist es wichtig, daß wir von den

Winden reden, mit denen Kolumbus es zu tun hatte und mit deren Hilfe er segelte. Historiker und Chronisten haben alle Register gezogen, um Loblieder auf die Passatwinde zu singen, die Kolumbus' Reise begünstigten. Wenn man einige ihrer Abhandlungen liest, hat es fast den Anschein, als ob die Passatwinde Amerika entdeckt hätten, und nicht Kolumbus. Andere Schriftsteller sprechen so von ihnen, daß man sogar meinen könnte, sie selbst hätten die Passatwinde entdeckt, wieder andere tun nichts anderes, als diesen faszinierenden Passatwinden, einem Lächeln des Himmels, Bewunderung, Begeisterung und Lob entgegenzubringen.

So lagen die Dinge wirklich nicht. Im Gegenteil! Ich glaube nicht, daß Kolumbus keine Ahnung von der Existenz der Passatwinde hatte. Diese so viel gepriesenen Winde haben einen großen Vorteil: Sie wehen immer aus derselben Richtung und in dieselbe Richtung, ohne sich je zu ändern – und das in jedem Monat des Jahres und in jedem Jahr, das Gott übers Meer schickt. Und es ist eben diese ihre Eigenschaft von ständig wehenden Winden, die sie zu einem einmaligen Phänomen macht. Dem Altertum, dessen nautische Kenntnisse sich auf das Mittelmeer beschränkten, war die Existenz von ständig wehenden Winden vollkommen unbekannt. Unsere im Mittelmeerraum bekannten Winde – Schirokko, Libeccio, Garbino, Grecale, Tramontana und Mistral – sind allesamt veränderliche Winde. Sie kommen, verschwinden wieder oder gehen ineinander über. Die Passatwinde nicht. Die Passatwinde wehen immer und immer in dieselbe Richtung.

Auch die Gegenden, in denen sie vorkommen, sind genau definiert und unveränderlich. Das erscheint völlig ungewöhnlich für eine nicht greifbare Luftbewegung. Der Streifen des Meeres, in dem die Passatwinde vorkommen, verläuft in der Höhe der tropischen Breiten und zieht sich über den ganzen Erdball, wobei es je nach Jahreszeit zu einigen leichten Verschiebungen zu den nördlicher oder südlicher gelegenen Breitengraden kommt. Was die Richtung anlangt, so wehen die Passatwinde immer und ausschließlich von Ost nach West, also in die Richtung, in die Kolumbus zu reisen beabsichtigte, und ausgerechnet in dem Streifen des Ozeans, den er für seine Route ausgewählt hatte. Es war, wie wenn er eine Hand hinter sich gefunden hätte, eine Hand, die anschiebt und nachhilft, eine Hand, die mit sicherer Kraft führt.

Kannte Kolumbus die Passatwinde? Kennen bedeutet wissen,

und auf See weiß man nur das mit Gewißheit, was man selbst »erfahren« hat. Bis dahin hatte sich niemand über Tausende von Meilen von jener unsichtbaren Hand angetrieben gefühlt. Nicht einmal bei den vermuteten und vielleicht auch wahrscheinlichen Ozeanüberquerungen der Wikinger-Fischer oder anderer nordischer Seefahrer, weil es in deren Breiten keine Passatwinde gibt. Und wenn je irgendein anderer Seemann – aufgrund einer Abweichung vom Kurs oder eines Abdriftens infolge eines Sturms – zufällig einmal in ihren Bereich geraten sein sollte, so hätte nicht einmal das Geschichte machen können angesichts der Tatsache, daß niemand jemals zurückkehrte, um über diese Neuigkeit zu berichten. (Außer dem berühmten »unbekannten Steuermann«, wird mancher sagen. Aber diese Erfindung habe ich bereits ins Reich der Fabel verwiesen, und dabei bleibe ich auch.)

Was Kolumbus über die Passatwinde wußte, wußte er aus erster Hand. Er hatte es während seines langen Aufenthaltes auf Madeira und auf seiner Reise nach Guinea erfahren, die beide in atlantischen Gewässern und eben auf der Höhe des Tropengürtels liegen, wo jene Winde wehen. Aber es hatte sich nur um Versuche, um ein kleines Eintauchen vor den Schwellen des Passatkorridors, gehandelt, ohne die Chance, noch weiter vorzudringen. Wie jemand, der von der Sohle eines Tales aufblickt und so weit sieht, wie die Sicht reicht, aber eben nicht weiter. Kolumbus hatte bemerkt, daß auf Madeira und vor allem in Guinea fast immer Ostwinde wehten, mit einer gewissen Abweichung nach Norden, aber nie außerhalb jenes Viertelkreises. Das heißt, daß sie die Segel stets in westlicher Richtung blähen, in Richtung jenes Horizontes, an dem die Sonne untergeht. Wir wissen, daß für ihn Indien genau dort lag. Wenn man einem Wind folgte, der einem offensichtlich half, den Kurs zu halten, warum sollte man sich nicht bemühen und versuchen, über ihn mehr zu erfahren und einzuschätzen, welche Art von Unterstützung er einem geben könnte, wenn die Unternehmung, deren Durchführung er sich bereits in den Kopf gesetzt hatte, dadurch erleichtert würde?

Nach meiner Ansicht kommt das der Wahrheit am nächsten. Kolumbus bemühte sich, die wahre Natur der Passatwinde kennenzulernen. Er hatte ihre außergewöhnliche Nützlichkeit für sein Unternehmen geahnt, die in seinen Augen wie von der Vorsehung gesandt erscheinen mußte. Er fragte, forschte nach und hatte seine Ahnungen. Vor allem hatte er seine Ahnungen. Die Intuition war die große Waffe, die es Kolumbus gestattete zu siegen, eine Art Geheimwaffe, über die die anderen nicht verfügten, eine auf dem Genie beruhende Eingebung, ähnlich der, die sich im Frühjahr im ersten Keimen der Natur regt. Steht hinter dieser Regung nicht auch eine Art »Passatwind«, der sie antreibt?

Damit soll nicht gesagt werden, daß Kolumbus die Passatwinde tatsächlich kannte. Er wußte weder etwas über ihr Verbreitungsgebiet noch über ihre Beständigkeit. Aber er hatte sie geahnt, hatte gespürt, daß sie in Reichweite waren. Höchstwahrscheinlich wäre Kolumbus auch dann an der anderen Seite des Atlantiks angelangt, wenn es die Passatwinde nicht gegeben hätte. Daß er sie fand, ihre Existenz entdeckte, erleichterte die Durchführung seiner Reise sehr. Das gab ihm auch mehr Sicherheit, die ja die Hauptstütze der Hoffnung ist. Auf der ganzen Überfahrt wurde er nie von Zweifeln oder Widerwärtigkeiten angefochten, obwohl er im Unbekannten auf unbekannte Ziele zusteuerte. Es waren die Passatwinde, die seinen Mut stärkten, es waren die Passatwinde, die ihm bis zu seiner Ankunft getreulich folgten und denen er sich ebenso treulich anvertraute. Er hatte bei seinen geographischen Messungen viele Fehler gemacht. Als er jedoch diese Winde vorausahnte, irrte er sich nicht. Noch heute, ein halbes Jahrtausend nach ihm, ist die einzige natürliche Route von den Kanarischen Inseln zu den Karibischen jene, der die Segelschiffe nach Kolumbus' Reise jahrhundertelang folgten und die auch noch heutzutage die guten Segler befahren; diese Route wird hier beschrieben. Kolumbus ist wegen der Entdeckung Amerikas berühmt geworden. Aber er entdeckte auch die richtige Route, um dorthin zu gelangen. Das ist als Unternehmen zwar viel weniger bekannt, war aber keineswegs leichter oder unbedeutender.

Ich bitte den Leser, nicht zu glauben, daß ich bei meiner Beschreibung der Ozeanüberquerung etwas zusammenphantasiere oder dazudichte. Ich stütze mich nicht nur auf das, was Kolumbus schrieb, und auf einige andere Einzelheiten, die von seinen Zeitgenossen bezeugt wurden. Sondern als mir vorschwebte, dieses Buch zu schreiben, bin ich selbst dieser Route fast Schritt für Schritt, Stück für Stück, gefolgt. Ich habe den Ozean vor ein paar Jahren selbst mit dem Segelboot überquert; dabei versuchte ich, mich in Kolumbus hineinzuversetzen, in die Atmosphäre seiner

Expedition, in das, was er fühlen und sehen mochte, als er sich in einer Nußschale, mit ein paar Metern Segeltuch und dem Antrieb des Windes auf dem unermeßlichen Ozean befand. Es waren die gleichen Transportmittel, über die auch ich verfügte. Wie er folgte auch ich dem Lauf der Sonne – wenn sie unterging, schien sie mir so nah, so leicht zu berühren! –, und ich folgte jenem Rhythmus, der im Lauf der Jahrhunderte derselbe geblieben ist, dem Rhythmus der Segel und der Winde, von dem sich schon Odysseus und Äneas antreiben ließen; denn das Segeln gehört nach dem Gehen, dem Laufen und dem Reiten zu den ältesten Fortbewegungsarten der Menschheit.

Wenn ich mit Kolumbus' Reisebericht fortfahre, kann ich dann sagen, daß er ein paar Tage nach seiner Abfahrt von Gomera den Passatwinden nicht nur begegnete, sondern sie auch »sah«? Auch ich habe sie »gesehen«. Es kommt einem merkwürdig vor, wenn man von einem Wind, einer unsichtbaren Materie, sagen kann, er sei zu »sehen«. Und dennoch, die Passatwinde sind so. Sie werden von ihnen eigentümlichen Wolken begleitet, die in Prozessionen auftreten – Wölkchen, die sich wie Soldaten in Reih und Glied bewegen. So lange man diesen Geleitzug nicht sieht, wehen auch keine Passatwinde. Und wenn der Passatwind schließlich aufkommt, dann erscheinen auf dem gläsernen Gewölbe des Tropenhimmels diese grauen, spöttisch wirkenden Wölkchen, die plötzlich vom Heck her auftauchen, im Rücken des Seefahrers, als wenn sie eine Beute verfolgt und sie nun eingeholt hätten. Zusammen mit ihnen erhebt sich, immer noch vom Heck her, der Wind: ein stetig wehender Wind, der die Segel bläht, ein guter Passatwind, der nach Westen, in Richtung von Amerika, bläst. (Der Unterschied besteht in der Tat darin, daß ich wußte, wohin ich fuhr, während Kolumbus das eben nicht wußte. Es ist die Kluft, die tiefe Kluft, die ihn von allen Sterblichen trennt und der er seine Unsterblichkeit verdankt.)

Es war ein zuverlässiger, regelmäßiger Lufthauch. Im *Bordbuch* schreibt Kolumbus: »Man segelt wie zwischen den Ufern eines Flusses.« Da die Geschwindigkeit der Wolken größer ist als die des Segelschiffes, holt die Wolkenprozession schon bald den Seereisenden ein, fliegt über ihn hinweg und ihm dann voraus. Aber nach dieser ersten Schar von Wolken tauchen andere am Horizont auf, erheben sich überall, bis sie den ganzen Himmel wie eine wandernde Prozession füllen. Und während sie vorrücken, bilden sie allmählich Kreise und Halbkreise; sie verwandeln sich in Kränze, in Girlanden, die von vielen Federn, Flocken und Flöckchen geformt werden, die zwar in der Luft verstreut, aber immer intakt bleiben und sich nie auflösen – so schweben sie mit ihren wohlgeordneten Umrissen und mit genau eingehaltenen Abständen im Wind.

Je länger man die Passatwolken betrachtet, um so mehr gewinnt man den Eindruck, jene Wölkchen der Wunder zu sehen, mit denen die Maler die Heiligenscheine der Madonnen und der Engel umgeben. Wie viele dieser Bilder hatte Kolumbus schon in den Klöstern und Kirchen von Córdoba, Sevilla und Salamanca gesehen! Jetzt vermeinte er, mitten unter ihnen zu leben, zwischen ihren Aureolen und inmitten der Wunderszenen. Seine kleine Flotte wurde von jenen Wolken gekrönt und, angetrieben von ihrem Wind, durchpflügte sie die Wellen. Dem Anschein nach war nichts anders als bei sonstigen Seereisen. Aber allein schon jene nie zuvor gesehenen Schauspiele – der Purpurteppich und die Prozession der Passatwolken – ließen erkennen, daß man ein neues Reich betrat, wo sich etwas von den Grenzen des Universums her den Weg bahnte. Dreht sich die Spirale der Passatwinde nicht etwa ewig von Osten nach Westen? Ist es nicht sogar der Wirbel des Atoms, die treibende Kraft, die die Welt seit der Zeit der Schöpfung am Leben hält? Das waren meine Gedanken in der Einsamkeit des Ozeans, als ich den Segelschiffen des Kolumbus folgte, angeschoben von denselben Winden, eingetaucht in denselben Schein des unerreichbaren Sonnenuntergangs. Kolumbus war in gewisser Weise in die Ordnung der Welt, ja sogar in die Bewegung des Lebens vorgedrungen. Nun konnte er nicht mehr scheitern.

Und so war es in der Tat. Ich wage zu behaupten, daß ihm das auch ohne allzu viele Mißgeschicke gelang für eine Reise, die sich eigentlich schon in der Zukunft abspielte. Jemand hat geschrieben, daß die Ozeanüberquerung des Kolumbus eher einem – allerdings langen, endlos scheinenden – Spaziergang auf See als einem wagemutigen Kampf gegen die Unermeßlichkeit des Ozeans ähnelte. Gewiß, die Atlantikrouten auf der Höhe des Wendekreises sind mit ihren günstigen Passatwinden und den ziemlich selten vorkommenden Stürmen im allgemeinen ruhige Routen, die keine stark wechselnden Bedingungen kennen. Selbst ich, der ich in Sachen Segelschiffahrt ein blutiger Anfänger war, wunderte mich, daß eine Reise, die die meisten für gefährlich halten, relativ einfach und leicht war. Aber wenn auch der Zustand der See oder die Windverhältnisse keine Schwierigkeiten verursachen, so bleibt doch immer noch die Angst wegen der Entfernung und jene Unruhe, die sich in uns einschleicht und uns angesichts der Unendlichkeit packt. Auch ich empfand diese Verwirrung, obwohl ich das Ziel kannte, auf das ich zufuhr, und wußte, wie lange die Überfahrt dauern würde. Wie muß sie erst für Kolumbus gewesen sein, der das alles nicht wußte? Und welche Gefühle von Unsicherheit befielen die Matrosen, als ein Tag nach dem anderen verging?

Kolumbus war sich dessen so sehr bewußt, daß er vom ersten Tag der Seereise an dann, wenn er in seinem Bordtagebuch die Anzahl der in den letzten vierundzwanzig Stunden zurückgelegten Meilen aufschrieb, immer weniger eintrug als sie tatsächlich zurückgelegt hatten, »damit meine Leute nicht den Mut verloren, falls die Reise zu lange dauern sollte«. Es war eine kleine Mogelei, die keinen besonderen Sinn hatte, sondern höchstens Kolumbus' Ängste verdeutlicht, die er hinsichtlich des Mutes seiner Mannschaften empfand. Ferner offenbart sie den Zweifel, den er in bezug auf die nicht kurze Dauer der Reise hegte, sowie seine Entschlossenheit, um jeden Preis weiterzufahren. In dieser Hinsicht kannte er keine Unschlüssigkeit. Nachdem er die Kanarischen Inseln hinter sich gelassen hatte, fuhr Kolumbus mit unverändertem Kurs immer gerade nach Westen, am achtundzwanzigsten Breitengrad entlang. Es war die Richtung, in der er nach vielleicht drei oder vier Wochen Zipangu zu finden glaubte.

Nachdem die Flotte am 9. September in den Gürtel der Passatwinde eingetreten war, wurde die Seereise gut zehn Tage lang von ihnen begünstigt. Zusammen mit dem Wind wirkte sich auch die Jahreszeit positiv aus, das milde Klima, die gemäßigt warme Luft. »Es war wie ein heiteres Aprilwetter in Andalusien«, schrieb Kolumbus im *Bordbuch*. »Mit wahrem Genuß erlebte ich die Schönheit eines jeden Morgen, denen fast nichts anderes zu ihrem vollen Zauber fehlte, als der Sang der Nachtigallen.« Was für eine Begeisterung, was für eine innere Bewegung in diesem Mann, der über vierzig Jahre alt werden mußte, um zu entdecken, daß seine Hoffnungen immer noch die gleichen waren, und um das Vorgefühl des Triumphes zu verspüren! Alles bestätigte, daß seine Entscheidung richtig gewesen war: Es ging nicht mehr um die Berechnungen auf den Papieren und Landkarten, die die Wirklichkeit immer nur ungenau widerspiegeln, sondern um das, was man mit eigenen Augen sah, um das, was man im salzigen Geruch des Meeres roch, um die Düfte und Farben des Ozeans, das Sausen des Windes, die Formen der Wolken und der Wellen.

Während man in der Einsamkeit weiterfuhr, schien sich die Wüste des Wassers zu bevölkern. Der Ozean lebte, hatte seine eigene unbekannte und indifferente Existenz. Schon zwei oder drei Tage, nachdem sie die Kanarischen Inseln verlassen hatten, sichtete man die ersten Vögel im Flug. Es hatte den Anschein, als ob sie aus Westen kämen, das heißt aus den Gegenden, die Kolumbus ansteuern wollte. Es waren Reiher, die Vögel der Sonne, oder Albatrosse mit ihren riesigen grauen Flügeln oder Seeadler, genannt Fregattvögel, und dann gab es die Seeschwalben, Steinschmätzer, die, gesteuert von ihrem ganz schmalen Schwanz, wie Pfeile dahinflogen.

Diese Bewegungen hatten die Männer sehr neugierig gemacht. Sie standen an den Schiffswänden und diskutierten über jede neue Erscheinung. Sie konnten darauf hindeuten, daß Land in der Nähe war. Die Reiher etwa entfernten sich nie mehr als etwa hundert Seemeilen vom Land. In der zweiten Woche der Reise flogen immer häufiger Vögel vorbei. Am Himmel tauchten auch einige Sturmvögel mit leichtem Gefieder auf. Man glaubte, die Schiffe seien in die Nähe einer Insel gekommen, zu den legendären Atlantikinseln, von denen man seit Jahrhunderten sprach. Vielleicht kamen diese Vögel aus Antilia, das auf den rudimentären Landkarten der mittelalterlichen Geographen ein wenig nördlich von der Route eingezeichnet war, der Kolumbus folgte? Soviel steht fest, daß die Winde weiterhin in westlicher Richtung wehten und die Vögel seltener wurden.

Außer den Vögeln begann man in den warmen Gewässern des Ozeans bald auch Fische zu sehen. Das Meer nahm immer intensivere Farben an. In der Tiefe der Entfernungen färbte sich sein Blau violett – es war eine fast magische Verwandlung. Die Fische, die dem Druck der Tiefe standhalten mußten, waren kräftig und schlank und hatten einen langen und zusammengedrückten Körper. Fast alle gehörten zu einer einzigen Gattung, die die Spanier *Endorados* oder *Dorados* nannten, und zwar wegen der goldenen

Reflexe, die auf ihrer Bauchseite aufschimmerten, wenn sie, ähnlich den Delphinen, wie der Blitz aus dem Wasser schnellten. Den Matrosen gelang es, einige von ihnen zu fangen, was kein leichtes Unterfangen war angesichts der ungewöhnlichen Kraft, mit der diese Fische es fertigbringen, jede Art von Angelhaken oder Angelschnur abzureißen, die sie in ihren Bewegungen hindert. Ihr Fleisch ist ausgezeichnet. Auch ich habe während meiner Ozeanüberquerung vom Fleisch solcher Fische gekostet, und ich bin mehr oder weniger an den gleichen Stellen, wo Kolumbus sie zum ersten Mal antraf, denselben Vögeln und Fischen begegnet.

Das gilt auch für das Sargassum. Kolumbus' *Bordbuch* vermerkt sein erstes Auftauchen am 16. September, dem zweiten Sonntag auf See. Deshalb wurde er »Sonntag des Sargassums« genannt. Das *Bordbuch* beschreibt diesen Tang als »große Menge grünen frischen Grases [...], das sich erst vor kurzem von der Erde losgerissen zu haben schien, weshalb alle der Meinung waren, daß man sich in der Nähe irgendeiner Insel [...] befinden müsse«. Zunächst bestand die Hoffnung, das Ende der Reise sei schon sehr nahe. Doch die Tage vergingen, und das Grasmeer floß weiter und bedeckte immer größere Flächen. Es war schon am ganzen Horizont sichtbar mit seiner endlosen Prozession von schwimmenden Algen, deren Farben von strohgelb bis grasgrün reichten. Durch es hindurchzufahren, war ein geheimnisvolles, unglaubliches Erlebnis. Die Matrosen fürchteten, daß die Dichte jener Schichten – ob es sich nun um Gras oder Algen oder irgend etwas anderes handelte – die Schiffe an der Weiterfahrt hindern könnte. Der Beerentang (»Sargassum«) war so dicht, daß das Risiko bestand, die Bugseiten könnten sich darin verfangen. Kolumbus, der von den alten Matrosen aus Palos aufgeklärt worden war und wußte, daß er ruhig weiterfahren konnte, weil »das Gras die Seefahrt nicht behinderte«, hatte große Mühe, der Besatzung begreiflich zu machen, daß keine Gefahr davon ausging, sondern daß es nur ein einmaliges Naturschauspiel war. Wenn man das Sargassum vorbeiziehen sah, erkannte man, daß es keine leblosen Organismen waren. Die Frische ihrer Zweige, die von Wasser benetzt, aber nicht tropfnaß waren, die Lebendigkeit ihrer Farben, eine gewisse Kühnheit und Sicherheit in ihren Bewegungen, die sie mehr wie Wasserpflanzen erscheinen ließen als wie den Wellen ausgelieferte Zweige – all das ließ sie wie etwas Lebendiges wirken. Mitunter entdeckten Kolumbus' Matrosen ein paar kleine Tiere, die inmitten dieses Grases hausten, beispielsweise Krebse, lebende Krebse. Und sie schwankten weiter zwischen ihrer Neugierde, der Erwartung neuer Ereignisse und der Furcht vor unglückverheißenden Vorzeichen. Eine gewisse moralische Stärke der Mannschaft und das gemeinsame Vertrauen in das Unternehmen wurden mit der Durchfahrt durch das Sargassum erschüttert, ein unergründliches Zeichen, das sich auf den Verlauf der Reise, die nunmehr in ihre dritte Woche auf der einsamen Route eintrat, nicht gerade günstig auswirkte.

In jenen Tagen gab es auch noch einen anderen Alarm, der durch die magnetische Deklination der Kompaßnadel ausgelöst wurde. Das war ein unbekanntes Phänomen. Kolumbus beschreibt es im *Bordbuch* mit den folgenden Worten: »Zu Beginn dieser Nacht wichen die Kompaßnadeln nach Nordwesten ab, morgens zeigten sie mehr nach Nordosten.« (Um das zu benennen, was genau vor sich ging, erfand Kolumbus sogar ein Verbum. Er sagt: *las agujas noruesteaban*, das heißt, die Nadeln »nordwesteten«, neigten sich nach Nordwesten.) Die Abweichung betrug gut einen halben Kompaßstrich. In Wirklichkeit hieß das, daß die Nadel, wenn man das Steuerruder unverändert nach Westen richtete – wie es bei der Abfahrt von den Kanarischen Inseln angeordnet worden war – vom Nord abwich. Kolumbus bemerkte es und tadelte zunächst die Matrosen, weil ihm schien, daß sie schlecht steuerten. Dann sah er ein, daß die Abweichungen von der Fahrtrichtung nicht die Folge eines menschlichen Irrtums, sondern irgendeiner Himmelsbewegung waren. Kolumbus hatte eine hervorragende Beobachtungsgabe für Naturerscheinungen. Er bemerkte die Deklination der Magnetnadel sofort und deutete sie zutreffend als eine Neigung der Nadel zu einem Punkt, der sich von dem unterschied, welcher durch den Polarstern angegeben wurde. Sein Sohn Fernando erläutert: »Daraus lernte mein Vater, daß die Nadel sich nicht direkt am Polarstern orientiert, sondern an einem anderen festen und unsichtbaren Punkt.«

Heute weiß jedermann, daß die magnetische Abweichung daher rührt, daß der geographische Nord nicht mit dem magnetischen Nord zusammenfällt und daß man die Magnetnadel weder als unfehlbar noch als unveränderlich betrachten darf. Kolumbus entdeckte das in jenen Tagen unter sehr klarem Himmel und konnte regelmäßig die Position des Polarsterns beobachten. Wenn er nicht seiner Route gefolgt wäre, wäre er einer nicht wiedergutzumachenden Verwirrung zum Opfer gefallen und hätte sich vielleicht in leeren, weiter nördlich gelegenen Teilen des Atlantik verloren. Die Matrosen verfolgten diesen unerwarteten Zwischenfall mit angstvoller Sorge. Auch er brachte in das Unternehmen, das man gerade durchführte, ein neues, geheimnisvolles Element ein, ein angstauslösendes Vorzeichen. Die Zeit verrann unerbittlich. Die Seereisenden hatten, seit die letzte Insel am Horizont verschwunden war, bereits viele Tage und viele Nächte hinter sich gebracht. »Sie begannen über die Reise und den, der sie in jene Schwierigkeiten gebracht hatte, zu murren.« Mit diesen Worten bringt Las Casas in seinem wahrheitsgetreuen Bericht zum ersten Mal die Unzufriedenheit der Mannschaften ins Spiel.

Nach dem guten Antrieb der Passatwinde gerieten die drei Karavellen nun in einen Abschnitt, der von schlimmen Flauten gekennzeichnet ist. Die Geschwindigkeit verringerte sich bis zur äußersten Langsamkeit. Gegen Norden hin hüllte sich der Himmel in starken Dunst, und wieder tauchten viele Vögel auf, die nach Westen flogen. Man geriet erneut in Versuchung zu hoffen, daß Land in der Nähe sei. Ich habe ausgerechnet, daß Kolumbus an jener Stelle etwas mehr als ein Drittel seines Weges zurückgelegt hatte, und ich fragte mich, was geschehen wäre, wenn die Matrosen geahnt hätten, welch lange Strecke noch zu befahren blieb. Es waren Leute, die es gewohnt waren, während der üblichen Handelsreisen jeden Tag Land zu sehen. Keiner hatte Erfahrung mit so langen Schiffsreisen auf hoher See. Sie waren höchstens bis zu den Azoren oder den Kapverdischen Inseln vorgedrungen, mit kurzen Strecken von fünfhundert Meilen, die gerade noch im Bereich des Menschenmöglichen zu liegen schienen. Nun hatte man schon mehr als das Doppelte an Meilen zurückgelegt, und vor ihnen lag eine noch größere Strecke. Es hatte wiederholt tröstliche Anzeichen gegeben, die einem vorgaukelten, daß Land in der Nähe sei. Doch es tauchte nie auf, und nach jeder Enttäuschung waren alle noch verzweifelter und fürchteten, daß sie nie mehr zurückkehren würden, weil sie zu weit vorgestoßen waren.

Das Meer war weiterhin glatt, die Winde waren schwach und unbeständig. Die Flotte bewegte sich ein wenig und suchte nach steiferen Brisen. Sie verlegte den Kurs zunächst um einen Kompaßstrich, dann um einen weiteren halben nach Nordwesten. Aber man kam nur wenig voran. Als die anderen Karavellen sich der *Santa María* näherten, um sich mit Kolumbus zu beraten, hörte er böse, heftige Worte durch die Luft fliegen, auch Verwünschungen, die ihm ins Herz schnitten. Die Matrosen sind unbotmäßig und durchbrechen schnell die Grenzen des Respekts. Und Kolumbus war ein Fremdling, und jetzt, da die Dinge schlecht standen, war er mehr denn je ein Fremder.

Die Welt des Ozeans zog weiterhin unbeeindruckt an den zornigen Augen der Besatzungen vorbei. Man sah, wie ein Wal in die Nähe der Segelschiffe kam, ein wenig gemeinsam mit ihnen schwamm und sich dann entfernte, als ob die Neuigkeit ihn überhaupt nicht interessierte. Gelegentlich tauchten wieder Grasflekken auf. Zwei Pelikane ließen sich neben der *Niña* nieder, und die Matrosen fingen einen anderen Vogel mit den Händen, der einer Möwe ähnlich sah, aber »es handelte sich hier um einen auf Flüssen vorkommenden Vogel, nicht aber um einen Seevogel«. Am 22. erhob sich auf der immer noch ein wenig nach Norden gekrümmten Route ein Gegenwind. Das Hindernis war nicht unwillkommen. »Diesen Gegenwind habe ich unbedingt nötig gehabt«, liest man im *Bordbuch*, »mußte ich doch meine Mannschaften stets zur Weiterfahrt antreiben, da sie der Ansicht waren, daß in diesen Gewässern keine Winde gingen, die geeignet wären, unsere Schiffe nach Spanien zurückzubringen.« Die starken Brisen, die aus südöstlicher Richtung wehten, hielten drei Tage lang an. Um voranzukommen, waren die Segelschiffe gezwungen, denselben Kurs zu halten. Auch die Strömungen waren sehr stark und trieben sie ab. Nach einem kurzen und heftigen Platzregen glättete sich das Meer wieder. Besser gesagt, der Wind legte sich; denn das Meer schwoll an und krümmte sich wie ein gewaltiger Rücken zum Buckel auf. Der Anblick des Ozeans, der sich zum Berg, zur Wüstendüne, zur Kruppe eines Riesenwidders aufbäumte, war faszinierend. Bis zum Rand des Horizontes hob und senkte er sich ohne eine Spur von Schaum, ohne eine einzige Brandung, sogar ohne das Zeichen jener weißen Löckchen mit den bleiernen Ringen, von denen die See bei Sturm wimmelt. Hier gab es keinen Sturm, keinen Wind. Es gab nur diese gespenstischen, dichten Wellen, die vorwärtsrollten und ihre Erhebungen und Senkungen unverändert nach sich zogen. Wenn sie ankamen, waren sie träge wie Kamele und hoch wie Hügel und wälzten sich mit gemessener, unerbittlicher Langsamkeit von der Spitze ihrer Kämme in den Schoß ihrer Täler. Es waren die Nachwirkungen oder Ausläufer von Stürmen, die in der Ferne, vielleicht Hunderte von Meilen weiter nördlich, getobt hatten. Denjenigen, die den Atlantik befahren, sind sie wohl vertraut. Sie nennen sie »lange Wellen«. Sie messen ungefähr dreißig Meter – dreißig Meter Ebene und dreißig Meter Hügel. Das Segelschiff ist eher für das Reiten auf den Wellen gedacht als dafür, sie zu durchpflügen. Deshalb erhoben sich Kolumbus' Karavellen mit den Erhebungen des Ozeans, um mit seinen Mulden wieder abzusinken. Dieses so aufgeschwollene Meer ohne Wind wurde, nachdem es zunächst Bestürzung ausgelöst hatte, zum Gegenstand von Verwunderung. Für Kolumbus war es etwas Wunderbares, ein Zeichen von Gottes Gnade. Er schrieb in das *Bordbuch*: »Ein derartiges Wunder hat sich nur noch zur Zeit der Juden zugetragen, als sich die Ägypter zur Verfolgung des Moses aufgemacht hatten, der Israel aus der Sklaverei befreite.« Moses und Christoph – Kolumbus fühlte sich vom Hauch der Prophetie umgeben; schon öffneten sich die Wasser, weil Gott es so wollte, und sie schoben ihn dem Ziel entgegen, das ihm vorherbestimmt war. Der künftige Entdecker Amerikas hatte sich nie so stark gefühlt wie jetzt, da er sich von lauter Schwierigkeiten umgeben sah.

Es war tatsächlich schon der zwanzigste Tag der Seereise, und nichts trat ein, was die Ängste und das Gemurre hätte dämpfen können, die mit wachsender Entfernung zunahmen. Kolumbus hatte wieder den Kurs nach Westen eingeschlagen. Er hatte das Gefühl, daß man ihm Opposition entgegensetzte, fuhr aber fort, Versicherungen und Versprechungen abzugeben. Es ist äußerst schwierig, jene Augenblicke zu rekonstruieren – die Stimmungen und die Gedanken, die durch die Köpfe verbitterter, verängstigter und in manchen Fällen auch zorniger Männer geisterten. Zwischen Kolumbus und Pinzón galt jene Abmachung über die Teilung der Verantwortung, in deren Rahmen dem Seefahrer aus Palos die technische Betreuung und das Einhalten des Kurses oblag; im Zusammenhang mit diesen Aufgaben mußte er auch für das Verhalten der Besatzungsmitglieder garantieren. Pinzón hatte sein Können noch in Palos, vor der Abreise, unter Beweis gestellt; denn aufgrund seiner Intervention verwandelte sich die Haltung der Matrosen von beißendem Spott in Vertrauen. Nachdem sie zunächst die Unternehmung als Wahnwitz abgetan hatten, hatten sie sich anders entschieden und sich anheuern lassen. Angesichts der Gefahr, daß die um sich greifende Unzufriedenheit in eine regelrechte Meuterei ausartete, versuchten Pinzón und die Seinen wahrscheinlich auch während der Ozeanüberquerung, diese Stimmungen einzudämmen. Sie beriefen sich auf die Mission, die der Flotte übertragen worden war, und beschworen die Schande, die diejenigen das ganze Leben hindurch begleiten würde, die mit leeren Händen, als Geschlagene, zurückkehren würden. Sie machten sich den Stolz der Seeleute zunutze und appellierten noch mehr an deren Charakter als an ihren Mut. Wer sich für eine Arbeit entscheidet, muß sie auch ausführen, und dadurch, daß er sie gut und gründlich macht, beweist er, ein Mann zu sein. So etwa könnte Pinzóns Standpunkt zunächst gelautet haben.

In jenen Tagen sprach Kolumbus mit Martín Alonso über eine »Karte [...], die ich ihm drei Tage zuvor an Bord geschickt hatte«. Pinzón kam auf die *Santa María*, und die beiden redeten über einige Inseln, die auf der Karte eingezeichnet waren und sich in dieser Gegend befinden sollten. Sie waren sich beide einig und hielten die Sache für wahrscheinlich. Sie meinten, die Tatsache, daß sie noch nicht auf jene Inseln gestoßen seien, müsse mit den Meeresströmungen und den widrigen Winden zusammenhängen, die sie nach Norden hatten abdriften lassen. Kolumbus hatte Pinzón die Karte gezeigt, und dieser gab sie ihm zurück, indem er sie, an ein Tau gebunden, zu ihm hinübersandte. (Natürlich hat man jahrhundertelang diskutiert, um welche geheimnisvolle Karte es sich dabei gehandelt hat. Vielleicht um eine Kopie von Toscanellis Karte, die auf irgendeine Weise aus Lissabon entwendet worden war oder die Toscanelli persönlich an Kolumbus geschickt hatte, wie man schon in weiten Kreisen behauptete? Das ist die These, die Las Casas vertreten hat, der sagt, Toscanellis Karte mit eigenen Augen gesehen und sie lange Zeit aufbewahrt zu haben. Aber selbst wenn man einräumt, daß daran ein Körnchen Wahrheit sein könnte, wie hätte Kolumbus auf seiner Seereise eine Karte vonnutzen sein können, die eher für theoretische als für nautische Zwecke im engeren Sinne gezeichnet worden war und sich bestimmt nicht als Grundlage für eine Kursbestimmung auf See eignete? Ihre Angaben waren pauschal und in den meisten Fällen hypothetisch. Wir wissen, daß sie gewaltige Fehler enthielt, die Kolumbus – hätte er sie für richtig gehalten – zu einer vollständigen Abweichung vom Kurs, vielleicht in eine Katastrophe geführt hätten. Eine andere Bedeutung hatte Toscanellis Karte, als es noch um die Planungen und die Ahnungen ging und sie dazu diente, die instinktiven Überzeugungen, die in Kolumbus heranreiften, zu bestätigen und ihn zum Durchhalten zu ermuntern. Doch was für einen Wert konnten jetzt noch, mitten im Ozean, jene der Phantasie entsprungenen Zeichen haben, da es jetzt doch nur darauf ankam, zu handeln, zu entscheiden, etwas im Konkreten vorauszuahnen und mit den Tücken der Zeit und der Entfernungen fertig zu werden?)

Ob es Inspiration oder etwas anderes war – jedenfalls begann man am Tag nach der Unterredung zwischen Kolumbus und Pinzón auf hoher See davon zu reden, daß Land in Sicht sei. Es war Pinzón, der allen in Richtung Südwesten eine verschwommene Kontur zeigte, »... etwas [...], das einer Insel sehr ähnelte«. Auch Kolumbus hielt sie dafür, und gemeinsam schätzten sie, daß sie etwa dreißig Meilen (etwa hundert Seemeilen) entfernt war. Viele Matrosen fielen auf die Knie. Auf den Decks stimmte man das *Gloria in excelsis Deo* an. Bis in die Nacht hinein richteten die Männer, die auf Masten und Wanten geklettert waren, ihre Blicke unverwandt in die Richtung der heißersehnten Insel. Kolumbus ließ sogar die Steuerruder um einen Kompaßstrich nach Süden drehen und wich damit ein wenig von der direkten, nach Westen gerichteten Route ab. Die Umrisse des Landes waren nach Süden versetzt erschienen, und Kolumbus wollte auf sie zufahren. Aber am Tag danach brachen die Hoffnungen in sich zusammen. Der Horizont war leer. »... wir erkannten, daß das, was wir für Land gehalten hatten, nur ein Stück des Himmels war«.

Die Ernüchterung war schmerzlich. Die Matrosen standen in immer engeren Gruppen beisammen, und die Diskussionen wurden lebhafter. Die Unzufriedenheit und der Wunsch, umzukehren, wuchsen. Den Pinzón bot sich keine günstige Gelegenheit mehr, weitere Überzeugungsarbeit zu leisten. Ja, angesichts der zunehmenden Verbitterung der Gemüter hatten wahrscheinlich auch sie eine feindselige Haltung gegenüber Kolumbus eingenommen, der in Fragen der Seefahrt als unerfahren galt und dem man nicht zutraute, daß er in einer so schweren Bedrängnis, die so viel Rätselhaftes, Unbekanntes umfaßte, das Kommando sicher führen konnte. Ich versuche, mir vorzustellen, was mir am besten zu den Personen und der Situation zu passen scheint. Aber ich weiß wohl, daß niemand diese Fragen je mit Gewißheit wird beantworten können. Sie wurden nicht einmal zu der Zeit geklärt, in der sich die Ereignisse zugetragen haben, und die Zeugnisse, die aus der Zeit unmittelbar nach jenen Jahren stammen und während der Prozesse um die Streitigkeiten von Kolumbus' Erbe abgelegt wurden, dienten eher dazu, das emotionsgeladene Bild von der einsamen Expedition zu komplizieren, als es zu interpretieren. Die Tatsachen kann man beschreiben, aber die Gefühle sind nicht faßbar. Außerdem fehlt es an direkten Äußerungen der Hauptbeteiligten. Kolumbus macht in seinem *Bordbuch* nur eine vage Anspielung auf die Müdigkeit der Mannschaften. Und was Pinzón anlangt, so starb er wenige Tage nach der Rückkehr von der Unternehmung. Er sagte nichts. Die der Zeit nach frühesten Kolumbus-Biographen, Las Casas und Fernando Colón, scheinen sich sehr verpflichtet gefühlt zu haben, die Spur eines moralischen Urteils zu hinterlassen; deshalb haben sie sich in parteiische Beobachter verwandelt. Die beste Quelle bleibt meiner Meinung nach die erste offizielle Geschichte der Entdeckung (West-)Indiens, die Fernández Oviedo im Jahr 1533, also vierzig Jahre nach der Ozeanüberquerung, geschrieben hat. Oviedo veranlaßt uns, die Tatsachen mit großer Nüchternheit zu betrachten; denn er meint, daß Proteste und Gefühle der Unzufriedenheit unter diesen Umständen ebenso unvermeidlich waren wie die Bildung von Gruppen jener Männer, die jeweils durch ihre Herkunft, ihre Freundschaften und ihre Interessen miteinander verbunden waren. Zweifellos gab es einen Clan der Pinzón-Leute, die versuchten, die Situation zu beherrschen und Kolumbus zu Entscheidungen zu drängen, die sie für richtig hielten. Und Kolumbus legte eine natürliche und beharrliche Abwehr dagegen an den Tag, sich von anderen übertrumpfen zu lassen. Aber zu irgendeinem Zeitpunkt waren alle zwischen ihren Hoffnungen und ihren Befürchtungen hin- und hergerissen. Jeder erlebte seine Augenblicke der Bestürzung und seine dramatischen Ereignisse. Das darf ebensowenig vergessen werden, wie – Oviedo zufolge – die Tatsache hervorgehoben werden muß, daß es keine Meutereien gab und daß das, was während der Reise geschah, in den späteren Berichten sehr übertrieben wurde.

Die Reise wurde unterdessen auf einem Meer fortgesetzt, das bei vollkommener Windstille wieder völlig ruhig geworden war. Schon seit einigen Tagen hatten die günstigen Passatwinde nicht mehr geweht, und die Prozession ihrer leichten Wolken schien vom Horizont verschwunden zu sein. Man hatte sich ein wenig vorgetastet und den Kurs geändert, um mit den Gegenwinden und dem Antrieb der veränderten Strömungen zu lavieren. Aber die ganze Seereise war insgesamt offensichtlich in eine Phase der Unsicherheit eingetreten. An Kolumbus' fixer Idee, geradeaus nach Westen zu steuern, begannen Zweifel zu nagen. Möglicherweise fuhr man zu weit, in zu weite Ferne. Es war zu befürchten, daß man – entweder lee- oder luvwärts – an Inselgruppen vorbeigefahren war. Es entstand sogar der Verdacht, man sei bereits über Zipangu hinaus gelangt und fahre direkt auf das asiatische Festland zu, auf Marco Polos Kathei also. Daß Land nunmehr nahe war, das ahnten sowohl Kolumbus als auch die Pinzón. Aber in welcher Richtung lag es?

Die Zeit der Flaute machte die Mannschaften beschäftigungslos. Mit den Segeln und anderen Manövern gab es nichts Besonderes zu tun. Das war gefährlich, weil die Männer, die auf den Decks herumlungerten, immer mehr Zeit zum Diskutieren und zum Kritisieren fanden. Der Protest wurde stärker. Seit der Abreise war bereits ein Monat vergangen, und keiner hatte sich je so lange Zeit auf See befunden, ohne überhaupt zu wissen, wohin man fuhr, und nach wie vielen Tagen – oder Wochen? oder Monaten? – die Reise zu Ende sein würde. Mitten im Ozean schleppten sich die Schiffe wie in einem See mit nervenaufreibender Langsamkeit dahin. Wie viele Meilen hatte man zurückgelegt? Hunderte und Aberhunderte, tausend und mehr als tausend. So weit war man von der Heimat, von zu Hause, entfernt. Warum sollte man sich noch weiter irgendwelchen trügerischen Hoffnungen hingeben? »Gegen Gott gibt es keinen Mut«, läßt Paul Claudel die Matrosen in seinem Drama über Christoph Kolumbus sagen. »Wir sind inmitten des Nichts verloren. Warum möchtest du uns umkommen lassen?« schreien sie ihrem Admiral verzweifelt entgegen. Wenn man sich an den viel weniger dramatischen Bericht von Pietro Martire hält, der Kolumbus bei der Rückkehr von seiner abenteuerlichen Ozeanüberquerung als Zuschauer erlebt hat, dann versuchte er, die Gemüter *blandis verbis, ampla spe*, »mit den sanftesten Worten und großen Hoffnungen« zu beruhigen. Aber es genügte nicht, wenn es – wie der zeitgenössische Chronist des Kolumbus anfügte – ein paar Zornige gab, die vorschlugen, den Admiral über Bord zu wefen, um ungehindert umkehren zu können. Dabei seien Sätze von der Art gefallen: »Werfen wir ihn ins Meer und sagen wir, daß er hineingefallen sei, als er gerade die Sterne beobachtete.« Es hat allerdings den Anschein, daß die Matrosen gewohnt waren, mit ihren Worten das Maß zu überschreiten. Das bedeutete keineswegs, daß sie die Absicht hatten, das zu tun, was sie sagten. In die Abendgebete etwa pflegten sie ein paar kleine persönliche Verwünschungen einzuflechten. Nichtsdestoweniger glaubten sie an Gott.

Es kam der Tag des 5. Oktober, ein Freitag. Endlich hatte der Wind aufgefrischt, und die Passatwölkchen waren triumphierend wieder am Himmel erschienen. Ein großer Schwarm von Sturmvögeln überflog die Schiffe. Etwa dreißig von ihnen setzten sich auf die Masten und auf das Tauwerk. Das wirkte wie eine Vogelinvasion, wie ein fast untrügliches Zeichen von Landnähe. Ein so großes Flügelschlagen versetzte die Kapitäne der Schiffe in Aufregung. Pinzón, der den Wind und den Flug der Vögel beobachtete, schlug vor, den Kurs nach Südwesten zu verlegen, ein wenig tiefer zu fahren. Am Samstag, den 6. Oktober, hielt man an Bord der *Santa María* eine Kapitänskonferenz ab. (Im *Bordbuch* ist davon nicht die Rede, und auch die Berichte von Las Casas und Fernando sind ziemlich sparsam mit Einzelheiten. Aber im Verlauf der Prozesse um Kolumbus' Erbe, den berühmten *Pleitos*, machten ein paar betagte Matrosen von der *Niña* und der *Pinta*, die die Zeiten überlebt hatten, Aussagen über die Ereignisse jener Tage. Und ihre Aussagen sind zum festen Bestandteil der Kolumbus-Überlieferung geworden.)

Bei der Konferenz ging es lebhaft zu. Man sagte klar und unmißverständlich seine Meinung. Die unterschiedlichen Absichten der einzelnen traten jedenfalls sehr deutlich zutage: Die Mannschaften wollten umkehren, die Pinzón waren unschlüssig, nur Kolumbus beabsichtigte, um jeden Preis weiterzufahren. Seine Einstellung wird auch aus dem *Bordbuch* deutlich, aus einer Eintragung, die eben auf jene Tage der Unsicherheit zurückgeht: »Dem fügte ich hinzu, daß es zwecklos wäre, darüber in Streit zu geraten, da ich nun einmal entschlossen sei, nach Indien zu gelangen und die Reise so lange fortzusetzen, bis ich mit Gottes Hilfe dahin gelangt sein werde.«

Wahrscheinlich fielen keine richtiggehenden Entscheidungen. Man wählte einen Mittelweg, der sowohl in bezug auf die Weiterreise als auch auf die Rückkehr ohne übertriebene Herausforderungen auskam. Den Berechnungen zufolge, die man auf Gomera angestellt hatte, handelte es sich um eine Reise von 750 Wegmeilen, etwas mehr als 2000 Seemeilen. Man wußte, daß man diese Entfernung nunmehr zurückgelegt, wenn nicht sogar schon übertroffen hatte. Nur Kolumbus versuchte, mit seinen absichtlich verminderten Messungen nachzuweisen, daß man die vorgesehene Grenze noch nicht erreicht hatte. Wie dem auch sei, man beschloß, noch drei oder vier Tage lang weiterzufahren, aufmerksam auf die Hinweise zu achten, die vom Meer herkommen konnten – auf den Flug der Vögel, den Schaum der Wellen und auf die Windverhältnisse –, und dann erst endgültig zu entscheiden. War es nur ein Aufschub? Kolumbus dachte nicht einmal im Traum an eine Umkehr. Dem, der gefragt hätte, ob man zurückkehren würde, falls die drei oder vier Tage Seereise ergebnislos blieben, hätte er geantwortet: Wenn kein Land angetroffen wird, seid ihr ermächtigt, mich um einen Kopf kürzer zu machen, dann könnt ihr ungehindert umkehren. Das ist ebenfalls ein Zitat aus den *Pleitos*. Vielleicht gehört es zur Legende oder ist zumindest ein Teil des spitzfindigen Kampfes, den die Nachkommen führten, um bald Kolumbus, bald Pinzón das Verdienst zuzuschreiben, auf einer Weiterfahrt bestanden zu haben. (Einem Zeugen zufolge soll Pinzón ausgerufen haben: *Adelante! Adelante!* »Vorwärts! Vorwärts! Was wollt ihr denn? Wir sind gerade erst abgereist, und ihr denkt schon an die Rückkehr?«)

Man fuhr weiter. Man hatte so guten, so starken Rückenwind, daß es den Schiffen gelang, sogar zehn Seemeilen in der Stunde zurückzulegen; das grenzte an ein Wunder. In der Morgendämmerung des 7., des fünften Sonntags der Reise, hißte die *Niña*, deren Geschwindigkeit die der anderen Karavellen übertraf, die Flagge am Hauptmasten und feuerte einen Bombardenschuß ab – Signale, die für den Fall vorgesehen waren, daß Land gesichtet würde. Die Glücksgefühle sprangen von Schiff zu Schiff. Aber wieder einmal verging ein ganzer Tag, ohne daß das erhoffte Land auftauchte. Der Rückstoß, den die Enttäuschung auslöste, wurde kaum durch den Lärm »großer Mengen von Vögeln« gedämpft, die während der Nacht die Route der Spanier überflogen. Die Vögel galten, vor allem dann, wenn sie in großen Gruppen erschienen und zu einer bestimmten Gattung von Seevögeln gehörten, als unfehlbare Lotsen, auf die man sich noch besser verlassen konnte, als auf die von Menschenhand gezeichneten Karten. Bei allen portugiesischen Entdeckungen der Atlantikinseln – der Azoren, von Madeira und des Archipels der Kapverden – hatten die über dem Meer fliegenden Vögel immer eine sehr wichtige Rolle gespielt. Die Seeleute aus Lissabon hatten ihre Flugrichtung beobachtet, ihre Zahl abgeschätzt und geschaut, wie frisch ihr Flügelschlag war, und es auf diese Weise verstanden, den richtigen Kurs einzuschlagen. In der Geschichte der großen Seereisen zwischen dem Ende des 15. und dem Beginn des 16. Jahrhunderts waren die Vögel wertvolle Boten gewesen. Der Flug der Sturmvögel wurde mit großer Aufmerksamkeit verfolgt. Pinzón schlug vor, einen Kompaßstrich mehr nach Südwesten zu drehen, da allgemein der Eindruck vorherrschte, daß man unmittelbar vor einer Entdekkung stand; man wollte jedem Hinweis folgen, der sie in die Richtung führen konnte, wo Land lag. Nach den Flauten, denen man auf halbem Weg begegnet war, hatte man die Route bereits zum 26. Breitengrad verschoben. Jetzt verlagerte man sie um weitere zwei Grade und fuhr dem 24. Breitengrad entlang.

Mit dem 8. Oktober verging der dreiunddreißigste Tag der Seereise. Einige hatten die Tage gezählt und erinnerten an die Anzahl von Christi Lebensjahren; damit gaben sie dem Gemurre neuen Auftrieb. In der Nacht jedoch hörte man wieder Schwärme von Vögeln vorüberziehen, die mit dem Wind nach Westen flogen. Es vergingen der 9. und der 10. Oktober, immer noch bei starkem Wind. Das Meer und der Himmel veränderten ihr Aussehen nicht, die Sonne ging am Abend immer noch mit ihrem Purpurteppich unter, und es schien, als ob man sich, umgeben von einer Mauer der Einsamkeit, nunmehr seit vier Wochen auf einen unbeweglichen Horizont zubewegte. Dennoch lag die Erwartung von etwas Neuem in der Luft, ein unerklärlicher Kitzel, fast die Gewißheit, daß sich alles ändern würde. Nicht nur der Flug der Sturmvögel oder der Seeadler kündigte das an. Die Vorzeichen kamen aus dunkleren und verborgeneren Quellen, ein wenig aus der Verzweiflung und ein wenig aus der Begeisterung heraus. Es schien, als ob man die Entdeckung, die man vorausahnte, nicht so sehr der Beobachtung der Sterne verdankte als vielmehr dem Willen des Menschen, der sie mit seinen Gefühlen aus dem Nichts hervorgebracht hatte.

Am Donnerstag, den 11. Oktober, waren die Tage, die man Kolumbus eingeräumt hatte, schon vorbei. Aber niemand machte Anstalten, Einwände zu erheben; denn alle waren von dem Entdeckungsfieber derart gepackt, als ob es sich um ein Rendezvous handelte, das man nicht mehr versäumen durfte. Der Passatwind wehte an jenem Tag mit der Heftigkeit eines Sturms, und die drei Karavellen, von achtern kräftig angeschoben, sahen sich mit der gröbsten See konfrontiert, der sie auf ihrer ganzen Reise überhaupt begegnet waren. Sie blieben auf west-südwestlichem Kurs und fuhren immer weiter nach Westen, jedoch mit einem Deklinationswinkel nach Süden. Die Schiffe legten zwölf Seemeilen in der Stunde zurück. Im Meer zeigten sich verstärkt Anzeichen, die auf nahes Land hindeuteten. An der *Santa María* glitt eine Binse vorbei, dann ein Rohr, ein Stock, der von Menschenhand eingekerbt zu sein schien, sowie ein grünes Zweiglein, das wie frisch von einem Busch abgerissen wirkte und an dessen Spitze eine kleine Blüte saß, »ähnlich der kastilischen Heckenrose«. Die Nacht brach an. Der Himmel wurde von einem Viertel des abnehmenden Mondes erleuchtet. Der Wind hatte alle Wolken weggefegt, und der Horizont war völlig klar.

Alle blieben wach. Die Kapitäne liefen auf den Aufbaudecks ihrer Karavellen auf und ab. Die Wachposten hielten aufrecht stehend auf der Back Wache, und die Mastwächter beobachteten von der Höhe der Mastkörbe herab die Nacht. Es war wichtig, als erster Land zu sichten. Für manchen armen Matrosen konnte das über sein ganzes Leben entscheiden; denn die Könige hatten eine lebenslängliche Pension von zehntausend Maravedis für den ausgesetzt, der vor allen anderen das neue Land sichten würde, und zehntausend Maravedis waren ein schöner Batzen Geld, wenn man damit rechnen konnte, solange man lebte.

Angefeuert auch von diesem Anreiz, fuhren die Karavellen mit Hilfe des Rückenwindes, der sie vorantrieb, um die Wette. An die Spitze der Flotte hatte sich die *Pinta* gesetzt, das Schiff der Pinzón. Kolumbus segelte in geringer Entfernung und behielt die Szene im Auge – das, was er sah, und das, was die anderen sehen konnten.

Gegen zehn Uhr nachts vermeinte Kolumbus, der auf der Back stand, um das Meer von dem denkbar günstigsten Standort aus zu beobachten, ein Licht zu erblicken. Er wagte nicht, die Entdeckung mit lauter Stimme bekanntzugeben; denn er bezweifelte, daß es sich um Land handeln könne, angesichts einer so schweren und schäumenden See und der Tatsache, daß die Reflexe des Mondlichtes wie ein Funkenregen in der Dunkelheit auf den Wellen tanzten. In aller Ruhe rief er Pedro Gutiérrez zu sich, jenen Majordomus oder *Repostero* des Königs, der fast als Privatmann an Bord gegangen war. Er berichtete ihm, was er zu sehen geglaubt hatte, und sagte, daß auch er es sich ansehen sollte. Gutiérrez schaute und bestätigte, daß man das Licht sah. Rodrigo Sánchez, der königliche Inspektor, wurde aufgefordert, seine Meinung zu äußern, doch er erkannte kein Licht in jener Richtung, die man ihm wies. Kolumbus schwieg gespannt. Ins *Bordbuch* trug er ein, er habe, nachdem er das erste Mal davon gesprochen hatte, jenes Licht noch mit Unterbrechungen funkeln sehen. »Es sah so aus, als würde man eine kleine Wachskerze auf- und niederbewegen, was wohl in den Augen der wenigsten als Anzeichen nahen Landes gegolten hätte.«

Man hat ausgerechnet, daß die Flotte zu jenem Zeitpunkt circa dreißig Seemeilen von der Küste des Landes entfernt war, auf das sie zusteuerte, ohne es noch zu wissen. In einer Entfernung von dreißig Seemeilen sieht man vom Meer aus weder das Licht einer Kerze noch eine brennende Fackel, noch irgendein anderes, niedriges Feuer. Las Casas hat die Hypothese aufgestellt, es habe sich um brennende Holzscheite gehandelt, die die Fischer mit auf den Fischfang genommen hätten. Doch dies war nicht die richtige Nacht, um auf Fischfang zu gehen; vor dem Sturm geht man nicht dreißig Seemeilen von der Küste entfernt fischen. Ebensowenig ist jene Vermutung stichhaltig, wonach es sich um Leute handelte, die unterwegs waren und sich in der Dunkelheit den Weg beleuchteten. (Las Casas ging soweit zu behaupten, daß die Eingeborenen das Licht vielleicht benutzten, wenn »sie nachts gingen, um ihre Notdurft zu verrichten«.)

Wenn man gründlich überlegt, ergibt sich, daß Kolumbus aus einer solchen Entfernung nichts erkannte, nichts erkennen konnte. Aber auch er ließ sich von dem starken Wunsch, etwas zu sichten, hinreißen, der alle erfaßt hatte und der die Flotte in großer

Spannung hielt. Es war gegen zwei Uhr nach Mitternacht – zwei Uhr am Freitag, den 12. Oktober, an einem schicksalhaften Tag, als ein Matrose von der *Pinta* das heißersehnte Wort: »Land! Land!« ausrief. Pinzón überzeugte sich mit eigenen Augen und pflichtete dem Matrosen bei. Da gab man die vereinbarten Signale und feuerte den Bombardenschuß ab. Alle Besatzungsmitglieder wurden in Aufruhr versetzt, sangen, beteten und weinten vor Freude. Der Matrose, der das Land als erster gesichtet hatte und Rodrigo de Triana hieß, wurde von seinen Gefährten umarmt. Sie beglückwünschten ihn zu seinem Erfolg, zu der lebenslänglichen Pension, die er sich nunmehr verdient hatte. Gewiß beneidete ihn so mancher. Aber Rodrigo de Triana hatte nichts von seiner Entdeckung. Kolumbus sprach ihm persönlich die Belohnung ab, indem er behauptete, er habe selbst ein paar Stunden vor ihm die Vorboten des Landes wahrgenommen. Das war ein grausamer Übergriff, weil die Herrscher natürlich Kolumbus' Version Glauben schenkten und die zehntausend Maravedis im Jahr ihm zusicherten. Wie man weiß, kam Beatriz de Harana, seine allein in Córdoba zurückgelassene Geliebte, in ihren Genuß. Veranlaßte Kolumbus die Dankbarkeit, die Erinnerung oder die Reue zu diesem Schritt? Und warum hat er das getan? Nicht für Beatriz; denn es hätte bestimmt andere Möglichkeiten gegeben, sie zu entschädigen. Sondern wahrscheinlich aufgrund eines strengen Prestigeprinzips: Nur er, der Befehlshaber, der für das ganze Abenteuer verantwortlich war, durfte als Entdecker des erreichten Landes gelten. Die Sichtung durch den Matrosen von der *Pinta* war ein unverdienter, großer Zufall. Aber für die Geschichte, für den Ruhm, an den Kolumbus so sehr glaubte, durfte niemand anderer das Land jenseits des Ozeans vor ihm gesehen haben, vor dem Initiator der Reise, die eben in jener Nacht ihre Unsterblichkeit erlangt. (Rodrigo de Triana, der wegen des Übergriffs gekränkt war, nahm ein schlimmes Ende. Einige behaupten, er habe sich an einem Schiffsmasten erhängt, andere sagen, er sei zum Glauben der Mauren übergetreten und unter ihren Fahnen im Kampf gefallen.)

Die Karavellen – ihre Männer – warteten ungeduldig darauf, sich auf das nunmehr kaum sechs Seemeilen entfernte Land zu stürzen, von dem man unter dem Mond einen weißen Streifen Strand und die schwarzen Umrisse eines Vorgebirges sehen konnte. Klugerweise beschloß Kolumbus, die Morgendämmerung abzuwarten. Die See war zu bewegt, und unter dem Druck des Windes waren Annäherungsmanöver nur schwer durchzuführen, zumal sie unversehens auf Klippen stoßen konnten. Ein erfahrener Seemann wie Julien de la Gravière schrieb dazu: »Die Klippen der Lucayas sind unerbittlich. Wenn Kolumbus kein guter Seefahrer gewesen wäre, wäre er nie mehr zurückgekehrt.« Die Flotte legte bei; alle Segel waren gestrichen. Bis zum Anbruch des neuen Tages dümpelte sie, ließ sich vom Wind bremsen. Die Männer waren wach und voller Erwartung. Morison, ebenfalls ein Mann der See, sagt: »Diese Nacht hielt Ereignisse bereit wie keine andere je zuvor auf irgendeinem Schiff und auf irgendeinem Meer.«

Vor jener Handvoll Männer, die, ohne es zu wissen, hiermit in die Geschichte eingegangen waren, wartete Amerika.

DER GUTE WILDE

Da es schon Mitte Oktober war, wurde die Insel erst nach fünf Uhr morgens, mit dem ersten Schimmer der Morgendämmerung, sichtbar. Das Land war um zwei Uhr gesichtet worden, »das Land, das noch nie von einem Seefahrer sehnsüchtiger erwartet worden war«. Dazwischen lagen drei endlose Stunden voller Erregung, in denen man auf das Ende der Nacht wartete. Was am Himmel verschwand, war nicht nur die Dunkelheit zwischen einem Sonnenuntergang und dem nächsten Sonnenaufgang; es war das Ende einer Nacht von hunderttausend Jahren, während der Millionen von Menschen keine Ahnung davon hatten, daß auf demselben Erdball noch weitere Millionen von Menschen existierten und daß zwischen zwei gleichermaßen unbekannten Ozeanen ein riesiger Kontinent lag. Die einen wie die anderen hatten einander unbewußt erwartet: Den Europäern war es, unter Kolumbus' Führung, gelungen, Amerika zu entdecken. Aber was läßt sich über jene sagen, die sich auf der anderen Seite des Ozeans befanden, über alle Völker jener Welt, die »neu« genannt wurde, und die seit Jahrtausenden als Protagonisten ihrer Einsamkeit lebten, unberührt und ohne Ungeduld?

Nun erwachten sie ahnungslos, wie es seit undenklichen Zeiten allmorgendlich geschah. Die Insel erwachte – still und unbeeindruckt. Es war nichts Dramatisches oder Feierliches daran, daß eine Trennung endete, die bis zur Grenze der Existenz zurückreichte, eine Trennung, die mit jener Nacht für immer zu Ende ging. Die Spanier sahen, wie sich vor ihren Augen langsam ein weißer Sandstrand abzeichnete, der sanft vom Schaum der Wellen überspült wurde. Er war einsam und verlassen. Hinter dem Ufer wuchsen leuchtende Bäume, die auf einen blauen Himmel aufgemalt schienen. Getragen von den morgendlichen Brisen, drang das Rauschen des Meeres und des Waldes und das Raunen des Landes bis zu den Schiffen. Niemand sagte ein Wort, alle waren von dem Anblick verzaubert.

Eine kurze Zeit lang sah man kein Anzeichen von Leben. Die Eingeborenen hatten sich, überrascht und unsicher, hinter den Bäumen versteckt. Sie wußten nicht, ob jene auf dem Meer erschienenen Ungeheuer Fische, Vögel oder Gespenster waren. In Lope de Vegas Komödie rufen sie aus: »Auf dem Meer stehen drei Häuser!« Die Karavellen fuhren unterdessen weiter, allerdings aus Vorsicht vor Untiefen nur mit eingeholten Segeln. Das erste Geräusch, das ihnen entgegenströmte, war das Gezwitscher der Vögel. Am Strand sahen die Seeleute haufenweise Muscheln, einige riesengroße Palmen, auf deren Zweigen Affen und Papageien saßen, sowie eine Prozession von Pelikanen, die am Strand entlangstolzierte. Dann tauchten die Bewohner auf. Neugierig geworden, aber ohne Angst gingen sie zum Strand hinunter. Sie waren nackt und unbewaffnet. Sie zeigten einander die Schiffe, indem sie mit den Fingern auf jene merkwürdigen Erscheinungen deuteten. Die Begegnung hatte stattgefunden, die Geschichte hatte sich schon verändert.

Leider konnte man nicht an Land gehen. Die See war rauh und windig, und die ganze Insel schien von gefährlichen, bis zur Oberfläche des Meeres heraufragenden Klippen umgeben zu sein. Kolumbus beschloß, einen Weg zu suchen, indem er in westlicher Richtung, leewärts, um die Insel herumfuhr. Es war keine große Insel, sondern eher nur ein großer Felsen von wenigen Dutzend Quadratmeilen. Als sie wieder in nördlicher Richtung an der Küste entlangfuhren, entdeckten die Schiffe gegen die Mittagszeit desselben 12. Oktober eine Bucht mit ruhigem Wasser, die sich über einige hundert Meter erstreckte und vor den Klippen geschützt war. Hier warf Kolumbus den Anker, in eine Tiefe von fünf Ellen. Dann ließ er drei Boote zu Wasser – eines für jede Karavelle – und fuhr mit Ruderantrieb auf das Land zu. Der Brückenschlag zwischen der Alten und der Neuen Welt fand am Rand dieser Bucht statt, wo Kolumbus unter der hoch am Himmel stehenden Sonne an Land ging. (Dieser Ort hat einen Namen beibehalten, dessen Ursprung unbekannt ist: Er heißt Fernández-Bucht.)

Neben Kolumbus betraten die beiden anderen Kapitäne, Martín Alonso Pinzón und sein jüngerer Bruder, Vicente Yáñez, der die *Niña* befehligte, das Land. In ihrer Begleitung befanden sich die Offiziere und Amtspersonen der Flotte sowie der Notar Rodrigo de Escobedo, der die Protokolle anfertigen sollte. Kolumbus trug seine kostbarsten Kleider und hielt in der rechten Hand die königliche Fahne, fest und hocherhoben. Alle sagten dem Herrn Dank, fielen auf die Knie und küßten die Erde. Dann verkündete Kolumbus feierlich, daß er der Insel den Namen des Erlösers, San Salvador, gäbe, und er erklärte sie zum Besitz des Königs und der Königin, seiner Herrscher. Escobedo schrieb Wort für Wort mit. Die Anwesenden unterzeichneten als Zeugen. Die Eingeborenen waren schweigend nähergekommen, bis sie zu der buntgescheckten Schar jener Männer stießen, deren Existenz sie bislang nicht einmal geahnt hatten. Ihnen kam es vor, wie wenn sie einem Akt von Zauberei, irgendeiner außergewöhnlichen Hexerei beiwohnten.

Es gibt eine nunmehr berühmte Schilderung der ersten Begegnung zwischen Indianern und Spaniern, die sich bei Las Casas findet: »Die Indianer, die sich in großer Zahl dort befanden, sahen die Christen erstaunt an und betrachteten mit Verwunderung ihre Bärte, ihre helle Haut und ihre Gewänder. Sie wandten sich denen zu, die einen Bart trugen, und vor allem dem Admiral, denn sie begriffen, daß er die bedeutendste Person war; das erkannten sie sowohl an der Erhabenheit und der Autorität der Person, als auch an seinen scharlachroten Kleidern. Sie berührten die Bärte mit dem Finger und betrachteten aufmerksam die weiße Farbe der Hände und Gesichter. Der Admiral und die Seinen, die sahen, daß sie harmlos waren, ließen sie gewähren.«

Die Szene, die sehr wahrscheinlich in zu idyllischen Farben gemalt wird, findet sich dann in den Bildern wieder, die das Ereignis verherrlichten und jahrhundertelang reproduziert wurden, obwohl sie eher die erfundenen Details in den Vordergrund rückten, als die, die der Wahrheit am nächsten kamen. Die Spanier erscheinen dort mit großen, mit Straußenfedern verzierten Hüten, in glänzenden Rüstungen – die sie, nach Ansicht der Eingeborenen, wie »Schildkrötenpanzer trugen« – und mit flatternden Fahnen. Kolumbus steht im Vordergrund als Diener und Bannerträger des Glaubens wie ein echter Christophoros, was ja soviel wie »Träger Christi« heißt, und sieht so aus wie jemand, der einen Plan der Vorsehung erfüllt. Wie ein Nazarener trägt er lange, blonde Haare. Vielleicht wird er auch deshalb mit einem Bart abgebildet, obwohl er keinen hatte und niemals einen trug. Neben den Spaniern mit ihren Rüstungen machen die nackten Eingeborenen eine bescheidene Figur. Es waren wirklich zwei Welten, die sich vielleicht nie hätten begegnen sollen.

Mit ihrer scheinbar einfachen Naivität, die aber von Menschen, welche Meister in der Kunst der volkstümlichen Nachrichtenübermittlung waren, genau berechnet war, stellen diese Schilderungen und Bilder die Botschaft dar, die man im Augenblick der Entdeckung zu vermitteln beabsichtigte. Von Amerika ist natürlich keine Rede, noch nicht. Dem Leser muß es nicht noch einmal gesagt werden, aber zur Zeit von Kolumbus' Ozeanüberquerung, nach seiner unsterblichen Reise und noch viele Jahre danach ahnte niemand, daß man auf einem neuen Kontinent gelandet war. Angefangen bei Kolumbus selbst – der vielleicht am hartnäckigsten und stursten in dem Irrtum verharrte, denn er blieb sein ganzes Leben lang darin befangen – dachte niemand an Amerika und die Entdeckung eines unbekannten Landes. Kolumbus und mit ihm alle anderen waren überzeugt, entsprechend den vorher festgelegten Plänen, die an sich schon abenteuerlich und phantastisch genug waren, in Asien gelandet zu sein. Man sprach von Zipangu, von Kathei, und man sprach von Indien. Die Menschen, die an den Stränden auf die Wunderschiffe zugelaufen waren, wurden Indianer genannt, und Indianer sind sie bis heute geblieben. In der volkstümlichen Mitteilungsart der bildlichen Darstellungen, auf denen die Landung auf San Salvador abgebildet ist, existiert Amerika weder als Begriff noch als Problem. Und da unser Bericht über die Ereignisse chronologisch angeordnet ist, wäre es verfehlt, zu diesem Zeitpunkt schon von Amerika zu sprechen, da man zu Kolumbus' Lebzeiten noch keine Idee von Amerika hatte.

Was soll also in den populären Darstellungen ausgesagt werden? Ich glaube, mindestens zwei Aspekte unterscheiden zu können. Da ist zum einen die große Heldentat, die im Namen Christi und als Folge seiner direkten Inspiration vollbracht wurde. Daher die Fahnen mit dem Kreuz, die zum Himmel erhobenen Hände und die »Nazarenisierung« des Kolumbus. Er öffnete einen riesengroßen Teil der Welt, der vor ihm Christi Wort noch nicht gekannt hatte, dem Werk der Bekehrung. Kolumbus war ein Eroberer im Namen des Glaubens. Das war die Bedeutung seines Unternehmens, und mit einer solchen Interpretation könnte man auch deren Folgen rechtfertigen. Kolumbus' Geschicke waren noch zu seinen Lebzeiten, vor allem aber nach seinem Tod, sehr wechselvoll. Doch seine Gestalt als Erlöser der Seelen, dieses symbolische Klischee von einem »dreizehnten Apostel«, der das Gewissen der Welt erleichtert, blieb und verklärte die Erinnerung an ihn. Kolumbus' Ruf als weltbekannte Persönlichkeit ist nach einer Phase der Verdunkelung, die einige Jahrhunderte dauerte, wiedererstanden, und er verdankt seinen geschichtlichen Rang heute der Tatsache, daß er als Heilsbringer gilt. Man darf nicht vergessen oder gar unterschlagen, daß von der einen Milliarde Christen oder etwas mehr, die in den verschiedenen Teilen der Welt verstreut leben, mehr als eine halbe Milliarde in den beiden Amerikas lebt, und daß es Kolumbus' Ankunft auf San Salvador war, die ihr religiöses Bekenntnis entscheidend bestimmte.

An dem Bild, das sich von den ersten Schilderungen der Landung ableitete, gibt es aber noch einen zweiten Punkt, den ich »weltlich« nennen möchte. Es ist das faszinierende Bild vom »guten Wilden«, das der europäischen Kultur der ersten Jahrhunderte der Neuzeit bis hin zur Schwärmerei der Aufklärer so sehr ans Herz gewachsen ist. Diese »Indianer«, mit denen man nicht gerechnet hatte, »die keine Waffen tragen und sie auch nicht kennen«, die »kein Eisen haben«, die »nackt umhergehen, wie sie von ihren Müttern geboren wurden«, »denen es an allem mangelte, die aber trotzdem ohne Habgier waren«, die »gern alles hergaben, was sie hatten« – gehörten sie vielleicht nicht zur Morgendämmerung der Menschheit? Man hatte von einem Goldenen Zeitalter fabuliert, von dem man glaubte, es habe nur in der Phantasie der Dichter existiert. Aber als die Europäer auf San Salvador landeten, erblickten sie tatsächlich »ihre Urahnen im Naturzustand«.

Pietro Martire, der Chronist aus Berufung, beeilte sich, gleich nach der Heimkehr der Expedition seinen Freunden in Italien und Frankreich zu schreiben, daß »jene Menschen den Gebrauch des verderblichen Geldes nicht kennen«. In Barcelona hatte er die »Exemplare« gesehen, die Kolumbus mitgebracht hatte, um sie den Königen vorzuführen. Er schildert sie so: »Sie begnügen sich damit, nur der Natur gerecht zu werden, und sind frei von dem ständigen, quälenden Gedanken an die Dinge, die da kommen werden.« Das hieß soviel wie: Sie sind nicht wie wir, sondern wie wir einmal waren, ehe wir verdorben wurden. Die ganze christliche Überlieferung war von dieser Angst durchdrungen, von der Überzeugung, daß der Mensch von Natur aus gut sei und daß die Zivilisation, der Fortschritt, ihn dahin gebracht hätten, Gewalt, Haß und Grausamkeit an den Tag zu legen. Antonio Pigafetta sah sie – wenn auch in einem anderen Zusammenhang – als »Völker, die den Frieden, die Muße und die Ruhe lieben«.

Der Mythos vom guten Wilden schlug in Europa tiefe Wurzeln. Für die Intellektuellen des 16. Jahrhunderts war mit Kolumbus' Landung eine seit Jahrtausenden verschüttete Epoche wieder ausgegraben worden. Es war, wie wenn er Menschen begegnet wäre, die wirklich im Goldenen Zeitalter lebten. Daraus entsprangen manche Illusionen, wie etwa die, daß man eine ideale Gesellschaft schaffen könne, wenn man sich die Gemeinschaften der Eingeborenen, wie sie vor der Ankunft der unseligen Karavellen waren, zum Vorbild nehmen würde. Aber man dachte auch an andere übernatürliche Eigenschaften, sogar an den »Jungbrunnen«, der unter jenen fernen Himmeln, inmitten der üppigen Pflanzen in einer Umwelt des noch unverdorbenen Lebens hätte entspringen können. Es war die Verheißung eines ewigen Glücks, der um ein paar Generationen vorweggenommene Traum des Faust. Ponce de León führte 1512 eine Expedition nach San Salvador, die König Ferdinand persönlich angeordnet hatte, um das Geheimnis der ewigen Jugend zu entdecken. Keine Rede von einer Entdeckung Amerikas! Wie in den modernen Hypothesen von einer rückwärts gerichteten Fahrt zu jenen Sternen des Alls, die seit Tausenden von Jahren erloschen sind, aber wegen der Verzögerung des Lichts im Weltraum noch leuchten, so wollte man die Vergangenheit zurückholen. Kolumbus' Modernität hatte die Ketten des Mittelalters gesprengt, doch seine Revolution war so gewaltig gewesen, daß sich alle Grenzen der Zeit auflösten, auch die jener Zeit, die damals schon hinter der Menschheit lag.

Der gute Wilde war im übrigen äußerst nützlich. »Ich sage«,

schreibt Kolumbus im *Bordbuch,* »daß die ganze Christenheit einen einträglichen Handelsverkehr wird treiben können, an erster Stelle Spanien, dem alles unterworfen sein muß.« Er schätzte, daß »man mit einigen fünfzig Mann alle anderen niederhalten und zu allem zwingen könnte«. Er vertrat die Ansicht, daß sie »treue und kluge Diener« sein müßten und daß man sie leicht zu Christen machen könnte, »da sie allem Anschein nach keiner Sekte angehören«. Dies waren die Grundlagen für die Zukunft. Zu jenem Zeitpunkt dachte Kolumbus noch nicht an die Sklaverei. Aber leider sollte sie schon bald eingeführt werden. In jener Bucht, der Fernández-Bucht, wo die beiden Welten sich begegneten, erweckten die Schwerter der Spanier bei vielen Eingeborenen Neugierde. Sie wollten sie sehen, sie anfassen. Die Schwerter waren »spitzer als eine Fischgräte«. Einer der Eingeborenen nahm ein Schwert in die Hand, wobei er sich verletzte und sich die ganze Hand blutig machte. Seine Gefährten erschraken. Und Lope de Vega läßt ihren Häuptling Dulcanquellín ausrufen: »Das sind mehr als nur einfache Menschen!«

Am Abend kehrten die Männer von ihrem Landgang auf die Schiffe zurück. Am nächsten Morgen ließ Kolumbus erneut die Segel setzen, um die Erkundung der Insel fortzusetzen. Sie fuhren noch ein wenig nach Norden, an der ganzen Seite der Küste entlang. Aber man sah nichts Verlockendes. Kolumbus wollte nicht noch mehr Zeit verlieren. Am Mittag gab er den Befehl, die Gewässer von San Salvador zu verlassen und in südlicher Richtung weiterzufahren, denn die Eingeborenen hatten ihm durch Zeichen zu verstehen gegeben, daß der Bogen der Inseln sich dort fortsetzte, ja, daß sich dort sogar eine Anhäufung von Inseln befände. Sie zählten ihm mehr als hundert davon auf.

Im Grunde hatte die Landung auf San Salvador die Erwartungen eher enttäuscht. Kolumbus hatte an einer Insel angelegt, die staubig und zur Hälfte mit Wüste bedeckt war und keine wertvollen Produkte aufwies. Gold hatte man nur ganz gelegentlich gesehen, als Nasenringe an den eitelsten Eingeborenen, doch es stammte eindeutig nicht von der Insel. Er wollte hingegen »den Ort« finden, »wo das Gold wächst«, ein Hinweis, der zu dem Märchen gehörte, auf das er seine Hoffnungen gebaut hatte. Gewiß, er wurde von der göttlichen Vorsehung gelenkt. Aber hatte etwa das Gold, als Symbol für Erhabenheit und Reichtum, nichts mit dem himmlischen Plan zu tun, als dessen Vollstrecker er sich fühlte? Er hatte die Suche nach dem Gold genau so, nämlich als unausweichliches Schicksal, definiert: »Gott wird mir den Ort zeigen, an dem das Gold wächst.«

Von all dem weit entfernt, blieb ihm von San Salvador nichts weiter als das Bild von einigen trägen Nackten, der Geruch nach verbranntem Holz, der von all den armseligen Behausungen aufstieg, und jener Gestank nach verrotteten Blättern, von ferner pflanzlicher Feuchtigkeit, der sich wie ein stets in der Luft schwebender Atem über die Tropen breitet. Die Ankunft nach der unsterblichen Reise hatte unter keinem guten Stern gestanden. Auf dem wunderbaren Spiegel des Ozeans, wo Kolumbus Land berührt hatte, schwimmen Tausende von Inseln, eine ganze Galaxie, ein Labyrinth von Inseln. Und Kolumbus landete ausgerechnet im trostlosesten Winkel dieses ganzen Firmaments, auf der äußersten Klippe des letzten Archipels, der früher Lucayas genannt wurde und heute Bahamas heißt. An San Salvador würde sich niemand erinnern, wenn nicht Kolumbus dort an Land gegangen wäre. Es büßte auch den Namen ein, den Kolumbus ihm gegeben hatte, und erhielt den eines englischen Piraten, John Watling, der dort seinen uneinnehmbaren Schlupfwinkel einrichtete. Watling-Island, so heißt San Salvador heute; doch noch schöner als der spanische war der einheimische Name gewesen: Guanahaní, der ebenfalls verschwunden ist. Viele der Karibischen Inseln sind im Zusammenhang mit der Geschichte oder aufgrund des Fremdenverkehrs bekannt geworden. Doch San Salvador kannte nur jenen Augenblick des Ruhms, jene drei Tage im Oktober vor fünfhundert Jahren. Heute fährt kein Mensch mehr dorthin.

Aber für Kolumbus mit seiner Beharrlichkeit eines Erleuchteten »mußte« San Salvador – trotz seiner Enttäuschung bei der ersten Begegnung – zu Indien gehören, weil es sich dort befand, wo Indien liegen mußte. Kolumbus' Reise war völlig irreal und blieb es auch nach der Landung auf San Salvador. Seine Kosmographie, die phantasievoll und persönlich geprägt war, weil sie nur ihm und seinem Traum gehörte, verlegte Zipangu und Kathei auf die Route, die an San Salvador vorbeiführte. Sie konnten jetzt nicht mehr weit sein, dachte er. Auf den bis dahin bekannten Darstellungen des Globus – von Ptolemäus bis zum Mönch Maurus, von Walsperger bis selbst zu Toscanelli, ohne zu vergessen, daß auch

Kolumbus selbst Kartograph und imstande war, die Welt, an die er glaubte, mit eigener Hand zu zeichnen – lag nördlich von Zipangu immer ein mehr oder weniger dichter Archipel von Inseln unterschiedlicher Größe. Nach der Landung auf San Salvador war Kolumbus aufgrund der Hinweise, die er an Ort und Stelle und aufgrund seiner nautischen und astronomischen Beobachtungen erhalten hatte, überzeugt, den äußersten, den nördlichsten Zipfel dieses Archipels erreicht zu haben. Und er war ebenso überzeugt, daß er, wenn er über diese Inseln nach Südwesten segelte, mit Sicherheit Zipangu, Japan, finden würde. Und wenn ihm das Mißgeschick widerfahren sollte, daran vorbeizufahren, ohne es gesichtet zu haben, würde er immerhin den Fuß auf chinesischen Boden setzen, auf den Kontinent, dem Zipangu vorgelagert war. Las Casas bestätigt, daß Kolumbus genau diese Perspektiven sah. »Er glaubte«, so schreibt er, »daß die Inseln, die er erreicht hatte, jene unzähligen Inseln seien, die auf den geographischen Karten im fernsten Osten eingetragen sind«. Im *Bordbuch* sagt Kolumbus es mit aller Deutlichkeit: »... und versuchen will, ob es mir gelingt, die Insel Zipangu zu finden«. Er glaubte, in allen Einzelheiten zu wissen, was er tat. Als er San Salvador verließ, machte er sich auf die Suche nach Japan.

Nun also begibt sich der kühne Seefahrer, der zum erstenmal die Einsamkeit des Ozeans überquert hatte und sich jetzt in das Labyrinth von Inseln, Inselchen, kleinen Archipelen, felsigen Untiefen stürzt, auf den Weg von San Salvador nach Kuba. Eine Reise, auf der er sich fast vorwärtstastet, über unbekannte Routen und unter der ständigen Gefahr, gegen Felsen zu stoßen oder in den Untiefen auf Sand zu laufen. Sowohl Kolumbus als auch Pinzón – wegen der Aufgaben, die er hatte, und der Art und Weise, wie er sie erfüllte, muß auch er hier genannt werden – erwiesen sich als große Seefahrer, die mit äußerster Umsicht vorgingen und kluge Entscheidungen trafen. Sie segelten viele Tage lang im Regen, mit geringer Sicht an Orten und in Augenblicken, wo das Auge der einzige zuverlässige Lotse war. Sie mußten mit Gegenwinden und schwerer See fertig werden. Sie hatten die Geduld, jede Nacht, auch auf offener See, beizudrehen und das Geschick, immer gute Ankerplätze zu finden, wenn die schroffen Küsten sich zu irgendeiner geschützten Bucht öffneten.

So fuhren sie aus dem Labyrinth der Bahamas heraus und lote-

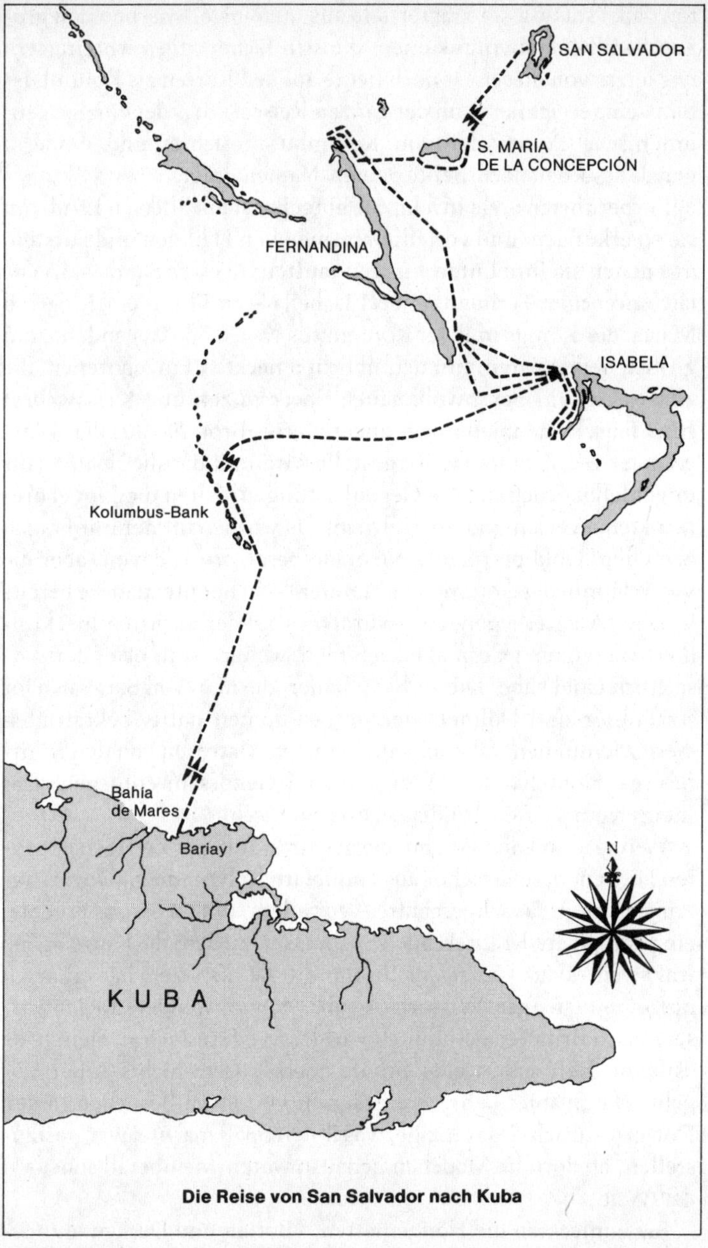

Die Reise von San Salvador nach Kuba

ten dabei ständig die Wassertiefe aus, damit sie zwischen den großen Sandbänken vorankamen, die sich fächerartig verbreiterten. Die letzte von diesen ist noch heute auf den Karten als Kolumbus-Bank eingezeichnet. Von der ganzen Reise ist dies der einzige geographische Punkt, der von Kolumbus gesichtet und entdeckt wurde und der noch heute seinen Namen trägt.

Sie berührten viele Inseln. Sie gingen fast auf allen an Land, um sie zu erkunden, und verteilten Namen von Heiligen und Fürsten, mit denen sie ihre Entdeckungen tauften: Da war Santa María de la Concepción, Fernandina und Isabella – zu Ehren der Jungfrau Maria, des Königs und der Königin. Es waren öde Gegenden, zum großen Teil Wüsten, mit den üblichen nackten Eingeborenen, die anrückten, um Baumwollknäuel, Speerspitzen und Kassawabrot zum Tausch anzubieten, ein ungesäuertes Brot, das aus den Wurzeln der Maniokpflanze hergestellt wird und das die Spanier für ungenießbar hielten. Als Gegenleistung erhielten die Eingeborenen kleine Perlen und Spiegelchen. Sie wurden immer mit Fragen nach dem Gold bestürmt: Niemand besaß etwas davon, aber die »vom Himmel gekommenen Männer« – so nannte man sie bereits in jenen Meeresgegenden – würden es auf der nächsten Insel finden. Sie zeigten jedesmal nach Süden, weiter, so als ob es dort tatsächlich Gold gäbe. Die sechs Indianer, die man von San Salvador als Führer und Dolmetscher mitgenommen hatte, bekräftigten diese Meinungen. Überall kam man den Matrosen von den Schiffen mit Höflichkeit, Gefügigkeit und Gehorsam entgegen. Das Image vom »guten Wilden« bestätigte sich.

Wenn sie an Land gingen, besuchten sie die aus Zweigen gebauten Hütten, deren Dächer aus Palmblättern bestanden. Dort tätigten sie einige Tauschgeschäfte – vor allem, um zu essen: Früchte, ein paar eßbare Kräuter, auch Süßwasser, an dem die Flotte knapp war, weil es auf keiner der Inseln, die sie inspiziert hatten, auch nur einen einzigen Wasserlauf gab. Man verwendete Regenwasser, das in Brunnen gesammelt wurde. Es fehlte auch an Fleisch, da es keine Tiere gab, weder Schafe noch Ziegen, nichts außer Vögeln. Die Spanier kehrten enttäuscht von ihren Besuchen in den Dörfern zurück. Das einzige, was ihnen Spaß machte, war, festzustellen, ob dort die Mädchen genauso waren wie überall sonst auf der Welt.

Sie entdeckten die Hängematten, »Betten und Decken, auf denen jene Leute schliefen, [...] eine Art Wollnetze«. Das Flechtwerk der geknüpften Schnüre erinnerte sie an »die Siebe, die man in Sevilla aus Espartogras herstellt. Darin zu schlafen, ist sehr erholsam, und außerdem ist es hier niemals kalt«. Sie nahmen Muster davon mit, und die Hängematten wurden von den Spaniern an Bord der Schiffe eingeführt. Innerhalb von wenigen Jahren setzten sie sich auch im Seewesen anderer Länder durch. In der amerikanischen Seefahrt kamen die Hängematten erst kurz vor dem letzten Weltkrieg aus der Mode und in der italienischen sogar noch später.

Kolumbus, ein sehr genauer Beobachter, notierte alles in seinem *Bordbuch*. Wenn er nichts anderes loben konnte, begeisterte er sich für das Klima und die Vegetation – immer ein wenig übertreibend, um die Entdeckung irgendeiner Neuigkeit in einer so fernen Welt auch vor sich selbst zu rechtfertigen. »Überdies [...] konnte ich mich an einer so wundersam schönen und von der unseren so verschiedenartigen Vegetation nicht satt sehen. Meines Dafürhaltens gibt es auf diesen Inseln viele Kräuter und Pflanzen, die man in Spanien sehr zu schätzen wissen wird, um daraus Tinkturen zu gewinnen, die man zu Heilzwecken oder als Gewürze verwenden kann, allein sie sind mir unbekannt, was mir viel Kummer macht.« Da hatte er nun jenen Dolmetscher mitgenommen, der des Hebräischen und Arabischen mächtig war und der zu nichts nutze war. Ein Botaniker wäre viel vernünftiger gewesen; in Erwartung des Goldes, das man nicht fand, hätte man wenigstens ein paar *Merces subtiles* entdeckt. Immerhin sammelten sie ein wenig Zimt, ein bißchen Aloe und wohlriechende Harze.

Nach etwa zehn Tagen, die sie damit verbracht hatten, daß sie von einer Insel zur anderen segelten, begannen die Eingeborenen von einer sehr viel größeren Insel zu sprechen, wo es Schiffe, Matrosen, einen König und endlich auch Städte geben sollte. Diese Insel hieß Colba oder Cuba. Neben dieser läge eine weitere große Insel, die die Eingeborenen Bohío nannten; das war die Insel Haiti. Aufgrund ihrer Beschreibungen dachte Kolumbus, daß es sich bei diesem Colba oder Cuba um Japan und bei Bohío um eine andere Insel handelte, die Marco Polo nicht kennengelernt hatte. Dieser Überzeugung verleiht er im *Bordbuch* mit folgenden Worten Ausdruck: »... da ich ihrer Zeichensprache [...] entnehmen muß, daß es sich um die Insel Cipango handle, von der die erstaunlichsten

Wunderdinge berichtet werden, und die sich nach den Aufzeichnungen der Landkarten, die ich gesehen habe, in diesen Gewässern befinden muß. So fuhr ich bis zum Tagesanbruch nach West-Südwesten.«

Diesen Zeichen nachspürend, landete Kolumbus am 28. Oktober 1492 auf Kuba. Es war wieder ein Sonntag. Die Landung, über deren Stelle es minuziöse und umstrittene Hypothesen gibt, fand im östlichen Teil der Insel statt, vielleicht in der Bucht von Bariay, die im letzten Abschnitt jener Provinz gelegen ist, die eben »Oriente« heißt. Kolumbus' Flotte kam aus Norden, angetrieben von den Passatwinden. Nachdem Kolumbus die Küste und die hohen Berge im Hintergrund gesichtet hatte, fuhr er »einen herrlichen Fluß hinauf, der keinerlei Gefahren an Untiefen oder sonstiger Art in sich barg«. Innerhalb der Mündung ging er vor Anker. War er in Japan gelandet?

Er ließ sofort eine Schaluppe zu Wasser, um an Land zu gehen. Kaum hatte sie angelegt, stieg er als erster an Land und wandte sich zum verlassenen Strand. Aber die Wirklichkeit erschien schon bald bedrückend: Die wenigen Fischerhütten am Ufer waren ärmlich und leer. Die Fischer waren davongelaufen. In den elenden Behausungen hatten sie ihre Angelhaken und knöchernen Harpunen zurückgelassen sowie ihre armseligen Netze aus Palmfasern, die an der Sonne ausgebreitet lagen. Keine Spur von menschlichen Wesen, keine Spur von Leben. Es gab nur »einen Hund, der nicht bellte«. Kolumbus hatte sich vorgestellt, Balkone aus Elfenbein und Alabaster zu sehen, Häuser, die mit Gold gedeckt waren, Würdenträger, die, in Seide gekleidet, von ihren Dienern auf Sänften getragen wurden. Er erwartete, daß die Glocken der Tempel läuteten und die Trompeten schmetterten; denn dies hier war »sein« Japan. Hatte er wieder einmal sein Ziel verfehlt?

Kolumbus erkannte rasch, daß er sich geirrt hatte, und war sofort vom Gegenteil überzeugt. Seine Geographie war imaginär, der Phantasie entsprungen. Er verfolgte einen Traum. Und wenn die Wirklichkeit dem nicht entsprach, lag der Fehler nicht am Traum, sondern an der Wirklichkeit. Ein Jahrhundert nach ihm legte ein anderer großer Held der Imagination namens Don Quijote dasselbe Verhalten an den Tag. Don Quijote war allerdings das Produkt einer dichterischen Schöpfung, während Kolumbus ein Mensch aus Fleisch und Blut war. Beide wurden von ihren inneren, geheimen Überzeugungen bewegt, von ihrer besonderen Art, die Wirklichkeit zu erfassen. Sie ließen sich nicht von der Logik leiten, sondern von der Halluzination, von den Trugbildern ihrer Illusionen. Sagten denn nicht alle, daß Kolumbus ein bißchen verrückt sei? Auch von Don Quijote sagte man es, man schrieb es. Alle beide wurden weltbekannte Gestalten. In einer Welt, die sich änderte, waren beide neue, ungewöhnliche Menschen, Träger unfaßbarer Chimären. Die Taten, die sie vollbrachten, überwanden die Grenzen der Wirklichkeit, von deren Existenz ihre Mitmenschen allgemein überzeugt waren. Sowohl Kolumbus als auch Don Quijote weiteten, jeder auf seine Art, diese Grenzen aus, gingen über jene Überzeugungen hinaus. Sie ließen neue Freiheiten ahnen, die nur zu erlangen waren, wenn man dem gesunden Menschenverstand, der Autorität des Wissens und den üblichen Bahnen, in denen das Leben dem stillschweigenden Einverständnis der Allgemeinheit zufolge verläuft, eine Absage erteilte. Kolumbus ging Don Quijote zeitlich voraus. Aber als Don Quijote die Bühne betrat, begannen seine Zeitgenossen gerade, jene Veränderung geistig wahrzunehmen, die durch Kolumbus' Unternehmung ausgelöst worden war – als Akt der Rebellion gegen das, was als Wirklichkeit, Logik und Achtung vor den wissenschaftlichen Grunderkenntnissen gegolten hatte. Don Quijote kam noch rechtzeitig, um zu bestätigen, daß die Illusionen genauso viel wert sind wie die Gewißheiten. Ihre Absurdität ist lebenswichtig. Die beiden unvergänglichen Erfahrungen – die des Seefahrers und die des fahrenden Ritters – sind nicht zufällig aus derselben spanischen Wurzel hervorgegangen, und zwar in jenem Augenblick, in dem Spanien sich triumphierend von einem jahrhundertealten Joch befreit und, angelockt von der Neuen Welt, mit einer unaufhaltsamen Expansion begonnen hatte. Don Quijote ritt über diesen glühenden Boden. Ermöglicht hatte ihn Kolumbus' Imagination. Was bei beiden triumphiert hatte, war die Phantasie.

Nach seiner Ankunft auf Kuba interpretierte Kolumbus seine eigene Geographie und brauchte nur wenig Zeit, um zur Überzeugung zu gelangen, auf einem Kontinent, und nicht auf einer Insel gelandet zu sein, und daß folglich das Land, das er betrat, China, und nicht mehr Japan war. Japan wurde in seiner Phantasie ohne weitere Umstände auf die andere große benachbarte Insel verlegt, die die Eingeborenen Bohío nannten und die Haiti war. Die ersten

Hinweise darauf lieferte das, was er sah, als er die Orte auskundschaftete, die nicht seinen Vorstellungen von Japan entsprachen. Aber den entscheidenden Beweis erhielt er drei oder vier Tage nach seiner Landung in der Bahía de Mares. Während der nächtliche Himmel vom Licht des Vollmondes erhellt wurde, beschäftigte er sich mit der genauen Messung der Höhe des Polarsterns. Als in der Bahía de Mares der erste Tag des November anbrach, entdeckte er die Mündung eines Flusses, der der größte war, auf den er im Lauf seiner Reise gestoßen war. Auch diese Beobachtung ließ ihn daran zweifeln, daß Kuba eine Insel war; wegen der Breite, die der Fluß zu haben schien, glaubte er vielmehr, den äußersten Zipfel eines Kontinents erreicht zu haben. Er nannte den Fluß Río de Mares. Heute heißt hier ein Ort Puerto Gibara und ist einer der guten Anlegeplätze an der Küste von Kuba.

Unter demselben Datum des 1. November findet sich folgende Anmerkung im *Bordbuch*: »Es unterliegt keinem Zweifel, daß dies Festland sei und daß ich mich vor Zaytun oder Quisay befinde« – das waren die Namen zweier großer Städte in China, die bei Marco Polo erwähnt werden – »in einer Entfernung von ungefähr 400 Seemeilen von beiden Orten. Dies ergibt sich auch aus dem Verhalten des Meeres, dessen Strömungen hier ganz andersartig verlaufen als bisher. Gestern, als ich gegen Nordwesten segelte, fand ich, daß es sehr kalt war.« Er hatte die Eingeborenen das Wort *Cubanacan* aussprechen hören. Im Dialekt, der auf der Insel gesprochen wurde, bedeutete *Nacan* soviel wie Ortschaft, Stadt. Aber Kolumbus dachte sofort an den Khan, an den Großen Khan, bei dem er sich unbedingt vorstellen wollte. Es ist unglaublich, wie er geradezu blindlings, jedenfalls bestimmt nicht kritisch, seinen Dolmetschern nach wie vor Glauben schenkte. Er folgte ihren Worten, denen zufolge es bald auf dieser, bald auf jener Insel Gold gab. Und aus dem, was sie sagten, versuchte er, die Position seiner Route zu ermitteln. Alles war imaginär, unwahrscheinlich, unbestimmt. Wie konnte man mit solchen Unsicherheiten fertig werden, wenn nicht mit der unerschütterlichen Überzeugung, daß diese mit dem identisch waren, was seine Phantasie konstruiert hatte?

Die Messung der Höhe des Polarsterns, die Kolumbus in den Nachtstunden des 2. November vorgenommen hatte, ergab Resultate, die uns heute überraschend erscheinen, weil er sich außerordentlich verrechnet hat. Kolumbus befand sich zu jenem Zeitpunkt um den 21. Breitengrad nördlich des Äquators. Das Ergebnis seiner astronomischen Beobachtung lautete auf 42 Grad, das wäre die Höhe von Boston! Kolumbus muß gewußt haben, daß diese Messung falsch war. Er hatte immer gesagt und geglaubt, daß Guanahaní – San Salvador, die Insel, auf der er zuerst gelandet war – auf demselben Breitengrad lag wie die Kanarischen Inseln. Die Route, der er auf der Überquerung des Ozeans gefolgt war, hatte sich nicht besonders weit von dieser Linie entfernt. »Immer geradeaus nach Westen!« hatte der Befehl gelautet, den er erteilt hatte, nachdem sie die Insel Gomera hinter sich gelassen hatten. Von San Salvador ab hatte man sich nur südwärts gehalten. Kolumbus konnte die Ergebnisse seiner Messung nicht glauben. Er dachte höchstwahrscheinlich an einen Fehler des Quadranten, und einige Historiker haben die Episode in diesem Sinne interpretiert. Hinzu kam, daß Kolumbus nicht an den Umgang mit jenem Instrument gewöhnt war und wenig Erfahrung damit hatte. Las Casas verteidigt seinen großen Zeitgenossen, so gut er kann. Er schiebt die Fehler den Kopisten in die Schuhe, die keine Ahnung von Breiten- und Längengraden hatten. Tatsächlich sind auch diese letzteren, die Längengrade, im Spiel. Kolumbus errechnete, wenig mehr als 3500 Seemeilen in westlicher Richtung zurückgelegt zu haben. Das war ein gutes Stück, ja sogar sehr weit von der Stelle entfernt, wo Asien tatsächlich lag. Aber wir wissen, daß er den Umfang des Erdballs unterschätzt und die Ausdehnung Festlandasiens überschätzt hatte. Da er mit jenen Fehlern – seiner »erfundenen Geographie« – wie mit einem Brett vor dem Kopf abgereist war, war die zurückgelegte Strecke bereits mehr als ausreichend lang, um Kolumbus glauben zu lassen, er sei in China angelangt. Und er verhielt sich so, wie wenn er dort eingetroffen wäre.

Nachdem er erfahren hatte, daß es nicht weit von der Stelle, an der er sich befand, einige Dutzend Meilen weiter im Inneren, eine »große Stadt« mit einem »großen König« gab – so die Eingeborenen, die ihm das mit eindringlichen Gesten mitteilten –, beschloß er, eine Gesandtschaft loszuschicken, die den Ort und jene Person aufsuchen sollten, die vielleicht der Kaiser von China höchstpersönlich war. Er ernannte den Dolmetscher Luis de Torres, der bis zu jenem Augenblick nichts zu tun gehabt hatte und zu wenig nütze gewesen war, auf der Stelle zum Botschafter. Er stattete ihn mit den in lateinischer Sprache abgefaßten Beglaubigungsschreiben von Ferdinand und Isabella aus. Zu seinem Begleiter ernannte er Rodrigo de Jérez, der im Lauf einer Reise in Guinea einem schwarzhäutigen König einen Besuch abgestattet hatte. Die beiden Würdenträger machten sich mit einer bewaffneten Eskorte auf den Weg. Ihre Instruktionen lauteten, daß sie auf jeden Fall innerhalb von sechs Tagen zurückkehren sollten.

Sie kehrten in der Nacht des 5. November mit völlig entmutigenden Nachrichten zurück. Sie waren das Tal hinabgestiegen und hatten viele Pflanzen und viele Vögel gesehen. Aber als sie ziemlich schnell in der »Stadt« angekommen waren, hatten sie ein recht armseliges und primitives Dorf mit etwa fünfzig Hütten vorgefunden. (Heute glauben die Kolumbus-Forscher, die mit Ausdauer die Topographie der damaligen Zeit studieren, dieses Dorf mit der modernen Stadt Holguín gleichsetzen zu können.) De Torres wurde als Botschafter so großer Herrscher bis zur Hütte des Häuptlings, des Kaziken der Region, auf den Schultern getragen. Man tauschte Grußadressen aus. Einigen Dutzenden von Eingeborenen wurde gestattet, »die vom Himmel gekommenen Männer« mit der Hand zu berühren. Sie faßten sie an, knieten sich nieder und küßten den Spaniern Hände und Füße. Man sprach von Gold, aber nur vage. De Torres und Don Rodrigo beschlossen umzukehren. Die Expedition war gescheitert.

(Allerdings gingen sie an einem großen Schatz vorbei, ohne sich dessen bewußt zu werden. Auf dem Rückweg – so erzählt Las Casas – »begegneten die beiden Christen auf ihrem Weg vielen Leuten, Männern und Frauen, die sich in ihre Dörfer begaben und in der Hand einen Feuerbrand mit Kräutern trugen, dessen Rauch sie einsogen, auch wenn man nicht sieht, welchen Genuß oder Nutzen sie daraus gewinnen«. Diesen »Feuerbrand« nannten sie *Tobacos.* Sie atmeten den Rauch zwei- oder dreimal ein, dann reichten sie die entzündeten Kräuter an einen Gefährten weiter. Im Verlauf eines Jahrhunderts lernte ganz Europa, es ihnen gleichzutun. Und trotz Las Casas fand es Genuß daran und außerdem noch Nutzen für den, der jene Kräuter besorgte, die vielleicht das gewinnbringendste Geschenk der Neuen an die Alte Welt waren.)

Kolumbus war wieder einmal enttäuscht. Aber er wollte nicht resignieren. Er machte sich daran, die Küsten in jenem äußersten nördlichen Abschnitt der kubanischen Küste sorgfältigst auszukundschaften. Er versuchte, nach Osten zu fahren, aber die Passatwinde, die eben aus dieser Richtung wehten, hinderten ihn an der Weiterfahrt und zwangen ihn, mehrere Tage lang an der Mündung des Flusses vor Anker zu liegen. Die Spanier nutzten diese tote Zeit, um den Wasserlauf zu erforschen, mit den Schaluppen hinaufzufahren und mit Fußmärschen ins Landesinnere vorzudringen. Eine dieser Erkundungen wurde von Martín Alonso Pinzón unternommen, der besonders unruhig und mit dem Lauf der Dinge unzufrieden war. Er beschuldigte Kolumbus, »tollkühn und unbesonnen« zu sein, und sagte, daß man zu viele Risiken einginge, wenn man so auf gut Glück durch felsige Untiefen segle, und daß es keineswegs sicher sei, ob man in die richtige Richtung weiterführe. Von der Erkundung am Fluß entlang kehrte Pinzón mit Proben von Harzen zurück, die sehr stark dem Mastix von Chios ähnelten, mit Fasern von wilder Baumwolle sowie mit einigen Gewürzen, darunter Zimt. Aber vor allem erfuhr er von den Eingeborenen etwas höchst Aufregendes über das Gold. Als es ihnen gelang zu begreifen, wonach die Spanier mit so großer Hartnäckigkeit suchten, zeigten die Eingeborenen mit dem Finger nach Osten und deuteten auf andere Inseln und wiederholten einen Namen, der faszinierend klang – Babeque, die Insel Babeque oder Baneque. Die Leute dort – so sagten sie mit ausholenden Gesten – lasen das Gold vom Strand auf, nachts, und formten es dann mit großen Hämmern zu Barren. Es war ihr Mythos, der zum Mythos der Spanier wurde. Pinzón erzählte Kolumbus das, was er gehört hatte, und dieser gab Befehl, daß die Karavellen nach Babeque fahren sollten, von dem man annahm, es läge nördlich von der äußersten östlichen Spitze von Kuba. (Und vielleicht entsprach es der Insel, die in der Meerenge zwischen Kuba und Haiti liegt und heute Great Inagua heißt.)

Aber trotz der wiederholten Versuche und des Hin und Hers in verschiedene Richtungen, bei grober See und heftigen Regenfällen, löste sich Babeque, das man mehrmals am Horizont zu erkennen glaubte, wie ein Trugbild auf. Der Himmel war dunstig, die Orte erschienen unwirklich und unfaßbar wie die Landschaften im Traum. Auf einem dieser Abstecher auf die offene See hinaus, die von Habgier diktiert wurden, verschwand auch die *Pinta* und mit ihr Pinzón. War das eine wohlüberlegte, gewollte Trennung? War

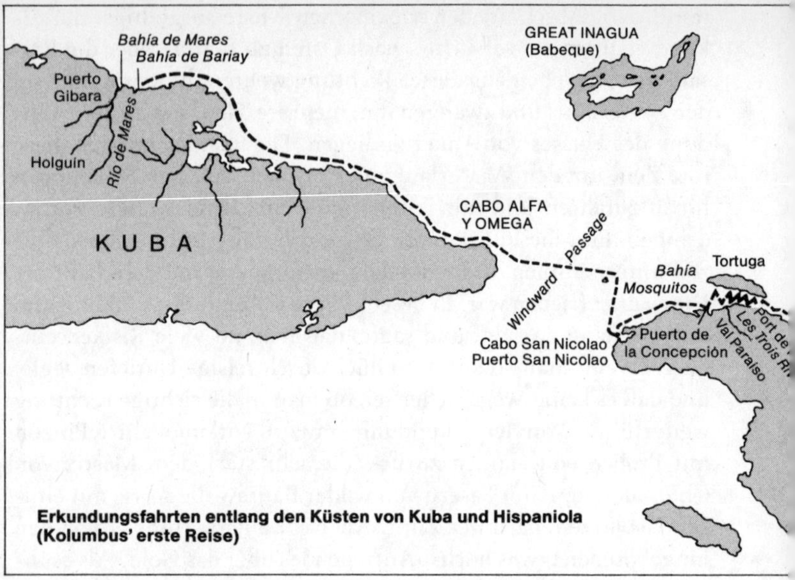

Erkundungsfahrten entlang den Küsten von Kuba und Hispaniola (Kolumbus' erste Reise)

es ein Zwischenfall aufgrund eines falschen Kurses oder mißverstandener oder nicht gesehener Signale?

Die Nachwelt neigt bald zu der einen, bald zu der anderen Hypothese und möchte entweder Pinzón die Schuld geben oder nicht. In den allerletzten Novembertagen, während der Suche nach Babeque, unternahm die Flotte eine lange Exkursion aufs offene Meer, die sie bis einige Dutzend Meilen vor die kubanische Küste führte; danach wurden ein paar Kurskorrekturen in Richtung Osten vorgenommen. Man mußte mehrmals die Änderung der Richtung signalisieren. Die *Niña*, die vielleicht aufmerksamer war, bemerkte immer die Warnungen und befolgte sie. Die *Pinta* verlor, wie einige Zeugen in den berühmten Prozessen um Kolumbus' Erbe behaupteten, zu einem bestimmten Zeitpunkt wegen stürmischer See und der geringen Sicht den Kontakt. Deswegen verschwand sie aus dem Blickfeld und versuchte, sich Babeque zuzuwenden; denn alle wußten, daß dies das Ziel war.

Pinzóns Abwesenheit zog sich lange hin – von jenem Augenblick an blieb er fast zwei Monate fort – zu lange, um nicht versucht zu sein anzunehmen, daß er eine regelrechte Flucht angetre-

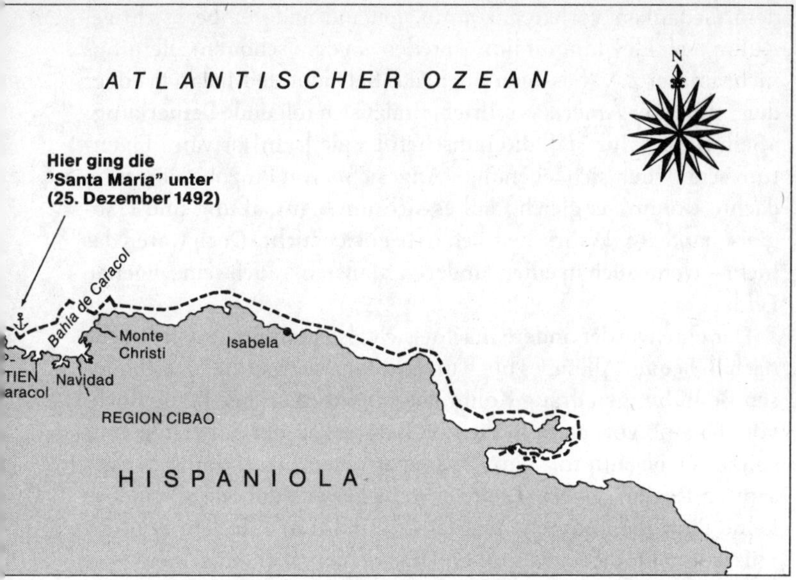

ten hatte, daß es sich um so etwas wie Fahnenflucht oder zumindest die Auflehnung eines Mannes handelte, der vom Schicksal der anderen unabhängig sein wollte, die von dem »fremden Anfänger« schlecht befehligt wurden. Pinzón war ein sehr mutiger Mann, aber von seiner Wesensart und von seinem Charakter her undiszipliniert. Kolumbus' herrisches Auftreten wurde ihm unerträglich. Er hielt ihn auch für einen großen Egoisten, der gegenüber allen mißtrauisch und nicht einmal in den vertraulichsten Dingen ganz aufrichtig war. Er kehrte ihm den Rücken und genehmigte sich eine Art Urlaub. Das mochte zwar verständlich sein, aber hier ging es auch um Babeque, um Geld, um Raffgier und um Ruhm. Pinzón wollte als erster am Ziel anlangen. Bis zu jenem Augenblick hatten sich seinen Augen nichts als deprimierende Szenerien dargeboten. Was hatte Kolumbus denn mit seiner ganzen Arroganz schon Großes entdeckt? Nichts, für das sich so ein weiter Weg gelohnt hätte. Pinzón wollte versuchen, es auf eigene Faust besser zu machen.

Was Kolumbus angeht, so wachte er seit seiner Ankunft in Indien eifersüchtig über jeden Vorgang und jedes Verhalten, das zu dem Gedanken verleiten könnte, jemand anderer beabsichtige, Ruhm oder Gewinn mit ihm zu teilen. In dem schönen, allerdings nicht immer zuverlässigen Buch, das Salvador de Madariaga über den Entdecker Amerikas schrieb, findet sich folgende Bemerkung: »Sein Sinn dafür, daß die Indischen Lande [sein] privates Eigentum seien, hielt sich lebendig.« Angesichts von Pinzóns Desertion dachte Kolumbus gleich, daß es sich um »Anmaßung und Habgier« handelte. Wahrscheinlich irrte er sich nicht. Doch waren das nicht – wenn auch in einem anderen Maßstab – auch seine eigenen Fehler?

Der eine wie der andere machte sich also getrennt auf die Suche nach Babeque. Allein, es blieb unsichtbar. Nach so vielen erfolglosen Bemühungen drang Kolumbus für ein paar Tage in die Bucht von Tanamo vor, dann in die von Baracca, an der äußersten Ostspitze. Er begann mit einer systematischen Erforschung der gesamten Region. Dabei segelte er in Sichtweite der Küste, um sich keine Einzelheit entgehen zu lassen, und fuhr mit dem Boot die Flüsse hinauf, die »acht großen Flüsse«, denen er auf seinem Weg begegnete. Er durchfuhr die Täler, besuchte die Dörfer und zeichnete alles, was er sah, sorgfältig auf. Er hatte zahlreiche Kontakte mit den Eingeborenen, die im wesentlichen »gute Wilde« blieben. Allerdings wurden sie mißtrauischer, flohen vor der Ankunft der Spanier, wurden auch bedrohlicher und zückten Spieße und Speere. Sie waren von nicht immer freundlichen Inseln umgeben, hatten die Gewalt am eigenen Leib erfahren und kannten die Notwendigkeit, sich zu verteidigen. Vor allem fürchteten sie einen Stamm von Räubern, die Kaniben oder Kariben genannt wurden und die vom Meer her Überfälle unternahmen und sich von Menschenfleisch ernährten. Alle hatten vor ihnen Angst. Möglicherweise entstanden aus jenen vagen Bezeichnungen die Begriffe »Kannibalen« für Menschenfresser und »Karibik« (und später, in der englischen Form »Caribbean«) für das Meer, das um diesen Inselbogen herum liegt.

Doch vom Gold keine Spur, nicht ein einziges Gramm. Und nichts erinnerte auch nur im entferntesten an das China, das von Marco Polo beschrieben worden war. Kolumbus war sich sicher, daß er dort gelandet war; aber er hatte auch eingesehen, daß er sich in einer Gegend befand, die zu weit von den bewohnten Zentren entfernt war, und daß er am äußersten Zipfel des Kontinents gelandet sein mußte, in Gebieten, die wie all die trostlosen Peripherien von reichen und bedeutenden Städten ohne Verkehr und ohne Leben waren. Im übrigen hatte er nicht die notwendigen Mittel, um weiter ins Landesinnere vorzudringen. Daher beschloß er, von einem Unternehmen Abstand zu nehmen, das sich als unsinnig erwies. Er würde später nach Kuba zurückkehren. Doch jetzt hielt er es für besser, es wieder zu verlassen. Und er wandte seine beiden Schiffe, die *Santa María* und die *Niña*, – die *Pinta* war immer noch auf See verschollen – jenem Land zu, das nichts anderes als Japan sein könnte, nämlich die große Insel Haiti. Sie lag in der Nähe. Nur ein etwa fünfzig Meilen breiter Meeresarm, der heute als Windward Passage bekannt ist, trennt sie von Kuba. Kolumbus überquerte ihn im Morgengrauen des 5. Dezember. An jenem Morgen wehte der Passat aus Nordosten, und die beiden Karavellen mußten am Wind segeln. Es dauerte den ganzen 5. und einen Teil des 6. Dezember, bis man den Kanal überquert hatte. Am Ende der Überfahrt sahen sich die Seefahrer der neuen Insel gegenüber, an der Einfahrt eines Hafens, »der so groß wie die Bucht von Cádiz« war. Der 6. Dezember war der Tag des heiligen Nikolaus. Mit dem Namen dieses Heiligen taufte Kolumbus den neuen Ankerplatz, »Puerto de San Nicolao«, ein Name, der über die Jahrhunderte hinweg bis zum heutigen Tag erhalten geblieben ist, während alle anderen Inseln und Orte, die im Lauf der Reise bis dahin entdeckt worden waren, heute nicht mehr den Namen tragen, den Kolumbus ihnen gegeben hatte, angefangen bei San Salvador bis Kuba. Dieses letztere hatte den Namen Juana erhalten, zu Ehren des Infanten Don Juan, des Thronerben von Kastilien und Aragonien. Im Gedächtnis der Menschheit ist jene Reise unsterblich geblieben, aber die Namen sind verschwunden. *Nomina temporis pulvis:* Die Namen sind nichts anderes als Staub der Zeiten.

DAS DRAMA AM WEIHNACHTSTAG: DER UNTERGANG DER SANTA MARÍA

Mit der Ankunft in San Nicolao und der Landung an der äußersten Spitze von Haiti begann ein neuer Abschnitt von Kolumbus' Entdeckungsreise. Es begann aber auch ein neuer Abschnitt in seinem Leben, denn jene noch unbekannte Insel sollte viele Jahre lang – im Guten wie im Bösen – die Hauptrolle in seinem Leben spielen. Kolumbus' Amerika war in erster Linie Haiti. Dort gründete er seine Städte, dort fand er das erste Gold, dort säte er das erste Getreide. Nach Genua und Spanien war Haiti seine dritte Heimat. Und trotz der bitteren Mißgeschicke, die die Insel für ihn bereithielt, blieb sie doch auch die einzige Spur von einem Erfolg in dem ganzen Unternehmen, dem er sein Leben verschrieben hatte.

Als er in San Nicolao am Abend des 6. Dezember 1492 zum erstenmal anlegte, gab die Bilanz dessen, was er seit seiner Landung auf San Salvador gesehen und angetroffen hatte, gewiß keinen Anlaß zu großer Begeisterung. Er hatte den Ozean überquert und war damit einem der letzten großen Geheimnisse der Geographie nachgegangen. Aber er war noch nicht imstande, sichere Beweise dafür zu liefern, daß er in Indien angekommen war und die östlichen Ränder des asiatischen Festlandes berührt hatte. Er hatte lediglich nackte Wilde und Dörfer mit armseligen Hütten gesehen – keine Brokatstoffe, kein Gold. Wie sollte er das Königspaar davon überzeugen, daß die herrliche Küste von Kuba, an der er fünf Wochen lang entlanggesegelt war, wirklich das Herrschaftsgebiet des Großkhans war? Die Jahreszeiten waren mild, die Täler blühend, und die Gegend wirkte im ganzen wie vom Glück gesegnet: »... daß es auf dem weiten Erdenrund kein zweites Land geben kann, welches diese Gegenden an Fruchtbarkeit, Milde der Jahreszeiten und am Überfluß guten und heilsamen Wassers, recht zum

Unterschied der Flüsse Guineas, die ganz verpestet sind, übertrifft. Gottseidank hat bisher nicht einer meiner Leute auch nur ein wenig unter Kopfschmerzen zu leiden gehabt.« Und schließlich bestand die Möglichkeit, Tausende von Wilden zum Christentum zu bekehren, was für die Katholischen Könige vielleicht die positivste der sich bislang eröffnenden Perspektiven darstellte. Doch unter dem Strich ergab das wenig, recht wenig. Wenn Kolumbus nach Spanien zurückgekehrt wäre und nur das in der Hand gehabt hätte, wäre seine Reise über den Ozean auf etwas zusammengeschrumpft, was einem Mißerfolg sehr nahegekommen wäre, angesichts all dessen, was man so sehr ersehnt und erwartet hatte und was zu erreichen ihm nicht gelungen wäre. Er konnte ja nicht einmal ein Ungeheuer beschreiben, Menschen mit einem Schwanz oder einem Hundekopf, die Mißgestalten der exotischen Welten, die in jenen genüßliche Ängste erregt hatten, die etwas über die Reisen von Sir John Mandeville gelesen hatten oder die Berichte von Marco Polo, die zwar solider und zuverlässiger waren, aber nicht frei von märchenhaften Abschweifungen. Die Monstren waren in Mode, und vor dem erweiterten Horizont der moderneren Zeiten eine Art Fortsatz der mittelalterlichen Mysterien. Aber worüber konnte Kolumbus mehr phantasieren, als er bereits getan hatte?

San Nicolao erwies sich als ein großartiger Naturhafen mit tiefen und gut geschützten Wassern. Man konnte so dicht am Ufer festmachen, daß man über Laufstege, die von Bord der Schiffe das Land berührten, direkt auf das Gras treten konnte. Aber Kolumbus hielt es für nicht ratsam, hier zu verweilen, und umsegelte schon in der Morgendämmerung des 7. Dezember das an der äußersten Spitze der Insel gelegene Vorgebirge und begab sich zur nördlichen Küste Haitis. Angetrieben von den Landwinden, die in günstiger Richtung wehten, wandten die Karavellen sich nach Osten, blieben dabei aber stets in Sicht der Küste.

Pinzóns fortdauernde Abwesenheit hatte Kolumbus in große Unruhe versetzt. Er befürchtete, er könnte vor ihm Gold finden und in die Heimat eilen, um ihm den Triumph zu stehlen. Die *Pinta* war schneller und wendiger als die *Santa María* und Pinzón ein Seemann mit großer Erfahrung und Willensstärke. Deshalb hatte Kolumbus es eilig. Und da er der festen Überzeugung war, daß der richtige Weg, die neue Insel zu erforschen, der sei, an ihr in östlicher Richtung entlangzufahren, hatte er beschlossen, die Landwinde auszunutzen, die in jene Richtung wehten, während ihm, sobald er auf die hohe See hinausfuhr, die starken Passatwinde entgegenbliesen. Der Landwind erhob sich gegen Abend und wehte bis in die späten Morgenstunden hinein. Kolumbus mußte also von den Nachtstunden, von den Stunden des Morgengrauens und des ersten Tageslichts profitieren, um seine Segel zu füllen. Es war ein vielleicht notwendiges, aber unkluges Vorgehen. Die Bedingungen, unter denen er segelte, waren gewiß nicht die günstigsten. Im Gegenteil: Sich in der Nähe der Küste zu halten – in einer Entfernung von einer oder einer halben Meile, manchmal auch weniger – bedeutete, Gefahr zu laufen, gegen die felsigen Untiefen zu stoßen. Und wenn man nachts segelte, wuchs die Gefahr, selbst wenn man – wie Kolumbus – bei Mondschein fuhr.

Auch am 7. Dezember wurden die Karavellen gleich nach der Mittagsstunde gezwungen, in einer von Hügeln umgebenen Bucht die Anker zu werfen. Es war der Tag vor dem Fest der Unbefleckten Empfängnis Mariens. Kolumbus, der in diesen Dingen mehr von seiner Frömmigkeit als von seiner Phantasie beflügelt wurde, gab dem Ort den Namen Puerto de la Concepción. Aber die Schwärme von Insekten, die gleich nach ihrer Landung über die Spanier herfielen, waren so dicht und lästig, daß sie sie dazu bewogen, die Bucht sehr viel weniger poetisch Bahía de los Mosquitos zu nennen. Und dieser Name ist ihr bis heute geblieben.

Der Himmel war immer noch finster und sah bedrohlich nach Regen aus. Die heftigen Böen der Ostwinde verhinderten eine Weiterfahrt in diese Richtung. Obwohl der Ankerplatz nicht ideal war, war Kolumbus gezwungen, in der Mosquitos-Bucht zu bleiben. Der Aufenthalt zog sich tagelang hin. Die Matrosen vertrieben sich die Zeit mit Fischfang. Sie fingen eine Meeräsche. Das war der erste Fisch, der »jenen Kastiliens« ähnelte. Sie bekamen auch einige Seezungen und andere Fische ins Netz, die man in den Meeren Spaniens findet. Auch die Bäume an der Küste kamen ihnen bekannt vor. Sie glichen den Steineichen, Eichen und Erdbeerbäumen, die in der Umgebung von Palos wachsen. Das Wetter war kalt geworden; es »hatte einen ganz winterlichen Anstrich, wie im Monat Oktober in Kastilien«. Die Eingeborenen waren auf die Hügel geflüchtet, »wobei sie auf ihrer Flucht Feuer entzündeten, wie man es im Kriege zu Signalisierungszwecken zu tun pflegt«. Im Hinblick auf ihre Vegetation, Umgebung und Landschaft zeigte sich die Insel Tag für Tag »großartig und wunderbar«. Die Indianer, die der Admiral als Führer mitgenommen hatte, überzeugten Kolumbus, daß jenseits dieser Insel ein Kontinent von »unermeßlicher Weite« lag, dem sie nach wie vor den Namen »Land der Kaniben«, der Fresser von Menschenfleisch, ihrer schrecklichen Feinde, gaben. In Kolumbus festigte sich die Überzeugung, daß jener Kontinent Asien – Indien – sei und die Kaniben chinesische Piraten, die mit ihren Überfällen die Inseln terrorisierten.

Am Morgen des 9. Dezember, eines Sonntags, ging Kolumbus an Land, um auf dem Vorgebirge von Mosquitos ein großes Kreuz aufzustellen. Von dort oben sah er, daß sich im Inneren »liebliche Ebenen« erstreckten, »die an jene von Spanien gemahnen, obwohl sie sehr viel schöner sind«. Unter dem Eindruck dessen, was er gesehen hatte, »gab Kolumbus diesem Land den Namen Hispaniola«, das kleine Spanien jenseits des Ozeans. Im Namen von König Ferdinand und Königin Isabella ergriff er förmlich davon Besitz.

Die Eingeborenen der Insel, mit denen die Spanier an den folgenden Tagen Kontakt aufnahmen, waren sehr viel schöner als die von Kuba, und sowohl die Männer als auch die Frauen waren schlank und von harmonischem Körperbau. Man bemerkte zwei ganz junge Frauen mit einer so hellen Haut, »daß man sie für Spanierinnen hätte halten können«. Die Bewohner von Hispaniola schienen auch mehr Bodenschätze zu besitzen und in ihren Sitten zivilisierter zu sein, obwohl auch sie »alle nackt, wie sie geboren waren« umherliefen. Was das Gold anlangte, so gab es, abgesehen von einigen Schmuckstücken, die »von den vornehmsten Frauen« getragen wurden, keine Spur davon. Die Spanier fragten, woher dieses Metall käme. Ihre Angaben blieben vage, das Gold war immer woanders. Man sprach wieder von Babeque oder Baveque oder Baneque, und die indianischen Führer versicherten, es liege nördlich von einer kleinen Insel, die sie bereits vor der Mosquitos-Bucht undeutlich gesehen hatten und deren Form an eine Schildkröte erinnerte. Kolumbus hatte sie gleich mit dem entsprechenden spanischen Namen »Tortuga« getauft.

Erst am 14. Dezember konnte man, nach einem einwöchigen

Aufenthalt in der Mosquitos-Bucht, versuchen, nach Tortuga zu segeln. Die Karavellen trafen vor den Küsten jener Insel ein, die aus einer großen Hochebene zu bestehen schien. Doch als sie in die Richtung weiterfahren wollten, in der, den Andeutungen zufolge, Babeque liegen sollte, blies ihnen ein kräftiger Wind ins Gesicht. Notgedrungen mußten sie nach Mosquitos zurückkehren. Am nächsten Tag unternahmen sie einen erneuten Versuch, aber die Passatwinde drängten sie in die Meerenge zwischen Tortuga und Haiti. Das Meer war sehr unruhig, und man mußte sich beeilen, um auf der anderen Seite der Meerenge, vor Tortuga, einige Meilen vor dem vorherigen Ankerplatz, eine Anlegestelle zu suchen.

Sie befanden sich an der Mündung eines ziemlich reißenden Flusses, den sie nicht mit ihren Booten hinauffahren konnten. Aber das Tal war grandios; es weitete sich in üppige und farbenprächtige Ebenen, mit Bäumen und Pflanzen aller Arten. Las Casas beschrieb sie als »so schön, daß man es kaum glauben konnte«. Um nicht immer nur Heiligennamen zu wählen, nannte Kolumbus diesen Ort »Paradies-Tal«. Im 17. Jahrhundert gründeten die Franzosen dort eine kleine Stadt mit dem Namen Port de Paix, den sie bis heute bewahrt hat.

Das Paradies-Tal bereitete den Spaniern einen großartigen Empfang. Die Eingeborenen kamen scharenweise an den Strand herunter, angeführt von einem blutjungen Kaziken, der kaum älter als zwanzig Jahre war. Sie zeigten große Bewunderung für die Schiffe, bewahrten aber gleichzeitig ihre Würde. Im Austausch gegen einige Glöckchen und bunte Perlen gaben sie bereitwillig jene wenigen Gramm feinsten Goldes her, das einige von ihnen an den Ohren oder an der Nase trugen. Sie waren sehr schöne Menschen. »Sie gehörten zu den schönsten Eingeborenen, denen wir bisher begegnet waren; ihre Hautfarbe war ziemlich hell, und würden sie sich kleiden und vor Wind und Wetter schützen, so wären sie so weiß wie die Bewohner Spaniens.«

Am 18. Dezember pflegte man in Spanien die Verkündigung Mariens zu feiern, einen prophetischen Tag, der mit der Ankündigung außergewöhnlicher Ereignisse in der Zukunft einherging. Kolumbus segelte selbst im Hauch der Prophetie. Wahrscheinlich empfand er sich selbst als Prophet mit großem intellektuellen Stolz und versunken in die Suche nach dem Neuen, das er vorausgeahnt hatte. An jenem Tag wollte er ein großes Fest an Bord geben und dazu die Würdenträger der Region einladen. Die *Santa María* und die *Niña* wurden festlich hergerichtet, alle Fahnen an den Tauen, den Rahen und den Masten entfaltet und die wappengeschmückten Schilde an die Wände gehängt. Die Bombarden feuerten eine Salve ab. Das Echo dröhnte noch lange im Tal, widernatürlich und lautstark – ein Schmerzensschrei.

Der junge Kazike erschien mit seinem Gefolge am Strand, ausgestreckt auf einer Sänfte, die von vier Indianern getragen wurde. Kolumbus benahm sich, wie wenn es sich um einen Staatsbesuch handelte. Aber der Kazike stand ihm nicht nach. Im *Bordbuch* berichtet Kolumbus dem Herrscherpaar über das Ereignis und schreibt: »Gewiß hätten Eure Hoheiten Gefallen daran gefunden, das feierliche Gehabe des Königs und die Hochachtung, die seine Untertanen ihm entgegenbrachten, sehen zu können, wobei ja alle nackt einhergingen.« Es wurden Speisen und Getränke aus Kastilien serviert. Der Kazike kostete kaum und nur aus Höflichkeit davon. Als das Fest zu Ende war und er, feierlich und voller Stolz auf seine Würde einherschreitend, an Land zurückging, ließ ihm Kolumbus die auf Schiffen üblichen Ehrenbezeigungen zuteil werden und befahl, die vorgeschriebenen Bombardensalutschüsse abzugeben. Der Kazike war dankbar, drehte sich aber nicht einmal um.

Wie bitter, wenn man nach der Beschreibung von so großer Schicklichkeit folgende Worte lesen muß: »Diese Insel, wie auch alle anderen Inseln, gehören zum Besitze Euer Hoheiten, genauso wie Kastilien; um die Herrschaft auszuüben, braucht man sich hier nur niederzulassen und den Eingeborenen anzuordnen, allen Befehlen nachzukommen. Tatsächlich kann ich mit den wenigen Männern meiner Begleitung alle diese Inseln durchstreifen, ohne befürchten zu müssen, daß mir irgend etwas zustoße. [...] Sie besitzen keine Waffen, sind unkriegerisch, harmlos, nackt und so feige, daß tausend von ihnen drei meiner Leute nicht an sich herankommen lassen würden. Dafür sind sie bereit, zu gehorchen, zu arbeiten und alles Nötige zu vollführen. Mithin wäre es angezeigt, sie dazu zu verwenden, Städte und Ortschaften zu errichten, und ihnen unsere Kleidung und Gebräuche beizubringen.«

Vom ersten Augenblick an war Kolumbus nie geneigt gewesen, sich vorzustellen, daß die Beziehungen zwischen den Spaniern und den Indianern anders sein könnten als die zwischen Herren und Sklaven. Die Sklaverei war dem Anschein nach vom christlichen Prinzip überwunden worden. Jesu Beispiel leuchtete noch vom Kreuze herab, um die Menschen vor Habgier und Grausamkeit zu warnen. Doch nicht einmal der Tag der Verkündigung hinderte Kolumbus daran, eine Zukunft der Unterdrückung vor sich zu sehen und sich darüber zu freuen. Auf diesen Augenblick geht der Beginn einer Spirale zurück, die Jahrhunderte der Gewalt in die Welt bringen sollte, die schwärzesten Seiten in der Geschichte der Menschheit. Las Casas, der Dominikaner, ein Mann des Glaubens und treuer Freund von Kolumbus und Verbreiter seines Ruhms, mußte einfach ausrufen: »Kolumbus hätte jene Worte niemals aussprechen dürfen, denn mit ihnen nahm die abscheuliche Behandlung ihren Anfang, die später von ihm selbst und seinen Nachfolgern den Indianern aufgezwungen wurde«.

Was den ersten Anstoß zur Verderbnis gab, war das Gold, die gierige, unmäßige Suche nach Gold. Kolumbus war als erster davon besessen. Auch während des friedlichen Aufenthalts im Tal des Paradieses tat er nichts anderes als nach dem Gold zu fragen und fragen zu lassen. Von einem der betagten Ratgeber des Kaziken erfuhr er, daß es im Umkreis von hundert Meilen viele Inseln gab, auf denen Gold aus der Erde gefördert wurde. Er erzählte sogar von »einer Insel, die ganz aus Gold war«. Tatsächlich befand sich – wie wir heute wissen – das nächste Gold erst in Costa Rica, also jenseits der Inseln, auf dem Festland, in Gegenden, die sehr weit von denen entfernt waren, wo Kolumbus nach ihm suchte. Der Alte hatte vielleicht eine vage Ahnung, daß Goldminen in Ländern existierten, die über den Verkehr von Insel zu Insel mit Haiti in Kontakt gekommen waren. Kolumbus blieb bei seiner Überzeugung, daß die Goldgegenden im Osten lagen. Und beharrlich, wie er nun einmal war, segelte er am 19. Dezember wieder in jene Richtung.

Er fuhr in die Meerenge von Tortuga hinein und hätte noch etwa fünfzehn Meilen segeln müssen, um sie ganz zu durchfahren, als sich wieder ein Gegenwind erhob und die Schiffe nur mit großer Mühe, am Wind segelnd, vorankommen konnten. Der Himmel war sternenübersät, und im Küstenbereich erschien das Meer ziemlich ruhig. Kolumbus wagte, sich die Landwinde zunutze zu machen. Er hielt sich in unmittelbarer Nähe der Küste und bewegte sich auch in den Nachtstunden vorwärts. Am 21. Dezember, dem Fest des heiligen Apostels Thomas, sichtete er eine gutgeschützte Bucht und legte dort an, wobei er ständig die felsigen Untiefen auslotete, die die Bucht wie ein Gürtel umschlossen. Er versuchte, auch am nächsten Tag weiterzufahren, wurde aber von den Winden zum Rückzug gezwungen. In dieser Gegend herrschte ein anderer Kazike namens Guacanagarí. Aus seinem Dorf, das etwa ein Dutzend Meilen entfernt lag, schickte er Kolumbus Geschenke und Botschaften entgegen. Unter den Geschenken war auch eine Maske aus Gold, »deren Ohren, Zunge und Nase aus purem Gold« waren. Kolumbus war hingerissen. »Gott helfe mir in seiner Barmherzigkeit, dieses Gold oder besser jene Goldminen zu finden, da hier viele sie zu kennen behaupten«. Zehn Jahre zuvor hatte Kolumbus in Guinea, in El Mina, eine Goldmine gesehen. Das Bild von jenem Reichtum, den die Natur aus dem Bauch der Erde wachsen ließ, war ihm nie wieder aus dem Kopf gegangen.

In seinen Gesprächen mit den Eingeborenen hörte Kolumbus das Wort Cibao aussprechen. Cibao ist der Name der Zentralregion der Insel Haiti. Sie heißt auch heute noch so. Aber aufgrund eines Mißverständnisses glaubte der Admiral, dieser Name entspräche dem von Zipangu. Der Wunsch, daß das wirklich so wäre, war in ihm dermaßen lebendig, daß er ihn folgenden Satz niederschreiben ließ: »Unter den anderen Örtlichkeiten [...] nannten beide Cipango, das sie mit dem Ausdruck ›Cybao‹ bezeichneten, wo ihren Versicherungen nach dieses Edelmetall in großen Mengen vorhanden sei.« Weihnachten rückte näher – eine Zeit, in der alle Leidenschaften stille stehen. Aber auch das Gold rückte näher. Kolumbus wurde so unwiderstehlich davon angezogen wie die Bienen vom Honig. Er hatte das Gefühl, endlich in Zipangu gelandet zu sein. Die märchenhaften Paläste mit ihren goldbedeckten Dächern, die Marco Polo beschrieben hatte, lagen dort, schon in Reichweite. Und Kolumbus war unklug genug, sich auf den Weg zu machen.

Am 23. Dezember verließ er die sichere Anlegestelle von San Tomaso und fuhr noch weiter nach Osten. Alles, was ihn lockte – das Gold, das Land namens Cibao, der mächtige Kazike Guacanagarí – befand sich tatsächlich in jener Richtung, und wie Kolumbus verstanden zu haben glaubte, waren sie nicht weit von San Tomaso, vielleicht nur eine Tagesreise mit dem Schiff, entfernt. Die Vorstellung von den begehrten Dingen verband sich mit diesem einzigen Ziel. Er würde die Wiederkehr der Geburt Christi mit dem edlen Guacanagarí feiern, der ihm die Goldmaske als Geschenk geschickt hatte. Guacanagarí war eine Art von König der Region Cibao. Kolumbus strahlte vor Freude: Er stand im Begriff, ein festliches Weihnachten in Japan zu verbringen.

Da es sich hier um einen sehr wichtigen Punkt in der Geschichte von Kolumbus' Reise handelt, möchte ich, daß der Leser genau weiß, wo der Entdecker sich in jenem Augenblick befand, wo er hinfuhr und wie er segelte. Ich glaube, die Beschreibung deshalb leichter machen zu können, weil auch ich an jenem Abschnitt der Küste entlanggefahren bin, ganz langsam, damit mir keine Einzelheit entging; denn ich führte die Erforschung von der Landseite durch und hielt meinen Blick auf das Meer gerichtet, auf dem Kolumbus reiste.

Zwischen San Tomaso und den Anlegestellen von Cibao liegen tatsächlich nur wenige Meilen. Aber es müssen verschiedene Hindernisse überwunden werden. Das erste ist das Hohe Vorgebirge, das Kolumbus Punta Santa nannte und das heute den Namen Cap-Haïtien trägt. Es ist der längste Vorsprung der ganzen Nordküste Haitis, mit gebirgigen, sehr hohen Ausläufern, die mit dem Berg La Citadelle eine Höhe von dreitausend Metern erreichen. Als Kolumbus diese unbegehbare, hohe Mauer sich auftürmen sah, erinnerte er sich an den Pik von Teneriffa, den er auf den Kanarischen Inseln kennengelernt hatte. Noch heute ist Cap-Haïtien bis auf eine kleine, bewohnte Mulde, die viele Touristen anzieht, ein wilder Berg, bedeckt mit Buschwald und fast undurchdringlichen Wäldern. Der Berg erhebt sich einsam, gehört aber zu einer Reihe von anderen felsigen Erhebungen zwischen San Tomaso und den Buchten von Cibao. Diese Gruppe von Bergen muß sehr stürmische geologische Entwicklungen erlebt haben. Die dem Ozean zugewandte Seite ist rauh und uneben. Und wie wenn die verheerenden Wirkungen natürlicher Erscheinungen – Erdbeben, Seebeben, rutschende Bewegungen – sie in längst vergangenen Zeiten fast in Stücke und Brocken zernagt hätten, ragen viele Felsblöcke und einzelne Klippen als Fortsetzung des Bergprofils aus dem Meer. Sie sehen aus wie fast überall verstreute, in die Fluten geschleuderte Felsen. Manche sind riesengroß und erstrecken sich oft einige hundert Meter landeinwärts.

Das zweite Hindernis ist das Meer, das in einem weiten Umkreis mit Klippen und Felsen überstreut ist. Kolumbus mußte das Vorgebirge überwinden, indem er zuerst nach Norden und dann nach Süden segelte, mit Manövern, die durch die Richtung der Winde erschwert wurden. Dann mußte er vorsichtig der Unmenge von Felsblöcken ausweichen, die aus den Wellen ragten und sich zweifellos in weiteren Klippen fortsetzten, die gerade unter der Wasseroberfläche versteckt waren.

Hinzu kam eine dritte Gefahrenquelle. Sie war aber nicht naturgegeben, sondern hing mit einer Entscheidung von Kolumbus zusammen. Nachdem er nun schon seit vielen Tagen die Kraft des Gegenwindes zu spüren bekommen hatte, der von Osten nach Westen blies – es waren dieselben Passatwinde, über die er sich während seiner Ozeanüberquerung so gefreut hatte, weil die Richtung ihres Antriebes mit der seines Weges übereingestimmt hatte – gab sich Kolumbus nicht der Täuschung hin, er könne sie dadurch umgehen, daß er noch weiter nach Osten fuhr. Er fürchtete, von jener Gegenkraft gebremst zu werden, während es nur noch ein Tag bis Weihnachten war, und er doch noch vor Weihnachten Cibao und Guacanagarí erreichen wollte. Was tat er nun? Er beschloß, nur die Landwinde auszunutzen, die mehr oder weniger stark in seiner Richtung wehten, und sich folglich möglichst nahe an der Küste zu halten und fast immer nur nachts zu segeln, bevor die günstige Brise sich wieder legte.

So fuhr er denn, kurz bevor der Vortag vor Weihnachten anbrach, von San Tomaso ab. Er hatte einige Schwierigkeiten, Cap-Haïtien zu umfahren, das ausgedehnt und unbekannt war, und es bedurfte verschiedener Manöver, um die Landzunge zu umsegeln. Man mußte die Schoten abwechselnd fieren und anholen, was eine große physische Anstrengung bedeutete, die zu der Erregung hinzukam, von der fast alle in Erwartung des Weihnachtsfestes und des Goldes erfaßt waren. Bei Einbruch der Nacht hatten sie das Vorgebirge hinter sich gelassen, und die beiden Schiffe konnten wieder der Küste entlangfahren, die man mit ihrem weißen Sand und ihren hohen, zum Meer hin gekrümmten Bäumen in geringer Entfernung undeutlich erkannte.

Auf der anderen Seite von Cap-Haïtien war der Wind abgeflaut, hatte sich nahezu völlig gelegt. Man ließ sich fast weitertreiben, eher von den Strömungen angeschoben als von den Winden. Das Meer war glatt wie ein Spiegel geworden, »wie Öl«, schreibt Kolumbus. Tief am Horizont stand nur die dünne Sichel des zunehmenden Mondes, die bald schon untergehen sollte. Das Licht, das das Gestirn auf die Wellen warf, war schwach und erzeugte mehr Schatten als Schimmer. Die beiden Karavellen, die *Niña* voran, »zwei Seemeilen von uns entfernt«, bewegten sich sehr langsam über das Vorgebirge hinaus. Aber sie kamen nicht voran, sondern blieben mit eingeholten Segeln praktisch auf der Stelle stehen.

Um elf Uhr nachts, als der Schiffsjunge die *Ampolla* umdrehte, fand der Wachwechsel statt. Die Männer waren sehr müde; sie hatten seit mehr als vierundzwanzig Stunden nicht geschlafen, weil sie die Abreise aus San Tomaso hatten vorbereiten und ständig hatten manövrieren müssen. All jene, die keinen Dienst hatten, streckten sich auf dem Deck und an den Wänden entlang aus. Kolumbus selbst ging einige Minuten lang auf dem Aufbaudeck spazieren, wechselte ein paar Worte mit Juan de la Cosa, der die antretende Wachmannschaft befehligte, und zog sich dann in seine Kajüte zurück. Neben seinem Bett kniend, sprach er die üblichen Gebete; er dachte an Bethlehem, an das große Ereignis, das sich in jener Nacht im Gedächtnis der Menschen wieder vollziehen würde.

Kaum hatten sie ihn in seiner Kabine verschwinden sehen, da versuchten auch die Wachtposten und die Schiffsjungen und das übrige Wachpersonal, einen passenden Platz auf dem Deck zu finden, um die Augen für einen Moment zu schließen. Es war eine seltsame Nacht, träge und ohne Leben. Sie flößte einem ein Gefühl großen Verlassenseins ein, ähnlich dem Gefühl der Sicherheit, das auf dem Meer immer eine Illusion ist, die viele Risiken birgt. Auch Juan de la Cosa, der Eigentümer der *Santa María* und Zweiter Offizier, ließ sich in die Fangarme jener Versuchung ziehen. Er vergewisserte sich, daß die *Niña* noch vorne war, zeigte dem Ruderer einen Stern, auf den er sich verlassen und nach dem er den Kurs ausrichten sollte, und mit dem Befehl, ihn zu rufen, falls das Wetter umschlug oder der Wind drehte, legte auch er sich auf seinem Lager unter Deck zur Ruhe.

Die allen in die Glieder gedrungene Stumpfheit scheint unwiderstehlich gewesen zu sein. Auch der Ruderer bemerkte, daß er vor sich hin döste, und fürchtete, die Augen nicht offenhalten zu können. Mit einem Fußtritt weckte er den Schiffsjungen, der für die *Ampolla* zuständig und neben ihm eingenickt war, und überließ ihm »für einen Augenblick« die Steuerstange, die groß und schwierig zu handhaben war. Kolumbus hatte gerade das strengstens untersagt. Und so kam es, daß von den vierzig Männern, die sich an Bord des Admiralsschiffes befanden – die gefangenen Indianer nicht mitgezählt – um Mitternacht keiner wach war bis auf jenen kleinen Schiffsjungen, der sich mit dem Steuerruder abplagte.

Und gegen Mitternacht, eben zur Stunde der Weihnacht, geschah das Unvermeidliche – das Unvermeidliche und das Unvorhersehbare in jenem regungslosen Meer, kaum zwei- oder dreihundert Meter von der Küste entfernt. Ich habe die Stelle gesehen und das Meer dort, wo sich die Tragödie abgespielt hat, lange betrachtet. Sobald man auf die offene See kommt, erhebt sich in geringer Tiefe eine Art Felsenplattform mit Auskragungen, die an Sägezähne erinnern und fast bis zur Wasseroberfläche reichen. Den Fischern von jenen Gestaden sind sie wohlbekannt. Sie haben mir erzählt, daß sich die Haken an ihren Angelschnüren oft in den Zacken dieser unterseeischen Felsen verfingen und es unmöglich sei, sie wieder freizubekommen. Manche sagten, daß es die Geister der Toten seien, die hier, in diesen Tiefen, ihr Grab gefunden hätten – »auch von Seeleuten aus Europa« –, und die sich auf diese Weise rächten. Im kreolischen Dialekt von Haiti heißen diese Geister *Aloa*. Vor ihnen haben sie große Angst – ganz im Gegensatz zu Kolumbus, zu Juan de la Cosa und zu dem eingenickten Steuermann.

Der arme Schiffsjunge beobachtete den Stern, den im Auge zu behalten ihm aufgetragen worden war. Die *Santa María* bewegte sich kaum; es war die Strömung, die sie fast unmerklich vorantrieb – auf die todbringenden Riffe zu. Im *Bordbuch* wird der Augenblick des Zusammenpralls auf die kürzeste und wirkungsvollste Weise beschrieben: »Da begann der Schiffsjunge, der das Aufstoßen des Steuers auf Grund spürte und das Krachen vernahm, ein lautes Geschrei zu erheben.« Der Admiral lief als erster auf das Aufbaudeck, zusammen mit Juan de la Cosa, der von seinem Lager angestürzt kam. Im Nu war das Deck voller Seeleute, und die Stille der Nacht wurde von ihren Schreien, ihren Verwünschungen und Flüchen zerrissen. Natürlich auch von den Befehlen. Kolumbus hatte sofort erkannt, daß die *Santa María* mit dem Bug sanft aufgelaufen war. Aber das Schiff hatte am Heck mehr Tiefgang als am

Bug, und wenn man versuchen wollte, es wieder flottzumachen, mußte man es rückwärts bewegen. Kolumbus befahl, vor der Untiefe einen Anker zu werfen und dann dessen Trosse so auf die Winde einzuholen, daß das Schiff freikam, indem es achteraus fuhr. Das war das Manöver, das man in der Seemannssprache »verholen« nennt. Anker und Trosse mußten mit der Bordschaluppe, die sofort ins Meer gelassen wurde, zur Ankerstelle gebracht werden. Juan de la Cosa bestieg das Boot, aber kaum war er an Bord gegangen, fuhr er, statt das Manöver durchzuführen, mit voller Ruderkraft auf die *Niña* los, die vorneweg weiterfuhr.

Diese Episode ist, wie so viele andere, unterschiedlich interpretiert worden. Kolumbus beschuldigte de la Cosa der Feigheit und des Verrats. Das Verhältnis zwischen ihm und dem Admiral war von einem gewissen Groll gekennzeichnet. De la Cosa war Baske und der Besitzer der *Santa María*, die ihren Heimathafen in Galicien hatte. Zwischen der Gruppe der baskischen Seeleute, die sich an Bord der *Santa María* befanden, und der Gruppe der Kastilier bestand eine gegenseitige Abneigung. De la Cosa wurde sogar beschuldigt, jene Gelegenheit ausgenutzt zu haben, um Kolumbus' Untergang zu provozieren. Aber das Schiff gehörte ihm; er hatte kein Interesse daran, es zu verlieren. Er rechtfertigte sich, indem er behauptete, es habe noch kein Anzeichen für eine bevorstehende Gefahr gegeben, als er sich entfernt hatte, um die Besatzung der *Niña* um Beistand zu bitten. Wahrscheinlich äußerten sich in Juan de la Cosas Verhalten auch Verwirrung, weil er sich für das Unglück verantwortlich fühlte, sein Schuldgefühl und die Furcht vor Strafe. Ich glaube, daß niemand je den genauen Grund für diese Art von Flucht wird erklären können, dieses »Türmen« eines entsetzten und geschockten Mannes. Aber höchstwahrscheinlich war der Schiffbruch sowieso unvermeidlich. Wegen der Umstände, unter denen er stattfand, wegen der Berühmtheit, die das Schiff im Lauf der Zeit bewahrte, und wegen der Persönlichkeit, die es befehligt hatte, blieb dieser Schiffbruch einer der berühmtesten der Geschichte.

Kolumbus erteilte fast wütend aufgeregte Befehle, um einen unmöglichen Rettungsversuch zu unternehmen. Er ordnete an, den dicken Hauptmasten umzulegen, um das Gewicht des Schiffes zu verringern, und er ließ den Ballast und jede andere, nicht wesentliche Ladung ins Meer werfen. Aber das Wasser hielt die

Santa María bereits gefangen. Es genügte eine Welle der Rollbrandung, die über dieser Gegend auslief, um das Segelschiff immer weiter auf das Riff zu schieben, wo der Felsen es aufgespießt hatte, und schon drang das Wasser durch die Seitenwände ein. Das Heck drehte sich, und das Schiff lag quer im Meer. Jede nachfolgende Welle hob es für einen Augenblick in die Höhe, um es dann wieder hart auf die spitzen Zacken des Grundes zurückfallen zu lassen. Zwischen den Planken öffneten sich im Nu angsterregende Zwischenräume; alle Planken waren locker, und das Wasser floß in Strömen ins Innere des Schiffsrumpfes. Irgendwann einmal »ging der Karavelle der Atem aus«. Sie legte sich dann auf den Grund, ein wenig aufgekrümmt, die eine Hälfte aus dem Wasser ragend, die andere im Meer steckend. Sie war tödlich verwundet, endgültig verloren.

Kolumbus stellte fest, daß jeder Versuch, die *Santa María* ihrem Schicksal zu entreißen, sinnlos war. Er wartete nicht einmal das Licht des neuen Tages ab. An Bord der beiden Schaluppen zog er noch in derselben Nacht mit der ganzen Besatzung auf die *Niña* um. Dort blieben sie alle zusammengepfercht und wach an Deck, um dem Todeskampf des Admiralsschiffes zuzusehen. In der Morgendämmerung machten sie sich an die Arbeit, um die Vorräte, die Ladung, die Ausrüstung sicherzustellen, bis sich die *Santa María* schließlich in ein leeres, aus dem Meer ragendes Holzgerippe verwandelte. Das Ufer war so nahe, daß die Dinge ohne allzu viele Schwierigkeiten in Sicherheit gebracht werden konnten. Auch Kolumbus fuhr mit dem Boot über die Kette der Klippen hinaus, zur Unglücksstelle. Es war das erste Weihnachtsfest, das er jenseits des Ozeans verlebte. Nun, da das Schiff verlorengegangen war, wehrte sich der Admiral nicht dagegen, daß ihm die Tränen übers Gesicht liefen.

In den Bedrängnissen jenes Augenblicks war ihm die Unterstützung des Kaziken Guacanagarí in jeder Hinsicht eine wertvolle Hilfe. Sein Dorf lag wenige Meilen von der Stelle des Schiffbruchs entfernt, in einer Bucht, die wie ein Labyrinth aussah und später von Kolumbus Caracol-Bucht genannt wurde, weil ihre Form an die einer Schnecke erinnerte. Mit einem der beiden Boote fuhren Diego de Harana, Beatriz' Cousin, und Pedro Gutiérrez zum Kaziken, um ihn über das Vorgefallene zu unterrichten und ihn um Hilfe zu bitten. Guacanagarí bekundete sein Bedauern. Er gab sofort Befehl, daß alle Kanus mit kräftigen Männern an Bord zur Unglücksstelle fahren sollten, um beim Entladen des Schiffes mitanzupacken. Sie gingen dabei so emsig ans Werk, daß die Arbeit schon vor dem Abend beendet war. Der Kazike und seine Brüder blieben persönlich dabei, um aufzupassen, daß nichts von dem, was ausgeladen wurde, entwendet wurde. »Nicht eine einzige Nadel ging verloren«, schreibt Kolumbus. Diese Ähnlichkeit von Gefühlen und Reaktionen zwischen den Menschen des Himmels und den Wilden war eine tröstliche Seite in der gerade erst begonnenen Geschichte der Neuen Welt. Solidarität im Unglück ist eine dem Menschen natürliche Gefühlsregung. Kolumbus kommentierte das Verhalten der Indianer mit einem Zitat aus dem Evangelium: »Sie lieben ihren Nächsten wie sich selbst«.

Der Kazike Guacanagarí gewährte den Spaniern Gastfreundschaft in seinen Häusern in Caracol. Zwei von diesen sollten die sichergestellte Ladung beherbergen. Die Anspannung der Gemüter begann nachzulassen. Die Indianer fingen – zunächst schüchtern, dann mit einer gewissen Beharrlichkeit – an zu handeln, um ein paar Kettchen, Glöckchen und anderen Krimskram zu bekommen, auf den sie während des Transports der Güter vom Schiff an Land interessierte Blicke geworfen hatten. Sie bemerkten, daß die Spanier in erster Linie auf Gold aus waren. Und für einige Falkenschellen oder rote Mützen oder kleine Spiegel kamen sie in Scharen und brachten viele Goldstücke, um Tauschgeschäfte zu tätigen. Dieses ungewohnte, vermehrte Auftauchen des Edelmetalls begann Kolumbus wieder aufzurichten. Der Kazike, der sah, daß es wie ein Trost auf ihn wirkte, beeilte sich, ihn darauf aufmerksam zu machen, daß es in geringer Entfernung von Caracol, noch weiter östlich, eine große Menge Gold gäbe. Es komme direkt aus der Erde, und zwar »in großen Mengen [...], daß sie es gar nicht recht zu schätzen wußten«.

Wie viele Male hatte Kolumbus nun schon sagen hören, daß es in der Nähe Gold gäbe? Fast immer hatte er es geglaubt, und jedesmal, wenn er im Begriff war, die Hand danach auszustrecken, war er anderswohin geschickt worden. In die Nähe zwar, aber eben anderswohin. Auch dieses Mal glaubte er. Er hatte nie soviel Gold in so großen Stücken gesehen wie in dem Dorf von Caracol. Guacanagarí, der Kazike, hatte ihm gegenüber große Freundschaft und Ehrenhaftigkeit an den Tag gelegt. Warum sollte er ihn in der seelischen Verfassung, in der er sich befand, anlügen? Kolumbus' Intuitionen kamen mit Blitzesschnelle, und seine Phantasie verwandelte sie sogleich in konkrete Gedanken und Überlegungen, und er machte dann keinen Unterschied zwischen dem, was er sich vorgestellt hatte, und dem, was wirklich war. Dies wirkte vor allem angesichts der Hindernisse wie ein Gegengift gegen die Enttäuschung, und der Kummer verwandelte sich unversehens in Hoffnung. Die *Santa María* war untergegangen. Daß das in der Weihnachtsnacht geschehen war, mußte ein von oben gesandtes Zeichen sein. Es war der Wille Gottes, der sich auf diese Weise kundtat. Der Schiffbruch sollte ihn zwingen, einen Teil seiner Leute, die die *Niña* auf der Rückreise nicht allein würde über den Ozean transportieren können, an Land zu lassen. Jene Männer sollten am Ort bleiben und die von Guacanagarí beschriebenen Goldminen entdecken. Er hatte auch ihn den Namen der Region wiederholen gehört, in der sie angelangt waren – Cibao. Kein Zweifel, daß es sich dabei um Zipangu – Japan – handelte. Deshalb war Guacanagarís Gold sicherer, näher und erreichbarer als es irgendein anderes je im Verlauf der ganzen Reise gewesen war. Gott hatte den Untergang der *Santa María* gewollt, damit eine Kolonie in Cibao gegründet und Gold gefunden würde. Kolumbus konnte nicht anders argumentieren als so, und er konnte nichts anderes glauben. Was er dachte, wird aus den Anmerkungen deutlich, die er in eben jenen Tagen in das *Bordbuch* eingetragen hat. Er teilt den Königen mit, »daß er bei seiner Rückkehr aus Kastilien hier mit Gottes Hilfe ein ganzes Faß voll Gold vorzufinden hoffe, das seine Leute inzwischen im Tauschwege sich gut verschafft haben könnten. Denn bis dahin werden sie wohl jene Goldmine und den Ort, wo die Gewürze wachsen, ausfindig gemacht haben, von denen er hoffe, daß sie in so großen Mengen vorhanden seien, daß der König und die Königin noch vor Ablauf von drei Jahren imstande sein würden, zur Eroberung des Heiligen Grabes schreiten zu können«.

Es ist eine erstaunliche Sicherheit, die kaum achtundvierzig Stunden nach der Katastrophe zutage tritt, da ihm doch jetzt – nach dem Untergang der *Santa María* und der Flucht der *Pinta* – nur noch ein einziges Schiff zur Verfügung stand von den dreien, die in See gestochen waren. Muß man noch einmal die Frage stellen, wer dem Lauf der Phantasie Einhalt gebieten könnte? Kolumbus ließ nicht einmal einen einzigen Tag vergehen, ehe er seinen neuen Plan in die Tat umsetzte. Aus den Besatzungen der beiden Karavellen wählte er neununddreißig Männer aus, die an Land bleiben und auf seine Rückkehr warten und in der Zwischenzeit »den Standort der Goldminen auskundschaften« sollten. Er befahl, aus dem Holz der *Santa María*, die Stück für Stück – vom Deck, vom Kiel, von den Masten, einschließlich des Aufbaudecks, des Kastells, des Bugs, des Hecks – zerlegt worden war, und aus allem, was als Bauholz dienen konnte, »eine Festung mit einem Turm und einem tiefen Graben so gut als möglich anzulegen«. Er ließ Keller ausheben, mit Vorräten an Wein und Brot für mehr als ein Jahr sowie mit Getreide für die Aussaat ausstatten und sie für jede andere Gelegenheit, die sich im Laufe eines langen Aufenthalts ergeben könnte, ausrüsten. Die Stelle, wo das kleine Fort errichtet worden war, lag beinahe den verhängnisvollen Klippen gegenüber, ein wenig weiter in Richtung nach Caracol, wo sich ein breiter Strand mit weißem, feinen Sand erstreckte. Heute ist er von Mangrovensümpfen bedeckt, und dahinter breitet sich ein dichter Wald aus. Von dem, was die erste Niederlassung einer europäischen Kolonie in Amerika war, ist keine Spur übriggeblieben. Man versucht nicht einmal mehr, sie ausfindig zu machen. Die Leute von den Inseln sagen es klipp und klar: Hier wird jeder von Menschen verlassene Ort sofort vom tropischen Urwald verschluckt. Dieses »sofort« dauert nun schon fünf Jahrhunderte. Geblieben ist der Name, den Kolumbus diesem Ort gab – Bahía de Navidad, »Weihnachtsbucht«. Nicht weit davon existiert noch heute ein kleines Fischerdorf, das Limonade heißt. Entlang dem Strand von Navidad liegen heute Schiffe vor Anker.

Die Männer, die dort bleiben sollten, wurden dem Befehl von Diego de Harana, dem Mann aus Córdoba, unterstellt. Viele von ihnen waren Freiwillige, so etwa Pedro Gutiérrez, der abenteuerlustige Majordomus des Königs, oder die Wundärzte von den beiden Karavellen, die gebraucht wurden, um die Fieberanfälle und andere neue Krankheiten zu heilen, die in jenen sumpfigen Gegenden aufzutreten begannen, oder der Zimmermann der *Niña*, Alonso Morales, der die Bauarbeiten überwachen sollte, oder auch der Dolmetscher De Escobedo, der bis zu jenem Augenblick überflüssig gewesen war, aber noch überflüssiger gewesen wäre, wenn man ihn wieder mit nach Spanien genommen hätte. Viele andere flehten Kolumbus an, sie bleiben zu lassen. Sie wollten als erste ihre Hand auf das Gold legen; denn alle glaubten, daß sich schon bald ganz Kastilien auf Cibao stürzen würde. Kolumbus hinterließ der Garnison eine der beiden Schaluppen, die der Erforschung der Küsten und der Auffindung der Mine dienen sollte. Er ließ ihnen auch die Bombarden und Falkonetten der *Santa María*, die er Salven abfeuern ließ, um den Eingeborenen klarzumachen, daß nicht ein Häuflein Unglückseliger an der Küste zurückblieb, sondern die Untertanen einer großen souveränen Macht.

Alles ging zügig voran, und schon bereitete Kolumbus sich auf die Abreise vor, als am 27. Dezember plötzlich einige Indianer mit der Nachricht am Fort eintrafen, daß man auf dem Ankerplatz im Mündungstrichter eines Flusses, zwei Tagesreisen auf See entfernt, auf der Ostseite, »ein anderes Haus auf dem Wasser« gesichtet habe. Das mußte die *Pinta* sein; denn andere »Häuser« auf dem Wasser konnte man in jenen Gewässern nicht antreffen. Unverzüglich schickte Kolumbus einen Boten mit einem Kanu zu dem angegebenen Ort. Dieser überbrachte einen Brief, in dem Pinzón zur Rückkehr aufgefordert wurde, ohne daß ihm irgendwelche Vorhaltungen gemacht wurden. Kolumbus sah ein, daß er die Erforschung der Insel nicht mit einem Schiff allein in Angriff nehmen konnte. Ein erneutes Auflaufen oder ein anderes Unglück würde die Möglichkeit einer Rückkehr gefährden. Er brauchte Pinzón.

Auf den Brief kam keine Antwort, weil es dem Boten nicht gelang, die *Pinta* zu finden. Zwei Tage später berichtete ein anderer Indianer, sie mehr oder weniger in denselben Gewässern gesehen zu haben. Kolumbus beschloß, mit der *Niña* selbst in jene Richtung zu fahren. Nach dem, was ihm gesagt worden war, befand die *Pinta* sich im Herzen des Gebietes von Cibao. Hatte Pinzón Gold gefunden? Bereitete er sich darauf vor, mit der Nachricht von der Entdeckung und der Ankündigung des Reichtums in die Heimat zurückzukehren?

Kolumbus rüstete alles für die Abreise und gab für seine Männer, die zurückblieben, und für Guacanagarí, der ihm so große Fürsorge erwiesen hatte, ein Abschiedsfest. Der Kazike »machte aus seiner Anhänglichkeit und seinem Schmerze über meine bevorstehende Abreise keinen Hehl«. Der Admiral legte ihm Harana, Escobedo und Gutiérrez ans Herz, die er als seine Stellvertre-

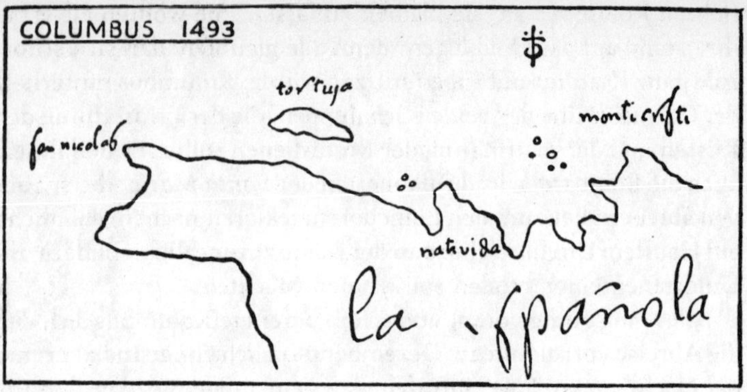

Von Christoph Kolumbus ausgeführte Skizze
der nördlichen Küste von Hispaniola

ter am Ort zurückließ, und bat ihn, sie als seine »Brüder« zu betrachten. Er nahm Wasser, Holz und Lebensmittel an Bord. Und am 4. Januar 1493, also bereits im neuen Jahr, segelte er nach Osten, der *Pinta* entgegen.

Es war nicht leicht voranzukommen. Die Winde waren ungünstig und wechselhaft. »Der Admiral hatte Ähnliches nie erlebt«, schrieb Las Casas. Das Meer war mit Felsengürteln, Untiefen, Klippen und kleinen Inseln übersät, die sich allenthalben erhoben. Die *Niña* hielt sich so weit wie möglich auf hoher See, um am 5. Januar in jener Bucht den Anker zu werfen, die Monte Christi genannt wurde. In jenem Abschnitt der Reise wurden noch viele andere Vorgebirge, Buchten und Gruppen kleiner Inseln entdeckt. Kolumbus zeichnete immer alles, was er sah, genau auf. Die Sammlung seiner Karten – auch einfache Entwürfe und topographische Skizzen – war sehr umfangreich. Leider ist uns von den vielen Illustrationen nur eine einzige, von seiner Hand gezeichnet, erhalten geblieben. Und das ist eben die von der Küste der Insel Hispaniola, von der Spitze von San Nicolao bis Monte Christi, mit der Zeichnung der Insel Tortuga und dem Hinweis auf Navidad, wo das Unglück geschehen war. Es ist eine sehr schöne Karte von großer Einfachheit und Klarheit, mit einem ganz feinen, an manchen Stellen fast zögernden Strich, der so wirkt, als ob er die Umrisse mit direktem Blick auf das Profil der Küsten gezeichnet hätte

– mit einem Auge auf die Landschaft schauend, während das andere auf das Papier gerichtet war. Die geographischen Darstellungen jener Zeit waren ziemlich schwerfällig, grob und summarisch gezeichnet. Auf der Karte des Kolumbus erkennt man Zartheit der Einzelheit, wie wenn die Hand sanft und leicht über das Blatt gestrichen wäre, und der Blick, der die Enden jener unerforschten Welt erfaßte, ebenfalls sanft und leicht gewesen wäre. Ich habe das große Glück gehabt, Kolumbus' Zeichnung – genau die, die er eigenhändig gezeichnet hat – in Händen zu halten. Das verdanke ich der liebenswürdigen Gastfreundschaft des Herzogs von Alba, der sie in seiner privaten Sammlung von Kolumbus-Dokumenten im Liria-Palast zu Madrid eifersüchtig hütet. Er nahm sie persönlich aus dem Ausstellungskasten, in dem sie geschützt verwahrt wird, und überreichte sie mir, damit ich sie aus der Nähe betrachten konnte. Mir zitterten die Hände, als ich sie ergriff. Das Papier ist vergilbt und weist einige Altersflecken auf. Doch die Zeichnung ist lebendig – mit Linien, die so frisch sind, daß sie beinahe so wirken, als ob sie sprächen. Mir kam es vor, als hätte ich Kolumbus in Person vor mir. Das Bild, das wir uns von Kolumbus als Mensch machen, ist voller Zweifel und Widersprüche. Jenes Dokument teilte mir auf wirklich eindringliche Weise eine der Tugenden mit, die er zweifellos besaß, nämlich Sinn für Poesie, Liebe für die Natur und für das Leben. Ich vermeinte fast, seinen Atem zu spüren, ihn atmen zu hören.

In eben jenen Meeren, die auf dieser Karte eingezeichnet sind und wo es Schwierigkeiten mit dem Wind und der Wassertiefe gab, hatte Kolumbus einen Matrosen zum Korb des Hauptmasten hinaufgeschickt, damit er die Durchfahrtswege erkundete. Der Matrose sah, wie die *Pinta*, vom Wind angetrieben, ihnen schnell entgegenfuhr. Man erkannte sich und tauschte Signale aus. Da es in der Nähe keine Ankerplätze gab, beschloß man, entlang der Küste bis Monte Christi zurückzukehren. Dort trafen sie am Abend ein, und Pinzón kam sofort an Bord der *Niña*, um mit Kolumbus zu sprechen. Es war eine kühle, distanzierte Begegnung, bei der es jedoch zu keinen Grobheiten kam. Kolumbus hörte sich Pinzóns Rechtfertigungen, seine Entschuldigungen an: Er habe die Flotte nicht absichtlich verlassen wollen, sondern sich im Nebel verirrt. Er habe vor kurzem erfahren, was der *Santa María* widerfahren sei, und habe sich gerade auf den Weg gemacht, um ihr zu Hilfe zu eilen. Kolumbus glaubte ihm nicht. Er beschränkte sich darauf, sich seinen Unmut nicht anmerken zu lassen. Das war praktisch die Vergebung: Hier offenbarte sich jener Mangel an Entschlossenheit, den Kolumbus immer dann an den Tag legte, wenn er mit Schwierigkeiten in menschlichen Beziehungen konfrontiert war. Im Fall von sachlichen Widerwärtigkeiten, wenn es etwa um eine Entscheidung oder eine Art zu handeln ging, war er nur zu schnell, ja sogar ungestüm. Aber bei einem Gegensatz von Charakteren wagte er nicht anzugreifen. Er zog sämtliche Konsequenzen ganz genau in Betracht und kam immer zu dem Schluß, daß er behutsam vorgehen müsse. Im Fall von Pinzón wußte er, daß er ihn, seine Gesellschaft, brauchte. Wie sollte er sich auf das Abenteuer einlassen, mit nur einem einzigen Schiff heimzukehren? Außerdem bildete Pinzón nach seiner Rückkehr, zusammen mit den anderen Matrosen von der *Niña*, von denen viele aus Palos oder Moguer stammten, wo Pinzón als eine Art Schutzgottheit galt, die Mehrheit. Der Kapitän der *Niña* war sein Bruder. Kolumbus war zugegen, als die beiden sich umarmten, und er hörte die Jubelrufe, mit denen Martín Alonso Pinzón und die Matrosen der *Pinta* willkommen geheißen wurden. Hätte er seinem Zorn Luft gemacht, hätte er sich isoliert gesehen, und man hätte ihn links liegenlassen. Da war es doch am besten, sich für den Weg der Vergebung zu entscheiden, der edel und großmütig erschien.

Pinzón erzählte ihm, er sei nach Babeque, zu der Insel gelangt, die heute Great Inagua heißt. Aber er habe kein Krümelchen Gold gefunden. Doch Gold gäbe es, und zwar in großen Mengen, an der Küste von Hispaniola. Die *Pinta* sei ihr in östlicher Richtung entlanggefahren, bis sie zu einer Bucht, unweit von Monte Christi, gekommen sei, wo sie sich viele Tage lang aufgehalten habe. Pinzón wollte nicht sagen, wieviel Gold er gefunden hatte, noch, was er damit gemacht hatte. Er machte vage Andeutungen, daß sich im Inneren, entlang einem großen Fluß, ein Lager dieses Edelmetalls befinden müßte. Pinzóns Sohn, Martín Pérez, erzählte viele Jahre später, was er aus dem Munde seines Vaters gehört hatte. Das Gebiet, wo Pinzón an Land gegangen war, gehörte zu Cibao und wurde von einem überaus mächtigen Kaziken namens Caonabò regiert. Mit ihm war ein sehr vorteilhafter Austausch getätigt worden. »Für ein Streifchen Band«, verriet Martín Pérez, der sich nach dem Tod seines Vaters auf der *Pinta* eingeschifft hatte, »gaben die Indianer Goldstücke her, die so groß waren wie zwei Finger und manchmal sogar die Größe einer Hand erreichten.«

Die beiden wieder vereinigten Karavellen legten am 10. Januar in der von Pinzón beschriebenen Bucht an. Mit einem gewissen Stolz und Nacheiferungssinn hatte Pinzón dem Fluß, der dort mündete, seinen eigenen Namen gegeben: Río de Martín Alonso. Kolumbus beeilte sich, diese Scharte auszuwetzen, und nannte ihn Río de Gracias, um zu unterstreichen, daß er Pinzón gnädig verziehen hatte. »Das ist wohl mein Lohn dafür, daß ich Euch auf die Stufe gehoben habe, auf der Ihr Euch befindet«, scheint der bittere Kommentar des Seefahrers aus Palos gewesen zu sein. Ihre Beziehungen blieben weiterhin gespannt und von Mißtrauen gezeichnet. Kolumbus wollte in Anwesenheit seines Widersachers nicht weiter nach dem Gold forschen. Er wußte nunmehr, daß es da war und daß es, wenige Meilen von der Küste entfernt, eine Mine gab. Und er wußte auch, daß La Navidad nicht weit war. Die Kolonisten von der *Santa María* würden es unschwer finden. Mit Pinzón sprach er nicht darüber.

Die nördliche Küste der Insel war bereits fast vollständig untersucht und ausgekundschaftet worden. Wenn man sich eine moderne Landkarte vorstellt, dann befanden sich die beiden Karavellen schon auf dem Gebiet der Dominikanischen Republik, die sich mit der Republik Haiti in jene Insel teilt, die Kolumbus »Hispaniola« genannt hatte. Die Seeleute zeigten Anzeichen von Müdigkeit und warteten ungeduldig auf die Heimreise. Wieder machten sich die üblen Stimmungen bemerkbar, die man von der Hinfahrt kannte, verstärkt durch die Sorge, ihre Familien wiederzusehen, die von alldem, was in jenen vier Monaten geschehen war, keine Ahnung hatten. Sowohl die *Pinta* als auch die *Niña* fingen an, undichte Stellen aufzuweisen. Die in Palos vorgenommenen Kalfaterungsarbeiten waren offensichtlich in zu großer Eile durchgeführt worden. Für eine Rückreise, für die man eine lange Zeit und Schwierigkeiten voraussah, war es ratsam, die Schiffe vor der Abreise wieder völlig in Ordnung zu bringen.

Man suchte nach einem Strand, wo man sie an Land ziehen konnte, um den Kiel wieder instand zu setzen und zu kalfatern. Diesen Ort fand man bei Kap Samaná, das eine weite, gut geschützte Öffnung und ein breites, sandiges Ufer hatte. Alles schien bestens zu verlaufen, als plötzlich am Strand Gruppen von

Eingeborenen auftauchten, die wenig vertrauenerweckend aussahen. Ihresgleichen hatten die Spanier noch nicht gesehen. Ihre Gesichter waren mit Holzasche beschmiert; sie trugen die Haare so lang »wie in Kastilien die Frauen« und hatten auf ihren Köpfen sonderbare buntgemalte Büsche aufgesteckt, die aus den Federn von Papageien und anderen Vögeln angefertigt waren. Das Schlimmste war, daß sie mit Pfeil und Bogen bewaffnet waren, mit Kriegswerkzeugen, die bis zu jenem Augenblick kein anderer Eingeborenenstamm zu besitzen schien. Die Matrosen glaubten, auf die schrecklichen Kaniben oder Kariben gestoßen zu sein, von denen sie so oft hatten reden hören. Als die Eingeborenen Anstalten machten, näher heranzukommen, und ihre Waffen schwangen und Riesenseile hinter sich herzogen, mit denen sie offensichtlich die Spanier fesseln wollten, reagierten diese mit dem Griff zu den Schwertern. Bei diesem Gefuchtel verletzten sie zwei Indianer, einen davon am Hinterteil. Die Krieger – etwa fünfzig Mann – machten sich daraufhin aus dem Staub, ihre Pfeile und Bogen am Strand zurücklassend.

Es war kein regelrechter Kampf gewesen, aber ein wenig Blut war geflossen. Es war dies der erste Zusammenstoß zwischen Europäern und Amerikanern. Wie bekannt, sollte es nicht der einzige bleiben. Die Indianer von Samaná waren Cigayos, ziemlich kriegerische Leute. Sie zogen noch weiter durch die Gegend und trieben ihr finsteres Wesen, bis Kolumbus am 16. Januar befahl, mit dem Wind, der aus Westen wehte, nach Europa zu segeln. Der Bucht hinterließ er den Namen Bahía de las Flechas, »Bucht der Pfeile«. Es war eine Vorahnung von dem, was die Zukunft dem Neuen Kontinent bereithielt, der noch wenige Wochen vorher völlig unbekannt gewesen war.

KOLUMBUS' SIEGREICHE HEIMKEHR IM FRÜHJAHR

Von den Antillen nach Europa zurückzukehren, ist heute kein Problem. Vor allem ist der Kurs bekannt, den man bei dieser Überfahrt halten muß. Tausende von Segelschiffen sind ihm über Jahrhunderte gefolgt. Aber als Kolumbus von der Pfeile-Bucht aus in Richtung Spanien in See stach, war jene Route noch nie von irgend jemandem, von keinem Segelschiff, befahren worden. Es war ein völlig unbekannter Weg. Alles, was Kolumbus wußte, war, daß er nicht den gleichen Weg wie auf der Hinfahrt nehmen konnte, weil ihn damals die Passatwinde von hinten angetrieben hatten, während sie ihm jetzt ins Gesicht blasen würden. Er würde an den Wind gehen, am Wind segeln müssen. Seine Karavellen hatten viereckige Segel, die nicht so »luvgierig« waren wie die dreieckigen. Das hätte ihn zu Slalombewegungen gezwungen. Wenn die Passatwinde ihn so zu den Inseln jenseits des Ozeans geführt hatten, wie wenn er auf einer Schiene gefahren wäre, so würde ihn diese Schiene jetzt nicht nach Spanien führen. Er mußte weiter nördlich Gegenden finden, in denen Winde wehten, die für die Rückreise günstig waren und die außerhalb des Gürtels der Passatwinde lagen, den man diagonal überqueren mußte. Wo ihre Grenze war, wußte er nicht, so wie überhaupt nichts oder fast nichts über den Ozean bekannt war, bevor Kolumbus ihn bezwang. Er hatte Glück gehabt und ihn auf der Hinreise bezwungen. Jetzt mußte er ihn von der anderen Seite her bewältigen. Das würde nicht so leicht sein.

Sein Ziel war im Osten, auf der Seite, wo Europa lag. Da er aber gezwungen war zu lavieren, um am Wind zu bleiben, mußte er notgedrungen nach Norden abweichen. Er hoffte, in einem einzigen langen Schlag und ohne allzu viele zermürbende Manöver, eine Zone mit günstigen Winden erreichen zu können. Seine Route plante er folgendermaßen: Er würde die Strecke kreuzen, der er auf der Hinfahrt gefolgt war, würde weiter in nördliche Gegenden hinauffahren und von dort aus in Richtung der iberischen Küsten abdrehen. Dies war der »lange Schlag«, den er sich vorgenommen hatte. Die Order, die er den Karavellen gab, lautete folglich, Kurs nach Ostnordost zu nehmen, wobei man grundsätzlich nach Osten, nach Spanien, segelte, jedoch mit einem Kompaßstrich nach Norden, um in höhere Breiten zu gelangen.

Das Meer eignet sich niemals zu absoluten Beobachtungen. Die Verhältnisse sind veränderlich, und da man sie nicht immer den eigenen Absichten angleichen kann, muß man sich ihnen anpassen. Das mußte auch Kolumbus auf der Ozeanüberquerung tun, die ihn nach Hause zurückführen sollte. Tatsächlich konnte er nicht, wie er beabsichtigt hatte, nach Ostnordost steuern. Er bekam nicht genug Wind in die Segel. Er versuchte alles, um den festgesetzten Kurs so gut wie möglich zu halten. Aber der Wind zwang ihn doch – trotz vielfacher Manöver –, in den südlichen Quadranten abzuweichen. Statt am Wind zu bleiben, wie er geplant hatte, war er genötigt zu kreuzen. Letzten Endes führten ihn die Manöver doch mehr nach Norden als nach Osten. Als er hoch genug war, um die Breite der Bermudas zu erreichen, wehten ihm die westlichen Winde gegen das Heck und trieben die Karavellen in Richtung Spanien. Der Weg, den Kolumbus, ohne es zu wollen, »einweihte«, wurde später die Route, die für alle Seereisen von den zentralen Regionen Amerikas nach Europa üblich war. (Für den Leser sei folgende Erläuterung hinzugefügt: Kolumbus begann seine Fahrt auf der Insel Haiti, und zwar auf einer Breite von etwa 20 Grad; die Bermudas liegen um den 30. Grad oder ein wenig darüber; die spanische Küste, an der er landen wollte, liegt auf einer Breite von 40 Grad oder wenig darunter.)

Der erste Teil der Seereise bereitete keine großen Schwierigkeiten. Die Fahrt ging ziemlich schnell voran. Die Schiffe mußten an den Wind gehen, aber die Wellen, die gegen den Bug klatschten, waren nicht hoch genug, um die Geschwindigkeit drosseln zu können. In den ersten Tagen war die Luft noch mild und ruhig, »und das Meer, Gott sei Lob und Dank, stets ruhig«. Während sie sich von den Tropen entfernte, begegnete die kleine Flotte immer frischerer Luft und ließ die Annehmlichkeiten der frühlingshaften Witterungen hinter sich. Auf dem Meer begegneten ihnen dieselben Erscheinungen wie auf der Hinfahrt: Tagelang fuhren sie zwischen Seegräsern, die wie Prozessionen auf der Meeresoberfläche trieben; sie sahen die Sturmvögel im Flug und auch andere Vögel wie die Tölpel, die den Kormoranen ähneln. Sie flogen alle nach Südosten. Da zog Kolumbus den Schluß, daß es in jener Gegend Inseln geben müsse. Die Route seiner zweiten Reise wurde dann auch aufgrund dieser Beobachtungen festgelegt.

Man hat errechnet, daß die beiden Schiffe zwischen dem 22. und dem 23. Januar die Route kreuzten, der sie auf dem Hinweg gefolgt waren; denn da gelangten sie in eine nördlichere Zone des Atlantik, die ihnen noch unbekannt war. Die Matrosen fingen verschiedene Fische, einen Delphin, viele *Dorados* und auch einen dicken Haifisch. Mit dieser Beute bereicherten sie ihren Speisezettel, der sich auf das Wesentliche beschränkte – Brot, Wein, Süßkartoffeln und ein wenig Trockenfisch. Am 31. Januar erreichte Kolumbus in Höhe der Bermudas, an einer Stelle, von der man vermuten darf, daß sie etwa vier- oder fünfhundert Meilen östlich von diesen, mitten im Ozean, lag. Dort traf er auf die westlichen Winde, die für seine Reise günstig waren. Die Geschwindigkeit nahm beträchtlich zu. Der *Pinta* und der *Niña* gelang es, mehr als hundert Meilen pro Tag zurückzulegen. Das Meer blieb ruhig. An Bord herrschte die Vorfreude von Menschen, die das Gefühl haben, von einer großen Unternehmung heimzukehren und ihrem Ziel rasch näherzurücken.

Man segelte mitten im Atlantik, und es war schwer festzustellen, an welchem Punkt genau man sich befand. An Bord der *Niña* kam es am 6. Februar zu einer lebhaften Diskussion über die augenblickliche Position des Schiffes. Solche Kontroversen gab es auf den damaligen Segelschiffen häufig. Die Schätzungen mußten zwangsläufig summarisch sein; denn sie beruhten auf der Erfahrung, der Intuition und auf einem immer nur ungefähren Wissen über die Länge der zurückgelegten Strecke sowie auf der direkten Beobachtung dessen, was man am Himmel und im Meer sah. Der Kapitän der *Niña*, Vicente Yáñez Pinzón, kam zu dem Ergebnis, daß sie sich südlich von den Azoren und westlich von Madeira befanden. Bartolomé Roldán, ein Liebhaber-Astronom, der sich während der Reise mit nautischen Studien beschäftigt hatte, schätzte, daß das Schiff sich schon östlich von Madeira befand, also in sehr viel größerer Nähe von Spanien. Peralonso Niño lokalisierte sie nördlich von Madeira und westlich der Azoren. Alle drei irrten sich um einige hundert Meilen. Kolumbus rechnete mit größerer Genauigkeit aus, daß sie sich fünfundsiebzig Meilen südlich der Azoren befanden. Er verrechnete sich nur um ein paar Dutzend Meilen. Einige Tage danach nahm man eine erneute Schätzung vor: Nach Kolumbus' Ansicht näherten sich die Schiffe den Gegenden südlich von Flores, der ersten Insel der Azoren auf der Route zwischen Amerika und Europa. Admiral Samuel Morison, der den Seereisen des Kolumbus eine Studie gewidmet hat, die bislang die vollständigste und aktuellste ist, hält jene Berechnung für annähernd richtig. Diesen Schluß können wir heute ziehen. Aber im Februar 1493 reiste Kolumbus praktisch auf gut Glück, ohne genau zu wissen, wo er war, wie weit die gegenüberliegende Küste des Atlantik entfernt war und ob die Route, der er folgte, ihn dorthin führen würde, wo er landen wollte. Madeira und die Azoren konnten Bezugspunkte darstellen. Aber sie waren nur winzige Pünktchen von Land in der Unermeßlichkeit des Ozeans. Die Wahrscheinlichkeit war viel größer, daß es einem nicht einmal gelang, sie zu sichten, daß man in weiter Entfernung an ihnen vorbeisegelte und sie nicht am Horizont auftauchen sah, der nunmehr seit fast einem ganzen Monat leer und einsam dalag.

Eines Nachts ließ sich Kolumbus den Quadranten an Deck bringen, um zu versuchen, das Rätsel der Position des Schiffes zu lösen. Er war nicht sehr geschickt im Umgang mit diesem Instrument und hatte sich mit der Ansicht gerechtfertigt, daß es nicht gut funktionierte und falsche Ergebnisse lieferte. Er hatte es in seiner Kajüte an einen Nagel gehängt und gesagt, daß man es nach der Rückkehr nach Europa einmal eichen lassen müsse. Auch in der Nacht, von der gerade die Rede ist, war die See zu rauh, um eine genaue Messung vorzunehmen. Den Polarstern beobachtete man besser mit bloßem Auge. Kolumbus vermerkte im *Bordbuch*: »Mir wollte es so scheinen, als ob der Polarstern so hoch am Horizont liege wie beim Kap São Vicente in Portugal.« Das Kap São Vicente ist die westlichste Spitze der iberischen Halbinsel. Es liegt auf dem 37. Grad nördlicher Breite, während Kolumbus sich an jenem Punkt der Route zwischen dem 34. und 35. Breitengrad befunden haben muß. Morison kommentiert: »Für eine Beobachtung mit bloßem Auge war das letztlich kein schlechtes Ergebnis.« Auch die kalten Strömungen, die vom Norden herunterkamen, und die veränderten Wetterverhältnisse stellten für Kolumbus immer sicherere Anhaltspunkte dar. Vom *Bordbuch* abschreibend, behauptete Las Casas: »Der Himmel hatte sich stark verändert und war regnerisch, und es wurde ziemlich kalt; deshalb glaubte der Admiral, sich auf der Höhe der Azoren zu befinden.«

Der Winter 1493 war ungewöhnlich kalt und stürmisch. Auf dem Golf von Genua bildete sich eine Eisdecke, und in Lissabon lagen die Schiffe monatelang im Hafen fest, weil die Gegenwinde ihre Ausfahrt blockierten und es nicht ratsam erscheinen ließen, in See zu stechen. An dem Punkt, an dem die Karavellen jetzt angelangt waren, befanden sie sich in einem der unruhigsten Abschnitte des ganzen Atlantik. In jener Zone des Ozeans prallen nämlich die gewaltigen Kaltluftmassen, die von der Arktis her kommen, mit den Massen warmer und feuchter Luft zusammen, die von den tropischen Breiten aufsteigen. Je größer der Temperaturunterschied wird, desto heftiger und katastrophaler ist die Kollision der Wolken. In dem Winter, in dem Kolumbus nach Europa zurückreiste, wurden die Witterungsverhältnisse im Atlantik von so einem dramatischen Zusammentreffen bestimmt. Der Zusammenprall der beiden Luftfronten war heftig und hatte entsetzliche Auswirkungen auf die Verhältnisse auf See. Es ist zu vermuten, daß die beiden Schiffe, während sie sich den Azoren näherten, jenen Punkt kreuzten, wo die beiden entgegengesetzten Luftmassen aufeinandertrafen. Kapitän Morison hat ausgerechnet, daß der Wind die Stärke 8 erreichte, was für zwei Schiffe mit so geringer Wasserverdrängung wie die *Pinta* und die *Niña* zur Katastrophe hätte führen können. Schon eines der drei Schiffe der Flotte, die von Palos abgefahren war, die *Santa María*, war verlorengegangen. Kolumbus riskierte, daß auch die beiden anderen Karavellen im Meer verschwanden und daß sich der Vorhang des Schweigens, des ewigen Schweigens, für immer über ihre Heldentaten senken würde.

Der Sturm, der von außergewöhnlicher Heftigkeit war, dauerte drei Tage und drei Nächte – vom 12. bis zum 15. Februar. Im *Bord-*

buch werden seine einzelnen Phasen minuziös beschrieben, angefangen bei dem Augenblick, da die »See hochzugehen« begann »und ein regelrechter Sturm« losbrach, bis zum Höhepunkt des Wütens, von dem es heißt: »Die Wogenberge nahmen eine erschreckende Größe an; sie kamen von allen Seiten, stürzten aufeinander und bedrängten das Schiff so sehr, daß es weder vorwärtskommen noch auch nur aus dem entfesselten Hexenkessel sich zu befreien vermochte, um dann an den Bordwänden der *Niña* zu zerschellen. [...] Die Sorge und die Gefahr waren groß« und: »Wäre die Karavelle nicht so seefest und wäre sie nicht so gut wieder instand gesetzt worden, so müßte ich Schlimmstes befürchten.«

Es gab nur einen einzigen möglichen Ausweg: Die Schiffe vom Wind treiben zu lassen, die Segel so tief wie möglich zu setzen, »gerade genug, um das Schiff von den anstürmenden Wogen etwas zurückzuhalten«. So lautete der Befehl, den Kolumbus seit der ersten stürmischen Nacht gegeben hatte, während die Schiffe umhergestoßen wurden wie Körner in einer Mühle. »Da [...] die Gefahr immer bedrohlichere Ausmaße annahm, so ließ [der Admiral] den Gewalten des Sturms freien Lauf«, schreibt Las Casas vom *Bordbuch* ab. Man hielt keinen Kurs mehr ein. Der wachhabende Offizier hatte nur die Aufgabe, auf das Heranrollen jeder Woge achtzugeben, um sie in einem möglichst günstigen Winkel abzufangen. Hätten die Brecher von der Windseite her heftig gegen das Schiff geklatscht, hätte die *Niña*, die unter anderem auch wenig Ballast trug, leicht kentern können. Und die *Pinta* wäre bei solchem Seegang bestimmt nicht imstande gewesen, Überlebende aufzulesen.

Auch die *Pinta* »fuhr, wohin der Wind sie trieb«. So zu manövrieren, daß man beisammen blieb, war unmöglich. Irgendwann einmal verschwand die *Pinta* aus dem Gesichtsfeld der *Niña*. Kolumbus ließ eine ganze Nacht lang die Signale mit dem Leuchtfeuer aufleuchten. Die *Pinta* antwortete schwach, bis die Wucht des Orkans sie weit wegriß. Fernando berichtet: »Als es Tag wurde, bemerkten sie, daß sie einander völlig aus der Sicht verloren hatten, und auf beiden Schiffen war man der Überzeugung, daß die anderen ertrunken waren.«

Erschrocken rief die Besatzung der *Niña* die himmlischen Mächte zu Hilfe. Das Schiff war ein einziger Chor von Gebeten und Anrufungen. Man legte das Gelübde ab, eine Wallfahrt zum

Heiligtum von Nuestra Señora de Guadalupe in der Estremadura zu unternehmen, einem der berühmtesten und am meisten verehrten Marienwallfahrtsorte in ganz Spanien. Durch Auslosung wurde bestimmt, wer die Prozession anführen sollte: Es war eine Art frommen Zeitvertreibs, mit dessen Hilfe man die Stunden so gut wie möglich hinter sich bringen wollte, um den Sturm so weit wie möglich zu vergessen. Man legte so viele Kichererbsen in eine Mütze, wie es Männer an Bord gab. Auf einer der Kichererbsen war ein Kreuzeszeichen eingeritzt, und wer diese ziehen würde, sollte den Pilgerzug anführen. Die gekennzeichnete Kichererbse fiel Kolumbus zu, und man muß annehmen, daß das kein Zufall war – auch bei dieser Gelegenheit wollte er seine Vorrangstellung wahren. Aber da weder Wind noch Meer Anzeichen einer Beruhigung erkennen lassen wollten, gelobte man eine zweite Wallfahrt und zog ein zweites Mal das Los. Diesmal gewann ein Matrose aus Cádiz. Kolumbus versprach, daß er ihm die Reise bezahlen würde, die er zum Heiligtum der Muttergottes von Loreto machen mußte, das in Staaten des Papstes gelegen war. Der Sturm schüttelte das Schiff; es wurde von einem Brecher dem nächsten entgegengeschleudert und überall stand bereits Wasser. Man hielt es für notwendig, bei den frommen Gelöbnissen zu bleiben und »in dem Land, wo wir Rettung finden würden, nur mit einem Hemde bekleidet, in einer Prozession zur nächsten Kirche zu ziehen, die der heiligen Muttergottes geweiht war, um dort zu beten«. Kolumbus zog noch einmal die mit einem Kreuz gekennzeichnete Kichererbse. Wahrscheinlich lenkte ein in Glücksspielen erfahrener Seemann die Auslosung, denn nun sah es schon fast nach einem Trick aus. Die einzigen Worte, die man noch an Bord hörte, waren Gebete. Nach zwei Tagen und zwei Nächten, die sie mitten im Orkan verbracht hatten, beteten die Männer nur noch für ihr Seelenheil, »da keiner diesem Sturm zu entrinnen vermeinte, der alles zu verschlingen drohte«.

Auch Kolumbus befürchtete das. Er schrieb, daß er mit seinem Zweifel Schuld auf sich geladen habe, weil die göttliche Vorsehung, die ihn geführt und seine Entdeckung gewollt habe, ihm im bereits bezwungenen Ozean nicht ein stummes Ende bereiten konnte. Mehr als alles andere fürchtete Kolumbus, daß sein Ruhm für immer verlorenging. Als die Elemente immer schlimmer tobten und das Meer sich – wie sein Sohn Fernando es beschreibt –

»immer stolzer aufwarf«, fertigte der Admiral in Eile eine kurze Zusammenfassung der Reise an. Dazu verwendete er Pergamentblätter, die er in eine Wachsleinwand einwickelte. Er verschloß sie in einem Faß und warf es ins Meer. Das Strandgut ist niemals aufgefunden worden. In den nachfolgenden Jahrhunderten bemühten sich viele Fälscher, das Gerücht zu verbreiten, in den Besitz des Manuskripts gelangt zu sein. Ein großer Schwindler aus Wales bot es im Jahre der letzten Hundertjahrfeier der Entdeckung Amerikas zum Verkauf an. Wie konnte man ihm Glauben schenken, da doch der Text, den er für das Original ausgab, in englischer Sprache abgefaßt war?

Einen Brief mit dem Bericht über die Entdeckungen, der den Titel *De insulis inventis* trägt, schrieb Kolumbus während der Rückreise. Er beabsichtigte, ihn gleich nach seiner Rückkehr nach Palos an den Hof zu schicken, als öffentliche Mitteilung über seine Heldentaten. So geschah es, wobei dann am Hof viele Abschriften angefertigt und an die hervorragendsten Persönlichkeiten des Königreiches verteilt wurden. Eine dieser Kopien, die für Luis de Santángel bestimmt war, der tatsächlich der größte Finanzier der Unternehmung war, wurde noch im selben Jahr 1493 in Barcelona gedruckt und schnell in Spanien und im übrigen Europa verbreitet. Es war das erste Mal, daß ein Ereignis des Tages – ein großes Ereignis – sofort in Druck verbreitet wurde. Der Stil ist trocken und knapp. Er kann noch heute als Beispiel für das Werk eines guten Chronisten dienen, der es versteht, die Tatsachen, die er als direkter Zeuge miterlebt hat, vollständig und ohne viele Worte darzustellen.

Am 14., dem dritten Tag, an dem der Sturm andauerte, begann sich der Himmel zur Zeit des Sonnenuntergangs ein wenig aufzuhellen. Die Wellen erschienen weniger wild. Der Wind hatte nach Osten gedreht, kam also aus der Richtung, in der Spanien lag. Kolumbus wagte allerdings nicht, Manöver gegen die Windrichtung auszuführen und ließ das Schiff treiben. Am 15. Februar sichteten sie bei Sonnenaufgang Land. Befreit von ihrer Angst begannen alle zu raten, um welche Küste es sich handelte: Einige meinten, es sei Madeira, andere glaubten, sich vor dem Vorgebirge zu befinden, das oberhalb von Lissabon liegt, und wieder andere hofften gar, in Kastilien angelangt zu sein. Kolumbus blieb der festen Meinung, das gesichtete Land sei eine der Azoreninseln. Wieder einmal hatte er richtig gesehen: Die Insel war Santa Maria, die südlichste des Archipels.

Luft und Wasser waren noch so bewegt, daß es lange dauerte, bis man die Anker werfen konnte. Kolumbus, der schon einen großen Teil seines Rückweges zurückgelegt hatte, hegte keineswegs die Absicht, eine Zwischenlandung auf den Azoren einzulegen; denn er war bemüht, alle Gegenden, die unter portugiesischer Herrschaft standen, sorgfältig zu meiden. Aber sowohl das Schiff als auch die Menschen waren nach dem Sturm so übel zugerichtet, daß es absurd gewesen wäre, nicht anzulegen. Man brauchte Wasser, Holz, frische Lebensmittel und vor allem Ruhe. In der Nacht vor dem Landgang schlief auch Kolumbus – zum erstenmal nach vier schlaflosen Tagen. »... Außerdem hatte ich vom langen Stehen in Wind und Wasser ganz starre Beine bekommen und verspürte einigen Hunger.«

Einen geeigneten Ort für die Ankerung zu finden, war alles andere als ein leichtes Unterfangen. Die Insel Santa Maria besitzt keine Naturhäfen, und die wenigen Stellen, wo es möglich ist, vor Anker zu gehen, sind unbenutzbar, wenn der Wind vom Meer her weht. Kolumbus fuhr bis zur nördlichen Seite der Insel die Küste hinauf und ankerte dort mehr oder weniger unglücklich vor einem flachen Küstenstreifen, der nicht länger als eine halbe Meile war. An der Küste gab es ein Dorf, Nossa Senhora dos Anjos. Die Fischer, die dort lebten, waren erstaunt, eine Karavelle ankommen zu sehen. Niemand, so sagten sie, erinnere sich an einen so fürchterlichen Sturm wie den, der bis zum Tag davor gedauert habe. Sie glaubten, daß niemand, der in jenen Stunden auf See war, sich habe retten können.

Man versuchte, sich im Dorf mit Lebensmitteln und Wasser einzudecken. Aber zunächst einmal erfüllte man das Gelübde, das man auf See abgelegt hatte, das dritte der Serie. In Nossa Senhora dos Anjos gab es eine Kapelle, die der Muttergottes geweiht war, und die Matrosen zogen, nachdem sie sich bis auf das Hemd ihrer Kleider entledigt hatten, in jener Büßertracht in einer Prozession los, um der Muttergottes Dank zu sagen. Vorsichtshalber schickte Kolumbus nur einen Teil der Mannschaft an Land. Eine entsprechende Anzahl von Leuten blieb, wie es üblich ist, wenn Schiffe vor Anker liegen, an Bord. Es war eine weise Entscheidung; denn während sie knieten, um zu beten, wurden die Matrosen von einer

Schar von Inselbewohnern überwältigt und gefangengenommen. Der Gouverneur der Insel, João da Castanheira, achtete mit scharfem Blick auf den unerlaubten Handel, den die Spanier trotz der Verpflichtungen, die sie mit der Unterzeichnung der Verträge eingegangen waren, nach wie vor an den Küsten Guineas trieben. Die Azoren waren – insbesondere bei stürmischem Wetter – für Seefahrer, die aus Guinea kamen, eine fast obligatorische Anlegestelle. Die Matrosen hatten sich sofort gegen die Beschuldigungen verteidigt und erzählt, daß sie aus Indien kämen, von der anderen Seite des Ozeans. Aber ihren Worten Glauben zu schenken, erschien absurd.

Derselbe Gouverneur Castanheira beschlagnahmte auch die Schaluppe, die die Matrosen an Land gebracht hatte und die man am Strand an Land gezogen hatte. An Bord der Schaluppe fuhr er auf die in geringer Entfernung ankernde *Niña* zu. Kaum war er in Hörweite angelangt, wetterte er gegen Kolumbus los, der die Szene von Deck aus beobachtet hatte. »Ich bin der Admiral des Ozeanischen Meeres und der Vizekönig von Indien, das den Königen von Spanien gehört«, rief Kolumbus, sich zum Boot hinunterbeugend. »Mit welchem Recht haltet Ihr meine Leute fest?«

Der Gouverneur lachte: »Und Ihr zeigt Euch auf dieser Nußschale? Ein Admiral fährt doch nicht in so einem Nachen! Und was die Könige von Kastilien anlangt, so kümmere ich mich nicht um sie. Dies hier ist portugiesisches Territorium!« Beide gerieten in Wut. Von der Höhe herab zeigte Kolumbus seine Beglaubigungsschreiben, weigerte sich aber, sie dem Gouverneur auszuhändigen, der ihre Echtheit überprüfen wollte. Die gefangenen Männer wurden nicht freigelassen. Kolumbus erwiderte, daß er die Insel nicht verlassen würde, ehe er nicht hundert Portugiesen gefangengenommen hätte, die er wie Sklaven in Ketten nach Spanien bringen wollte. Die scharfen mündlichen Auseinandersetzungen wurden unterbrochen, zumal sich erneut ein Sturm über dem Meer zusammengebraut hatte. Der Wind tobte mit solcher Heftigkeit, daß die Trosse von einem Anker zerriß. Kolumbus versuchte, an einer besser geschützten Stelle Zuflucht zu finden, und segelte zu der etwa vierzig Meilen entfernten Insel São Miguel. Aber mit den Männern, die man an Land gelassen hatte, hatten alle gelernten Matrosen das Schiff verlassen und befanden sich in Gefangenschaft. An Bord waren nur die Beamten geblieben, die

Bürger sowie die Indianer und lediglich vier oder fünf Leute, die imstande waren, das Schiff zu manövrieren, zu wenige, um während des Sturms zu segeln. So blieb die *Niña* die Nacht über dem Wind ausgeliefert. Am Morgen kehrte sie nach Santa Maria zurück.

Die Nacht hatte Rat gebracht. Mit der Schaluppe kamen zwei Priester und zwei Notare an Bord, um die Beglaubigungsschreiben zu überprüfen. Sie wurden für echt erklärt und die Matrosen unverzüglich freigelassen. Am 24. Februar, einem Sonntag, konnte Kolumbus wieder in See stechen. Auf den Azoren hatte er sieben Tage und drei Anker verloren, weil der Wind ständig an den Trossen gezerrt und sie zerrissen hatte. Der Bug war auf Kap São Vicente gerichtet. Das war die Route, an die sich jeder halten mußte, der nach Palos fahren wollte. Zwischen den Azoren und Palos liegen achthundert Meilen; das bedeutet eine einwöchige Seereise. Aber in dem zwischen den Azoren und den iberischen Küsten gelegenen Meeresabschnitt ist es während der Wintermonate immer sehr stürmisch, und ganz besonders stürmisch war es zu der Zeit, als Kolumbus aus Amerika zurückkehrte. Nachdem die *Niña* wenig mehr als zweihundert Meilen in östlicher Richtung zurückgelegt hatte, geriet sie erneut in einen schrecklichen Sturm, dem sie ausgeliefert war, bis sie sich praktisch auf die portugiesische Küste zutreiben sah. Nicht genau dorthin, wohin sie wollte, sondern weiter nördlich, zur Mündung des Tejo, an dessen Ufern Lissabon liegt. Sechs Tage lang hielt der Wirbel des Sturms das Schiff in seiner Gewalt. Wahrscheinlich bildete sich das Zentrum, das »Auge« des Zyklons, diesmal in größerer Nähe der *Niña* als bei dem entsetzlichen Sturm, den sie wenige Tage zuvor erlebt hatte. Bei diesem erneuten Unglück wurde Kolumbus' Schiff arg mitgenommen: Es gelang ihm nicht, den Kurs zu halten, und die *Niña* mußte sich dem Land zuwenden und ausgerechnet auf die portugiesische Hauptstadt zufahren, die wahrhaftig der letzte Ort war, wo Kolumbus vor Anker gehen wollte. Und am Ende einer so großen Katastrophe zog sich der Sturm zurück, indem er wie ein Drache mit dem Schwanz um sich schlug und mit seinen Böen das Schiff erneut in große Gefahr brachte. Morison verwendet hierfür den folgenden vielsagenden Vergleich: Es war, »wie wenn eine feindliche Flotte von unterhalb des Horizonts das Feuer auf die Karavelle eröffnet hätte«. Zwischen Blitzen, Donnern und Wirbelwinden erschien am 4. März ganz in der Nähe das Land, in dem man den Felsen von Cintra wiedererkannte, der Cascais und den Mündungstrichter des Tejo beherrscht. Die *Niña* war Gefahr gelaufen, an dem Felsenriff zu zerschellen, was für die Mannschaft den sicheren Tod bedeutet hätte.

Kolumbus fuhr an Cascais vorbei, von dessen Küste aus die erstaunten Fischer das kleine Schiff so bedrohlich im Sturm schwanken sahen, »daß sie den ganzen Morgen damit zubrachten, für die Rettung jener Seeleute zu beten«. An jenem Morgen wurde endlich der Anker geworfen, und zwar in der Meerenge, in die der Tejo mündet. Der Hafen, in dem Kolumbus vor Anker ging, hieß – und heißt heute noch – Restelo. Damals lag er außerhalb der Stadt, vier Seemeilen weiter talabwärts. Ein großes Schiff unter portugiesischer Flagge, das mit mächtigen Geschützen bewehrt war, lag neben der *Niña* vor Anker, an der Einfahrt der Meerenge – so, als ob es den Hafen bewachte. Das Erlebnis auf den Azoren mahnte Kolumbus zur größten Vorsicht. Er beeilte sich, einen Brief an König Johann zu schicken, in dem er darum bat, den Fluß bis Lissabon hinauffahren und jenen entlegenen und einsamen Ankerplatz verlassen zu dürfen, an dem er sich derzeit befand. Er benötigte eine Werft, um sein Segelschiff wieder flottzumachen, damit es nach all den Katastrophen und den durch die wilden Stürme verursachten Schaden wieder seetüchtig gemacht würde.

In der Zwischenzeit entfernte sich ein Boot von dem Kriegsschiff, das neben ihnen lag, und fuhr auf die *Niña* zu. An Bord war der Erste Offizier des Schiffes, Bartolomeu Diaz, der fünf Jahre zuvor das Kap der Guten Hoffnung umsegelt hatte. Kolumbus und Diaz gaben der Geschichte der Seefahrt ruhmreiche Höhepunkte. Aber unter den gegebenen Umständen reduzierte sich hier ihre Unterhaltung auf bürokratische Formeln, unwürdig zwischen zwei großen Seefahrern, von denen der eine Afrika umsegelt und der zweite Amerika entdeckt hatte. Diaz forderte Kolumbus auf – im Tonfall eines Mannes, der als Herr im Haus Befehle erteilt –, sich auf das portugiesische Schiff zu begeben, um dem Kapitän Bericht zu erstatten. Kolumbus wiederholte die stolze Weigerung, die er schon auf den Azoren ausgesprochen hatte: Ich bin der Admiral des Ozeanischen Meeres und kann nur durch Gewalt zum Verlassen meines Schiffes bewogen werden. Diaz bat, die Dokumente überprüfen zu dürfen. Er ging an Bord, und Kolumbus zeigte sie ihm. An dem, was er vollbracht hatte, war etwas Außerordentliches. Die Portugiesen kannten sich in solchen Dingen aus. Der Kapitän des Kriegsschiffes beschloß, an Bord der *Niña* zu gehen, um Kolumbus »mit großem Pomp und zum Klang von Trommeln, Pfeifen und Trompeten« seine Huldigung darzubringen. Er stellte sich zu seiner vollen Verfügung.

Zwei Tage darauf erschien im Restelo ein Edelmann vom Hof mit einem Brief des Königs, in dem Kolumbus aufgefordert wurde, ihm einen Besuch abzustatten. Wegen allem, was in den vergangenen Jahren zwischen ihm und Johann II. vorgefallen war, hatte Kolumbus ein wenig Angst vor dieser Begegnung. Aber er konnte nicht ablehnen. Die *Niña* hatte die Genehmigung erhalten, den Tejo bis Lissabon hinaufzufahren, und der König hatte bei den königlichen Werften für Kolumbus garantiert und ihm für den Fall, daß er Materialien kaufen und Reparaturarbeiten bezahlen mußte, unbegrenzten Kredit einräumen lassen.

Lissabon wurde damals gerade von einer Pestepidemie heimgesucht. Als Zufluchtsort hatte König Johann sich ein von einem großen Pinienwald umgebenes Kloster außerhalb der Stadt ausgewählt. Kolumbus reiste, eskortiert von Leuten des Königs, dorthin und nahm von den Indianern, die er jenseits des Ozeans gefangengenommen hatte, einige der kräftigsten und gesündesten mit. Die Begegnung zwischen dem König und Kolumbus war spannungsgeladen. Der Entdecker Amerikas hatte schon einmal vor jenem Thron gestanden – als abgewiesener Bittsteller. Der König von Portugal versuchte zu begreifen, wie weit bei den Abenteuern, von denen Kolumbus berichtete, die Wahrheit reichte und wo der Betrug anfing. Er hatte seine Zweifel über dieses Indien und argwöhnte, daß die spanische Expedition aus Guinea oder aus irgendeinem anderen Land käme, auf das Portugal Anspruch erhob. Beiden Männern war starke Willenskraft und große Leidenschaftlichkeit eigen. Kolumbus war damals zweiundvierzig, König Johann achtunddreißig Jahre alt, er sollte kaum noch zwei weitere Jahre leben; er starb als Vierzigjähriger.

Angesichts der Ziele, die er sich steckte, mußte sich der König großherzig zeigen. Er dachte nicht an die Vergangenheit, sondern empfing Kolumbus »mit vielen Ehren und ließ ihn in seiner Gegenwart mit bedecktem Haupt Platz nehmen«, eine Behandlung, die eines Admirals würdig war. Er machte ihm Komplimente zum

Ausgang seiner Reise. Dann warf er nach einem kurzen Schweigen die Frage auf, ob »diese Entdeckung und Eroberung nicht gemäß dem geltenden Vertrag zwischen Portugal und Kastilien ihm gehörten«. (Er bezog sich dabei auf den Vertrag von Alcáçovas aus dem Jahre 1479, den noch sein Vater unterzeichnet hatte. Seither hatte sich das Gesicht der Welt verändert, und Kolumbus' Unternehmung hatte alle Bedingungen ins Rutschen gebracht. Die Richtlinien des Vertrages von Alcáçovas waren nicht mehr tauglich.)

Der Admiral erwiderte schroff, »jenen Vertrag nicht zu kennen«. Er wußte, daß es darin den spanischen Seeleuten verboten wurde, sich nach Guinea zu begeben, und er hatte ihn respektiert. Johann II. blieb unzugänglich. Er ließ Kolumbus freimütig reden, und Kolumbus ließ sich nach und nach von seinem Stolz, von seiner Eitelkeit und von seinen unbezwingbaren Rachegefühlen gegenüber jenem mächtigen Mann hinreißen, der nicht an ihn geglaubt hatte. Er strafte ihn, indem er ihm bewies, wie sehr er sich geirrt hatte. Es war ein riskantes Verhalten. Der Hofchronist Ruy de la Piña behauptet, daß die Edelleute im Gefolge des Königs angesichts einer so großen Dreistigkeit schockiert waren. Sie ziehen Kolumbus der »Unhöflichkeit und Anmaßung« und sollen den Herrscher sogar aufgefordert haben, »jenen Prahler« umbringen zu lassen. »Aber der König«, so fährt der getreue Chronist fort, »fürchtete Gott und wollte nicht auf sie hören.« Der Hof von Lissabon stand im Ruf, grausam und blutrünstig zu sein. Die Dynastie hatte schon mit so vielen Verschwörungen fertig werden müssen, daß sie nicht vor Gewaltanwendung zurückschreckte. Selbst Johann II., »der Gott fürchtete«, hatte mit eigener Hand seinen Schwager, den Herzog von Viseu, erschlagen, der beschuldigt worden war, hinter seinem Rücken Ränke zu schmieden. Vielleicht war Kolumbus während der beiden Tage und der beiden Nächte, die er in dem im Wald versteckten Kloster verbrachte, tatsächlich in Gefahr.

Als er nach Lissabon zurückkehrte, fand er die *Niña* vollkommen überholt vor: die Segel neu, der Anstrich glänzend, die Einrichtungen wieder in Ordnung gebracht. Er lichtete am Morgen des 13. März die Anker und nahm direkten Kurs auf Palos. Was ihm immer noch als quälende Sorge am Herzen lag, war das Schicksal der *Pinta* und das von Pinzón. Wo waren sie gelandet?

War es möglich, daß sie schon vor ihm angekommen waren und daß Pinzón die Bekanntgabe seiner Unternehmung an sich gerissen hatte? Er konnte bereits auf dem Weg zum Hofe sein, der sich dem zufolge, was er in Lissabon gehört hatte, zu jenem Zeitpunkt in Barcelona befand. Aber wenn die Nachricht von Pinzón bereits nach Spanien gebracht worden wäre, hätte man das in Lissabon schon gewußt; irgendwie wäre etwas durchgesickert. Er hatte vielmehr den Eindruck gewonnen, daß König Johann von all dem keine Ahnung hatte. Was sollte man davon halten?

In jenem Augenblick war die *Pinta* nicht weiter als etwa dreißig Meilen von ihm entfernt, aber noch hinter ihm. Keiner der beiden wußte etwas vom anderen. Als sie sich in der Sturmnacht des 13. Februar trennten, hatte Pinzón die Azoren nicht berührt. Er wußte gut, welche Regeln in jenen Meeresgegenden bei Sturm zu befolgen waren. Man mußte sich davon lösen, Spanien anlaufen zu wollen, indem man weiter nach Osten fuhr, sondern mußte versuchen, nach Norden auszuweichen, um den Zyklon von oben her zu umfahren. So war Pinzón schließlich in Bayonne gelandet, mitten im Golf von Biskaya, sehr weit von den Azoren entfernt, aber praktisch schon an der spanischen Küste. Von Bayonne schickte er einen Boten über den Landweg zu den Herrschern und bat um Erlaubnis, zu ihnen kommen zu dürfen, um ihnen persönlich Bericht über die Geschehnisse zu erstatten. Die Antwort erreichte ihn zwei Wochen später; sie war abschlägig. Die Könige meinten, es gebühre dem Admiral, Rechenschaft über die Reise und das Unternehmen abzulegen. Er sei es, den sie erwarteten.

Dies geschah in den ersten Märztagen, und sicherlich war schon in der ersten Hälfte des Monats etwas über die Entdeckung bei Hofe bekannt – sei es aufgrund von Pinzóns erster Ankündigung, sei es aufgrund dessen, was aus Lissabon widerhallte. Pinzón fuhr von Bayonne aus an der iberischen Küste entlang und steuerte Palos an. Er floh vor dem zweiten Sturm und legte keinen Aufenthalt in Lissabon ein. Er war schneller gewesen als Kolumbus, obwohl er eine längere Strecke zurückgelegt hatte. Aber die Enttäuschung über die abschlägige Antwort der Hoheiten hatte ihm die Freude über die Heimkehr verdorben. Pinzón fühlte sich von Kolumbus verfolgt, von seiner Arroganz erdrückt. Zwar konnte sein Schiff auch im Orkan untergegangen sein und Kolumbus mit ihm. Doch er wagte nicht, das zu hoffen; denn an Bord der *Niña* befand sich Vicente Yáñez, sein Lieblingsbruder.

Nach der Umsegelung von Kap São Vicente erreichte Kolumbus in der Morgendämmerung des 15. März die spanischen Gewässer. Zum Zeichen des Grußes ließ er die Geschütze donnern: Während auf der *Niña* Glück und Sieg strahlten, herrschten auf der *Pinta*, die ihr mit einigen Stunden Abstand folgte, nur Mißmut und Frustration. Das Leben schneidet mit scharfer Klinge: Dasselbe Ereignis, dieselbe Tatsache kann das Gefühl der Menschen und die Erinnerung an das gemeinsam Vollbrachte zerstören.

Als Kolumbus an der Saltesbank, auf der Höhe des Río Tinto, angelangt war, mußte er den Rückfluß der Flut abwarten, um den Fluß hinauffahren zu können. Er kam unter dem Kloster von La Rábida vorbei, sah die Burg und die Häuser von Palos wieder und die San-Jorge-Kirche, wo er in der Nacht gebetet hatte, bevor er in See gestochen war. Das *Bordbuch*, aus dem wir so viele Male zitiert haben, schließt mit folgenden schlichten Worten: »Um zwölf Uhr mittags fuhr ich bei Flut an der Felsbank von Saltes in den Hafen ein, von dem aus ich am 3. August des vergangenen Jahres meine Fahrt angetreten hatte.« Die Reise hatte acht Monate gedauert.

Die Chronisten sollten sich noch Jahre an die *bodas y banquetes* erinnern, an das große Feiern und Festen, das ganz Palos viele Frühlingsabende zu Ehren der Helden wachhielt; denn die aus Indien zurückgekehrten Matrosen wurden als Helden betrachtet; betrachtet und bewundert, und mit ihnen jene sonderbaren Menschen, die sie als Beweise mitgebracht hatten, jene schweigsamen Indianer, die in einer Welt, die auch für sie eine »neue« war, verloren waren. Aus Moguer, aus Huelva, aus der ganzen Gegend von Niebla kamen ganze Prozessionen von Neugierigen, um sie zu bestaunen. Von den Gefeierten fehlte nur ein einziger – Martín Alonso Pinzón. Er war gleich nach Kolumbus eingetroffen, noch am Abend desselben Tages, und als er von der Saltesbank aufmerksam Ausschau hielt, erkannte er die schon vor Anker gegangene *Niña*, die mit gestrichenen Segeln am Ufer lag. Der Himmel war noch hell; es war die Stunde vor Sonnenuntergang. Ohne die abendliche Flut abzuwarten, um den Fluß hinauffahren zu können, ließ er sich von einer Schaluppe an Land bringen, um außerhalb der Stadt von Bord zu gehen. Er meldete sich nicht beim Admiral, um ihn zu begrüßen, und ging nicht einmal zu seinem Bruder. Vielmehr begab er sich unverzüglich in sein auf dem Lande – zwischen Palos und Moguer – gelegenes Haus, legte sich zu Bett und starb innerhalb von fünf Tagen. War es die Erschöpfung, war es der Gram, war es der Neid? Er befürchtete, daß Kolumbus ihn wegen Desertion gefangennehmen lassen würde. Aber was ihn noch mehr bedrückte, war die Ablehnung der Könige, das Scheitern all seiner Hoffnungen. Ob es gerecht oder ungerecht war – die Kluft, die sich nun zwischen ihm und Kolumbus auftat, war jedenfalls die zwischen Ruhm und Anonymität – es war ein Abgrund. Und dieser Abgrund verschlang ihn.

Kolumbus' Ruhm sollte in Barcelona gefeiert werden, am Hof der Könige. Die Reise von Palos nach Barcelona dauerte auf dem Landweg eine gute Woche. Zuerst hatte Kolumbus beabsichtigt, Barcelona über den Seeweg zu erreichen und mit wehenden Fahnen, als Bezwinger der Meere, in den Hafen einzufahren. Dann aber drängte ihn Pinzóns Ankunft zur Eile. Pinzón war unmittelbar nach seiner Landung verschwunden. Kolumbus malte sich die Wut- und Rachegefühle aus, die Pinzón aber gar nicht mehr empfinden konnte. Von seinem Tod erfuhr er erst später, und diese Nachricht traf ihn sehr. Sie hatten das schönste Abenteuer ihres Lebens gemeinsam erlebt. Aufgrund ihrer Persönlichkeiten und ihrer Handlungen hatte sich zwischen ihnen eine Haßliebe entwickelt. Man kann auch den Tod eines Feindes beweinen. Mit ihm verschwindet immer auch ein Teil des eigenen Lebens. Was Kolumbus damals nicht wissen konnte, war, daß die Rivalität mit Pinzóns Tod nicht ausgelöscht war. Über die Erben verfolgte sie ihn weiter, bis in die zweite und dritte Generation hinein – über ein Jahrhundert lang. Und mehr noch als die Erzählungen über die Reise waren es die Berichte über den Prozeß, die aus Pinzón immer glaubwürdiger eine ebenso ruhmreiche und sogar noch ruhmreichere Gestalt machten als Kolumbus und die Pinzón als wahren Entdecker Amerikas erscheinen ließen, so wie es – vergeblich – auf dem Denkmal auf dem Marktplatz zu Palos geschrieben steht.

Um die Dinge zu beschleunigen, begibt Kolumbus sich nach Sevilla. Er wartet, daß dort der königliche Kurier aus Barcelona mit der Erlaubnis eintrifft, bei den Königen vorzusprechen. In Sevilla wurde gerade die Karwoche, die »Semana Santa« gefeiert, und Kolumbus zog am Palmsonntag »unter großen Ehrenbezeigungen« in die Stadt ein. In der riesigen Kathedrale, in der es so finster ist wie in einem Wald, wohnte er den Osterfeierlichkeiten bei, und die ganze Stadt umgab ihn mit Bewunderung. Wohin er auch in Begleitung seiner Indianerpatrouille und mit den in Käfigen gefangenen Papageien ging, folgte ihm die Menge durch die Straßen. Die Frauen zeigten sich an den Fenstern, klatschten ihm beifällig zu und deuteten mit dem Finger auf ihn: Das ist der Mann, der Indien über den Seeweg erreicht hatte, und dem es gelungen war, auch wieder von dort zurückzukehren. Las Casas erinnert sich, als kleines Kind Kolumbus' Auftritt in Sevilla miterlebt zu haben, in Aufregung versetzt durch die wundersamen Geschichten, die erzählt wurden und durch die Anwesenheit der Indianer, die er eines Abends an der Puerta de Las Imágines vorübergehen sah. Die kleinen Jungen, mit denen er zusammen war, wollten sie zwicken, um sicher zu sein, daß sie auch echt waren.

Der Brief der Hoheiten traf ein. Als Kolumbus las, wie er an ihn adressiert war, hatte er Grund zum Stolz. Dort stand: »An Don Cristóbal Colón, Unseren Admiral des Ozeanischen Meeres, Vizekönig und Gouverneur der von ihm in Indien entdeckten Inseln.« Sie warteten ungeduldig darauf, ihn zu sehen, und noch ungeduldiger darauf, weitere Expeditionen über den Ozean mit ihm zu planen. »Es ist Unser Wille, daß das, was Ihr mit Gottes Hilfe begonnen habt, fortgesetzt und vervollkommnet werde. Beeilt Euch, so gut Ihr könnt, hierherzukommen.«

Von Sevilla aus machte sich Kolumbus sofort auf die Reise, eskortiert von seinen Offizieren, seinen Dienern und seinen Indianern. Er nahm viele Gegenstände mit, die sie auf den Inseln gefunden hatten, Stücke von reinstem Gold, Bernstein, Baumwolle, wohlriechende Kräuter sowie die bunten Papageien und andere Vögel, »von denen man noch nie hatte reden hören«. Entlang der Straße von Sevilla nach Barcelona standen die Menschen Spalier, um dem Spektakel beizuwohnen. Kolumbus kam auch durch Córdoba, wo er übernachtete. Dort waren seine Söhne, um ihn willkommen zu heißen, und all seine alten Freunde aus dem Laden des Apothekers. Bestimmt auch Beatriz, obschon von ihr nicht die Rede ist: An die Sünde durfte man nicht erinnern. Kolumbus betrachtete Córdoba als seine Stadt. Sie veranstaltete große Feste für ihn. Dann überquerte die ruhmreiche Prozession die Sierra Morena, zog hinunter nach Valencia und am Meer entlang bis Barcelona. Dort traf sie am 20. April ein. Oviedo berichtet: »Der Hof und die ganze Stadt waren auf den Beinen, um dem Admiral entgegenzugehen.«

Isabella und Ferdinand erwarteten ihn im Königspalast, in dem rechteckigen, mit Steinen gepflasterten Hof, den man der Länge nach überquert, ehe man zum Eingang gelangt. Ende des 15. Jahrhunderts befand sich der Königspalast von Barcelona noch in der alten Residenz der Grafen von Barcelona, im Herzen der Altstadt. Er war aus grauem Stein gebaut, ohne besonderen Prunk, mit einfachen, zierlichen Bögen vor den niedrigen, soliden Mauern. Den Palast erreichte man über den Weg durch die engen Gassen des mittelalterlichen Barcelona, seitlich der Kathedrale, der Residenz des Bischofs und neben alten Klöstern. In der Begleitung der Edelleute vom Hof zog Kolumbus zusammen mit seinem Gefolge aus Offizieren und Dienern durch die finsteren Gassen des Viertels, um zur Esplanade des Hofes vor dem Palast zu gelangen, wo dicht gedrängt die Fürsten, Magnaten, Edelleute und Würdenträger standen mit ihren Schildknappen und Familien, mit *todo el boato*, mit der ganzen Pracht und Herrlichkeit von Europas berühmtestem Hof.

Der Empfang fand öffentlich statt. Auf einer Seite des Hofes, zwischen dem Palast und der Pfalzkapelle, die der heiligen Anna geweiht war, hatte man eine Tribüne errichtet, auf der der König und die Königin saßen und mit ihnen der gesamte Adel. Als Kolumbus eintraf, erhoben sich alle bis auf die Könige, wie man es sonst nur in Gegenwart der Granden von Spanien zu tun pflegte. Es ertönten Rufe und Applaus, und die Fahnen wurden geschwenkt. Die Rüstungen und die Brokatstoffe glänzten in der Aprilsonne. Das Königspaar zog sich mit den vertrautesten Persönlichkeiten des Hofes, mit dem Infanten Don Juan und den höchsten Würdenträgern ins Innere des Palastes zurück, in die *Cambra Mayor*, wo sie sich auf dem Thron niederließen. Kolumbus wurde vor sie geführt. Stolz stieg er die kurze Treppe empor, mit feierlichem Schritt, mit der Körperhaltung eines Mannes, der das Abenteuer liebt, mit seiner grauglänzenden Haarmähne, die sich von dem noch jungen Gesicht abhob. Er lächelte, er war ein einziges Lächeln. Er verhehlte weder seine Freude, noch seinen Genuß, noch seinen Stolz. Um diesen Augenblick zu erleben, hatte er sein Leben aufs Spiel gesetzt und auch die Niederlage riskiert.

Er betrat den Thronsaal. Ferdinand und Isabella erhoben sich und streckten ihm die Hand entgegen. Kolumbus kniete nieder, um sie zu küssen, und die Hoheiten forderten ihn huldvoll auf, sich zu erheben und zwischen ihnen und dem Infanten Don Juan Platz zu nehmen. Für ihn wurde ein Stuhl hereingetragen, was während der Audienzen nur selten geschah. Er wurde fast wie ihresgleichen behandelt – nur mit einem Unterschied: Sein Stuhl hatte keine Rückenlehne.

Über eine Stunde lang bedrängten die Herrscher ihn mit Fragen und erkundigten sich nach Einzelheiten. Sie inspizierten mit ihm die seltsamen Gegenstände, die er mitgebracht hatte. Sie ließen die Indianer sprechen, die an jenem erhabenen Ort halbnackt, bemalt und – Lope de Vega zufolge – sogar *bozados*, das heißt mit einem Maulkorb versehen, dastanden. Ein Page ging mit einem Tablett, beladen mit Goldbarren, zwischen den Anwesenden umher. Ein anderer trug die aus Weidenruten geflochtenen Käfige mit den grün- und gelbgefiederten Papageien herbei. Ferdinand und Isabella war die Rührung anzusehen, als sie den Beschreibungen zuhörten, die Kolumbus mit seiner Eloquenz, mit seiner so überzeugenden Stimme, lieferte. Er hob den Blick, der hin und wieder dem von Isabella begegnete, die unverwandt auf ihn schaute. Sie schien von Freude erfüllt, und in dem feinen Lächeln, das Kolumbus auf ihren Lippen zu erkennen glaubte, lag ein Hauch von Zärtlichkeit, nicht mehr als nur ein Hauch.

Nach der Audienz versammelten sich alle in der Sankt-Anna-Kapelle, um als Danksagung das *Te Deum* zu beten. Kolumbus befand sich immer noch an der Seite der Hoheiten, jedem Anschein nach geehrt und respektiert. Dann nahm man in den Privatgemächern ein Mahl ein. Kolumbus wurden die Speisen »*coperto*« serviert, das heißt mit einem Deckel über dem Teller, der über die Speisen gestülpt worden war, und der König hatte persönlich von den Speisen gekostet, ehe sie dem Gast dargereicht wurden. Dieses Ritual hieß *Salva* und stellte die höchste Form dar, jemandem seinen Respekt zu bekunden; in der Regel war es Personen von königlichem Geblüt vorbehalten. Von den zeitgenössischen Geschichtsschreibern war Gonzalo Fernández de Oviedo Augenzeuge dieser Ereignisse. Sein Bericht über die Feierlichkeiten von

Barcelona anläßlich von Kolumbus' Heimkehr ist überaus fesselnd, so wie alles, was sich einem Menschen unvermittelt ins Gedächtnis einprägt.

Für Kolumbus war mit jenen Tagen im April der höchste Gipfel seines Erfolges erreicht. Nie wieder in seinem ganzen Leben sollte er Ähnliches erleben. Jemand hat geschrieben, daß er, wenn er klüger und weniger ehrgeizig gewesen wäre, auf diesem Punkt hätte stehenbleiben sollen, ohne nach weiterem Ruhm, neuen Ehrungen und Reichtümern zu streben. Wer das schrieb, wußte nicht oder dachte nicht darüber nach, welche Art Mensch Kolumbus war. Klugheit und Ehrgeiz sind keine Alternativen für einen Mann mit den Wesenszügen, die er offensichtlich in überreichem Maße besaß. Der Admiral mußte ebenso fortfahren, auf seinen Phantastereien zu reiten wie Don Quijote auf seinem Klepper Rosinante. Beide sahen etwas vor sich, was kein anderer sah. Kolumbus konnte nicht innehalten, bevor der dem Großen Khan nicht begegnet war, ehe er die Quelle des Goldes nicht gefunden und die Indianer nicht bekehrt hatte.

Ruhm zieht Ruhm nach sich. Und es hatte den Anschein, daß das Unternehmen – so gesehen – gerade erst begonnen hätte.

KOLUMBUS' ZWEITE REISE UND DIE ENTDECKUNG DER TAUSEND INSELN

Die Nachricht, daß ein Mensch eine andere Welt auf der Erde entdeckt hatte, verbreitete sich mit beispielloser Geschwindigkeit wie ein Lauffeuer. Nicht einmal die Nachricht vom Tode Cäsars oder vom Sieg Karl Martells über die Muslime, um zwei Ereignisse anzuführen, die den Lauf der Geschichte veränderten, hatte die Menschheit so schnell erreicht. Dabei muß natürlich auch berücksichtigt werden, wie sich die Nachrichten vor der Einführung der Massenkommunikationsmittel verbreiteten; aber diese Veränderung trat erst in jüngster Zeit ein, während die Neuigkeiten schon seit Jahrtausenden übermittelt wurden, über Feuersignale, vom Soldaten von Marathon, der vierzig Kilometer weit lief, oder von berittenen Kurieren, die Briefe von einer Poststation zur nächsten beförderten.

Was im Zusammenhang mit Kolumbus und seiner Entdeckung erstaunt, ist nicht so sehr die Geschwindigkeit – obwohl es schon ungewöhnlich war, daß diese Nachricht bereits zwei Monate nach seiner Ankunft in Barcelona schon in ganz Europa, in Florenz wie in Basel und Paris die Runde gemacht hatte. Noch überraschender ist vielmehr die Promptheit, mit der jenes neue Ereignis die Phantasie erregte und in das Bewußtsein der Zeitgenossen drang. Sie begriffen sofort, daß nun die Erde größer wurde und daß sich aus diesem selben Grund auch die Welt der Individuen, die menschliche Gesellschaft, ändern würde. Es gab nicht einmal Reaktionen, aus denen Unglauben deutlich wurde, jene Widerstände des Zweifels, mit denen alles Neue im allgemeinen abgewehrt wird. Nein, Kolumbus' Abenteuer wurde sofort geglaubt. Vielleicht war es eine erwartete, eine erhoffte Erleuchtung: Wie der Blitz, der in der Schwüle des Sommers ein nächtliches Gewitter ankündigt. Zu Kolumbus' Zeitgenossen gehörten ja auch Menschen wie Leonardo da Vinci und Michelangelo. Der Geist schwang sich in neue Sphären auf. Dies war eine Zeit voller Wunder, und in der erregenden und wohltuenden Aura dieser außergewöhnlichen Sphären schärfte Kolumbus seinen Verstand. Muß es verwundern, daß die Welt von der Entdeckung hörte und sofort begriff, daß nun für alle die Zukunft begonnen hatte?

In der Tat gab es auch ein präkolumbianisches Europa, das am 12. Oktober 1492 mit der Entdeckung Amerikas endete. Wenn man – wenn auch nur allgemein – von einer »Neuen Welt« spricht, muß hinzugefügt werden, daß auch Europa von jenem Augenblick an zu einer neuen Welt wurde. Diesen Begriff benutzte zum erstenmal Pietro Martire d'Anghiera – jene einzigartige Persönlichkeit eines Diplomaten, Humanisten und Vielschreibers, der als verdienstvolles Klatschmaul viele Neuigkeiten verbreitete. Er erwähnt die »Neue Welt« zum erstenmal in einem Brief an Francesco Sforza vom November 1494, wo er schrieb: *Colonus ille novi orbis repertor*, »jener Kolumbus, der eine neue Welt entdeckt hat«. Wenige Jahre danach ließ Pietro Martire in Venedig sein Buch *De orbe novo*, »Über die Neue Welt«, drucken. Aber nicht nur Pietro Martire, sondern jeder verwendete fast wie selbstverständlich ebendiesen Ausdruck – der Papst in Rom, Ercole d'Este in Ferrara, der Doge von Venedig oder Ludovico il Moro. In einem Brief, der einige Jahre später abgefaßt wurde, sprach Kolumbus selbst von *otro mundo*.

Doch deshalb sollte man nicht glauben, daß diese Menschen um die Existenz eines neuen Kontinents, des immer noch unbekannten Amerika, wußten; ja, sie ahnten nicht einmal etwas davon. Die »Neue Welt« war für jedermann immer noch der äußerste Zipfel Asiens mit bis dahin unbekannten Inseln, die in den Ozean hineinragten und hinter denen das fabelhafte Hinterland voller Wunderdinge und Reichtümer lag, das Kolumbus kaum gestreift hatte. Niemand zweifelte daran, daß es sich um etwas anderes handeln könnte als um Indien. Es dauerte noch ein Vierteljahrhundert, bis Magalhães mit seiner Reise von 1521 die Rätsel der Ozeane und Kontinente endgültig lösen sollte.

Auch wenn sich die Entdeckung auf die »Region der Indischen Lande« beschränkte, da die Zeitgenossen keine anderen in jener Richtung kannten, kam der Entdeckung im Gesamtzusammenhang mit dem, was man als damalige Weltpolitik definieren könnte, höchste Bedeutung zu. Es gab zwei große Reiche – Spanien und Portugal –, die sich die Meere streitig machten. Jedes Vorrücken des einen oder des anderen führte zu diplomatischen Zusammenstößen und zur beidseitigen Furcht vor den Konsequenzen. Wir haben geschildert, was Kolumbus allein schon deswegen widerfuhr, weil er während des entsetzlichen Sturms auf den Azoren Schutz gesucht hatte, und wie der König von Portugal nur mühsam seinen Zorn unterdrückte, als er aus Kolumbus' Mund erfuhr, bis wohin sich dessen Schiffe unter der Flagge Kastiliens gewagt hatten. Mit Kolumbus' Rückkehr nach Spanien entbrannte der diplomatische Streit. Ließ sich, da es auf den Meeren noch so viel Land zu entdecken gab, für die Erkundungsfahrten der spanischen und der portugiesischen Seefahrer eine Grenze festlegen? Oder würde jeder auf gut Glück losziehen, was auch immer geschehen mochte?

Während der Tage, als man zu Ehren von Kolumbus Feierlichkeiten abhielt, ließen sich in Barcelona seltsame Gesandte aus Portugal blicken. Viele Gerüchte schwirrten durch die Gassen. Einige behaupteten, Johann II. bereite eine Expedition zu den soeben entdeckten Ländern vor (das entsprach der These von der Handlungsfreiheit), andere hingegen verkündeten, daß der König von Portugal ein Dokument ausarbeite, in dem seine Rechte auf sämtliche östlich von Afrika und südlich der Kanarischen Inseln gelegenen Gebiete bestätigt werden sollten. Es handelte sich um eine Verständigung über die Einflußsphären, wie sie schon etwa zehn Jahre zuvor in einer von Papst Sixtus IV. herausgegebenen Bulle vage angedeutet worden war. Aber nach Kolumbus' Entdeckung diente sie dem Mißbrauch, und es hatte fast den Anschein, als ob die Portugiesen mit dem besiegelten Papier das erobern wollten, was Kolumbus mit der Kühnheit seiner Phantasie dem Unbekannten entrissen hatte.

In dieser Auseinandersetzung gereichte den Königen von Spanien ein Punkt zum Nachteil: Die Portugiesen besaßen eine wesentlich stärkere Flotte als sie, und Johann II. war ein mächtiger König, der keine Gnade kannte. Wenn er es gewollt hätte, hätte er einem regelmäßigen Verkehr zwischen Spanien und den vermeintlichen Indischen Landen schwere Hindernisse in den Weg stellen können. Umgekehrt hatten Ferdinand und Isabella auch ei-

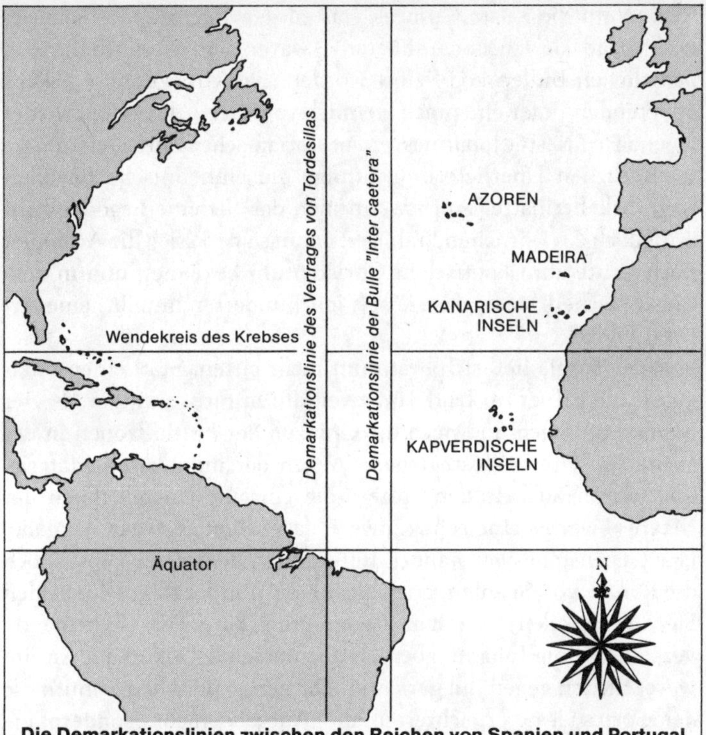

Die Demarkationslinien zwischen den Reichen von Spanien und Portugal

nen großen Vorteil: Ein Jahr zuvor hatte Alexander VI. Borgia den Papstthron bestiegen, ein spanischer Papst, der den Herrschern von Kastilien und Aragonien wegen der Unterstützung, die sie ihm bei seiner Wahl hatten angedeihen lassen, zu großem Dank verpflichtet war. Der Papst hatte als höchste Autorität großes Gewicht, wenn es darum ging, über die Zugehörigkeit der neu eroberten Gebiete zu entscheiden. Ja, das, was er dazu sagte, war ausschlaggebend. Im Lauf der Zeiten war es ein Gewohnheitsrecht des Heiligen Vaters geworden, die Zuerkennung der Souveränität über jedes Land unwiderruflich anzuordnen, wenn es zuvor nicht im Besitz eines christlichen Fürsten gewesen war. Die Portugiesen hatten selbst reichlich von dieser Regelung profitiert, die zum festen Bestandteil des internationalen Rechts geworden war. Ihre

Rechte auf die Küste Guineas »bis zu den Indern, von denen es heißt, daß sie Christus anbeten«, waren von einer Reihe von päpstlichen Bullen kodifiziert worden. Die Grenze der Christus anbetenden Inder entsprach ziemlich vage der Äthiopiens, wo der legendäre Priester Johannes, ein nestorianischer Christ, einer mittelalterlichen Überlieferung zufolge die einheimische Bevölkerung bekehrt hatte. Auch wenn man das für eine Legende hält, muß doch ein Körnchen Wahrheit daran sein, da sich die Äthiopier noch heute zum koptischen Christentum bekennen und in dem muslimischen Meer, das sie seit Jahrhunderten umgibt, eine Art Insel bilden.

Papst Borgia ließ sich bestimmt nicht bitten. Statt einer einzigen Bulle gab er im Lauf von zwei Jahren nicht weniger als vier heraus, um nach und nach die Grenzen der Einflußzonen in der Weite des Ozeans festzulegen. Wegen der unfaßbaren Materie, über die er zu befinden hatte – die einsame Unendlichkeit der Meere – war es eine sehr schwere, fast schon abstruse Aufgabe. Der Gegenstand war nahezu unbekannt. Weder der Papst, noch die Könige von Spanien, noch die hohen Würdenträger der beiden Höfe verstanden etwas von Geographie. Ein wenig mehr davon verstand König Johann, aber das abzufassende Dokument war im wesentlichen gegen ihn gerichtet. Die geographischen Kenntnisse der Portugiesen erleichterten die Aufgabe nicht, sondern erschwerten sie.

Alexander VI. konsultierte alle möglichen Koryphäen. In Rom fehlte es nicht an berühmten Gelehrten, die imstande waren, einen Unterschied zu machen zwischen den Rätseln, die die Zukunft bereithielt, und dem fortschreitenden Größerwerden der Welt. Er erhielt auch Informationen aus Spanien. Am meisten gefragt von allen war der Rat von Christoph Kolumbus: Er war der einzige, der tatsächlich Bescheid wußte, der einzige Mensch, der tatsächlich jene leeren Weiten gesehen und durchpflügt hatte, die nun aufgeteilt werden mußten. Alles, was man im Grunde vom Papst erwartete, war eine Linie, die mitten durch den Ozean gezogen werden sollte. Auf die eine Seite würden dann die Spanier, auf die andere die Portugiesen Anspruch erheben können. Diese Linie, *Raya* genannt, wurde schließlich auf einer Karte gezogen, die der Bulle *Inter caetera* angefügt war, welche im Juli 1493 in feierlichem Rahmen verkündet wurde. Es war eine Linie, die Berühmtheit erlangte. Wahrscheinlich war sie von Kolumbus persönlich diktiert worden; mit Sicherheit aber ging sie auf seine Empfehlung zurück. Er hatte die Front der Passatwinde als Trennungslinie gewählt und damit eine physikalische und meteorologische Grenze zu einer politischen gemacht. Von einem Beherrscher des Meeres und der Entdeckung wurde er jetzt zum Schiedsrichter der Weltmächte. Er war in der Tat auf dem höchsten Gipfel seines Lebens angelangt.

Die *Raya* des Papstes verlief hundert Meilen westlich der Azoren. Alles, was westlich von dieser Linie lag – ob bereits entdeckt oder noch zu entdecken – gehörte Spanien; alles, was sich diesseits davon befand, also östlich der Linie, gehörte Portugal. Auf diese Weise wurden die portugiesischen Rechte auf die Küsten Afrikas, auf die Azoren, auf Madeira und auf die Kapverdischen Inseln anerkannt. Zugleich aber wurden die spanischen Rechte auf Kuba, Hispaniola, die Bahamas und auf die anderen Gegenden jenseits des Ozeans, die Kolumbus entdeckt hatte, eindeutig bestätigt.

Die Portugiesen waren nicht zufrieden. Sie wollten die *Raya* ein wenig weiter nach Westen verlegen und forderten eine größere Klarheit in bezug auf das Schicksal jener Territorien, die um den südlichen Abschnitt der Demarkationslinie herum lagen. Es hieß, Johann II. erwartete, »äußerst gewinnbringende und reiche Länder« zwischen der *Raya* und Afrika zu finden, aber noch größere und fruchtbarere gegenüber von Afrika – dort, wo das lag, was heute Südamerika ist und was damals noch vollkommen unbekannt war. Außerdem fragte sich der König von Portugal, bis zu welchem Punkt man noch von »Westen« sprechen mußte, wenn man in Richtung Indien fuhr. Wenn die Spanier in einem Meer, das als ihrem ausschließlichen Einfluß unterstehend galt, über die *Raya* hinaus vordringen konnten, dann würde Kolumbus das Banner Kastiliens offensichtlich fast überall, von China bis Malakka und noch darüber hinaus, aufpflanzen können. Die östliche Route nach Indien, jene, die in entgegengesetzter Richtung verlief, dem Weg um Afrika herum folgend, dieser Weg, den die Portugiesen seit mehr als einer Generation hartnäckig zu öffnen suchten, würde ernsthaft gefährdet werden. Bartolomeu Diaz hatte bereits 1488 das Kap der Guten Hoffnung umsegelt. Der Weg nach Indien stand also sozusagen offen. Doch wenn man jetzt die *Raya* des

Papstes anerkannte – Kolumbus' *Raya* –, bis zu welchem Punkt durfte man dann vordringen?

Der Einspruch der Portugiesen war von Bitterkeit und Wut diktiert. Für den Fall, daß die Dinge so bleiben sollten, wie sie standen, das heißt unannehmbar, wurden schwerwiegende Konsequenzen angedroht. Aufgeschreckt berieten sich die spanischen Könige erneut mit Kolumbus. Der Admiral des Ozeanischen Meeres befand sich damals in Cádiz, um seine nächste Expedition über den Atlantik vorzubereiten. Sie baten ihn schriftlich um eine Stellungnahme, an der sie sich angesichts so vieler Unsicherheiten und so großer Unwissenheit orientieren könnten. Wenn er es für notwendig halten würde, würden sie den Papst bitten, die Bulle *Inter caetera* »nachzubessern«.

Am 26. September veröffentlichte Alexander VI. eine »Zusatzbulle«, *Dudum siquidem*. Aber sie bewirkte nichts. Die Portugiesen blieben bei ihrem Widerstand. Die Bulle erklärte kaum mehr als das, was bereits in der vorhergehenden gestanden hatte. Kolumbus schlug vor, daß man an der *Raya* des Papstes als einer Art allgemeiner Richtlinie festhalten sollte und daß die beiden Königreiche, Spanien und Portugal, sich mittels eines eigenen Vertrages über die Art und Weise einigen sollten, wie die Demarkationslinie in der Praxis anzuwenden sei. Das war die Lösung des Problems. Die Könige der beiden Länder trafen sich nach langer Verhandlungsdauer am 7. Juni 1494 in Tordesillas. Zu jener Zeit war Kolumbus schon wieder nach Amerika zurückgekehrt; doch der Vertrag von Tordesillas war im wesentlichen sein Werk. Der Kern des Übereinkommens bestand darin, daß man den westlichen Rand der *Raya* inmitten des Ozeans um etwa 900 Kilometer verlegt hatte. Die *Raya* des Papstes verlief ungefähr dem 38. Längenkreis entlang, während die von Tordesillas dem 46. Längenkreis entlang verlief. Der Unterschied betrug also acht Längengrade. Sämtliche östlich von jenem Meridian gelegenen Inseln und Länder sollten Portugal gehören, alle Inseln und Gebiete auf der anderen Seite Spanien. Es war eine wirkliche, mitten im Ozean verlaufende Trennungslinie zwischen zwei souveränen Zonen. Spanien würde sich den Übersee-Unternehmungen widmen, Portugal sich mit seiner um Afrika führenden Asienroute beschäftigen.

Die Grenzen waren dennoch ungenau. Es zeigte sich, daß nicht einmal die Längengrade genau festgelegt waren. Trotzdem blieb die durch den Vertrag von Tordesillas korrigierte *Raya* des Papstes die rechtliche und moralische Grundlage für die Eroberung Amerikas durch die Spanier. Ausgespart blieb nur Brasilien, das als östlichster Vorsprung von ganz Amerika gemäß der in Tordesillas vereinbarten Verlegung um acht Grade schließlich in den Einflußbereich der Portugiesen fiel. Mit solchen für weite Fernen getroffenen Entscheidungen, die in ihren Formulierungen und Kompetenzen verschwommen waren, konnte das Schicksal ganzer Länder und Völker für Jahrhunderte besiegelt werden. Kolumbus hatte sich jedenfalls nicht geirrt. Obwohl er den Atlantik nur ein einziges Mal überquert hatte, war es ihm gelungen, Spanien in den Besitz des größten Reiches zu bringen, das die Geschichte je gekannt hat.

Nun bereitete er sich auf seine Rückkehr dorthin vor – nicht mehr auf gut Glück wie bei der Entdeckungsfahrt, sondern mit einem genauen Plan, der die Übersiedlung von der Alten in die Neue Welt zum Gegenstand hatte – den ersten Schritt zur spanischen Kolonisierung Amerikas. Die plötzliche Schnelligkeit, mit der Kolumbus so gigantische und umwälzende Unternehmungen in die Tat umsetzte, beweist erneut, wie sich, verglichen mit dem langsamen Tempo des Mittelalters, ein neuer Rhythmus durchzusetzen beginnt: Die erste Flotte, die den Atlantik überquerte, auszurüsten, ihre Route zu planen und den Navigationsplan für die Reise in unbekannte Länder auszuarbeiten, hatte von jenem Augenblick an, in dem er die sehnsüchtig erwartete Zustimmung der Könige erhalten hatte, nur wenige Wochen gedauert. Und auch nun, als es darum ging, auf der anderen Seite des Ozeans die ersten Städte zu gründen und Hunderte von Menschen dorthin zu bringen, genügten ihm – vom Tage seines Triumphes in Barcelona an gerechnet – ganze fünf Monate. Das bedeutet, daß sich schon ein Jahr, nachdem er die erste Spur von Amerika entdeckt hatte, die ersten Siedler, Goldsucher und Abenteurer unter seiner Führung in den kurz zuvor entdeckten Gebieten niederließen, um die Grundlage für einen Auswanderungsstrom von einem zum anderen Kontinent zu schaffen, der von jenem Zeitpunkt an nicht mehr aufzuhalten war. So wünschte, so plante er die Bewahrheitung seines Traums, und so geschah es. Was immer man über Kolumbus und über das sagen mag, was sich nach ihm zutrug, eine Sache ist unbestreitbar: Amerika ist wirklich das Kind des Kolumbus.

Es wurde noch mehr sein Kind im Verlauf der zweiten Reise, auch wenn diese weniger aufregend war und den Hauch der Poesie entbehrte, der die erste Überfahrt unsterblich gemacht hat und den keine andere nach ihr mehr kennen sollte. An Bord von siebzehn Schiffen führte Kolumbus auf seiner zweiten Reise eintausendzweihundert Männer nach Amerika – verglichen mit den drei Karavellen vom Jahr zuvor war das eine wahre Armada. Ihr Ziel war die Insel Hispaniola, die als Zentrum der Suche nach Gold und als äußerst fruchtbares und für den Anbau geeignetes Land angesehen wurde. Auf Hispaniola würde man die neuen Städte gründen, wo jene Menschen leben sollten. Es waren alles Freiwillige. Sie fuhren nicht wegen zeitweiliger Gefühlsaufwallungen nach Amerika, die mit Erkundungsreisen verbunden sind, sondern um dort zu bleiben. Sie nahmen Lebensmittelvorräte für einige Monate mit; danach sollten sie mit den Produkten des Landes auskommen, das sie selbst bebauen würden. Die Flotte transportierte Getreidesaatgut, Weinstöcke und Zuchttiere – vom Pferd bis zum Schaf. Um sicher zu sein, daß die Männer sich nicht ausschließlich von der Goldgier – der *Golosina del oro,* wie Lope de Vega sie nennt – fortreißen ließen, waren für die Suche nach dem Metall feste Zeiten festgelegt worden, und die übrige Zeit sollte dem Ackerbau gewidmet werden. An der Expedition beteiligten sich Dutzende von bereits erfahrenen Bauern, die die anderen unterweisen sollten, sowie Experten für Bewässerungssysteme und Meister im Schleusen- und Kanalbau. Alles erschien klar, perfekt, logisch geplant zu sein. Zu sehr sogar. Pläne sind so oft wunderschön. Aber wie oft werden sie von der Wirklichkeit Lügen gestraft!

Amerikas Übel war ein Urübel – das Gold. Die Gier, die es erregte, war unwiderstehlich, eine fieberähnliche Leidenschaft. Es versprach zu schnellen, zu einfachen Reichtum. Das Gerede über Ackerbau und Kolonisierung war schön und gut. Doch wer hätte schon den Atlantik überquert, wenn nicht das Gold vor seinen Augen gefunkelt hätte? Es wurde auch viel über die Bekehrung der Indianer geredet. Sie war ein Thema, das den Königen von Spanien offensichtlich sehr am Herzen lag. Auch Kolumbus zog sie aufrichtig in Betracht – als eine Pflicht, die er Gott schuldete. Aber unter den vielen Teilnehmern an der Expedition der zweiten Reise befanden sich nur zwei Mönche und ein paar Laienbrüder, die sich in der Lehre auskannten; sie bildeten nur eine unwichtige Nachhut in dem Heer, das sich auf den Marsch in den Reichtum begab.

Zur Ausrüstung so vieler Schiffe, zur Organisation so vieler Menschen, zur schnellen Beschaffung der Vorräte, der Geräte und all dessen, was man für eine so lange Reise mit so vielen Menschen an Bord brauchte, bedurfte es einer effizienten Verwaltung. Die Könige, die die Vorbereitungen der Expedition mit großer Ungeduld verfolgten, vertrauten diese Aufgabe Don Juan de Fonseca an, dem Archidiakon von Sevilla, der »in weltlichen Angelegenheiten äußerst geschickt« war. De Fonseca wurde eine Art Oberaufseher für die »indischen Angelegenheiten«. Er hatte sein Hauptquartier in Sevilla; als direkte Untergebene hatte er einen Kassenführer, Francisco Pinelo, sowie einen Chef für die Buchhaltung, Juan de Soria, der aus der Kammer des Infanten von Spanien kam und zum Hof gehörte. Alles in allem handelte es sich um ein finsteres Dreigespann, das unter anderem über keine besonderen Erfahrungen in See-Angelegenheiten verfügte. De Fonseca hielt es für seine Hauptaufgabe, so wenig wie möglich auszugeben. Er war ein sparsamer Verwalter, und nur die Sparsamkeit interessierte ihn. Pinelo gehorchte und verhielt sich wie ein Bürokrat, der sich seinem Chef gegenüber verantworten muß, und der Chef war für ihn De Fonseca, nicht Kolumbus. Was Soria anlangt, den gefährlichsten von den dreien, so fügte er sich in Kolumbus' glorreiche Pläne als Vertreter eines Hofes ein, der wenig geneigt war, seine Verdienste und Größe anzuerkennen. Es gab Mißtrauen, das alte Vorurteil gegen den Fremden, der im Haus anderer kommandieren will, und im Grunde klaffte ein unüberbrückbarer Abgrund zwischen den kleinlichen Sorgen der Beamten und dem von Abenteuerlust getriebenen Ungestüm von Kolumbus. Die drei erdreisteten sich zu behaupten, daß der Admiral sie um die vorsorgliche Genehmigung für seine Kostenforderungen gebeten habe. Der Admiral des Ozeanischen Meeres! Wie wagten sie es, seine Würde, seine Vorrechte zu mißachten? Kolumbus fühlte sich gekränkt, zeigte seine Verachtung und versuchte, sich jeder Kontrolle zu entziehen, die er für eine Persönlichkeit von seinem Rang als unpassend empfand. Im guten Glauben meinte er von sich selbst, eher der Klasse der Könige anzugehören als der der Untertanen; denn er war König von Indien, der dritte oder vierte König von Spanien. Die Ähnlichkeit mit Don Quijote bricht jedesmal wieder hervor, wenn sich

Kolumbus auf die Flügel des Traumes schwingt. Seine Dulcinea hieß Amerika: Niemandem war es erlaubt, sie dadurch zu beleidigen, daß man das vernachlässigte, was man für sie tun mußte. Und De Fonseca ließ sich mit seinen beiden Freunden zu oft von den Lieferanten übers Ohr hauen, nahm schlechtgebaute Fässer an Bord, Wein, der zu schnell zu Essig wurde, und Schindmähren statt andalusischer Pferde. Es war die seit Urzeiten bekannte Geschichte aller unvollkommenen Verwaltungen, vom Schwarm der Profitmacher, die sich um den Honig der leichten Geschäfte drängen. Aber es ist eine Geschichte, die Don Quijote zurückweist, die er nicht kennen möchte. Und ebenso erging es seinem Vorläufer Kolumbus, dem fahrenden Ritter der Meere.

(Die Könige, die Berichte von De Fonseca und vertrauliche Mitteilungen von Soria erhielten, begannen zu begreifen, daß Kolumbus die Neigung besaß, sich gegen jede Autorität aufzulehnen. Und da die wahre Autorität in Spanien letzten Endes nur eine einzige, ungeteilte war – nämlich die ihrige – mußten sie sich einfach irritiert fühlen. Sie kannten die ersten Anzeichen der Disziplinlosigkeit sehr gut. Um Spanien beherrschen zu können, hatten sie sie unzählige Male niederringen müssen. Wegen Kolumbus würde man sicher nicht von dieser Tradition abgehen. Doch vorläufig war der Mann nützlich. Und das war alles.)

Ausgangspunkt der zweiten Reise war nicht Palos, das einen zu kleinen Hafen hatte, um die Aufstellung einer Flotte von so außergewöhnlicher Größe zu gestatten. Die Einschiffung fand in Cádiz statt, einem Anlegeplatz von unvergleichlicher Schönheit, der sich wie eine Rieseneidechse in den Ozean hinein erstreckt. Kolumbus traf im August dort ein, schimpfend über die Langsamkeit, mit der die Dinge vorangingen. Er hoffte, etwa zum gleichen Zeitpunkt wie auf der ersten Reise lossegeln zu können, um das Meer wieder unter den gleichen Bedingungen und mit denselben Windverhältnissen anzutreffen, die ihm auf der Hinreise so günstig gewesen waren. Statt dessen gelang es ihm erst einen Monat später, am 25. September 1493, die Anker zu lichten. Beim Aufbruch zu seiner neuen Expedition begegnete er auch Männern und einem Schiff wieder, die schon bei der ersten Reise dabeigewesen waren. Das Schiff, das wieder mit von der Partie war – war die vertraute und ruhmreiche *Niña*, mit der er den Atlantikstürmen getrotzt hatte und die jetzt in *Santa Clara* umgetauft war. Was die Männer anlangt, so hatte sich die ihm treu ergebene Familie der Niño aus Moguer vollzählig eingeschifft, während kein einziger Pinzón mitfuhr, wie wenn der erbitterte Streit zwischen ihnen und Kolumbus nicht mit dem Tod von Martín Alonso, dem Chef der Familie und Rivalen des Admirals, beendet hätte sein können. Unter den Seefahrern befand sich auch Pedro de Las Casas, der Vater von Bartolomé, der die vollständigste und gewissenhafteste Biographie von Kolumbus schreiben sollte, sowie zwei vortreffliche Chronisten der Reise: der Bordarzt Álvarez Chanca, der einen Bericht an den Stadtrat von Sevilla sandte, welcher uns erhalten geblieben ist, und Michele da Cuneo aus Savona, dessen Briefe, die er an mehrere Freunde in Ligurien geschickt hatte, in der *Raccolta Colombiana* von Genua veröffentlicht worden sind. Es ist ein Glück für uns, daß diese aus erster Hand stammenden Dokumente existieren; denn das *Bordbuch*, das Kolumbus während seiner zweiten Reise schrieb, ist vollständig verlorengegangen.

Kolumbus bezog seinen Kommandoposten auf einem neuen Admiralsschiff, das wieder den Namen *Santa María* trug und später in Anerkennung der glänzenden nautischen Qualitäten, die es während der Überfahrt unter Beweis stellen sollte, in *Mariagalante* umbenannt wurde. Es war größer als die erste *Santa María* und konnte dem Admiral eine seinem Rang angemessenere Wohnung bieten. »Eigentümer« des Schiffes war Antonio de Torres, der Bruder der Erzieherin des Infanten Don Juan, eine Persönlichkeit, der wir im Laufe des wechselvollen Lebens, das Kolumbus führen sollte, bald schon wiederbegegnen werden. Aber der Tag der Abreise aus Cádiz war noch ein Festtag, die Fortsetzung seines Triumphes. Die Schiffe waren alle dicht mit Standarten und Fahnen beflaggt, die so aufgeregt im Wind flatterten, daß sie sich bei den Manövern ineinander verfingen. Prinz Don Juan war persönlich angereist, um bei dem Ereignis zugegen zu sein. Er sah dem Vorbeizug der siebzehn Schiffe von der Spitze des Leuchtturms aus zu, der zur Burg von Santa Catalina gehörte, dem am weitesten vorgeschobenen Zipfel des Hafens von Cádiz. Angetrieben von einem günstigen Wind, verschwand die Flotte schon bald in Richtung Kanarische Inseln. Das Abenteuer begann aufs neue.

Alles ging so gut, daß die Strecke zwischen Cádiz und den Kanarischen Inseln in nur sieben Tagen zurückgelegt wurde. Ende September befand sich Kolumbus auf seiner Lieblingsinsel Gomera, um die letzten Vorräte vor der großen Überfahrt an Bord zu nehmen. Bei der Ankunft war er mit Feuerwerk und Artilleriesalven empfangen worden, die von der verehrten Beatriz de Bobadilla, der Statthalterin der Insel, die liebreizender denn je erschien, zu seinen Ehren abgegeben wurden. War es die Anwesenheit von Kolumbus, die sie so strahlend aussehen ließ? Ein Seeheld wie Kolumbus läßt die Herzen der Frauen höher schlagen. Aber wie der Leser sich erinnern wird, hatte es zwischen Kolumbus und dieser Beatriz schon früher Geschichten gegeben, die sich der Neugierde der Chronisten entziehen, wie das bei den wahren Liebesgeschichten immer der Fall ist. Michele da Cuneo kommentierte auf Gomera das Verhalten von Beatriz, »in die unser Admiral früher einmal verliebt war«. Bei dem ganzen Hin- und Hergereise sahen sie sich etwa ein paar Tage im Jahr. Ein paar Tage und ein paar Nächte, von denen Kolumbus vielleicht noch einige glückliche mit der Herrin von Gomera verbrachte.

Die siebzehn Schiffe, die im Hafen von San Sebastián vor Anker lagen, füllten sich unterdessen mit allem, was der Herrgott wachsen läßt, mit Pflanzen, Samen und Tieren, unter denen sich auch die acht Mutterschweine befanden, die Urahninnen aller Schweine, die heute in Amerika heimisch sind. Der Aufenthalt auf Gomera zog sich in die Länge. Erst am 13. Oktober verlor die Flotte auf offener See hinter der Insel Hierro das Land aus der Sicht, nachdem sie weitere Zeit in dem Flautengürtel vergeudet hatte, der die Kanarischen Inseln fast immer umgibt. Der 13. Oktober – das war ein Jahr und ein Tag nach der Landung auf San Salvador.

Der Kurs, den der Admiral festgelegt hatte, zeigte immer nach Westen, jedoch einen Kompaßstrich in südwestliche Richtung. Das heißt, man fuhr auf einer ein wenig weiter südlich gelegenen Route als bei der ersten Reise. Kolumbus hatte die Eingeborenen von Hispaniola viel von großartigen Ländern reden hören, die östlich und südlich von ihrer Insel, in einem Bogen von zahllosen Inseln lagen. Schon damals war in ihm der Wunsch erwacht, diese zu erforschen und andere, neue Namen an unbekannte Länder zu verteilen. Er wollte seine Liste auf einhundert Inseln bringen, die er der Welt bekanntgemacht, dem Unbekannten entrissen haben würde. Das sollte die Frucht seiner Phantasie sein, der Beweis für die so viele Jahre lang unbekannte Wahrheit, die er mit seiner Beharrlichkeit hatte aus dem Nichts entstehen lassen.

Er wünschte sehnlichst, nach La Navidad zurückzukehren, um sich wieder mit seinen Gefährten, die er am Ufer zurückgelassen hatte, zusammenzutun. Wahrscheinlich hatten sie bereits die Quelle des Goldes, das Siegel seines Sieges, gefunden. Aber er wünschte auch sehnlichst, Entdeckungen zu machen. Er fühlte, wie der Wind die Schiffe antrieb und rasch vorwärtsschob. Auf diesen niedrigen Breiten wehten die Passatwinde mit voller Kraft, und die Flotte segelte in jenem Bereich, in dem sie sich so vorteilhaft auswirkten. Die Überfahrt verlief außerordentlich erfolgreich. Die Flotte erlebte nur gegen Ende der Reise ein paar stürmische Stunden, mit starken Windstößen und Regenfällen. Das geschah nachts, und das Unwetter setzte mit so plötzlicher Heftigkeit ein, daß einige Segel zerrissen und ein paar Rahen zerbrachen. Am Morgen legte sich alles wieder. Der Arzt Chanca berichtet: »Die Sonne erhob sich über einem Meer, so glatt wie polierter Marmor.«

Blauer, tiefblauer Marmor – das war die Farbe des Ozeans in der Nähe der Tropen – mit den fliegenden Fischen, die aus dem Wasser schnellten, der Prozession der Passatwolken, die die Schiffe am Himmel begleitete und die an die der Wölkchen auf Wunderbildern erinnerte. Und dann die siebzehn Schiffe mit ihren weißen Segeln, auf dem Wasser verteilt bis zum Horizont, fröhlich, jung, ungeduldig. Wenn der Abend anbrach, drängten sich alle Segelschiffe in die Nähe des Admiralsschiffes, weil man während der Nacht in einer möglichst geschlossenen Formation segeln mußte. Es sah aus, wie wenn Vögel zu ihrem Nest zurückkehren.

Während der letzten Tage der Reise sah Kolumbus die ihm bereits bekannten warnenden Vorzeichen wieder: Das Meer veränderte sein Aussehen, die Möwen zogen ihre Kreise und die Anhäufung der Wolken kündigten die Nähe von bergigen Erhebungen an. Zum zweitenmal lag Amerika vor ihm. Die Überfahrt hatte nur einundzwanzig Tage gedauert. Es war eine leichtere Seereise gewesen als die erste; sie hatten eine direktere Route genommen und waren stets vom Wind begünstigt worden. (Kolumbus unternahm vier Ozeanreisen. Zu jener Zeit wirkten sie wie Wundertaten. Aber der Leser wundere sich nicht, wenn bei den vier Überfahrten auf dem Hinweg nie etwas Sensationelles in nautischer

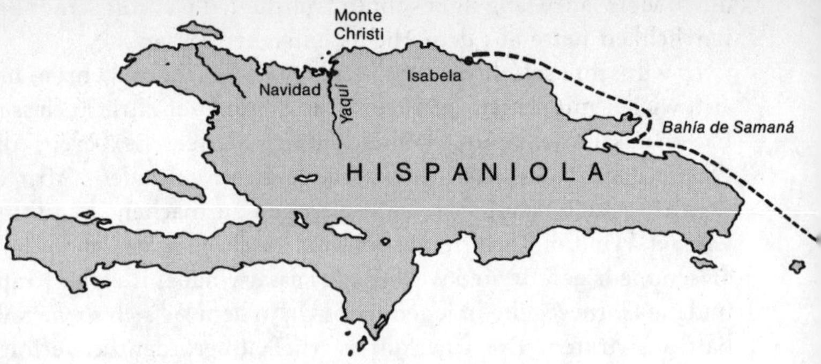

Kolumbus' zweite Reise: Von Dominica nach Hispaniola

Hinsicht passierte. Den Atlantik auf den Breiten der Tropen zu überqueren, dem Antrieb der von Osten nach Westen wehenden Winde folgend, ist kein besonders schwieriges Unternehmen. Nachdem ich es selbst durchgeführt habe, kann ich sagen, daß es, wenn man aus Europa kommt, an der Überquerung des Ozeans nichts Dramatisches gibt. Aber Kolumbus wußte das nicht; er wußte nichts über das, was er vor sich finden würde. Der Reiz des Unbekannten blieb ihm treu, denn er war der erste und der einzige, der ihm die Stirn bot. Und ganz zu schweigen schließlich von den Rückfahrten, die im Gegensatz dazu allesamt stürmische, verzweifelte Reisen waren, in deren Verlauf mehrmals die Gefahr bestand, für immer in einem bereits bezwungenen Meer zu versinken.)

Der 3. November, der Tag, an dem die Matrosen Land gesichtet hatten, war ein Sonntag. Deshalb wurde die Insel, die Kolumbus bei der Ankunft entdeckte, auf den Namen »Dominica« getauft. Sie gehört zur Gruppe der Inseln über dem Winde und liegt ein wenig südlich von Guadeloupe. Auch Guadeloupe wurde auf jener Reise entdeckt und erhielt den Namen jener berühmten spani-

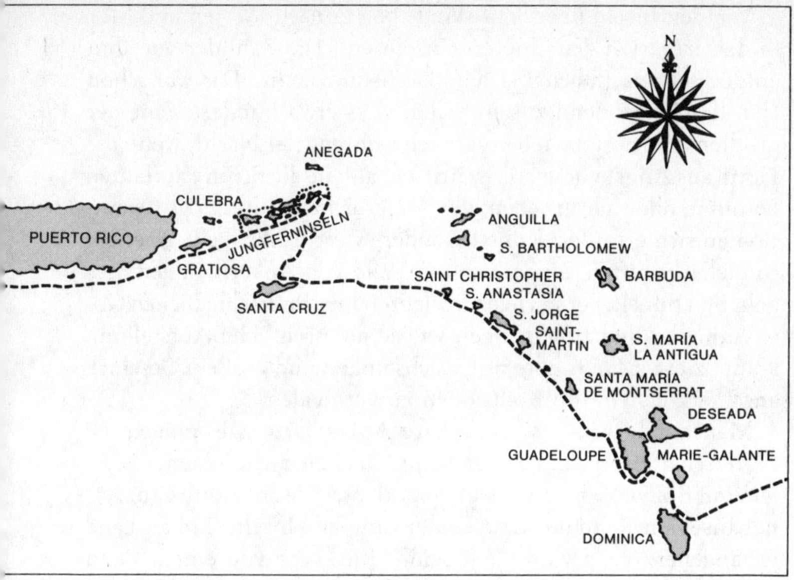

schen Wallfahrtsstätte von Santa María de Guadalupe, wo Kolumbus eines der Gelübde erfüllte, die er während des schrecklichen Orkans in der Nähe der Azoren abgelegt hatte. Wenn Kolumbus auf der Suche nach neuen Inseln war, um das Gebiet der Eroberungen zu vergrößern und um seinen Ruhm zu mehren, hätte er auf keinen besseren Ort stoßen können. Die Inseln erhoben sich in großer Zahl aus dem Meer und sprossen, so weit das Auge reichte, grün und rosa, wie die Blumen auf einer Wiese, hervor. Um Hispaniola wiederzufinden, mußte die Flotte nach Norden steuern und dann noch nach Westen. Die Strecke entsprach genau dem Bogen der »tausend Inseln«, von dem ihm die Indianer erzählt hatten. Sie alle einzeln zu erkunden, war unmöglich. Kolumbus begnügte sich in vielen Fällen damit, ihre Position, vermutete Größe und das Profil ihrer Küsten auf der Karte einzuzeichnen. Er sichtete sie nur von ferne, wollte sich aber nicht in ihrem Labyrinth verirren: Je mehr er sich Hispaniola näherte, um so stärker wurde der Gedanke an die Männer, die er in La Navidad zurückgelassen hatte, und das Verlangen, sie wiederzusehen. Er fühlte sich wegen seiner Verspätung fast schuldig.

Von den Inseln über dem Winde bog er nach Westen und fuhr in den Irrgarten der Jungfern-Inseln ein. Die Zahl der von ihm entdeckten Inseln belief sich auf sechsundvierzig. Das war schon fast die Hälfte, denn zusammen sind es etwa hundert. Eine der größten Schwierigkeiten ergab sich während der Nacht, wenn die Flotte aus Angst vor den Felsenriffen, auf die die Schiffe auflaufen konnten, ohne sie zu sehen, vor Anker gehen mußte. Die Operation an sich erfordert keine besondere Geschicklichkeit. Aber bei so vielen Schiffen, einem wahren Wald von Ankern, Tauen, Segeln und Bügen, bei so vielen Seeleuten mit unterschiedlichen Gewohnheiten und Erfahrungen wurde die nächtliche Aufstellung kompliziert. Man mußte mit Wachsamkeit und großem Geschick ans Werk gehen, um Kollisionen zu vermeiden.

Manchmal, wenn es brauchbare Ankerplätze gab, gingen die Mannschaften an Land, um sich mit Vorräten einzudecken, vor allem mit Süßwasser. Ein Abenteuer erlebten sie auf Santa Cruz, einer Insel am Rand der Gruppe der Jungfern-Inseln. Ein an Land gegangener Trupp wurde auf seiner Rückkehr von einem Kanu voller Eingeborener verfolgt, die die Matrosen mit einem Hagel von Pfeilen traktierten, die sie von großen Bogen abschossen. Das war der erste von den Indianern geführte Angriff, die ersten wirklich von ihnen benutzten Waffen. Zwei Spanier wurden verletzt, einer davon tödlich. Er war der erste Europäer, der in Amerika bei einem Zusammenstoß mit den Eingeborenen fiel. Das Kanu wurde gerammt und kenterte. Die Eingeborenen retteten sich schwimmend auf eine Klippe, wurden aber schon bald von den Spaniern umzingelt. Pietro Martire ließ sich über das Ereignis erzählen und schilderte es so: »Die Indianer kämpften mannhaft, bis sie überwältigt und gefangengenommen wurden. An Bord gebracht, wehrten sie sich mit Händen und Füßen, wie gefesselte libysche Löwen. Kein Mensch kann ihren Anblick ertragen, so entsetzlich, bedrohlich und grausam ist das Äußere, mit dem die Natur sie ausgestattet hat.« Pietro Martire nennt sie »Canniballi«, was damals nur die Bezeichnung für einen Stamm, die Kaniben oder Kariben war, die bereits mehrfach als Menschenfresser erwähnt wurden. Den Kopf hatten sie auf der einen Seite kahlrasiert, während die andere mit langen schwarzen Haaren bedeckt war. Ihre Haut war dunkel und rot bemalt. Auf die Spanier machten sie einen großen Eindruck. Sie hatten nun Feinde gefunden.

Nachdem die Flotte an den Jungfern-Inseln vorbeigefahren war, erreichte sie am 19. November die große Insel Puerto Rico, die von den Eingeborenen Boriqen genannt wurde. Die Indianer, die Kolumbus seit seiner ersten Reise begleitet hatten, witterten bereits heimatliche Luft. Sie zeigten dem Admiral die Route entlang der Südküste von Puerto Rico. Eine herrliche, eine zauberhafte Küste, die allerdings von Korallenriffen umgeben ist, von denen Kolumbus zu viele Gefahren befürchtete. Diese Küste lag schon in so großer Nähe von Hispaniola, daß man sich keine weitere Verzögerung mehr erlauben konnte.

Am 22. November fuhr die Flotte in jene Meerenge ein, die Puerto Rico von Hispaniola trennt. Am 23. befand sie sich schon in der Bucht von Samaná, wo Kolumbus und Pinzón im Jahr zuvor haltgemacht hatten; damit schloß sich der Ring zwischen der neuen und der alten Reiseroute. Erinnerungen drängten sich auf: Hier lag Monte Christi, nur noch zwei Dutzend Seemeilen von La Navidad entfernt, eine halbe Tagesreise auf See oder wenig mehr. Auf Monte Christi entdeckte eine Gruppe, die an Land geschickt worden war, um Wasservorräte zu besorgen, auf ihrem Weg entlang den Ufern des Flusses Yaqui zwei aneinandergebundene Leichname. Sie befanden sich im Zustand vorgerückter Verwesung und waren unkenntlich. Doch an einer der Leichen waren die Überreste eines dichten Bartes zu erkennen, und Bärte trugen nur die Spanier.

Die Nachricht löste Entsetzen und Angst aus. Kolumbus beeilte sich, nach La Navidad zu kommen, aber die Abenddämmerung brach herein, ehe die Schiffe sich der Küste nähern konnten. Hier war die *Santa María* untergegangen. Kolumbus wagte nicht, noch weiter vorzudringen. Doch da, wo sich die Flotte befand, hätten die Männer von La Navidad die Signale mit Leuchtfeuern, die abgebrannt wurden, sehen und den Donner der Kanonenschüsse, die abgegeben wurden, hören können. Von Land kam aber keine Antwort. Der genuesische Chronist Syllacio beschreibt die Stimmung, die in jenem Augenblick an Bord herrschte, so: »Da bemächtigte sich Traurigkeit und tiefster Schmerz ihrer Herzen.«

Keiner der vierzig in La Navidad an Land gebliebenen Männer hatte überlebt. Die aus den Planken der *Santa María* errichtete Festung war dem Erdboden gleichgemacht. Die Stelle war mit Asche und Abfällen bedeckt. Die Leichen lagen im Umkreis von mehreren Meilen verstreut – vielleicht waren die Leute gefangengenommen worden, als sie versucht hatten zu fliehen. Kolumbus' großer indianischer Freund, der Kazike Guacanagarí, meldete sich mit Geschenken und Worten der Trauer. Er ließ ausrichten, daß er verletzt sei und sich nicht von seinem Lager wegbewegen könne. Er sei bei dem Versuch, mit seinen Männern die vom gemeinsamen Feind angegriffenen Spanier von La Navidad zu verteidigen, von den Pfeilen der Kaniben getroffen worden. Immer wieder die Kaniben, der Schrecken der Inseln! Durfte man ihm glauben? Als Kolumbus und Chanca, der Arzt, der Küste entlangzogen (wie weiß und fein ist der Sand, wie türkis das Meer, wie unberührt ist die Einsamkeit auch heute noch!), fanden sie in einem menschenleeren Dorf einige Überreste der Plünderung: Tücher, Kleider und einen der Anker von der *Santa María*. Die Indianer schoben nach wie vor die Schuld auf die Kaniben. Aber sie klagten auch, daß die Christen sich zu viele Frauen genommen hätten, mindestens zwei oder drei für jeden Mann. »Daraus schlossen wir«, schreibt Chanca, »daß das Unheil, das geschehen war, durch Eifersucht ausgelöst worden war.«

Um klarer zu sehen, beschloß man, Guacanagarís Einladung, ihn in seinem Dorf zu besuchen, anzunehmen. Sie fanden ihn, an der Hüfte verletzt, in einer Hängematte liegend. Er beharrte auf seiner Darstellung mit den Kaniben, die an Land gegangen wären, um die weißen Männer auszurotten. Kolumbus hörte bestürzt zu und versuchte zu begreifen, sich die Tragödie vorzustellen, die Art und Weise, wie sie sich abgespielt hatte. Unterdessen schickte sich Chanca mit der Begründung, Arzt zu sein, an, den Verband von Guacanagarís Bein abzunehmen. Er fand nicht die mindeste Spur von einer Verletzung, »obwohl der Kazike« – wie der Arzt berichtet – »mit der Schlauheit eines Fuchses vorgegeben hatte, sich sehr unwohl zu fühlen«.

Wie sollte es nun weitergehen? Einige, darunter der Franziskanerpater Buyl, rieten Kolumbus, Guacanagarís Hinrichtung anzuordnen. Nur die Todesstrafe könnte als wirksames, ja notwendiges Beispiel dienen. Kolumbus hatte mehr Vertrauen in das grundlegend Gute, das dem Menschen von Natur aus innewohne. Seine Schuld sei nicht wirklich nachgewiesen worden, und die Täuschung mit dem verletzten Bein reiche nicht aus. Er weigerte sich, das Todesurteil gegen Guacanagarí auszusprechen.

Wie in allen schwierigen und komplizierten Fällen kam die Wahrheit nur allmählich ans Licht. Wenn man die Angaben aus den Texten von Las Casas und Fernando Colón zugrunde legt, können die Ereignisse folgendermaßen rekonstruiert werden: Kurz nach Kolumbus' Abreise brachen auf dem eingefriedeten Gelände von La Navidad unter den Spaniern Streitigkeiten und Raufhändel aus. Die Motive waren einerseits der Wunsch nach der Freiheit, aus dem Fort herauszugehen und die Insel zu erkunden, andererseits das Verlangen nach Frauen, die Anziehungskraft des Goldes – alles Dinge, die jeder für sich allein machen wollte – ohne durch einen Befehl oder die Pflicht zu einem gemeinsamen Dienst gebunden zu sein. Bei den Raufereien gab es Tote, und die Gemüter erhitzten sich immer mehr. Es bildeten sich regelrechte Räuberbanden, die anfingen, durchs Land zu ziehen, die Dörfer auszuplündern, die Frauen zu zwingen, den Seeleuten zu Willen zu sein, und überall nach Gold zu wühlen. Pedro Gutiérrez, der Majordomus des Königs, und Rodrigo de Escobedo, der der Sekretär der Flotte gewesen war und die notarielle Urkunde über die Landung auf San Salvador abgefaßt hatte, taten sich am meisten als Anführer der Streifzüge hervor. Guacanagarís Indianer hatten keine Möglichkeiten, sich zu verteidigen. Als die Banden jedoch in das Gebiet von Caonabó, dem anderen Kaziken von Cibao, mit dem auch Pinzón auf der ersten Reise zu tun gehabt hatte, eindrangen, trafen sie auf viel heftigeren Widerstand. Caonabó stellte Gutiérrez eine Falle, nahm ihn gefangen und ließ ihn auf der Stelle hinrichten. Dann zog er mit gewaltigen Streitkräften nach La Navidad hinunter, wo zu jenem Zeitpunkt nur Diego de Harana mit zehn Männern in Garnison lag. Sie wurden alle niedergemetzelt. Einige versuchten, sich durch einen Sprung ins Meer zu retten, ertranken aber kurze Zeit darauf. Sobald er den Spaniern eine so grausame Lektion erteilt hatte, kehrte Caonabó in seine Dörfer zurück. Da kamen die Indianer aus der Umgebung nach La Navidad, um ebenfalls Rache zu nehmen. Die Grüppchen von Spaniern, die sich mit ihrer Eskorte von Frauen und ein wenig Diebesbeute in den Hütten versteckt hielten, wurden aufgestöbert und umgebracht. Nunmehr hatten alle gelernt, wie man es machte.

Guacanagarí log nicht, wenn er behauptete, den weißen Männern zu Hilfe geeilt zu sein. Er hatte versucht, Diego de Harana vor dem zu warnen, was sich zusammenbraute. Aber es war zu einem Zusammenstoß mit Caonabós Streitkräften gekommen, und viele seiner Leute waren verletzt worden. Das war die Wahrheit, die ein furchtsames und harmloses Volk, die »guten Wilden« der ersten europäischen Schwärmereien, in erbitterte Verteidiger ihrer Unabhängigkeit verwandelt hatte, die von den aus der Ferne gekommenen, nicht erwarteten und nicht erwünschten Seefahrern verletzt worden war.

Das Gemetzel von La Navidad markierte einen Wendepunkt in den Beziehungen zwischen Europäern und Amerikanern. Mit der für ihn typischen schnellen Auffassungsgabe begriff Kolumbus das sofort. Er erkannte, daß die Legende vom guten Wilden tot war und daß die Kolonisierung der neuen Gebiete von nun an eine gnadenlose Eroberung sein würde. Zu Ende war es auch mit den Entdeckungen, der friedlichen Erkundung der Inseln und Meere. Das Glücksgefühl, der magische Augenblick der Begegnung zwischen den beiden Welten, hatte in La Navidad sein Grab gefunden.

KOLUMBUS KANN INDIEN NICHT FINDEN

Das Blutbad von La Navidad ließ Kolumbus merkwürdig kalt. Wenn ihn etwas bewegt hat, so ist davon jedenfalls nichts an die Öffentlichkeit gedrungen. Er gab Befehl, nach dem Gold zu suchen, das die Toten vielleicht vergraben hatten, wenn sie je etwas gefunden und die Warnungen befolgt hatten, die er ihnen beim Abschied eingeprägt hatte. Aber alles, was man fand, waren Skelette. Man hielt eilig eine Art Begräbnisfeier ab, und ohne auch nur nach allen Leichen zu suchen, ohne mit Guacanagarí nachzuforschen, offene Fragen zu klären und sich zu bemühen, die Schuldigen genauer ausfindig zu machen, verließ die Flotte jene Stätten der Grausamkeit und begab sich auf die Suche nach der neu zu gründenden Stadt. Kolumbus wirkte unnahbar. Angesichts solch erschütternder Ereignisse wäre seine Präsenz notwendig gewesen. Aber war Kolumbus ein echter Mann der Tat? Wenn er mit unangenehmen Situationen konfrontiert wurde, zog er es vor, sich in Bewegung zu setzen. Die Abreise bot ihm eine Flucht vor den quälenden Gedanken. Der Mann der Phantasie ist selten ein Mann der Tat, wenn das, was ihm zu tun obliegt, die Tat, die er vollbringen sollte, sich nicht im Bereich seiner Hirngespinste bewegt. Dann zieht er es vor, sich umzudrehen und dorthin zu blicken, wo noch nichts die Reinheit der Imagination befleckt hat.

Die Stadt, in der sich all jene Männer niederlassen sollten, welche noch immer auf den Decks zusammengepfercht waren, sollte an einer Stelle unweit der Goldminen entstehen, besser gesagt, in der Nähe jener Gegend, wo man sie vermutete; denn bis zu jenem Augenblick hatte sich Kolumbus nur von den Worten der Indianer, von ihren vagen und trügerischen Andeutungen zum Gold leiten lassen. Das war das erste Mal, daß er genaueren Hinweisen folgte, die ihm im Jahr zuvor Pinzón gegeben hatte, der von einem bestimmten Tal und einem bestimmten Fluß gesprochen hatte. Er glaubte, die richtige Landschaft wiederzuerkennen, und er sah, wie sich in der Tiefe einer bewaldeten Halbinsel ein flaches Ufer öffnete, das einen sehr weiten und großen Bogen beschrieb. Es gab auch gutgeschützte Anlegeplätze für die Schiffe. Es schien ihm der geeignete Ort, um dort die Stadt zu gründen, die ihm vorschwebte. Er beschloß ohne irgendwelche Zweifel, an Land zu gehen, und setzte zu Beginn des neuen Jahres, am 2. Januar 1494, den Fuß auf dieses Gebiet. Er ließ Mensch und Tier von den Schiffen gehen. Sogleich wurden die Grundmauern der Stadt gelegt, die ersten Samen ausgesät, und er gab ihr den Namen seiner Königin und nannte sie Isabela.

Wie alle zu raschen, unüberlegten Entscheidungen war auch die Wahl von Isabela ein katastrophaler Fehler. Isabela erhob sich am Ufer eines Flusses, des Río Bajabonito. Aber dieser Fluß war nicht schiffbar, und er floß am Rand eines Sumpfgebietes entlang, das alles andere als fruchtbar und gesund war. Auch in Isabela behaupteten die Eingeborenen steif und fest, daß es in der Nähe Goldminen gäbe. Sie erboten sich, die Spanier zu ihnen zu führen. Kolumbus war ungeduldig und befahl, unverzüglich eine Expedition auszurüsten, die am 5. Januar, wenige Tage nach der Landung, ins Landesinnere aufbrach.

Ihre Leitung übertrug er Alonso de Hojeda, einer Persönlichkeit, die in der Geschichte der Kolumbus-Reisen und der spanischen Forschungsexpeditionen nach Amerika eine wichtige Rolle spielte. Las Casas schreibt folgendes über ihn: »Er war der Muttergottes sehr ergeben. Doch er war auch immer der erste, der dafür sorgte, daß Blut vergossen wurde, wo immer es einen Zusammenstoß oder einen Streit gab.« Hojeda zog mit einem Trupp von zwanzig Mann und den einheimischen Führern los. In diesen Gegenden voranzukommen, war kein Kinderspiel, und die zurückzulegende Strecke war einige Dutzend Meilen lang. Zuerst mußte man, über schmale Pfade kletternd, einen Gebirgsring überwinden. Dann gelangte man in ein großes Tal, dessen Seitenwände von den Wassern glänzten, die von der Höhe herabstürzten. Den Indianern zufolge führten diese Sturzbäche Gold in ihrem Wasser. Noch weiter oben, auf den Bergen, befänden sich die im Felsen eingeschlossenen Goldadern. Hojeda drang nicht weiter vor. Er begnügte sich damit, an der Mündung der Sturzbäche viele Spuren und Bruchstücke von Gold zu entdecken, und tauschte in einem Dorf drei riesige Metallklumpen, drei Goldkiesel, gegen ein paar Glöckchen. Nach zwei Wochen kehrte er nach Isabela zurück. Die Illusionen bekamen neue Nahrung.

Michele da Cuneo berichtet, daß »der Admiral dem König geschrieben hat, er hoffe, in Kürze imstande zu sein, ihm so viel Gold zu schicken, wie ihm die Minen von Biskaya an Eisen lieferten«. Aber so schnell ging das alles nicht. Cibao wurde von Regengüssen und Unwettern heimgesucht. Die Flüsse schwollen an, und die Sümpfe saugten sich voll wie Schwämme. Ein paar hundert an Land gegangene Männer – einigen Autoren zufolge zwei- oder dreihundert – wurden noch vor Ende Januar krank. Die Krankheiten gingen nicht nur auf das Konto des schlechten Wetters, sondern wurden auch durch den Klimawechsel und die veränderte Ernährung hervorgerufen, von der ungewohnten Art der Arbeit, die getan und eilends abgeschlossen werden sollte, sowie von der ungesunden Luft der Sumpfgebiete. Die Neuankömmlinge waren dem massenhaften Angriff von Stechmücken und anderen Insekten ausgesetzt, Überträgern von unbekannten Keimen. Die Zahl der Kranken stieg. Schon war die Hälfte der Bevölkerung erkrankt. Isabela erinnerte eher an ein Hospital als an eine Stadt von Konquistadoren. Der Arzt Chanca hatte so viel zu tun, daß er eine Verdoppelung seines Lohnes forderte.

Die größten Unannehmlichkeiten wurden von der Art ihrer Ernährung verursacht. Die Regenfälle und die Feuchtigkeit hatten dazu geführt, daß ein großer Teil der aus Europa mitgebrachten Vorräte verdarb. Daher beschränkte sich die Nahrung auf Fisch und Maniok. Maniok war jene Knollenfrucht, aus deren Mehl das sogenannte Kassawabrot hergestellt wird. Halb Amerika lebte damals von Maniok. Es ist eine wenig nahrhafte und schwer verdauliche Speise. Man muß sich erst an sie gewöhnen. Die Spanier verabscheuten sie. Kassawabrot war für sie wie Gift. Auch ich habe davon gekostet, und zwar in einem Dorf nicht weit von der Stelle, wo Isabela einmal gestanden hat. Man buk es mir mit Sorgfalt auf glühenden Steinen. Es war wie ein ungesäuertes Brot, aber ohne Geschmack, fade und mehlig. Als Variante für Lokalkolorit mochte es noch angehen, doch als tägliche Kost war es gewiß schwer zu ertragen.

Angesichts einer solchen Dezimierung seiner Leute beschloß Kolumbus, die Schiffe in die Heimat zurückzuschicken, damit sie mit den notwendigen Hilfsmitteln zurückkehrten. Er behielt nur fünf Karavellen zurück und sandte das Gros – zwölf Segelschiffe – nach Spanien. Er unterstellte sie dem Befehl von Antonio de Torres, der auf der Herreise sein Erster Offizier gewesen war. Kolumbus übergab ihm auch einen an die Könige zu sendenden Bericht, in dem er erklärte, weshalb er gezwungen war, die Flotte mit so wenig Gold an Bord zurückzuschicken. De Torres trug eine Menge Gold mit sich, deren Wert auf 30000 Dukaten geschätzt wurde – aber doch eine fast lächerliche Summe angesichts der Kosten der Unternehmung und der Erwartungen, die man an sie geknüpft hatte. In seinem Bericht bat der Admiral, ihm drei oder vier Karavellen mit frischen Lebensmitteln, Medikamenten für die Kranken, Schuhzeug und Kleider aus Stoffen, Maultiere und andere Lasttiere zurückzusenden. Damit das Gold nicht vergessen werde, ließ er auch um einhundert erfahrene Bergarbeiter bitten, die in der Estremadura angeworben werden sollten. De Torres' Flotte stach am 2. Februar in See. Kolumbus rechnete damit, daß sie im Lauf von drei oder vier Monaten mit den erforderlichen Nachschublieferungen zurück sein könnte.

Unterdessen machte er sich zu schaffen, um eine sichere Verbindung mit dem Goldgebiet herzustellen. Man unternahm weitere Erkundungsmärsche, immer unter der Führung von Hojeda, bis sich Kolumbus entschloß, sich persönlich, mit seiner Eskorte und den Fahnen, vor allem aber mit Zimmerleuten, Holzfällern, Maurern und Erdarbeitern an Ort und Stelle zu begeben. Er hatte beschlossen, vor den Minen ein Fort zu errichten. Die Schönheit des Tales, das sich hinter den ersten Bergen öffnete, bezauberte ihn. Las Casas läßt ihn sagen, daß »man glauben konnte, irgendwo im Paradies gelandet zu sein«.

Die Karawane stieß bis zum Fluß Janico vor, das heißt, bis tief ins Landesinnere. Heute sind neben dem Fluß ein paar Hütten erhalten, die im Lauf der Zeiten den Namen Fortaleza, »Festung«, bewahrt haben; das ist jene Stelle, wo das Fort errichtet wurde. Seit einigen Jahren führt die gegenwärtige Regierung der Dominikanischen Republik dort Ausgrabungsarbeiten durch. Die ersten Spuren von Grundmauern kommen zutage, und nach dem, was man sieht, muß das Fort ziemlich groß und solide gebaut gewesen sein. Der Bauplan wurde von Kolumbus selbst entworfen, der bei Beginn der Arbeiten anwesend war und dann wieder nach Isabela hinunterzog. An Ort und Stelle ließ er fünfzig Mann unter dem Kommando von Pedro Margarit zurück. Dem Fort wurde der Name San Tomás gegeben. Es sollte zum Zentrum der Bergbautätigkeiten in Cibao werden. Aber noch wußte niemand genau, wo das Gold war, ja, ob es das Gold überhaupt gab. Sicherlich, die Indianer standen Schlange, um nach San Tomás Goldklumpen, -stückchen und -splitter sowie Gegenstände aus Gold zu schleppen. Aber woher stammten sie genau? Aus dem Sand der Flüsse oder aus regelrechten Minen? Kolumbus hatte sich nicht darum gekümmert, das herauszufinden. Als man ihm nach einer gewissen Zeit sagte, man habe Gold im Wert von zweitausend Castellanos gesammelt, freute er sich. Doch es waren alles andere als stattliche Summen, und Kolumbus wußte das sehr wohl. Er hatte endlich eingesehen, daß der Name Cibao ein Eingeborenenname war und nichts mit Zipangu und Marco Polo zu tun hatte. Doch er träumte noch immer von den goldenen Dächern auf den Palästen Japans. Wo waren sie? Und wo war Indien, der unfaßbare Kontinent, den er in Reichweite zu haben vermeinte, der ihm aber immer wieder entglitt?

In Isabela war der Fluß über die Ufer getreten, die Vorräte waren erschöpft, die Maniokfladen von den Spaniern weggeworfen. Die Kranken begannen zu sterben. Alle wollten in die Heimat zurück. Sie blickten auf Kolumbus, den Admiral. Sie fragten Kolumbus, was er vorhabe. Das Murren nahm zu, die Kritik wuchs. Und Kolumbus schwieg und sagte nichts. Er mißtraute allen, und Mißtrauen erzeugt neues Mißtrauen. Er hatte einen Streit mit Pater Buyl, der ihn beschuldigte, zu kärgliche Rationen zu verteilen. Aus San Tomás traf eine Botschaft von Margarit ein, in der es hieß, daß alle Indianer geflohen seien, weil sich das Gerücht verbreitet habe, Caonabó, der schreckliche Caonabó, der Schlächter von La Navidad, sei im Begriff, mit vielen Männern anzurücken, um vielleicht erneut ein Blutbad anzurichten.

Kolumbus schickte Hojeda mit Nachschub an Lebensmitteln zum Fort hinauf. Die Eingeborenen von Cibao waren unruhig. Es kam zu Plünderungen von seiten der Spanier und zu Diebstählen von seiten der Indianer. Hojeda ließ den Dieben die Hände abhakken – allerdings nur den indianischen Dieben. Die Situation war

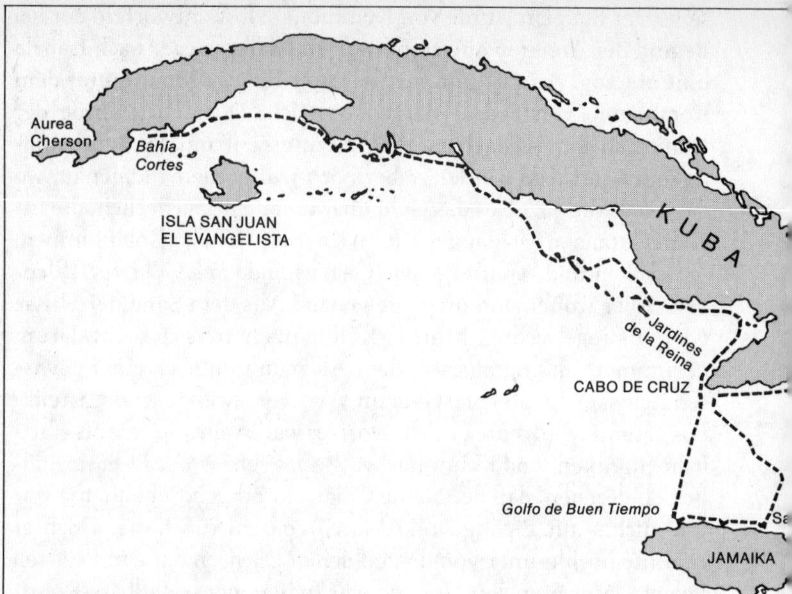

Von Isabela nach Kuba

angespannt. In Isabela lag eine Revolte in der Luft und in den Bergen rund um das Fort San Tomás eine Rebellion. Es bedurfte eines energischen Eingreifens, damit wieder Ordnung und Zuversicht einkehrte.

Was tat Kolumbus? Er zog wieder einmal los. Er war seinem Wahn von einem Kontinent auf der Spur, dem Beweis, in Indien gelandet zu sein. Es war keine Hoffnung, es war ein Alpdruck. Alles übrige konnte warten: Sein Interesse für Isabela und San Tomás war wesentlich geringer als sein sehnlicher Wunsch, die Gegend zu erkunden. Den anderen erschien dieses Verhalten unglaublich; für Kolumbus dagegen war es absolut rational. Es war auch ein Alibi, um den Schwierigkeiten der Situation den Rücken zu kehren, der erneute Beweis dafür, daß Kolumbus keineswegs ein Mann der Tat war, wenn er sich um seine Mitmenschen – ob es nun Spanier waren oder Indianer – kümmern mußte. Seit der Rückkehr von La Navidad zeigten sich in den Pausen des Schweigens und der Unschlüssigkeit wie in den plötzlichen Anfällen von

Unternehmungslust, in dem Wunsch, wieder zu segeln, in diesen Fluchten nach vorne, mit denen er den unbequemen Wirklichkeiten aus dem Weg gehen wollte – Anzeichen einer physischen Veränderung bei Kolumbus. Es war vielleicht eine körperliche Krankheit, deren Auswirkungen denen einer geistigen Krankheit sehr nahekamen. Ich möchte nicht noch einmal Don Quijote zitieren. Aber wir alle wissen, daß die Utopie im Guten wie im Bösen, in der Phantasie wie im wirklichen Leben, oft an Wahnsinn grenzt.

Nachdem Kolumbus unverzüglich einen Regentschaftsrat ernannt hatte, der während seiner Abwesenheit die Insel regieren sollte, fuhr er am 24. April 1494 mit drei Karavellen aufs Meer hinaus, und zwar natürlich mit der *Niña* sowie mit der *Cordera* und der *San Juan*. Das Ziel der Reise hatte er erklärt: Kolumbus fuhr, »um die Welt Indiens zu erforschen«. Schon einmal hatte er die Hypothese in Betracht gezogen, daß Kuba keine Insel, sondern ein Kontinent sei. Nun wandte er sich wieder seinen Hirngespinsten zu. Wieder tauchte das Bild vom Großen Khan auf und damit die Idee vom Triumph, die auf Hispaniola an der Wirklichkeit gescheitert war. Kolumbus, der bei all seiner Kälte leidenschaftliche Züge an den Tag legte, stieß Hispaniola von sich und begann wieder, mit Kuba zu liebäugeln.

Die kleine Flotte fuhr ohne Schwierigkeiten die Küste von Hispaniola hinauf nach Westen. Das Wetter war günstig, die Passatwinde wehten beständig, und man mußte keine Orkane bestehen. Jene Meere waren bereits bekannt; es waren heimische, vertraute Gewässer. Kolumbus war froh gestimmt, wie immer, wenn er sich auf die Suche nach dem begab, was er für wirklich und erreichbar hielt. Andrés Bernáldez, dem Pfarrer von Los Palacios, einem ihm treu ergebenen Freund, händigte er das *Bordbuch* dieser zweiten Reise aus, einen Text, der später verlorenging. Aber in seiner »Geschichte der Katholischen Könige« zitiert Bernáldez es einige Male. Ihm zufolge drückt Kolumbus sein Glücksgefühl beim Segeln in der Freiheit so aus: »Während die Flotte westwärts fuhr, konnte man den feinen Duft der Blumen wahrnehmen, der über dem Meere schwebte.«

Die Karavellen kamen an Monte Christi, an La Navidad und an Cap-Haïtien vorbei. Sie bogen in die Meerenge von Tortuga ein und fuhren dann in die Windward Passage, die Hispaniola von Kuba trennt. Auf der anderen Seite der Meerenge ragt das äußerste Vorgebirge von Kuba hervor, das sich, umgeben von den blauen Dünsten der Tropen, ins Meer hinausreckt. Kolumbus nannte es »Alpha und Omega«, Anfang und Ende der Welt. Wenn Kuba das asiatische Festland war, dann stellte jenes Vorgebirge dessen letzten dem Ozean zugewandten Zipfel dar. Bernáldez, der das Bild wahrscheinlich dem verschollenen *Bordbuch* entnahm, gibt die folgende Erklärung: »Die Landzunge von Alpha und Omega ist die äußerste Spitze des Festlandes und entspricht dem auf der entgegengesetzten Seite, in Portugal, gelegenen Kap São Vicente. Zwischen diesen beiden Vorgebirgen wohnt die gesamte Bevölkerung der Welt. Wenn jemand sich von Kap São Vicente auf den Weg machen würde, könnte er über Land nach Osten gehen, ohne irgendeinen Teil des Ozeans zu überqueren, und bis zum Kap Alpha und Omega gelangen.« Nach Kolumbus' Überzeugung war es so. Aber dazwischen lag das unbekannte und unvorstellbare Amerika. Aus diesem Grund konnte Kolumbus Indien nicht finden, hätte es niemals finden können; Amerika stellte sich ihm als Hindernis in den Weg.

(Heute heißt das Kap Alpha und Omega Kap Maisí und wird von allen Wasserfahrzeugen, die in der Karibik kreuzen, achtlos umfahren. Aber nachdem Kolumbus das Vorgebirge so getauft hatte, sollten noch viele Jahre vergehen, bis man imstande war, die von Pater Bernáldez geäußerte Ansicht richtigzustellen.)

Als Kolumbus an jener Stelle angelangt war, mußte er entscheiden, in welcher Richtung er seine Erkundung fortsetzen sollte, ob im Norden oder im Süden von Kuba. Die Nordküste war er bereits auf seiner ersten Reise, aus San Salvador kommend, ein Stück weit hinaufgefahren. Die Südküste war ihm vollkommen unbekannt. Der von der Antike überkommenen Lehre zufolge war das, was wertvoll war, immer unter den heißesten Himmeln zu finden. Ferrer de Blanes, ein katalanischer Kosmograph, der am Hofe verkehrte, behauptete, daß »der größte Teil der guten Dinge aus den heißesten Gegenden kommt, und daß es unter dem Himmelsäquator die großartigen und kostbaren Güter gibt – Edelsteine, Gold, Gewürze und Arzneien«. Weil er solche Schätze suchte, fuhr Kolumbus nach Süden.

Er gelangte nach Puerto Grande, zur heutigen Bahía de Guantánamo mit dem Marinestützpunkt der Vereinigten Staaten auf Kuba. Das Meer war voller Tang, und an den Stränden krochen Leguane umher, noch nie gesehene Tiere, die die Spanier trotzdem an Spießen brieten. Am 3. Mai trafen die Karavellen in Cabo de Cruz ein, im südlichsten Teil der Insel – auch wenn Kolumbus nicht glauben wollte und nicht glauben konnte, daß Kuba eine Insel war. Hier redeten die Indianer, die fröhlich herbeigestürmt waren, um die Schiffe zu sehen, lange von Gold. Danach zu fragen, war für den Admiral schon zu einer Pflichtübung geworden. Alle sagten, daß es auf einer großen, nicht weit von hier entfernten Insel Gold im Überfluß gäbe. Sie nannten jenes Eldorado Jameque; das war die Insel Jamaika. Jameque klang sehr ähnlich wie Babeque und weckte in Kolumbus die Erinnerung an die Abenteuer zwei Jahre zuvor. Ohne weiter zu überlegen, stürzte er sich auf Jamaika. Er war in jenem Augenblick sicher nicht ganz Herr seiner Sinne und geistig nicht völlig im Lot. Er schwankte zwischen Indien und dem Gold. Aber Jamaika, die »freundliche Insel«, geizte mit Annehmlichkeiten. Die Eingeborenen, die schweigsam und sehr auf der Hut waren, trugen keinen Goldschmuck am Körper. An den inspizierten Orten fand man keine Spur von dem edlen Metall. Kolumbus streifte sechs oder sieben Tage lang an jenen Ufern umher; dann machte er kehrt, um zu dem zu Kuba gehörenden Cabo de Cruz zurückzukehren.

Er fuhr weiter an der Südküste entlang und fand sich von einer Unmenge von Inseln umgeben. Bernáldez schreibt: »Das Meer war in allen Himmelsrichtungen voller Inseln. Jede war grün und mit Bäumen bedeckt – die herrlichsten Inseln, die das Auge betrachten konnte.« An einem einzigen Tag zählte Kolumbus mehr als einhundert. Er konnte sie nicht der Reihe nach benennen. Jenem unwahrscheinlichen Inselreich gab er einen kollektiven Namen: Jardines de la Reina, »Gärten der Königin«. Angesichts der vielen Landflächen, die sich überall erhoben, wurde es schwierig, mit dem Schiff voranzukommen. Das Wasser war voller Tücken: Da gab es die Untiefen, die Bänke, die Riffe, die Strömungen und die ziemlich engen und schwierigen Durchfahrten, die man sich ständig aufs neue suchen mußte. Es ist ein Wunder, daß es Kolumbus gelang, seine Karavellen ohne Schaden durch jene Gegenden zu steuern. Nicht ohne Angst hatte er das geschafft. Mehrmals berührten die Schiffe den Grund. Die *Niña* blieb einmal viele Stunden lang im Schlamm stecken. Man mußte unzählige natürliche, aber auch psychologische Hindernisse überwinden. In den Legenden der Seefahrer hatte man immer von endlosen Untiefen fabuliert, die den äußersten Rand der Welt umgäben. Und alle glaubten, dort angelangt zu sein – aufgrund dessen, was Kolumbus sagte, und weil man an die Legenden glaubte, die schon so alt waren, daß man sie mit der Wahrheit verwechselte.

Nachdem er das Labyrinth der Inseln verlassen hatte, mußte Kolumbus mit den Unwettern kämpfen. Jeden Abend – so berichtet Bernáldez – »brauten sich im Osten schreckliche Wolken zusammen«, und bis zum Untergang des Mondes gingen Gewitter auf das Meer nieder, deren Regenmassen die Karavellen täglich überfluteten. Die Männer waren von so vielen Kämpfen und Gefahren erschöpft. Sie waren unzufrieden und machten daraus keinen Hehl. Sie forderten umzukehren, weil der Weg lang und beschwerlich und man bereits sehr knapp an Lebensmitteln sei, die jedenfalls nicht mehr für eine Weiterfahrt reichen würden.

Kolumbus schwieg beharrlich. Er konnte den Seeleuten keine

Hoffnung auf irgendwelche Ziele machen, so wie noch in den Tagen vor der Landung auf San Salvador. Hier suchte er etwas, was sich ihm entzog, etwas, von dem er nicht wußte, wo es war. Er fragte die Eingeborenen ohne Unterlaß, bei jedem Halt, ob Kuba eine Insel oder ein Kontinent sei. Dazu bemerkt Bernáldez: »Es waren einfache und unwissende Leute. Sie glaubten, die ganze Welt bestünde nur aus Inseln.« Aber hin und wieder konnte man den Antworten etwas entnehmen, was in der Finsternis eine kleine Hoffnung aufleuchten ließ. Ein alter Eingeborener streckte kopfschüttelnd die Hand nach Westen und sagte zu Kolumbus, daß diese Küste grenzenlos sei, daß man nicht einmal nach vierzig Monden an ihr Ende gelangen würde. Vierzig Monde, das waren vierzig oder doch fast vierzig Monate. Kolumbus errechnete, daß das mehr als dreitausend Wegmeilen, zehntausend Meilen, waren. Hatte man denn jemals von einer Insel gehört, die länger als zehntausend Meilen war? Derartiges konnte es gar nicht geben. Bei seinen Gesprächen mit den Eingeborenen erfuhr er, daß sie die Region, bis zu der sie gelangt waren, Magón, Provinz Magón, nannten. Hatte dieser Name nicht Ähnlichkeit mit Marco Polos *Mangi*? Oft hatte sich Kolumbus von gleichklingenden Namen täuschen lassen. Aber in diesem Fall kamen zu viele Elemente zusammen. Und er hatte es satt, noch weiterzusuchen, vergeblich zu suchen.

Und so kam es, daß Kolumbus nach langer Überlegung und Träumerei eines Nachts schließlich und endgültig zu der Überzeugung gelangte, in Indien gelandet zu sein. Jene langgestreckte Halbinsel, die (in Wirklichkeit nur) die Küste von Kuba war, entsprach für ihn exakt der Halbinsel von Malakka. Die Griechen hatten sie *Aurea Chersones* genannt. Diese Halbinsel lag »jenseits des Ganges«, in der Mitte der Welt. Die eine Hälfte des Weges, den die Sonne beschrieb, lag vor der *Aurea Chersones*, die andere hinter ihr. Von Cádiz bis zum Ganges war der Erdball von einer ebenso großen Oberfläche bedeckt wie von Kuba bis Cádiz. Da Kuba der Ganges »war«, war es Malakka, Indien. Die geistige Verfassung, in der Kolumbus sich – inspiriert von seinen Utopien, überwältigt von seiner Phantasie – befand, führte dazu, daß das, was er glaubte, auch tatsächlich existierte. Es mußte einfach so sein!

Den Beweis dafür liefert uns das, was am folgenden Morgen geschah. Es war der 12. Juni 1494. Die Schiffe befanden sich vor der Insel San Juan el Evangelista, etwa am Ende jenes langen Streifens Land, der sich bis zur westlichsten Spitze von Kuba erstreckt. Von der Bucht aus gesehen, in der die Karavellen angelangt waren, hatte man den Eindruck, daß die Küste nach Süden abbog. Ihr Verlauf ähnelte eher dem einer Halbinsel als dem eines Kaps. Bis zum Mittelpunkt der Insel waren es noch ungefähr einhundert Meilen, nur noch einhundert Meilen! Wenn Kolumbus beharrlich weitergefahren wäre, hätte er bemerkt, daß Kuba keineswegs ein Kontinent war. Er hätte vielmehr wertvolle Informationen erhalten, die ihn bis nach Yucatán hätten führen können, zum Glanz und Reichtum des ganz in der Nähe gelegenen Mexiko. Dann wäre er wirklich in der Lage gewesen, jede Kritik an seinem Unternehmen zurückzuweisen. Und diese Rechtfertigung war nunmehr zum Greifen nahe; denn der Kontinent Amerika lag in Reichweite seiner Schiffe.

Aber Kolumbus hatte beschlossen, sich der Utopie hinzugeben. Er hatte sich auf sie wie auf ein Geschäft eingelassen, ohne die Absicht, sich wieder daraus zurückzuziehen; wahrscheinlich hätte er auch gar nicht mehr die Kraft dazu gehabt. Er rief Fernando Pérez de Luna, der als Sekretär der Flotte auch als öffentlicher Notar von Isabela fungierte, zu sich und erteilte ihm genaue Anweisungen. Bei diesem Akt scheint Kolumbus bei klarem und wachem Verstand gewesen zu sein. Jedenfalls forderte er de Luna auf, alle Steuerleute, Offiziere und Matrosen, die an der Expedition beteiligt waren, nacheinander aufzurufen; er sollte sich auf alle drei Karavellen begeben, um sie persönlich zu befragen. Ferner solle er – und ich zitiere Bernáldez, obschon die Tatsachen von Las Casas, von Oviedo und von allen zeitgenössischen Autoren bestätigt wurden – sie fragen, »ob sie daran zweifelten, daß dieses Land der indische Kontinent sei, jener Punkt, wo er für denjenigen begann, der vom Meer her kam, und wo er für denjenigen endete, der über den Landweg dort eintraf«. Jeder der Befragten müsse, falls er Zweifel oder abweichende Überzeugungen habe, sie dem Notar gegenüber kundtun, der sie dann registrieren würde. Im gegenteiligen Fall wurde er aufgefordert, einen Eid abzulegen und zu schwören, daß er auf dem indischen Kontinent angekommen sei und das persönlich festgestellt habe. An dem Eid konnte, wenn er einmal unterschrieben war, nichts mehr verändert werden. Für jene, die gegen ihn verstießen, war eine Strafe vorgesehen, die von einer Geldstrafe von zehntausend Maravedis bis zum Abschneiden der Zunge reichte.

Uns erscheint das als ein absurder Schwur, als der verrückteste Akt des Hochmuts, den Kolumbus je vollzogen hat. Wir fragen uns, ob er mit seinem körperlichen und geistigen Zustand zusammenhing, mit dem Hauch von Wahnsinn, der in seinem phantasierenden Kopf umherspukte. Tatsächlich hatte Kolumbus die Grenze der Imagination berührt und unterschied diese nicht mehr von der Wirklichkeit. Es war nichts Neues dazwischen gekommen, was ihn von der Überzeugung abgebracht hätte, die seiner Reise zugrunde gelegen hatte. Er erinnerte sich übrigens daran, daß Bartolomeu Diaz ihm bei seiner Begegnung zwei Jahre zuvor in Lissabon etwas Ähnliches erzählt hatte. Er hatte ihm von einem Dokument berichtet, das auch er von seinen Leuten hatte unterschreiben lassen, als sie ihn, nachdem er das Kap der Guten Hoffnung umsegelt und Kurs auf Indien genommen hatte, zur Umkehr gezwungen hatten. Aber Diaz hatte das Kap der Guten Hoffnung tatsächlich umsegelt, während Kolumbus seine Leute die Existenz von Dingen beeiden ließ, die sie nicht gesehen hatten und die nur Kolumbus' Phantasie entsprungen waren.

Allerdings wird behauptet, daß alle ohne irgendeinen Protest unterschrieben. Sie hatten den dringenden Wunsch umzukehren, und jener Schwur schien die notwendige Voraussetzung für ihre Rückkehr zu sein. Doch die Mannschaft neigte im allgemeinen Kolumbus' Hypothese zu. Sie hatten etwas von einer Entfernung von vierzig Monden gehört. Niemand vermochte sich vorzustellen, daß eine Insel sich so endlos weit erstrecken konnte, so wie niemand Anstalten machte, die Behauptungen des greisen Indianers in Zweifel zu ziehen. Auch Juan de la Cosa, der berühmte Kartograph an Bord der *Niña*, unterschrieb den Eid. (Er hatte übrigens nur den gleichen Namen wie Kolumbus' Offizier auf der *Santa María*, der die Hauptverantwortung an deren Untergang trug.) Einige Jahre später, als er seine berühmte Weltkarte anfertigte, besann sich Juan de la Cosa eines Besseren und zeichnete Kuba als Insel. Aber lange Jahre hindurch brachte der Eid von der *Aurea Chersones* die geographischen Begriffe in der ganzen Welt durcheinander. Bis 1516 wurde Kuba auf den Karten der Epoche als *Asiae partis* bezeichnet.

War Kolumbus also die Beute seiner Hirngespinste, als er jene unglaubliche Erklärung unterschreiben ließ? Nicht alle sind dieser Meinung. Riccardo Bacchelli behauptet in seinem köstlichen Büchlein, von dem bereits die Rede war, daß Kolumbus' Verhalten »nicht ein irrationales, despotisches und wissenschaftsfeindliches war, wie gesagt wurde, sondern ein Übermaß an Rationalität, einen geographischen Fanatismus« offenbarte. Bacchelli zufolge mußte Kolumbus vielleicht nicht so sehr gegen die Meinung seiner Steuerleute und Matrosen ankämpfen wie gegen seine eigenen Zweifel. Er wollte sich von ihrer Last befreien. Sein Exzeß war der eines vernunftbegabten Wesens, das in dem Augenblick, da es glaubte, die ersten Anzeichen für einen Beweis in Händen zu halten, befürchtete, in den Zweifel zurückzufallen. »Die Wahrheit liebt man auch durch den Irrtum hindurch«, meinte Bacchelli. Es ist ein einprägsamer Satz, mit dem man den ganzen Kolumbus, die Unerschrockenheit seines Denkens und die Leidenschaftlichkeit seiner Überzeugungen, charakterisieren könnte. In dem Eid von Kuba offenbarte sich gewiß sein Mut, aber auch seine Hartnäckigkeit und sein Stolz – Exzesse, in die Kolumbus zu oft verfiel. Zudem gehörte der Druck, mit der jene Erklärung seinen Leuten abgenötigt wurde, zu Methoden und Zeiten, gegen die Kolumbus verzweifelt gekämpft hatte. Es hatte fast den Anschein, als ob er ins Mittelalter zurückgefallen wäre, nachdem doch er den Eindruck erweckt hatte, es überwunden und hinter sich gelassen zu haben. Vielleicht sollte man, wenn man Kolumbus beurteilt, nie vergessen, daß er noch mit beiden Beinen im Mittelalter stand.

Nach jenem in jeder Hinsicht denkwürdigen Tag machte sich die Flotte auf den Rückweg. Kolumbus zögerte sehr, ehe er sich Isabela zuwandte. Er fuhr von einer Küste zur anderen und plante, wie es scheint, sogar eine Strafexpedition gegen die Kannibalen, von denen er annahm, daß sie Puerto Rico bevölkerten. Das wäre noch eine ruhmreiche, eine auffallende Tat gewesen, die er den Hoheiten hätte vorweisen können. Doch Las Casas berichtet, daß »der Admiral in einen unheilvollen Schlaf fiel, der ihn all seiner Sinne und Kräfte beraubte; er wirkte wie tot. Alle meinten, daß er keinen weiteren Tag mehr überleben könnte.« Es waren die schwächenden Auswirkungen jener Krankheit, die ihn das ganze Leben hindurch begleiten sollte, eine Art Gicht oder Podagra, die noch durch unklare rheumatische Beschwerden und eine Stoffwechselstörung kompliziert wurde. Damit hat sich Gregorio Marañón beschäftigt, der in Spanien in bezug auf alles, was mit Rheumaleiden zu tun hat, eine Autorität ist. Er tat das mit wissenschaftlicher Akribie und definierte Kolumbus als »martialischen« Typ wegen des Blutandrangs, der ihm oft die Röte, die Farbe des Mars, ins Gesicht trieb, sowie wegen des weißen Helms, seiner vorzeitig ergrauten Haare, die seinen Kopf schmückten.

Die Schiffe kehrten am 29. September, nach fünfmonatigem, nahezu ergebnislosem Hin und Her, mit ihrem kranken Admiral an Bord nach Isabela zurück. Als man dort gelandet war, trug man ihn auf den Armen, und er hütete viele Wochen lang das Bett.

De Torres war immer noch nicht aus Spanien zurückgekehrt, doch dafür war Bartolomé, Kolumbus' Lieblingsbruder, gekommen. Er hatte in Frankreich von seinen Heldentaten erfahren und alle Hebel in Bewegung gesetzt, um sich mit ihm in Cádiz einzuschiffen, war aber nicht rechtzeitig eingetroffen. Mit Genehmigung der Könige hatte er drei Karavellen zusammenbekommen, um seinen Bruder nach Hispaniola nachzureisen. Von jenem Augenblick an sollte er ihm nicht mehr von der Seite weichen. Bartolomé war zwar keine so originelle Persönlichkeit wie Christoph, doch er besaß große Willenskraft und ein angeborenes Führungstalent, und das war eine Begabung, mit der sein Bruder offensichtlich nicht immer zu glänzen verstand. Dieser lag nun entkräftet und von schweren Problemen gepeinigt auf seinem Lager. Isabela war eine sterbende Stadt. Es war eine Stadt ohne Lebenskraft und Gesundheit. Das Landesinnere war bis hinauf zum Fort San Tomás unsicher und zum Schauplatz von Hinterhalten und Zusammenstößen geworden. Die Goldader schien versiegt zu sein.

Was war zu tun? Kolumbus übertrug Bartolomé sämtliche Befugnisse, indem er ihn zum *Adelantado* der Kolonie ernannte. Den Rang eines *Adelantado* verlieh man in Spanien den Provinzgouverneuren. Damit war die volle Übertragung der Befehlsgewalt verbunden. Es war ein heißbegehrter Titel, den zu verleihen Sache der Könige war. Kolumbus hatte sich, als Vizekönig handelnd, ihre Privilegien angemaßt. Aber die Könige mißbilligten eine Entscheidung, die nach einem Eingriff in ihre rechtmäßige Autorität aussah. Es war ein Fehler von Kolumbus, die Autonomie seiner Funktionen überschätzt und die Zustimmung der Könige vorausgesetzt zu haben. So wurden Irritationen und Kritiken ausgelöst, die Kolumbus mit der wachsenden Ausdehnung der spanischen Präsenz in Indien in äußerst gefährliche und mißliche Situationen brachten.

Ein Fehler war es auch, den eigenen Bruder in die höchste Macht eingesetzt zu haben. Der Ausländerkomplex, von dem Kolumbus sich nie freimachen konnte, warf ihn auf einen Bereich zurück, in dem bitter empfundene Einsamkeit und ein Mißtrauen herrschte, welches sich auf all seine Entscheidungen und Entschlüsse auswirkte. Er verstand es nicht, diese Probleme zu lösen, wenn er nicht von Leuten seines absoluten Vertrauens umgeben war, seinen direkten Verwandten oder Angehörigen seines vertrautesten Kreises. So war es auch ein Fehler gewesen, Diego de Harana, dem Verwandten von Beatriz, das Kommando über das Fort von La Navidad zu übertragen. Dieser war weder aufgrund seines Charakters noch aufgrund seiner Erfahrung der Mann, der für die Sicherheit des Forts garantieren konnte. Jetzt wiederholte sich dieser Irrtum in noch größerem Maßstab mit Bartolomé, obwohl es sich bei ihm um eine Persönlichkeit von anderem Wesen und einer anderen Eignung handelte. Die Einwohner von Isabela verfluchten schon jenen Vizekönig, der immer unschlüssig war und nicht wußte, was zu tun war, der sie monatelang mit ihren Schwierigkeiten allein ließ, ohne auch nur zu versuchen, sie auszuräumen. Die Ernennung des frisch aus Übersee eingetroffenen Bartolomé versetzte sie in Wut, und das zeigten sie Kolumbus und seiner Familie.

Die Lage in San Tomás war nicht besser. Die Beziehungen mit den Eingeborenen hatten sich spürbar verschlechtert. Sie schleppten kein Gold mehr herbei, und Margarits Männer wußten nicht, wo sie es finden konnten. Sie splitterten sich in kleine Grüppchen auf, deren einziges Ziel der Erwerb von Nahrung war, während ihre eigentliche Aufgabe ja darin bestand, die Gegenden zu erkunden, und nicht darin, Raubzüge zu unternehmen. Die Eingeborenen setzten ihnen Widerstand entgegen. Die Spanier waren untereinander zerstritten, und es kam zu Zusammenstößen zwischen ihnen und den Eingeborenen. Bartolomé rief Pedro Margarit nach Isabela zurück, damit er sein Verhalten als Kommandant der Festung rechtfertigte. Der cholerisch veranlagte und zur Gewalttätigkeit neigende Margarit akzeptierte keine Kritik. Er schloß sich mit anderen Unzufriedenen zusammen und bemächtigte sich in einer Art Meuterei der drei Karavellen von Bartolomé, um nach Spanien zurückzusegeln. Unter den Aufständischen befand sich auch Pater Buyl, der Kolumbus ein zu nachgiebiges Verhalten gegenüber den Eingeborenen vorwarf. Sie stünden noch »außerhalb des Gesetzes Christi« und sollten nicht wie Brüder behandelt werden.

Mehr als alle anderen, die nach Spanien zurückgekehrt waren und sich am Hofe eingeschlichen hatten, brachten Margarit und Pater Buyl eine Lawine verleumderischer Nachrichten über Kolumbus ins Rollen. Das Bild, das sie von ihm entwarfen, war das eines unfähigen, ehrgeizigen und arroganten Mannes, der glaubte, auf einer Stufe mit dem König zu stehen. Sie berichteten, daß das Versprechen, Gold zu beschaffen, eine Lüge sei und daß das Geld, das die Krone für die Finanzierung eines so gigantischen Unternehmens ausgegeben hatte, zum Fenster hinausgeworfen sei. Sie übertrieben. Aber es ist nur zu bekannt, daß Verleumdungen immer einen Nachgeschmack von Zweifel und Verblüffung hinterlassen. Diese Saat fiel auf fruchtbaren Boden; denn die Hofkreise warteten begierig darauf, an dem Glanz von Kolumbus, der ihnen überhaupt nicht behagte, Flecken und Mängel zu finden.

Wieder rückte ein neues Jahr näher, das Jahr 1495. De Torres war endlich mit seinen Karavellen, beladen mit Lebensmitteln, aus Spanien zurückgekehrt. Diese Verstärkungen linderten die Situation in Isabela ein wenig, aber die Beziehungen mit den Eingeborenen des Landesinneren wurden immer gespannter. Nach Margarits Abreise war in der Garnison des Forts die reine Anarchie ausgebrochen. Die Männer hatten sich der Gewalt hingegeben, und die Indianer antworteten mit einem Aufstand. Jeden Tag tat man auf beiden Seiten nichts anderes, als die neuen Toten zu zählen.

Die Situation hatte sich derart verschlechtert und war nunmehr so unerträglich, daß Kolumbus im März beschloß, mit seinem Bruder Bartolomé persönlich eine Strafexpedition durchzuführen, um die Revolte niederzuschlagen. Sie verließen Isabela mit sämtlichen tauglichen Männern – eine gewaltige, zur Rache entschlossene Truppe. Jenseits der Berge stießen sie mit einer großen indianischen Streitmacht zusammen; Las Casas behauptet, daß es mindestens hunderttausend Krieger waren. Unter den Schüssen der Armbrüste und Arkebusen ergriffen die Indianer die Flucht, erschreckt auch durch die Pferde, die sie noch nie gesehen hatten und von denen sie glaubten, daß sie, zusammen mit dem Mann auf ihrem Rücken, ein einziges Tier bildeten. Sie verstreuten sich im Tal. Aber sie stellten weiterhin beharrlich ihre Fallen, drangen nachts in die Lager ein und setzten die Vorräte in Brand. Sie verhielten sich wie Krieger und zogen den Konflikt in die Länge, so als ob der Widerstand niemals erlöschen dürfe. Es dauerte zehn Monate, das ganze Jahr 1495, bis man diesen ersten Kolonialkrieg als gewonnen betrachten konnte. Darin verwickelt war auch der schreckliche Caonabó, der gefangengenommen und in Ketten gelegt wurde. Der Feldzug war unter dem Einsatz großer Energien durchgeführt worden, unter dem bestimmenden Einfluß von Bartolomé, der seinen Bruder zum Handeln und zum Durchhalten gedrängt hatte. Das Expeditionskorps zeigte sich unerbittlich. In seinen *Historie* schildert Fernando Colón das nach dem Wüten der Bestrafungen unterjochte Land mit folgenden Worten: »Ein Spanier konnte allein überallhin vordringen, wohin es ihm auch gefiel, und er konnte gratis die Früchte des Bodens und die Frauen genießen und sich von den Eingeborenen so lange auf den Schultern tragen lassen, wie es ihn gelüstete.«

Hunderte wurden gefangengenommen. Kolumbus hatte bereits vorgeschlagen, mit Lebensmitteln beladene Karavellen aus Spanien gegen mit Sklaven beladene aus Hispaniola auszutauschen. Angesichts der Tatsache, daß es noch nicht möglich war, in angemessenen Mengen Gold zu finden, wäre das eine Art, die Kosten zurückzuerstatten. Schließlich handelte es sich um heidnische Menschenfresser, die im Verlauf einer Operation, welche man als Krieg bezeichnen konnte, als Feinde gefangengenommen worden waren. Der damaligen Moral zufolge wurden die Nichtchristen, die bei Kriegshandlungen gefangengenommen wurden, als Sklaven anerkannt. In der Vergangenheit war man mit den Mauren Spaniens weitgehend nach diesem Brauch verfahren. Aber den Königen widerstrebte es, in bezug auf diese neuen Wilden jenseits des Ozeans das Recht auf Sklaverei zuzulassen. Sie waren keine Feinde Gottes, sie kannten ihn nur nicht. Und es wäre sehr viel verdienstvoller, wenn man aus ihnen Christen machte anstatt Sklaven.

Kolumbus hingegen überstürzte die Dinge. Und das war ein neuer, falscher Schritt in diesem glücklosen Zeitabschnitt. Ohne die Stellungnahme des Hofes abzuwarten, schiffte er auf de Torres' Schiffen, die sich gerade auf die Heimreise vorbereiteten, fünfhundert Sklaven ein. Das schien ihm wie eine Besiegelung seines Sieges, einer ungewöhnlichen Macht. Damit wurde dem spanischen Adel die Möglichkeit geboten, auf billigem Wege Sklaven zu erwerben. Sie wurden auf dem Markt von Sevilla verkauft, wo sie den Käufern nackt zur Auswahl gestellt wurden. Andrés Bernáldez sah sie auf dem Tisch der Versteigerer. Zweihundert von ihnen starben schon nach kurzer Zeit.

Mit seiner Entscheidung machte Kolumbus im wesentlichen deutlich, daß es »in jenem Indien« viel weniger Gold gab als man Marco Polo und Mandeville zufolge dort vermutet hätte. Er versuchte, dadurch an das meiste heranzukommen, daß er den Bewohnern Cibaos eine Steuer auferlegte. Demnach mußte jeder männliche Eingeborene über vierzehn Jahre alle drei Monate ein Fläschchen voller Gold abliefern. Für diejenigen, die es nicht taten, wurden strenge Geldstrafen und andere Strafen festgesetzt. Aber die Maßnahme war zum völligen Scheitern verurteilt; denn es gab nicht genug Gold, um den Steuersatz zu erfüllen. Die Eingeborenen flohen mit ihren Familien in die Berge und bereiteten sich auf einen neuen verzweifelten Widerstand vor. Der Haß auf die Spanier schwoll an wie die Wassermassen eines gestauten Flusses. In Spanien wußte man davon. Pater Buyl und Margarit würzten die Berichte mit ihren Kommentaren. Am ganzen Hof flüsterte man: »Jetzt reicht es uns aber mit diesem Indien!«

Über diese Stimmungen in Kastilien, die nicht mehr von Begeisterung über die neuen Entdeckungen geprägt waren, erhielt Kolumbus eine ungefähr zutreffende Vorstellung, als – unerwartet – ein Sondergesandter der Könige eintraf, der nach Isabela kam, »um nachzusehen und zu berichten«. Er hieß Juan Aguado und war Majordomus des Hofes. Er war mit Beglaubigungsschreiben ausgestattet, die ihn ermächtigten, die Siedler von Isabela zu befragen und ihre Erklärungen aktenmäßig vom Notar festhalten zu lassen. Er untersuchte die Unzufriedenheit und ihre Ursachen sowie das, was die Spanier über das Verhalten von Kolumbus und des *Adelantado* Bartolomé dachten. Aguado war in erster Linie gekommen, um die »Ausländer« zu kontrollieren.

Darüber geriet Kolumbus in Wut. Aguado traf zu einem Zeitpunkt ein, zu dem er sich noch auf der Expedition gegen die Eingeborenen von Cibao befand. Die Anwesenheit eines Untersuchungsrichters im eigenen Haus gefiel ihm so wenig, daß er zwei Monate lang über die Gültigkeit der Beglaubigungsschreiben diskutierte, die dieser bei sich trug, und darüber, ob ein Vizekönig, wie Kolumbus einer war, sie als gültig anerkennen konnte. Er empfing ihn, hörte ihn schweigend an, schickte ihn zurück, hielt ihn hin und hinderte ihn an der Ausführung seines Auftrags. Aguado wiederum stichelte gegen ihn und machte ihm begreiflich, daß die Hoheiten nicht mit ihm zufrieden waren. Er sagte ihm, er habe beim Umherhören bemerkt, daß man ihm nicht mehr so gehorchte und ihn nicht mehr so achtete wie früher. Diese Leute vom Hof waren sehr geschickt, wenn es darum ging, jemandem etwas zu unterstellen. Ihm gegenüber blieb Kolumbus mit seinem schweigsamen Stolz wehrlos. Er versuchte vergeblich, ihn zu demütigen. Im Gegenteil, allein schon die Anwesenheit eines Majordomus in der Eigenschaft eines Kontrolleurs genügte, um ihn, Kolumbus, zu demütigen – einen Vizekönig, der von niederen Hofchargen ausspioniert wurde.

Der Entdecker Amerikas war nicht in der Verfassung, so viel zu ertragen. Sein Stolz, sein Hochmut, sein Selbstbewußtsein rebellierten und zogen ihn in jene einsame und wolkige Welt des Geistes, in die er sich, die Widersprüche des wirklichen Lebens weit von sich weisend, immer lieber flüchtete. Ja, er fühlte sich gedemütigt. Aber da er daran festhielt, daß niemand außer ihm selbst ihn demütigen könne, berichtet Las Casas, daß »er sich als Verehrer des heiligen Franziskus in ein braunes Gewand kleidete« und daß er ihn »fast wie ein Mönch gewandet, gleich nach seiner Rückkehr in Sevilla gesehen« habe.

Kolumbus in der Franziskanerkutte beschloß, nach Spanien zurückzukehren, um schon kurz nach Aguados Ankunft jede Kontroverse zu klären. Doch während er sich anschickte, die Anker zu lichten, tobte ein heftiger Orkan über Isabela. (Das Wort Orkan = Hurrikan kommt aus der lokalen Taino-Sprache: *hurracán* und bedeutet »plötzlich auftretender Sturm«.) Alle Schiffe, die im Hafen lagen, gingen verloren bis auf die alte, glorreiche *Niña*, die ihn vielleicht deshalb überstand, weil sie das kleinste, aber robusteste Schiff war. Doch für die Rückreise wurde mindestens noch ein weiteres Schiff benötigt. Kolumbus ließ an Ort und Stelle aus den Wrackteilen der untergegangenen Schiffe eine zweite Karavelle bauen. Sie war Anfang März 1496 fertig. Es war das erste

Schiff, das jenseits des Ozeans gebaut wurde. Es erhielt den emblematischen Namen *India*.

An Bord der beiden kleinen Schiffe gingen zweihundert Spanier aus Isabela, fast lauter Kranke, zusammen mit anderen Erschöpften und Unzufriedenen sowie mit dreißig gefangenen Indianern, darunter Caonabó. Es ist unvorstellbar, wie vollgepfercht und überfüllt die beiden Karavellen gewesen sein müssen, die normalerweise nicht mehr als fünfundzwanzig Mann Besatzung trugen und sich nun anschickten, vier- oder fünfmal so viel zu transportieren. Und dennoch lichteten sie, beladen wie Lasttiere, die Anker. Isabela war bereits eine sterbende Stadt. Kolumbus hatte vor seiner Abreise ihm ergebene Männer auf die Suche nach einem Ort geschickt, der sich besser zu einer neuen Hauptstadt eignete. Man hatte schon beschlossen, daß sie an der südlichen Küste der Insel entstehen sollte. Isabela würde man endgültig verlassen, und all seine Bewohner sollten über das Landesinnere zu ihrem neuen Wohnsitz ziehen. Was ist von Isabela übriggeblieben? Ich habe mich zu den Ufern des Flusses Bajabonito begeben, dorthin, wo die Stadt einstmals stand. Heute ist es eine vollkommen öde Grasfläche, die sich dem Meer entlangzieht. Die Wellen des Ozeans rollen sanft am dicht mit grünem Gebüsch bewachsenen Strand aus. In einer Entfernung von etwa einhundert Metern vom Strand gehen die Büsche in Wald über. Die Gegend ist menschenleer, voller würziger Gerüche und wirkt rätselhaft und faszinierend. Nur ein paar Steine erinnern da und dort daran, daß sich hier einmal die erste richtige Kolonie von Europäern in Amerika befunden hat.

Auf der Rückfahrt folgte man einer verlängerten Route. Kolumbus fuhr sehr weit nach Osten, bis er wieder nach Guadeloupe kam. Er brauchte Lebensmittel für alle Leute, die er an Bord hatte. Es mußte in zwei Schichten geschlafen werden: Der eine Teil streckte sich auf Deck aus, während der andere in den Winkeln, auf dem Aufbaudeck, ja selbst im Laderaum wartete. Die Lebensbedingungen waren beschwerlich. Viele starben auf See. Darunter auch Caonabó, der große Feind, den Kolumbus nun nicht dem König und der Königin vorführen konnte, so wie es die römischen Feldherren mit den Barbaren gemacht hatten, wenn sie sie vor ihre zweirädrigen Triumphwagen spannten.

Man mußte auch den Stürmen trotzen, die jene traurige Ladung völlig durcheinanderschüttelten. Kolumbus sichtete die Azoren;

doch es gelang ihm nicht, sich ihnen zu nähern. Außerdem wollte er die Abenteuer der ersten Reise nicht noch einmal durchstehen. Die *Niña* und die *India* liefen am 11. Juni 1496 in den Hafen von Cádiz ein. Kolumbus entfaltete im Wind die wenigen Fahnen, die er hatte. Doch dieses Mal war es keine glorreiche Ankunft. Niemand erwartete ihn, und er erhielt weder Applaus noch Ehrungen. Im Hafen lagen drei Karavellen, die im Begriff standen, mit Lebensmitteln und Vieh nach Hispaniola zu fahren. Die Menschen an Bord sahen die soeben eingetroffenen Seefahrer aussteigen. Ihre Gesichter hatten die Farbe von Zitronen und Safran. Sie kamen aus Indien, und der Gedanke, dorthin zu fahren, erschien mit einem Mal nicht mehr so verlockend.

DIE DRITTE REISE: KOLUMBUS KEHRT IN KETTEN NACH SPANIEN ZURÜCK

Das erste, was Kolumbus noch von Cádiz aus unternahm, war, einen Brief an die Könige zu senden und um eine Audienz zu bitten. Dann begab er sich nach Sevilla, das er zusammen mit Córdoba für die spanische Stadt hielt, in der er sich am besten auskannte. Er liebte es, sich in die Dunkelheit der Kathedrale zu verkriechen, in der es finster war wie in einer Höhle, und, sobald er ihre feierlichen Mauern verlassen hatte, durch die Calle de Génova oder die Calle de las Sierpes zu bummeln. Das waren verkehrsreiche, lärmende Gassen, wo viele Leute aus seiner Heimatgegend einen Laden oder eine Bank besaßen, wie etwa die Familien Centurione und Spinola, die sich sehr für die Entwicklungen in Übersee interessierten.

Er wohnte im Haus eines Freundes, jenes Paters Bernáldez, der Pfarrer von Palacios und Kaplan des Erzbischofs war und der gerade an seiner sorgfältigen Geschichte der Katholischen Könige arbeitete. Er war auch in Beziehungen zu einem anderen Mönch getreten, der ihm als wertvoller Ratgeber zur Seite stand. Das war Pater Gorricho, ein Kartäusermönch, der in dem etwas außerhalb der Stadt gelegenen Kloster von Las Cuevas lebte. In jener Zeit gab es in Sevilla mehr Klöster als Häuser, und Kolumbus suchte lieber die Gesellschaft von Mönchen als die von Edelleuten. Sie waren gebildeter; ihr Leben war einfacher, und sie glaubten an Barmherzigkeit.

Kolumbus verspürte das Bedürfnis danach. Er war gerade dabei, in einen tiefen Brunnen der Einsamkeit zu stürzen. Er meinte, daß die Vorsehung ihn mit seinen Schicksalsschlägen für den maßlosen Stolz strafen wolle, mit dem er sich selbst gelobt hatte, sowie für seine Unfähigkeit, seine Mitmenschen zu lieben. Deshalb zog er weiter mit der Franziskanerkutte durch Sevilla, gegürtet »mit dem Strick des Frommen«, wie Bernáldez ihn beschreibt, mit unrasiertem Gesicht und den weißen, um den Kopf wehenden Haaren. Auf der Calle de las Sierpes stießen manche Leute Beschimpfungen gegen ihn aus. Er wurde beleidigt und verspottet. Er war der Mann, der den Reichtum versprochen hatte und nicht imstande gewesen war, ihn zu beschaffen. Er hatte zu viele Hoffnungen enttäuscht. Die am meisten Verbitterten bezichtigten ihn nicht nur des Irrtums, sondern des Betrugs. Sie nannten ihn den »Admiral der Stechmücken«.

Er schüttete Bernáldez und manchem seiner wenigen Freunde gegenüber, denen er Vertrauen schenkte, das Herz aus. Er erzählte alles, über das Blutbad von La Navidad, die Widerwärtigkeiten von Isabela, die Reise nach Kuba und den Schwur der Besatzung. Er sagte, er habe mit Sicherheit festgestellt, daß Kuba der asiatische Kontinent sei und daß man, wenn man in jene Richtung segelte, nach Kathei, in die reichste Gegend der Welt, gelangen würde. Alles andere als überzeugt, schüttelte Bernáldez den Kopf. Seiner Meinung nach mußte man noch tausend Meilen und mehr auf dem Meer, in westlicher Richtung, zurücklegen, um nach Indien zu gelangen. Kolumbus' Ozean war zu klein, seine Messungen falsch.

Am 12. Juli, einen Monat nach seiner Ankunft, erhielt Kolumbus das Antwortschreiben der Könige. Er würde empfangen werden, sobald er »ohne Mühen« reisen könnte, denn sie hätten »erfahren, daß er in der Vergangenheit vieles habe durchmachen müssen«. Der Hof befand sich damals gerade in der Nähe von Madrid, war aber im Begriff, nach Burgos umzuziehen. Mit einer Unmenge von Karten und Dokumenten reiste Kolumbus über Mérida und Salamanca nach Burgos. Er nahm sich vor, viele Dinge zu erklären. Er teilte schon die Gemütsverfassung jener, die sich verteidigen, die überzeugen müssen.

Das königliche Paar traf erst im Oktober in Burgos ein, zuerst Isabella, dann Ferdinand. Sie waren beide sehr beschäftigt – der König wegen des Krieges gegen die Franzosen, die im Roussillon eingefallen waren und Perpignan bedrohten, die Königin mit den Vorbereitungen für drei Hochzeiten; denn ihre drei Kinder standen im Begriff, in ihren Brautgemächern wichtige dynastische Bündnisse der großen europäischen Mächte zu schließen.

Der erste Teil der Begegnung zwischen Kolumbus und den Hoheiten war reine Szene: Er bestand aus der üblichen Zurschaustellung von Indianern und Papageien, dem Herumzeigen von ein paar zusätzlichen Goldklumpen und einer Kette im Wert von sechshundert Castellanos, die man dem Bruder von Caonabó, dem Kannibalen, um den Hals gelegt hatte. Er war die Glanznummer des Spektakels. Auf der Reise wurde die Kette, ehe man die Dörfer und Städte betrat, wo sich die Menge zusammendrängte, um dem Vorbeizug der Indianer zuzuschauen, aus einem Doppelsack, den Kolumbus persönlich trug, genommen und dem Kannibalen umgehängt. Sobald man die besiedelten Gebiete verlassen hatte, wurde sie ihm wieder abgenommen und in das Etui zurückgelegt. Ferdinand und Isabella waren dem Anschein nach zufrieden und belustigt. Sie lobten Kolumbus mit vielen Höflichkeiten. Und daraus gewann er den Eindruck, daß er trotz der Mißgunst, die der Hof nicht verhehlte, nach wie vor die Gunst der Könige genoß, die ihm noch eine Zukunft voller Unternehmungen und Siege garantierte. Er verließ sich auf seine Überzeugungskraft und seinen Eifer. Aber er war gesundheitlich angeschlagen und seelisch verbittert. Es läßt sich nur noch schwer feststellen, aber es scheint, daß er sich bei der Begegnung von Burgos nicht mehr so gut rechtfertigte wie früher. Seine innere Feder hatte an Sprungkraft verloren.

In der Tat lagen die Dinge nicht unbedingt so, wie Kolumbus glaubte. Die gegen ihn gerichtete Feindseligkeit des Hofes wuchs. Sie offenbarte sich nicht mehr auf der primitiven Ebene der üblen Nachrede. Im Laufe der Zeit hatten sich die Zeugenaussagen, Berichte und Proteste gehäuft. Man erzählte sich Schlimmes von Kolumbus als Gouverneur, als einem unfähigen Führer, der völlig ungeeignet war, das Kommando zu führen. Man kritisierte ihn auch als Seefahrer, da er hinter seinen Chimären und Utopien herlaufe, für die er alles opfern würde. Die Könige hörten sich das an, zogen aber die von Feindschaft und Neid diktierten Übertreibungen ab und brachten Kolumbus nach wie vor Bewunderung und Dankbarkeit entgegen. Doch etwas blieb hängen. Sie hatten aus Hispaniola Aguados Bericht erhalten und meinten, daß sie wohl doch anfangen müßten, diesen Kolumbus in einem anderen Licht zu sehen. Da war zum Beispiel das ständige Versagen in seinen zwischenmenschlichen Beziehungen, seine Unfähigkeit, andere für sich einzunehmen. Es war bereits zu oft geschehen – mit Pinzón, mit Fonseca, mit Pater Buyl, mit Margarit und jetzt auch mit Aguado. War es denn möglich, daß alle übelwollend, hinterlistig und unausstehlich waren und daß nur Kolumbus der schuldlose Gerechte war? Kolumbus' charakterliche Mängel waren mittlerweile zu deutlich geworden. Die Hoheiten wußten aufgrund ihrer Erfahrung, daß allzu stolze Menschen immer Probleme verursachen.

Und was das übrige anlangt, was lieferte Kolumbus als Beweis dafür, daß er in Indien angelangt war und tatsächlich die Quelle des Goldes gefunden hatte? Recht wenig, immer noch recht wenig. Sofern es sich um Indien handelte, mußte man ihm vertrauen. Er behauptete, daß Kuba ein Kontinent sei, aber er hatte das nur vermutet, nicht bewiesen. In Burgos hatte er die Zahl der zurückgelegten Meilen und die der entdeckten Inseln hervorgekramt – es waren siebenhundert an der Zahl – und jede bei ihrem Namen genannt. Er wollte sie alle aufzählen, sie wie einen Rosenkranz herunterleiern und dabei jedesmal mit seinen tiefliegenden, vorwurfsvollen Augen den Königen ins Gesicht sehen. Die Herrscher unterbrachen ihn. Die schriftlich vorliegende Liste genüge. Die Entdeckung sei eine wackere Tat gewesen – aber was habe er dort vorgefunden?

Wieder wurde die Frage nach dem Gold aufgeworfen. Kolumbus sprach von den Minen auf Hispaniola. Er schilderte das Land ohne Verkehrswege, mit den kranken Menschen und den Tücken der Eingeborenen. Die Mittel würden nicht ausreichen. Die Könige wandten ein, daß auf Hispaniola fünfhundert Menschen lebten, die aus der kastilischen Schatzkammer bezahlt würden. Wie lange noch müßten sie an dieser Last weitertragen, die Kolumbus sogar noch erhöht haben wollte, bis sie ihr Geld zurückbekämen? Monate? Jahre?

Ferner stellte sich das Problem mit den Sklaven, über das auch unbedingt gesprochen werden mußte. Kolumbus hatte vorgeschlagen, einen Teil der Ausgaben dadurch zurückzuzahlen, daß er seine Gefangenen als Sklaven verkaufte. (Paul Claudel verwandelt in seinem *Kolumbus* dieses Tauschgeschäft in einen Entsetzensschrei: »Du hattest kein Gold und hast deine Versprechungen mit Menschenseelen bezahlt!«) Ferdinand, eine rauhere und an Kriegshandlungen gewöhnte Persönlichkeit, neigte dazu, den

Vorschlag anzunehmen und die Sklaven zu verkaufen. Ihm genügte es, wenn er wußte, daß es sich um in der Schlacht gefangengenommene Feinde handelte. Für Isabella reichte das nicht aus. Isabella hatte ziemlich tiefe und starke moralische Bedenken und lehnte sich instinktiv gegen den Handel mit Menschen auf. Die hohen Würdenträger der Kirche empfahlen ein vorsichtiges Vorgehen. Theologen und Kanoniker wurden konsultiert. Die sich dafür aussprachen, folgten einer pragmatischen, aber zutiefst inhumanen Argumentation. Sie sagten, daß die Sklaven, wenn sie erst einmal in Kastilien seien, die spanische Sprache lernen würden, über die man sie dann unterweisen und bekehren würde, bis sie die Taufe erhalten könnten. Es war eine unanfechtbare *Consecutio*. Aber die Bekehrung wurde mit dem Verlust der Freiheit bezahlt.

Bei diesen im Verlauf der Begegnung von Burgos wiederholten Diskussionen zeichnete sich ein noch viel schwerwiegenderes Problem ab – ähnlich einer Insel, die man auf hoher See inmitten des Dunstes des Meeres sichtet. Es war eine Frage, die vor allem Isabella quälte – sowie einige wahrhaft fromme Geister selbst unter Kolumbus' Freunden, wie etwa Las Casas und Bernáldez. Nach den beiden Reisen von Kolumbus bot sich von den Geschehnissen folgendes Bild dar: Ein jungfräuliches Land, bewohnt von seßhaften und friedfertigen Menschen, ist vom aggressiven und gewalttätigen Geist des alten und verderbten Europa überfallen worden. Welches Recht hatten die Spanier, jene Gebiete zu besetzen, außer der Pflicht, das Evangelium dorthinzubringen? Wenn die Antwort so lautete – beteuerte vor allem Las Casas –, dann müßten sich die Spanier in Indien auch wie Christen betragen. An so etwas wie Sklaverei dürfe keineswegs gedacht werden!

Am Ende der Begegnung von Burgos stellte Kolumbus den Antrag, eine dritte Reise über den Ozean ausrüsten zu dürfen. Ihm kam Jaime Ferrer de Blanes zu Hilfe, jener bereits erwähnte Hof-Kosmograph, dessen Einfluß auf die Könige besonders gewachsen war. Ihm war die Aufgabe übertragen worden, die Einhaltung des Vertrages von Tordesillas zu überwachen, der mit der gedachten Linie, die auf den Karten durch die *Raya* des Papstes definiert war, die Gebiete voneinander trennte, welche entweder Spanien oder Portugal zufielen. Von überallher trafen Nachrichten ein, daß der König von Portugal davon überzeugt sei, gegenüber von Afrika, auf der anderen Seite des Ozeans und südlich aller bislang entdeckten Länder, einen großen Kontinent zu finden. Auch Kolumbus hatte die Indianer wiederholt von der Existenz eines Kontinents südlich der Inseln reden hören. Wenn das zutraf, dann würde die *Raya* des Papstes darüber entscheiden, ob dieser wahrscheinliche Kontinent zu Spanien oder zu Portugal gehörte. Man müsse diese Möglichkeiten überprüfen, meinte Ferrer de Blanes. Und am besten wäre es, loszufahren und an Ort und Stelle nachzusehen.

Das war das hauptsächliche Ziel von Kolumbus' dritter Reise. Man sprach vom *Rumbo austral*, einem Reiseweg, der nach Süden, in Gegenden südlich des Äquators, führen sollte. Die Route unterschied sich vollkommen von der der beiden vorhergehenden Reisen, auch wenn das endgültige Ziel nach wie vor Hispaniola war, die neue Stadt Santo Domingo, wo sich sein Bruder Bartolomé bereits niedergelassen hatte. Kolumbus war immerhin noch Vizekönig von Indien und Gouverneur. Diese Titel und Vorrechte wurden ihm bei der Begegnung von Burgos bestätigt, in deren Verlauf die Hoheiten auch Bartolomés Ernennung zum *Adelantado* von Indien für gültig erklärten.

Die Flotte der dritten Reise fuhr von Sanlúcar de Barrameda ab, von jenem Hafen, der an der Mündung des Guadalquivir liegt. Sie bestand aus sechs Schiffen, von denen drei mit Lebensmitteln und Nachschublieferungen direkt nach Hispaniola fahren sollten, während die anderen unter dem Befehl von Kolumbus nach Süden segeln sollten, zum *Rumbo austral*. Man schrieb Ende Mai 1498. Es war eine ruhige Jahreszeit. Der Himmel war strahlend blau und ließ die stillen Wasser des Flusses glänzen. Der Fluß strömte träge und ruhig zwischen seinen Ufern. Auf den Hügeln sah man die weißen Häuser im Schatten der Feigen- und Olivenbäume schlummern.

Der Konvoi steuerte Madeira an und machte auf Porto Santo Station. Auf jener Insel hatte Kolumbus als jungverheirateter Mann begonnen, seinen Träumen nachzulaufen; es war ein schüchterner Beginn gewesen. Seither waren zwanzig Jahre vergangen, und es hatte den Anschein, als ob schon das ganze Leben abgelaufen wäre. Kolumbus begab sich zur Kirche von Porto Santo und ließ eine Seelenmesse für seine Frau lesen. Ehe er aus Sevilla abreiste, hatte er die Majoratsurkunde zugunsten von Diego, dem

Sohn, der aus der Ehe mit ihr hervorgegangen war, ausstellen lassen. Nach seinem Tod würden das Vermögen, die Vorrechte sowie die Titel des Admirals des Ozeanischen Meeres an ihn gehen. Zu den Pflichten, die Diego zu erfüllen haben würde, gehörte auch, eine gewisse Summe für wohltätige Werke in Genua an die San-Giorgio-Bank zu zahlen. Dies war eines der ganz, ganz wenigen Beispiele dafür, daß sich der Entdecker Amerikas noch an jene Stadt erinnerte, die höchstwahrscheinlich seine ursprüngliche Heimat war.

Von Madeira fuhren die Schiffe weiter zu den Kanarischen Inseln und warfen in der bereits vertrauten Reede von San Sebastián, unterhalb der Mauern der Burg von Gomera, die Anker. Über das, was er auf der Insel tat, schreibt Kolumbus in seinem *Bordbuch* nur so viel: »Wir luden Käse an Bord, den es dort in großen Mengen und von guter Qualität gibt.« Nicht einmal eine Andeutung über die schöne Gouverneurin. Gehörte das kurze Idyll schon der Vergangenheit an? (Da ich hier das *Bordbuch* der dritten Reise erwähnte, glaube ich, eine Erläuterung anfügen zu müssen. Es handelt sich dabei eher um einen Reisebericht als um ein *Bordbuch*. Kolumbus diktierte es Bernardo Ibarra oder ließ es ihn abschreiben. Der Text ging verloren. Aber Las Casas benutzte ihn häufig, und aus ihm stammen auch die hier angeführten Zitate.)

Auf Gomera trennten sich die sechs Segelschiffe voneinander: Drei segelten nach Westen, drei in die südlichen Meere, in Richtung der Kapverdischen Inseln. Kolumbus beabsichtigte, bis zum Breitengrad von Guinea hinunterzufahren, wo die Portugiesen Gold gefunden hatten. Der Lehre des Aristoteles zufolge liefern nämlich Länder, die auf denselben Breiten liegen, auch dieselben Produkte. Auf der Höhe von Guinea würde die kleine Flotte nach Westen abdrehen. Kolumbus wollte so zwei Fliegen mit einer Klappe schlagen: Zum einen wollte er herausfinden, ob der von König Johann ersehnte Kontinent tatsächlich existierte und wo er lag, zum anderen wollte er auf seiner bislang sehr unbefriedigenden Suche nach Gold eine neue Chance wahrnehmen. Er war sich bewußt, bei jenen Versuchen völlig im Dunklen zu tappen, ohne sich auf irgendwelche früheren Erfahrungen oder zuverlässige Hinweise stützen zu können. »Ich glaube, daß diese meine Route« – behauptet er im *Bordbuch* – »noch nie von irgend jemandem zurückgelegt worden ist und daß dieses Meer vollkommen unbe-

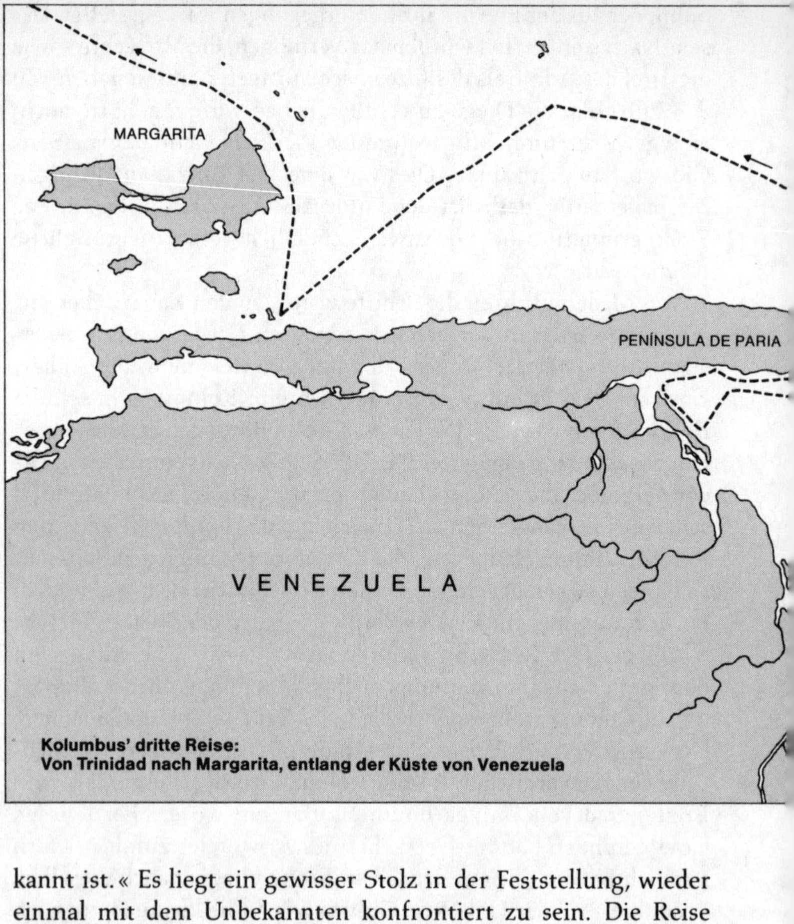

Kolumbus' dritte Reise:
Von Trinidad nach Margarita, entlang der Küste von Venezuela

kannt ist.« Es liegt ein gewisser Stolz in der Feststellung, wieder einmal mit dem Unbekannten konfrontiert zu sein. Die Reise wurde zu etwas Geheimnisvollem, und Kolumbus war davon fasziniert, weil er fühlte, daß auch in seinem Inneren viel Geheimnisvolles bebte. Die Kapverdischen Inseln, die Inseln des Cabo Verde, also des »grünen Vorgebirges«, waren eine Enttäuschung. »Ihr Name trügt«, bemerkte Kolumbus, »denn sie sind ziemlich kahl, und ich habe überhaupt nichts Grünes dort gesehen.« Sie fanden nur wilde Ziegen, große Schildkröten und Aussätzige. Die Hitze wurde unerträglich. Es war Juli, und man befand sich in der Nähe des Äquators. Seit der Landung auf San Salvador waren sechs Jahre vergangen, und der alternde Kolumbus segelte wieder mit-

ten im Atlantik, ohne die tatsächliche Geographie jener Gegenden begriffen zu haben. Er hatte das vage Gefühl, sich irgendwo zwischen Japan und den Philippinen zu bewegen. Seine Hirngespinste waren noch immer Zipangu, Kathei, Indien, der »Ferne Westen«. Der Himmel war so heiß, daß man befürchtete, die Schiffe könnten Feuer fangen. Kolumbus dachte an die »glühenden Meere« des heiligen Augustinus. Aber er hatte nie an sie geglaubt und war nicht bereit, seine Meinung zu ändern. Trotzdem, die Reifen der Fässer, die an Bord waren, platzten; Wein und Wasser flossen aus, und die kostbare Flüssigkeit ging verloren. Die Speisen rösteten und verfaulten. Die Schiffe befanden sich an der heißesten und ruhigsten Stelle des Ozeans. Da sich kein Lüftchen regte, konnten sie nicht weiterfahren und blieben wie angenagelt unter den Flammen der Sonne stehen.

Zum Glück kamen Regenfälle und Winde, die sie von dort fortschoben. Die Mannschaften waren derart erschöpft, daß Kolumbus es für notwendig hielt, vom südlichen Kurs abzugehen und nach Norden zu steuern. Wenn er der eingeschlagenen Route noch weiter gefolgt wäre, wäre er im Amazonasbecken gelandet, hätte Brasilien entdeckt und jenen »Kontinent des Südens« berührt, dessen Existenz die Portugiesen geahnt haben. Doch jetzt segelte man weiter parallel zu den amerikanischen Küsten, wenn auch in gebührendem Abstand. Kolumbus fuhr auf Hispaniola zu, wollte in bekannte Meere zurückkehren. An Bord fehlte es an Wasser. Der Admiral litt unter seiner Gicht und verbrachte schlaflose Nächte. Seine Augen waren immer gerötet und müde. Die Vorstellung von einem Kontinent des Südens hatte sich verflüchtigt; er hatte sie hinter sich gelassen.

Am 31. Juli sichteten die Schiffe Land zu ihrer Linken. Es waren drei Gipfel, die über eine Insel emporragten. Deshalb taufte Kolumbus sie Trinidad, das heißt »Dreieinigkeit«; diesen Namen trägt sie noch heute. Die Überfahrt war beendet. Alle feierten das Ereignis mit Jubel und beteten das *Salve Regina*. Als die Segelschiffe sich der Küste näherten, sandte eine Gruppe von Indianern, die mit ihren Kanus zum Meer geeilt waren, den Neuankömmlingen eine Menge vergifteter Pfeile entgegen. Niemand ging an Land. Die drei Segelschiffe segelten um die Insel herum und fuhren in den Golf von Paria hinein, der sich an der breiten Mündung des Orinoko, an der Küste Venezuelas, öffnet. Die Vorgebirge und die Buchten, die Kolumbus sah, gehörten zum amerikanischen Kontinent, lagen auf dem Festland. Aber er hatte sich so sehr an die Galaxie der Inseln gewöhnt, zwischen denen er sich seit nunmehr sechs Jahren bewegte, daß er sich damit begnügte, in jedem Vorgebirge nur wieder andere Inseln zu erkennen.

Der Golf von Paria ist sehr unruhig, weil außerordentlich starke Strömungen durch ihn hindurch fließen und weil er in der Nähe jenes stürmischen Verbindungsstückes zwischen dem Binnenmeer und dem Ozean liegt, das Kolumbus Bocas de Dragón, »Drachenmaul«, nannte. Sowohl wegen der schwierigen Landemöglichkeiten als auch wegen der sich verschlechternden gesundheitlichen Situation hütete er sich davor, sich dem Lande zu nähern.

Hauptsächlich wegen des unerläßlich gewordenen Nachschubs an Wasser schickte er Gruppen von Matrosen an Land. Dort fanden sie Pflanzen, die sich von denen der Antillen unterschieden, beispielsweise Mais. Das wichtigste aber war die Begegnung mit den Eingeborenen, die dicke Perlen an den Armen trugen. Auf den in der Nähe gelegenen Inseln, wie etwa der Insel Margarita, die ihren Namen diesem Umstand verdankt*, gab es ganze Bänke mit Perlenaustern, die an den ins Wasser reichenden Mangrovenzweigen wuchsen. Über ein Jahrhundert lang gewann Spanien später riesige Reichtümer aus den Perlen, die Kolumbus als erster sah, denen er aber keine Aufmerksamkeit zuwandte, weil er von der Ungeduld, nach Hispaniola zurückzukehren, angetrieben wurde. Zwei Jahre später begab sich Alonso de Hojeda, einer seiner Stellvertreter in Isabela, mit einer Expedition zum Golf von Paria. Und er ließ sich die Perlen nicht entgehen.

Von dem auch nachts klaren Himmel profitierend, nahm Kolumbus in jenen Tagen viele Messungen mit dem Quadranten vor. Sie waren, wie man weiß, nur ungenau und höchstwahrscheinlich auch falsch. Aber aufgrund der Art, wie der Polarstern sich bewegte, glaubte er zu erkennen, daß er sich in einer anderen Hemisphäre befand. Diese Überlegung entsprach den kosmographischen Auffassungen der Zeit, für die die beiden Hemisphären der Erde nicht als gleich anzusehen waren. Die nördliche Hemisphäre war völlig rund, die südliche Hemisphäre nicht ganz. Dies behaupteten auch Ptolemäus und andere Philosophen. In seinem Reisebericht sagt Kolumbus: »Ich habe immer gelesen, daß die Welt – Land und Wasser – sphärisch sei. Aber ich fand einen so großen Unterschied am Himmel, daß ich begann, andere Meinungen zu haben über die Art, wie sie sphärisch sein konnte, ohne rund zu sein.« Er verglich den nördlichen Teil mit einer Halbkugel und den südlichen mit der Brust einer Frau, wobei die Brustwarze »jener Teil [ist], der zuoberst gekehrt ist und am nächsten zum Himmel liegt, und der sich unter dem Himmelsäquator in diesem Ozeanischen Meer, im äußersten Osten, befindet«.

Ein weiteres Phänomen das Kolumbus angesichts dieser Gegend das Gefühl von Neuheit gab, war die große Menge an Süßwasser, mit der der Golf von Paria gefüllt war. Um dem Salzgeschmack des

* Der Name leitet sich vom griechischen *Margarites* = »Perle« her. A. d. Ü.

Meeres wieder zu begegnen, mußte er sich etwa zwanzig Meilen von der Küste entfernen. Der Fluß, der seine Wasser so weit führte, mußte gewaltig sein. Man konnte mutmaßen, daß keine Insel groß genug war, um seinem Lauf Raum zu geben. Ein Kontinent also? Kolumbus' Phantasie galoppierte in eine ungeahnte Richtung. Er behauptete: »Die Heilige Schrift sagt uns, daß im irdischen Paradies der Baum des Lebens wächst und daß von ihm eine Quelle entspringt, von der vier große Flüsse, der Ganges, der Tigris, der Euphrat und der Nil, ihren Ursprung nehmen. Das irdische Paradies, das man mit Gottes Willen erreichen kann, befindet sich am äußersten Rand des Ostens. Und das ist der Ort, an dem wir jetzt sind.« Dort war die Sonne der Schöpfung aufgegangen. In Kolumbus' Bild lagen Schwärmerei, Mystik und die Gewißheit, zu den außergewöhnlichsten Entdeckungen ausersehen zu sein. Einmal mehr brach der Wahnsinn durch – und das Genie, die einmalige Aufwallung der Phantasie. »Ich glaube, daß dieses ganze Wasser von dort herkommen kann, auch wenn es sehr weit weg liegt.« Er war zwar nicht zum irdischen Paradies gelangt, doch er sah seine Vorboten. Es war ihm gelungen, es zu ahnen und es in die Regionen seiner Welt einzuordnen.

Der Verdacht, sich an den Rändern eines Kontinents zu befinden, blitzte dennoch in ihm auf, wenn auch nur undeutlich. In einer von Las Casas zitierten Eintragung vom 14. August schreibt Kolumbus: »Ich nehme an, daß dies ein großer, bis heute unbekannt gebliebener Kontinent sein könnte. Die Vernunft bestätigt mich darin, denn da sind der gewaltige Strom und das Meer mit dem Süßwasser, das dieser bis zu seiner Mündung mitschleppt.« Las Casas behauptet – doch das ist *seine* Behauptung –, daß Kolumbus, ehe er die Küste verließ, »erkannte, daß ein so großes Land keine Insel sein konnte, sondern ein Kontinent«. Die Hypothese deckte sich auch mit der von Esra, für den der Admiral eine so große Vorliebe hegte, der, zusammen mit dem biblischen Propheten, fest daran glaubte, daß die Welt zu sechs Teilen aus Land und nur zu einem aus Wasser bestand. Doch das möge den Leser nicht irreführen: Kolumbus war sich keineswegs bewußt, einen »neuen« Kontinent entdeckt zu haben; er vermeinte vielmehr, sich am Rand einer Welt zu befinden, die schon die Alten kannten, ohne sie völlig erforschen zu können. Für ihn gehörten die Küsten von Venezuela zu der chinesischen Provinz Mangi, zu ihrem südlichsten Teil. Es handelte sich um denselben asiatischen Kontinent, den er mit Kuba identifiziert hatte und der wahrscheinlich mit dem Gebiet, in dem der Orinokostrom mündete, eine Einheit bildete. Kolumbus' Vorstellungskraft hatte sich nie von Kathei und Indien gelöst. Er hatte nur – über die früheren Vermutungen hinaus – einen ungewohnt großen Teil dieses auf der anderen Seite des Ozeans gelegenen Kontinents wahrgenommen.

Aber er führte die Nachforschungen nicht weiter. Er befand sich ungefähr dort, wo heute Guiria liegt, siebenhundert Kilometer östlich von Caracas. Von dort stach er in See, ohne sich mit dem großen Reichtum an Perlen noch mit der großen Entdeckung des Kontinents eingehender zu befassen. So wandte er sich vom günstigen Lauf der Dinge ab; von da an überstürzten sich für ihn die Ereignisse. Sobald er den Golf von Paria verlassen und wieder die Passatwinde angetroffen hatte, die ihn rasch in seine Meeresgegenden trieben, zog er einen letzten Schluß. Er folgerte, daß man, »wenn man nach Süden fährt, hinauf fährt, und wenn man nach Norden fährt, hinunter fährt«. Man fuhr also hinunter bis Hispaniola, wo Kolumbus am 11. August 1498 ankam – nach fast dreimonatiger Reise, die ihn bis zur Grenze des Äquators geführt hatte.

Kolumbus wußte nicht genau, wo sich die neue, in der Zwischenzeit auf Hispaniola gegründete Stadt erhob. Vor seiner Abreise aus Isabela hatte er seinem Bruder Bartolomé Anweisungen gegeben, den hierfür geeigneten Ort an der Südküste der Insel zu suchen, an einer Stelle, die nicht weit von den Minen von San Cristóbal entfernt lag, welche zu jener Zeit gerade entdeckt waren und von denen man sich viel Gold erhoffte. Die anderen Bedingungen, die Kolumbus seinem Bruder diktiert hatte, waren, daß die Stadt in einer Bucht gebaut werden sollte, die sich zum Anlegen von Segelschiffen eignete und gut geschützt war, an einem schiffbaren Fluß, auf dem es möglich sein müßte, das Gold zu transportieren. Gemeinsam hatten Christoph und Bartolomé beschlossen, der neuen Stadt den Namen ihres Vaters zu geben und sie Santo Domingo zu nennen. Danach war Kolumbus abgereist und hatte sich nicht weiter um die Angelegenheit gekümmert.

Bartolomé, mit dem er sich auf der Isla Beata traf, die dem mittleren Abschnitt der Südküste von Hispaniola vorgelagert ist, begleitete ihn nach Santo Domingo, das von dort etwa hundert Meilen entfernt lag. Kolumbus traf am letzten Tag des Monats August 1498 in der Stadt ein. Er sah Santo Domingo zum erstenmal. Es war ein glücklich gewählter Ort an den Ufern des Flusses Ozama, eine tropische Flußlandschaft mit tiefgelegenen Ufern. Das breite Bett des ruhig dahinfließenden Flusses lag zwischen Büschen und frischgrünem Gras. Dort herrschte ein eintöniges Schweigen, das nur von dem Geschrei der Vögel zwischen dem Meer und dem Sumpf unterbrochen wurde. Bartolomé hatte die Bewohner – zwei- oder dreihundert Leute – auf dem linken Ufer des Ozama angesiedelt; am rechten Ufer lag ein Eingeborenendorf, von dem man sich aufgrund der Erfahrungen von La Navidad fernhielt. Die Spanier lebten in Holzhäusern, deren Dächer aus geflochtenen Palmblättern bestanden. Die Siedlung wurde von einem sehr starken Pfahlzaun umgeben, und man hatte zu ihrem Schutz ein kleines Fort am Fluß, in beherrschender Position, errichtet. Man hatte bereits begonnen, die Holzhäuser allmählich durch solide Steinbauten zu ersetzen. In der Umgebung gab es viele Steinbrüche, die einen Stein von schöner zitronengelber Farbe lieferten, Steine, deren Farbe auch ins Grüne, ins Rosa oder ins Hellgraue spielte. Diese Farbtöne gaben der Stadt Santo Domingo ihr Gesicht, so wie es sich noch heute in jenem Viertel zeigt, das immer noch »colonial« genannt wird. Jede Spur aus der Zeit des Kolumbus wird dort so pietätvoll erhalten, daß es keineswegs gewagt ist, Santo Domingo als die am weitesten »kolumbianisch« geprägte Stadt der Welt zu bezeichnen. Das gilt sowohl im Hinblick auf das, was von den Bauten der Epoche übrigblieb – angefangen bei der zum Ozean blickenden Kathedrale –, als auch im Hinblick auf die Zeit, die Kolumbus dort verbrachte, nämlich zwei volle Jahre seines Lebens, in dem er sonst fast immer auf dem Meer oder von Stadt zu Stadt umhergezogen war.

Kolumbus war stolz und zufrieden. Das war sein Reich als Vizekönig. Er hoffte, dort Ruhe und Frieden zu finden, an einem Ort, wo er seine todmüden Augen und die von der Arthritis, vom Rheuma und von der immer bösartigeren Gicht zerstörten Glieder ausruhen könnte. Aber Bartolomé überbrachte ihm schlechte Nachrichten. Die ersten Zeiten waren schwer gewesen, sehr schwer. Nach einem langen Marsch durch das Landesinnere mußten sich die aus Isabela hergeführten Leute sofort mit Feindseligkeiten der Indianer auseinandersetzen. Es gab zahlreiche Zusammenstöße mit Toten und Verletzten auf beiden Seiten. Man starb weiterhin auch an den Entbehrungen. Es herrschte ständig Lebensmittelknappheit, und der Hunger ist ein schlechter Ratgeber. Die Unzufriedenheit griff wieder um sich wie eine Seuche. Jetzt, da auch der Vizekönig eingetroffen war, fand die Gereiztheit nach einer ganz kurzen hoffnungsvollen Pause eine größere Zielscheibe in den beiden »Ausländern«; ja, es waren ihrer sogar drei; denn zu jener Zeit hatte sich auch noch ein jüngerer Bruder von Kolumbus, Don Diego, in Santo Domingo niedergelassen. Er fungierte als Stellvertreter, wenn Christoph und Bartolomé ins Landesinnere aufbrachen, um Indianer zu töten. Den Spaniern erschien dieses Trio mit seinem kleinen Hofstaat selbstsüchtiger Getreuer recht arrogant, mißtrauisch und abgeneigt, mit den Siedlern, die an ihrem Abenteuer teilhatten, zu kommunizieren. Die »Ausländer« zogen sich auf ihren eigenen Kreis zurück und erteilten lediglich Befehle, vor allem den Befehl, zu arbeiten, zu arbeiten und nochmals zu arbeiten. Und nicht alle Rücken beugten sich bereitwillig.

Francisco Roldán, der zum Kreis des Vizekönigs gehörte und die Funktionen eines *Alcalde* von Isabela ausgeübt hatte (er war eine Art Bürgermeister der Stadt), stellte sich an die Spitze der Aufsässigsten und Müdesten. Die Rebellion brach aus. Um Roldán hatten sich etwa hundert Männer geschart, die zu allem bereit waren, um ein anderes Leben zu führen. Bartolomé versuchte sie zu beschwichtigen, indem er jedem von ihnen eine Anzahl von Sklaven anbot, damit diese sie von ihren Mühen befreiten. Aber es genügte nicht. In Santo Domingo war Bartolomés offizielle Berufung in das Amt des *Adelantado* eingetroffen – besiegelt von höchster Hand. Sich ihm – und jetzt noch mehr – seinem Bruder, dem Vizekönig, zu widersetzen, bedeutete, sich dem König und der Königin zu widersetzen, die diese persönlich repräsentierten. Trotzdem wuchs die Schar der Aufständischen. Roldán schloß eine Art von Bündnis mit den Indianern, die in ihm den Kämpfer für eine bessere Behandlung und die Befreiung von den drückenden Steuern sahen, welche die Kolumbus-Brüder nach wie vor von den männlichen Angehörigen jedes Stammes verlangten.

Das beste Bündnis schloß Roldán mit den Bewohnern der Region Xaraguá, die etwa in dem Teil der Insel lag, wo heute die Grenze zwischen Haiti und der Dominikanischen Republik verläuft. Roldán desertierte aus Santo Domingo und zog mit seinen

Männern dorthin. Das war ein Akt des Aufruhrs. Viele seiner Anhänger waren Kriminelle, die man aus dem Gefängnis entlassen hatte, um die Zahl der Kolonisatoren zu erhöhen, denn diese waren immer seltener zu gewinnen; zu viele Gerüchte hatten sich in Spanien über die Gefahren, Entbehrungen und Widerwärtigkeiten, für die Kolumbus persönlich verantwortlich gemacht wurde, verbreitet.

Roldáns Aufstand war aber auch noch von etwas anderem gekennzeichnet; er hatte eine Veranlagung, die wir heute »romantisch« nennen würden: Er fühlte sich angezogen von der schönen Landschaft und den sanften Sitten der Indianer. Seine Sentimentalität hatte soziale Nebenaspekte. Er liebte die Wilden und ihre Art zu leben mehr als die Regeln und Pflichten der Stadt. Er hatte sich an die Spitze der gewöhnlichsten Menschen gegen die Edelleute gestellt, die Kolumbus umgaben. Kolumbus wollte eine Kolonie gründen und die Probleme der Organisation und der Ausbeutung im Interesse der Krone lösen. Roldán wollte sich nur in die zauberhaften Paradiese jener neuen Welt stürzen und so etwas wie einen unabhängigen hispano-indianischen Staat ins Leben rufen mit vielen Freunden, Dienern und Frauen. Seine Rebellion war spontan, ein Akt der Freiheit, denn auch die Kräfte der Natur waren frei. In Xaraguá gab es schöne Mädchen, die sich bei den rituellen Festen nackt zeigten, auf Sänften, zwischen Rosen sitzend, nur mit Blumengirlanden bekleidet. Warum bei dem so schweigsamen, so verbitterten, so stolzen Kolumbus ausharren?

Kolumbus vermochte nie, Roldán zu begreifen und ihm entgegenzutreten. Leider zuckten jene plötzlichen Blitze der Erkenntnis, die so oft die Finsternis seines Lebens erhellt hatten, nicht mehr auf. Die Poesie hatte ihn verlassen, die Poesie, die eine Anwandlung des Herzens ist, mit deren Hilfe man versucht, sich selbst und die anderen zu verstehen. Er gierte nur nach Macht, nach Prestige, nach Reichtum. Die Poesie hatte möglicherweise die Seite gewechselt; sie bleibt immer nur bei den einfachen Menschen, während sie sich von den ehrgeizigen zurückzieht.

Zuerst versuchte Kolumbus, seine Autorität als Vizekönig geltend zu machen. Wie konnte ihm eine Handvoll Meuterer Widerstand leisten? Als er sich jedoch daran machte, die Häupter seiner Getreuen zu zählen, blieben nicht mehr als siebzig wirklich zuverlässige übrig. Da packte ihn Angst. Er zauderte. An den Hütten ließ er eine Bekanntgabe anschlagen, in der allen Siedlern, die nach Spanien zurückkehren wollten, die Heimkehr garantiert wurde. Sie würden Schiffe und Lebensmittel für die Reise bekommen. Es wurde auch eine allgemeine Amnestie für die Vergangenheit und eine »menschliche und vernünftige Rechtsprechung« für die Zukunft angekündigt. Mit diesen Papieren in der Hand, aus denen fast Reue über das herausklingt, was er getan hatte, schickte er einen Boten zu Roldán, um ihn zu einem Gespräch einzuladen. In dem Brief nannte er ihn »lieber Freund« und beließ ihm seinen Titel *Alcalde*.

Bevor Roldán aber nach Santo Domingo kam, verlangte er sicheres Geleit. Es wurde ihm gewährt. Die Unterredung dauerte lange und wurde ohne Zorn geführt. Doch am Ende kam es zu keiner klaren Einigung. Roldán kehrte in sein Paradies zurück, und Kolumbus sollte ihm eine Delegation mit dem Entwurf eines Textes für ein Abkommen schicken. Damals dauerte die Revolte schon sechs Monate. Das vor Ende 1498 unterzeichnete Abkommen sah die Rückkehr der Rebellen nach Spanien vor. Sie sollten samt ihren Sklaven und ihren Frauen, frei von jeder Anklage, heimkehren können. Wer bleiben wollte, dem sollten unentgeltlich Ländereien in Xaraguá angeboten werden. Unter diesen Bedingungen unterschrieben die Aufständischen die Kapitulationsurkunde. Roldán wurde zum *Alcalde mayor* ernannt; er wurde also um einen Rang höher eingestuft als bisher. Er war nicht sicher, ob er nach Spanien zurückkehren oder in Xaraguá bleiben sollte. Es waren keine Strafen oder Zusammenstöße mehr zu befürchten. Kolumbus hatte auf der ganzen Linie kapituliert.

Kolumbus' Plan lief darauf hinaus, den Aufständischen das Verlassen von Hispaniola zu erleichtern. Er schrieb einen Brief an die Könige, in dem er Roldáns Revolte und die Geschehnisse schilderte. Er beharrte auf der Tatsache, daß es sich zumeist um freigelassene Sträflinge handelte und daß man nicht hoffen konnte, Indien mit ihnen zu kolonisieren. Er bat das Königspaar, mit jeder Schiffsexpedition fünfzig Männer von bewährter Tüchtigkeit nach Santo Domingo zu senden, für die er im Gegenzug die Unzuverlässigen und die Schwachen in die Heimat zurückschicken würde. Er bat auch, »fromme und eifrige« Priester nach Indien kommen zu lassen. Nachdem Pater Buyl abgereist war, gab es nur noch einen einzigen Mönch, Ramón Pane, der es geschafft hatte, etwa ein Dutzend Indianer zu bekehren. Mehr konnte er nicht erreichen.

Im Brief an die Könige folgten ziemlich vage und unzusammenhängende Vorschläge zur Kolonisierung des Paradieses auf Erden. Kolumbus beabsichtigte, nach Paria zurückzukehren und jene Gegenden, wo noch »das Siegel Gottes« glänzte, in den Kranz von Eroberungen einzuflechten, die er Spanien »geschenkt« hatte. Isabella verwirrte dieser Brief, ja er entsetzte sie beinahe. Bei den Hoheiten erweckte Kolumbus' Brief den Eindruck, »daß er nicht mehr derselbe Mann war«. Zuerst phantasierte er, jetzt redete er irre. Ihnen war das auch schon während der Begegnung in Burgos aufgefallen. Kolumbus hatte nicht mehr seine frühere Klarheit und Sicherheit, die ihn in den vergangenen Jahren jedes Hindernis hatte überwinden lassen.

Schließlich bat er in dem Brief – und das war ein weiterer eindeutiger Hinweis auf seine Unsicherheit –, daß man ihm einen klugen Rechtspfleger schicken sollte. Er wäre auch bereit, ihn aus eigener Tasche zu bezahlen. »Ich weiß nicht, ob ich mich irre«, erklärte er, »aber nach meinem Dafürhalten müßten die Fürsten ihre Gouverneure während der ganzen Zeit, die sie sie an ihrem Posten belassen, schützen, denn ist erst einmal ihr Schutz verloren, dann ist alles verloren.« Kolumbus war kein gewitzter Mann. Sein Schritt erschien zumindest unklug. Er war, wie all jene, die sich für unfehlbar halten, nicht einmal ein geschickter Mann. Tatsächlich schwand sein Einfluß bei Hofe. Die Könige gelangten immer mehr zu der Überzeugung, daß er und Bartolomé auf Hispaniola eine verworrene Situation heraufbeschworen hätten, aus der sie sich nicht mehr befreien konnten. Ferdinand wollte sich nicht noch weiter verschulden, indem er Schiffe, Lebensmittel und Männer zur Unterstützung eines Unternehmens entsandte, das einfach nicht in Gang kommen wollte. Isabella war enttäuscht, weil dem Werk zur Rettung der Seelen, auf dem jede Rechtfertigung einer Eroberung gründete, ein so geringer Erfolg beschieden war. Unerschütterlich fuhr Kolumbus fort, gegen den Willen der Königin Sklaven nach Spanien zu schicken. Isabella fühlte sich verletzt – Isabella, die seine festeste und beständigste Stütze gewesen war, die einzige, die ihn verstanden und an ihn geglaubt hatte, als alle ihm den Rücken gekehrt hatten.

Aber damals war noch ein Funken der Jugend, der Hoffnung in

ihr gewesen, vielleicht auch manch heimliches Herzklopfen und Schwärmen in der geheimsten Falte ihres Lebens, dort, wo Leidenschaften ihren Ursprung haben. Isabella war jetzt eine Frau von fünfzig Jahren, von der Macht verzehrt, vom Unglück gebeugt. Von ihren drei Kindern, die sie im Jahr 1496, ihrem letzten glücklichen Jahr als Frau, so vorteilhaft verheiratet hatte, waren zwei plötzlich gestorben, wie Knospen, die gebrochen werden, noch ehe sie aufblühen. Don Juan, der Margarethe von Habsburg zur Frau genommen hatte, mußte mit neunzehn Jahren das Zeitliche segnen. Wenig später war ihre Tochter Isabella, die durch ihre Heirat mit dem jungen Don Manuel Königin von Portugal geworden war, bei der Geburt des Thronerben gestorben. Ihr Opfer verlor seinen Sinn, als auch das Kind im Alter von zwei Jahren starb. Infolge dieser Ereignisse gerieten die dynastischen Bündnisse und damit die Politik zwischen den Staaten in Unordnung. Der Königin Isabella jedoch schlugen sie solche Wunden, wie wenn ein Dolch ihr das Herz durchbohrt hätte. »Ihre Gesundheit wurde zerstört und ihr Leben verkürzt« – finde ich bei Bernáldez geschrieben, »weil sie von da an ohne Freude lebte.«

Über Kolumbus läßt er ihren Gemahl sagen, daß er »zum Admiral tauge, aber nicht zum Vizekönig«. Vielleicht dachte auch sie das Gleiche. Zu viele Gerüchte kamen ihr zu Ohren, die bestätigten, daß das Verhalten des Admirals das eines Schwächlings war. Die Unzufriedenen und die Aufständischen bezeichneten es als tyrannisch. Man kann sich mit Charakterstärke oder mit Gewalt und Macht durchsetzen. Pietro Martire hörte, wie die aus Hispaniola Heimgekehrten behaupteten, daß »die da« – Christoph und Bartolomé, die »Ausländer« – »stets bereit waren, zu foltern, zu erhängen, zu enthaupten«. Das Schlimmste, was man sagte, war, daß sie »sich wie Feinde des Königs und der Königin aufführten«. Konnten die Könige von Spanien hinnehmen, daß einer ihrer Feinde straflos ausging und daß alle es herumerzählten und auf diese Weise ihre persönliche Autorität erschütterten? Ferdinand gewiß nicht, allein schon aufgrund seiner Persönlichkeit und wegen seiner geringen Sympathie für Kolumbus. Isabella, versunken in ihrem Schmerz, beugte das Haupt. Las Casas schildert den Augenblick, in dem Kolumbus die Partie verlor, so: »Entrüstet beschlossen der König und die Königin, ihm die Regierung zu entziehen.«

Zum Vollstrecker des Urteils wählten sie einen alten Beamten der Krone, Francisco de Bobadilla. Sie hatte seine Treue, seine Redlichkeit und die Festigkeit seines Charakters auf die Probe gestellt. Bobadilla konnte nichts als gehorchen. Er war Ritter des Calatrava-Ordens, des ältesten spanischen Ritterordens. Diesen Orden hefteten die Könige persönlich denen an die Brust, die der Herrschaft gedient hatten, ohne je ein Wort zu sagen und ohne dafür Ehrungen und Wohltaten zu verlangen. Oviedo bezeichnet ihn als »einen von allen geliebten großen Ehrenmann«. Bobadilla, ein Mann des Hofes, mochte Kolumbus nicht. Er hielt ihn für einen – allerdings mutigen und erfolgreichen – Eindringling. Er reiste nach Santo Domingo ab, ausgestattet mit den Befugnissen eines obersten Richters, genau mit jenen Befugnissen also, die Kolumbus einem »klugen Rechtspfleger« anvertraut wissen wollte. Bobadilla wurde ihm als ein Mann geschickt, den er selbst angefordert hatte.

Aber Bobadilla hatte ganz andere Karten in der Hinterhand. Er war ermächtigt, Personen, »die sich gegen die Autorität der Könige auflehnten«, festzunehmen, ihre Güter zu beschlagnahmen, sich Festungen, Häuser, Schiffe, Waffen, Munition übergeben zu lassen sowie »all das, was zum Besitz der Krone gehörte«. Der König und vor allem die Königin zögerten noch; sie suchten in den Zeugnissen derer, die aus Santo Domingo kamen, zusätzliche Beweise. Dann wurde Bobadilla im Sommer 1500 abgesandt. Er brachte einen an Kolumbus gerichteten Brief der Könige mit. In der Anschrift lautete der Titel: »Unserem Admiral des Ozeanischen Meeres und aller Inseln sowie des Festlandes von Indien«; doch es fehlte jeglicher Hinweis auf seine Titel »Vizekönig« und »Gouverneur«. Kolumbus' Schicksal war abzusehen.

Als Bobadilla in Santo Domingo eintraf, sah er direkt am Hafen als erstes einen Galgen stehen, an dem die Leichen zweier Spanier baumelten. Las Casas schreibt dazu: »Sie waren noch frisch, erst vor einigen Tagen aufgehängt worden.« Unter der Führung eines der Stellvertreter Roldáns, Adrián de Múgica, war es zu erneutem Aufruhr gekommen. Nachdem man ihn aufgegriffen und unverzüglich zum Tod durch Erhängen verurteilt hatte, konnte man das Urteil nicht sogleich vollstrecken, weil man in ganz Santo Domingo keinen Beichtvater fand. Als der Geistliche schließlich herbeikam, weigerte sich De Múgica eine Beichte abzulegen, weil er behauptete, er habe in der Zwischenzeit seine Sünden vergessen.

Wutentbrannt ließ Kolumbus ihn daraufhin von der Höhe eines Turmes hinab ins Meer werfen.

Bobadilla war entsetzt. Man teilte ihm mit, daß noch weitere fünf Spanier auf ihre Hinrichtung warteten, die für den folgenden Tag festgesetzt sei. Kolumbus und sein Bruder Bartolomé waren nicht da. Auf der Jagd nach Rebellen durchkämmten sie mit ihren Männern ein Gebiet im Landesinneren. In Santo Domingo zurückgeblieben war Don Diego, der jüngste Bruder. Bobadilla erteilte ihm den harschen Befehl, ihm sämtliche Gefangenen zu überstellen. Er legte ihm die königlichen Patente vor, die ihn zu Ermittlungen ermächtigten. Don Diego weigerte sich, etwas zu unternehmen, solange der Admiral nicht wieder in die Stadt zurückgekehrt sei. Sein mehrmals wiederholter Widerspruch reizte Bobadilla. Er ließ die ganze Bevölkerung in der Kirche von Santo Domingo zusammenkommen (nicht in der schönen Kathedrale, die man heute am Rand des Ozeans stehen sieht, denn sie war im Jahr 1500 noch nicht erbaut) und forderte Kolumbus' Bruder im Namen der Könige auf, seinen Befehlen zu gehorchen. Niemand hatte Einwände vorzubringen. Da bemächtigte sich Bobadilla der Zitadelle, nahm das von Kolumbus als Gouverneur bewohnte Haus in Besitz und beschlagnahmte sämtliche Karten, Briefe und alles andere, was er fand. Um sich Unterstützung durch die Bevölkerung zu sichern, kündigte er an, daß es allen freistünde, bis auf die Zahlung einer recht kleinen Summe an die Krone, soviel Gold zu behalten, wie sie wollten. Don Diego wurde dafür, daß er sich geweigert hatte, seinen Befehlen zu gehorchen, in Ketten gelegt.

Als Kolumbus in seine Hauptstadt zurückkehrte und sich mit all diesen unerwarteten, unglaublichen Neuigkeiten konfrontiert sah, sollen seine Schreie des Protestes und der Empörung auch auf der anderen Seite des Flusses zu hören gewesen sein. Seinetwegen konnte Bobadilla seine Beglaubigungsschreiben herzeigen. »Die meinigen«, so rief Kolumbus aus, »haben viel mehr Gewicht. Ihr seid es, der mir Gehorsam schuldet!« Aber während der Admiral sich hütete, etwas zu unternehmen, erklärte der in die Enge getriebene Bobadilla Kolumbus zu seinem Gefangenen. Und da die Antwort des Admirals nur darin bestand, daß er mit den Schultern zuckte und meinte, daß niemand es je wagen würde, ihn anzufassen, erwiderte Bobadilla auf diese Provokation, daß man ihn an den Hand- und Fußgelenken fesseln solle. Der Admiral des Ozeanischen Meeres in Fesseln! Dergleichen konnte man sich nicht vorstellen. Tatsächlich gab es in dem Augenblick, da man ihm die Ketten anlegen sollte, niemanden, der sich imstande gefühlt hätte, es zu tun. »Respekt und Mitgefühl« – ich zitiere immer noch Las Casas – »verboten den Anwesenden, sich zu rühren.« Doch ein Kerkermeister findet sich immer. Es war sein Koch, der Kolumbus in Ketten legte, »mit gleichmütiger Miene, wie wenn er gerade dabei wäre, neue und köstliche Speisen zu servieren«.

Da die drei Brüder im Gefängnis waren – sie wurden in die Zitadelle gesperrt und scharf bewacht –, übernahm Bobadilla als Sonderbeauftragter der Könige die ganze Ausübung der Macht. Er ließ sofort eine Untersuchung, eine Art Ermittlungsverfahren, über das Verhalten von Kolumbus und des *Adelantado* Bartolomé einleiten. Die Untersuchung wurde schnell durchgeführt und zu Ende gebracht: Die Anwesenheit des Admirals in Santo Domingo lastete schwer auf den Schultern von Bobadilla, der schließlich und endlich nur ein einfacher Hofbeamter war. Die Ermittlungen kamen zu dem Schluß, daß die Brüder Kolumbus nach Spanien gebracht werden sollten, damit ihnen dort ein regulärer Prozeß gemacht werden konnte. Bobadilla befreite sich vom Admiral und übergab ihn einer Macht, die mächtiger war als er.

Der in Ketten gelegte Kolumbus reiste Anfang Oktober des Jahres 1500 an Bord der Karavelle *La Gorda* aus Santo Domingo ab. Auf hoher See bot der Kapitän des Schiffes Kolumbus ehrerbietig an, ihn von den Ketten zu befreien. Kolumbus lehnte ab: »Ich bin auf Befehl der Herrscher in Ketten gelegt worden« – sagte er nicht ohne Hochmut – »und ich werde sie tragen, bis die Herrscher persönlich befehlen, daß sie mir abgenommen werden.«

Und so geschah es. Er behielt während der ganzen Überfahrt, die sehr schnell und ohne navigatorische Schwierigkeiten vonstatten ging, die Ketten an den Füßen. Ende Oktober landete er – immer noch in Fesseln – in Cádiz. Das vorige Mal war er in einer Franziskanerkutte angelangt; jetzt kam er in der Aufmachung eines Kriminellen. Waren es Beweise für Demut oder für Stolz? Bei wie vielen Gelegenheiten im Leben und wie vielen Verhaltensweisen der Menschen liegen Demut und Stolz in ihren Motivationen so nahe beisammen, daß sie fast miteinander verschmelzen, oft nicht zu unterscheiden wie zwei Tropfen Wasser? Jetzt legte Kolumbus großen Wert auf diese Ketten, hielt sie für sein wertvollstes Gut. Auch nachdem man sie ihm abgenommen hatte, wollte er sie bei sich behalten und wünschte, daß sie zusammen mit ihm ins Grab gelegt würden.

Gleich nach der Landung händigte er einem jungen Offizier, der ihm während der Reise Achtung und Freundschaft erwiesen hatte, heimlich einen Brief aus. Dieser Brief war an die Schwester von Antonio de Torres, Doña Juana, gerichtet, die am Hofe lebte. Doña Juana war die Erzieherin – die *Ama* – des Infanten Don Juan gewesen, dem beide Söhne von Kolumbus, Diego und Fernando, als Pagen gedient hatten. Zwischen Kolumbus und der *Ama* des Prinzen gab es ein Vertrauensverhältnis. Und das gab es auch zwischen Doña Juana und der Königin. Kolumbus war dieses Verhältnis wohlbekannt. Dem Brief, den er schickte, lagen strategische Überlegungen zugrunde. Kolumbus machte seiner großen Verbitterung Luft, indem er sich an Doña Juana wandte, als einer Person, die ihn besser als jede andere verstehen und begreifen konnte. Aber er versuchte, über sie mit der Königin zu sprechen, ihr sein Herz auszuschütten. Und er bezweifelte nicht, daß das geschehen würde.

Der Brief begann mit der schmeichelhaftesten aller Anreden: »muy virtuosa Señora.« Darin beschwerte sich Kolumbus über die Kränkung, der man ihn ausgesetzt hatte, über »das große Unrecht und den Undank«. Dies schien ihm der Punkt, auf den er pochen sollte; die Schuld, die die Herrscher ihm gegenüber hatten, wegen der Unternehmungen, deren Initiator er gewesen war, und die Ungerechtigkeit, mit der sie ihm das vergolten hatten. In seinem Brief zählte er all seine Heldentaten auf, die er »durch den Willen Gottes« vollbracht habe. Er habe eine »andere Welt« unter die Oberhoheit des Königs und der Königin gestellt, »durch die Spanien, das als arm galt, zum reichsten aller Länder werden würde«. Und an anderer Stelle heißt es: »Ich habe mehr Land unter die Herrschaft meiner Könige gestellt, als es in Afrika und in Europa gibt, mehr als eintausendsiebenhundert Inseln« (die Zahl der Inseln, auf die Kolumbus als Ergebnisse seiner Entdeckungen Anspruch erhob, stieg immer weiter, je älter er wurde und je mehr sein Gedächtnis nachließ). »Hätte ich Indien gestohlen oder den Mauren geschenkt, wäre ich keiner größeren Schmach begegnet. Bei diesem Unternehmen habe ich meine Jugend verloren zusammen mit allen mir zukommenden Ehren!«

Die Jugend und die Ehren. Die Jugend war nicht mehr zurückzuholen; sie blieb eine unerreichbare Zeit, der man ebenso nachtrauern konnte, wie den Siegen auf dem Ozean, der großen Zeit seines Ruhms. Aber die Ehre, »die ihm zukommende Ehre«, die mußte ihm zurückgegeben werden, zusammen mit den anderen Privilegien und Vorteilen, von denen Kolumbus unverrückbar meinte, daß sie ihm zustünden. Aus diesem Grund war der Brief an die »muy virtuosa Señora« geschrieben worden. Kolumbus war zwar mit der Demut der Ketten in Spanien gelandet, hatte aber den Stolz auf seine Rechte, sein Prestige und seine Zukunft unversehrt bewahrt.

DIE VIERTE REISE: DIE GESAMTE FLOTTE GEHT VERLOREN

In Cádiz und Sevilla, wo sich Kolumbus gleich nach seiner Ausschiffung hinzubegeben wünschte, löste der Anblick des gefesselten Admirals schmerzliche Bestürzung aus. Er aber ging unerschütterlich durch die Straßen, mit hocherhobenem Haupt, stolzem Blick, die Ketten mit so großem Lärm hinter sich herziehend, daß sich alle nach ihm umblickten.

In Sevilla wurde er als Gast seines Freundes, Pater Gorricho, von den Mönchen des Kartäuserklosters von Las Cuevas empfangen. König Ferdinand und Königin Isabella befanden sich in Córdoba. Sobald sie von Kolumbus' Schicksal gehört hatten, zeigten sie sich erstaunt und irritiert über Bobadilla, der bei der Ausführung ihrer Befehle über das Ziel hinausgeschossen war. Sie hatten gewiß nicht die Demütigung mit den Ketten vorgesehen, die dem Admiral zugefügt wurde. Sie ordneten an, daß Kolumbus sofort freigelassen werde, und schickten ihm durch einen Kurier – Córdoba liegt in der Nähe von Sevilla – einen Beutel mit zweitausend Dukaten, »damit er sich in einer seinem Rang würdigen Aufmachung« an den Hof begeben könne. Diese Entscheidung, der Tonfall und die Einladung bewirkten bei Kolumbus erneut einen Stimmungsumschwung. In seinem Inneren mischten sich die Gefühle zurückgewonnener Dankbarkeit mit Bitterkeit, die nicht aus ihm wich, und vor allem mit dem Wunsch, Protest anzumelden und eine sofortige Entschädigung für die erlittenen Ungerechtigkeiten zu verlangen.

So sehr war er mit seinem Unglück beschäftigt, daß er nicht bedachte, daß die Gerechtigkeit auf sich warten lassen könne. Für das Königspaar standen Kolumbus' Geschicke nicht auf der Dringlichkeitsliste der Staatsangelegenheiten. Der Admiral mußte sich wochenlang im Kloster von Las Cuevas in Geduld üben. Langes Warten ist ein hervorragendes Mittel gegen Ungestüm und Wutausbrüche. Die Könige kannten diese Wirkung genau. Sie empfingen Kolumbus erst kurz vor Weihnachten, im Dezember 1500, und zwar in der orientalischen Pracht des Alhambra-Palastes in Granada. Kolumbus mußte durch den langgestreckten Thronsaal gehen, an dessen Ende der König und die Königin im Glanz ihrer Macht thronten. Als er vor ihnen angelangt war, verharrte der Admiral in einem langen Schweigen. Alles, was er tun konnte, war, auf die Knie zu fallen und in Tränen auszubrechen.

Die Herrscher befahlen ihm, sich zu erheben, und ermunterten ihn, freimütig zu sagen, was ihm sein Herz eingab. Kolumbus sprach lange, ziemlich verworren, doch mit der ihm eigenen Beschwingtheit, jener Zauberkraft des Wortes, die trotz seiner wirren Reden deutlich wurde. Er sagte, daß er seine Fehler guten Gewissens begangen habe. Für seine Treue habe er jahrelang unzweifelhafte Beweise geliefert. In langatmigen Tiraden versicherte er, daß seine Treue sich nicht gewandelt habe, sich niemals wandeln würde. Madariaga schreibt dazu: »Er liebte sie mit leidenschaftlichem Haß.«

Dann schlug Kolumbus einen ganz anderen Ton an und begann, mit einem endlosen Protest gegen Bobadilla herzuziehen, der ihm alles weggenommen habe. Da war einerseits die Befehlsgewalt, die ihm von Rechts wegen zustand und die in den von den Herrschern unterzeichneten Verträgen von Santafé als »ewig« definiert war, und andererseits waren da die Güter, die man ihm konfisziert hatte, wie jemandem, der sich unrechtmäßig bereichert hatte. Es fiel ihm schwer, die Ketten zu erwähnen, die man ihm kurz zuvor abgenommen hatte, die aber für immer auf seinem Herzen lasten würden. Seine Tirade war so heftig, so aggressiv, daß die Könige zu der Überzeugung gelangten, daß Bobadilla mit einem solchen Mann nichts anderes hätte tun können, als ihn in Ketten zu legen. Sie hatten Kolumbus hochherzig empfangen; doch die Begegnung diente nicht dazu, die Meinung, die sie sich über ihn gebildet hatten, zu ändern. Sie hatten ein negatives Bild von ihm als Lenker der Regierung und der Justiz, und jetzt empfanden sie ihn ganz allgemein als eine unangenehme Persönlichkeit, der zuzuhören allein schon eine Zumutung war.

In ihrer Erwiderung auf Kolumbus' Forderungen waren die Könige ebenso liebenswürdig wie ausweichend. Kolumbus verlangte Bobadillas Kopf, nichts weniger als das! Die Möglichkeit einer solchen Lösung kam dem König und der Königin niemals in den Sinn. Sie beschränkten sich darauf, ihm zu sagen, daß sie das Problem seiner Besitztümer untersuchen würden. Aber Oviedo, dessen Text bei der Beschreibung der Audienz in der Alhambra sehr objektiv ist, fügt hinzu, daß sie »ihm nie versprachen, ihn wieder in die Regierung einzusetzen«.

Es ist seltsam festzustellen, daß Kolumbus recht befriedigt aus dem Gespräch hervorging. Er glaubte, den beiden Königen deutlich die Meinung gesagt zu haben. Jetzt wartete er darauf, daß Bobadilla zurückgerufen und bestraft würde und daß er, Kolumbus, wieder in alle Rechte und Ämter eingesetzt würde, die er besessen hatte, ehe Bobadilla Santo Domingo betreten hatte. Das bedeutete eine Rückkehr zu der Situation, wie sie vor dem Jahr 1500 bestanden hatte – eine absurde Forderung. Aber Kolumbus hatte nicht nur eine hohe Meinung von sich selbst; er war auch mit unverwüstlichem Optimismus ausgestattet, der letzten Endes die Kehrseite von Beharrlichkeit ist. Der Optimismus verließ ihn nie, nicht einmal in den dramatischsten und finstersten Augenblicken seines Lebens, die mit der Demütigung der Fesselung noch keineswegs zu Ende waren. Im Gegenteil: In den Jahren, die noch vor ihm lagen, lief er immer weiter hinter seinen Träumen her und entfernte sich noch mehr von der Wirklichkeit, und die Vorstellungswelt, in der er nach wie vor verhaftet blieb, hatte am Ende keine genauen Grenzen mehr, bot keine klaren Anreize und hatte nicht mehr die Kraft einer Phantasie, die darauf gerichtet war, die Zukunft zu erschaffen. Und während Kolumbus' Phantasie infolge seines fortschreitenden Alters, seiner körperlichen Gebrechen und der seelischen Enttäuschungen ihre Kraft verlor, äußerte sie sich immer mehr im Irrereden, in Phantastereien. Ein süßer Wahn ließ ihn glauben, von Gott für seine Unternehmungen auserwählt zu sein, und fast so etwas wie ein Gesandter Gottes auf Erden zu sein, dessen Aufgabe darin bestehe, seine Größe zu beweisen. Er schrieb seine Siege diesem göttlichen Auftrag zu, für den er auserkoren worden sei. Kolumbus mochte fehlbar sein, Gottes Wille konnte es nicht sein.

Er projizierte diese Überzeugungen – diese Wahnvorstellungen – auch in die Zukunft, während er, die Entscheidung der Könige abwartend, lange Wochen in den duftenden Gärten von Granada verbrachte. Er begann, ein »Buch der Weissagungen« zusammenzustellen und Abschnitte aus der Bibel zu sammeln, die er mit seinen Entdeckungen und seinen Plänen in Beziehung setzte. Wenn es ihm früher einmal gelungen war, die biblischen Weissagungen zu erfüllen, indem er die Barrieren des Ozeans überwand, konnte man vermuten, daß auch die neuen, von der Heiligen Schrift vorausgesehenen Unternehmungen im Bereich seiner Möglichkeiten lagen. Sein Leben wurde von der Vorsehung gelenkt. Wohin wandte sie sich nun?

Die Befreiung des Heiligen Grabes war stets ein Ziel gewesen, das auch zwischen den Zeilen der von den Königen unterzeichneten Verträge und der Briefe durchschimmerte, die er mit ihnen ausgetauscht hatte, und das auch in den bei so vielen Gelegenheiten geführten Unterredungen, insbesondere mit Königin Isabella, mitgeschwungen hatte. Im »Buch der Weissagungen« wurde die Befreiung Jerusalems von den Ungläubigen nach dem Vorbild von Granada für den vom Schicksal auserwählten Mann zu einer vordringlichen Aufgabe. Er hatte neue Weltgegenden erobert und den Weg zum Gold und zu Reichtümern gebahnt. Aber nicht für die Habgier der Menschen – sie waren für die Wiedereroberung der Heiligen Stätten bestimmt.

Das »Buch der Weissagungen« wurde den Königen mit einem Begleitschreiben übersandt. Kolumbus wußte genau, daß Ferdinand nicht gerne las. Aber er rechnete mit den mystischen Neigungen der Königin, mit der er so oft über diesen Traum von Jerusalem gesprochen hatte. Im Brief war die folgende Prophezeiung von Jesaja hervorgehoben: »An jenem Tage wird Gott zum zweitenmal die Hand erheben, um sich den Rest seines Volkes zu erwerben, was übrig ist aus Assur und Ägypten [...] und von den Inseln des Meeres.« Für die »Insel des Meeres« hatte Kolumbus schon gesorgt. Er zitierte auch Jeremias: »In jener Zeit wird man Jerusalem ›den Thron Gottes‹ nennen, und alle Heiden werden sich dahin begeben...«

Konnte es überhaupt noch Zweifel geben? Kolumbus erfuhr es nicht, denn weder Ferdinand noch Isabella lasen je den Brief ihres Admirals, und noch viel weniger das beigelegte »Buch der Weissagungen«. In der Zeit, die verrann, hatten sie immer etwas Dringenderes zu tun, als sich mit jenem lästigen und fernen Indien und mit den Ausführungen des Kolumbus zu beschäftigen. Die Mönche von Las Cuevas, vielleicht auch die von La Rábida, seine alten Freunde, versuchten, ihm zu helfen. Aber es gelang ihm nicht, die von den Königen errichtete Mauer der Gleichgültigkeit zu durchbrechen. Der Admiral fuhr fort zu antichambrieren.

Unterdessen lenkten andere Ereignisse auch seine Aufmerksamkeit von der unwahrscheinlichen Expedition nach Jerusalem ab, über die man nicht mehr redete. Die Neuigkeit war, daß sich in der Zwischenzeit eine Menge von »Entdeckern« auf den acht Jahre zuvor von Kolumbus geöffneten Weg gestürzt hatte. Um es mit Las Casas zu sagen: »Sie hatten sich den Weg zu seinen Inseln erschlichen.« Indien war nicht mehr ein nur ihm allein zugängliches Jagdrevier. Die Expeditionen waren mit Erlaubnis der Könige unternommen worden, die sie unter der Bedingung gewährt hatten, daß Seerouten eingehalten würden, die »außerhalb der bereits von Admiral Kolumbus entdeckten Inseln« verliefen. Dies bewog die neuen Forschungsreisenden, vor allem in südlichere Meere vorzudringen, an den Küsten von Südamerika entlangzufahren, wobei sie sich noch unsicher waren, ob man es für Asien oder einen seiner Ausläufer halten sollte. Peralonso Niño etwa, der Steuermann der *Santa María* gewesen war, entdeckte im Rahmen einer kühnen Expedition den Mündungstrichter des Amazonas. Um dieselbe Zeit segelte Rodrigo de Bastidas von Venezuela zum Golf von Darién, ungefähr bis zu dem Punkt, wo inzwischen der Durchstich des Panamakanals erfolgt ist. Nachdem der Atlantik einmal bezwungen war, suchten die Segelschiffe auch im Norden nach neuen Ufern. Während der Portugiese Cabral die Küsten Brasiliens im Süden entdeckte, ging der Venezianer Caboto im Auftrag von Heinrich VII. von England im Norden auf die Suche nach den »sieben Städten«. Es war der Beginn des kolonialen Zeitalters, und die Ansprüche und Eroberungen der europäischen Staaten beruhten allesamt auf den See-Expeditionen dieser abenteuersüchtigen Forschungsreisenden, angefangen natürlich bei Kolumbus.

Zu den ersten »Eindringlingen«, die in sein einsames Reich vorgestoßen waren, gehörte ausgerechnet einer seiner Stellvertreter, den er in Isabela an seiner Seite gehabt hatte, nämlich Alonso de Hojeda, der Rebellenschlächter und Sklavenschacherer, eine Persönlichkeit, die offenkundig mehr zum Kampf als zum Segeln neigte. Ihm war es gelungen, sich in den Besitz der vom Admiral gezeichneten Karte mit der Route seiner dritten Reise zu bringen; ebenso hatte er sich eine Abschrift jenes Briefes verschafft, den Kolumbus an die Hoheiten gesandt hatte und der die Beschreibung dessen enthielt, was er dort vorgefunden hatte: das Paradies auf Erden, für das sich Hojeda nicht im geringsten interessierte, und die herrlichen Perlen, die dagegen seine Gier weckten.

Hojeda war eine Zeitlang der Sekretär von De Fonseca gewesen, der mittlerweile Bischof von Badajoz geworden, aber immer noch Oberaufseher für indische Angelegenheiten und in seinem Inneren nach wie vor ein Gegner von Kolumbus war. Hojeda bat ihn um eine Genehmigung, zum Golf von Paria fahren zu dürfen, mit dem Ziel, das, was Kolumbus vernachlässigt hatte, aufmerksamer zu erforschen. De Fonseca besorgte ihm die Erlaubnis. Das geschah 1499. Unter den Männern, die Hojeda – auf dieser oder wahrscheinlich erst auf einer anderen, nachfolgenden Expedition – mitnahm, befand sich auch ein junger Florentiner, der in Sevilla ansässig und bei der Finanzierungsbank von Juanoto (Giannetto) Bernardi angestellt war. Er hieß Amerigo Vespucci und hatte noch nie zuvor den Ozean überquert. Aber das Schicksal behielt ihm die Ehre vor, seinen Namen jenem Kontinent zu geben, der auf der anderen Seite jenes Ozeans lag. Hojeda verwertete die Perlen, Vespucci sein Reisetagebuch, das er vielleicht vordatiert hatte, um sich zeitlich Kolumbus' Durchfahrt durch jene Gegenden zu nähern, ohne auch nur den Kapitän zu erwähnen, der die Expedition leitete. Aber *seinen* Namen, den Namen Amerigo Vespucci, den gab es. Und zehn Jahre später, als Kolumbus schon tot und der Vergessenheit anheimgefallen war, bezeichnete ganz Europa jene Gebiete als Amerika. Es ist eine fast unglaubliche Geschichte, auf die wir noch zurückkommen werden.

Der Geograph Duarte Pacheco Pereira war nach so vielen Neuentdeckungen imstande, eine Hypothese als wahrscheinlich zu formulieren, wonach sich »eine kontinuierliche Landmasse« von Labrador bis zum Río de la Plata, vom 70. Grad nördlicher Breite bis zum 28. Grad südlicher Breite, erstreckte. Die Verbreitung solcher Nachrichten versetzte Kolumbus in Erregung. Sein Gefühl, Indien zu besitzen, war so ausgeprägt – bemerkt Las Casas –, daß er sich wie seines Besitzes beraubt fühlte.

Er begann, alle Berichte über die Reisen zu studieren, die »von den anderen« über den Ozean unternommen worden waren. Er zeichnete eine peinlich genaue Karte der erforschten Länder mit möglichst vielen Details. Es hätte ihm einleuchten müssen, daß es sich um einen neuen Kontinent handelte, um das ungeahnte Amerika. Aber Kolumbus hielt verzweifelt an Asien fest und konnte sich diese Überzeugung nicht aus dem Kopf schlagen. Es war der Traum seiner Jugend gewesen, der nicht plötzlich zerplatzen durfte. Wie war es möglich, daß die Klassiker, seine Propheten, seine Autoren, seine Kosmographen nach all den Erfahrungen, die man im Laufe der Jahrhunderte in Europa angesammelt hatte, nichts über die Existenz eines neuen Kontinents wußten?

Als er die Routen betrachtete, denen die neuen Forschungsreisenden gefolgt waren, stellte Kolumbus fest, daß das ganze Gebiet westlich der von ihm entdeckten Inseln von ihren Forschungen ausgespart blieb. Von den Reisenden, die den Atlantik nach ihm überquert hatten, hatten sich die meisten nach Süden gewandt, einige nach Norden. Doch niemand hatte darauf bestanden, weiter in Richtung Westen zu segeln. Und Kolumbus hielt Kuba nach wie vor für eine Provinz des chinesischen Mangi, für die äußerste, in den Ozean hineinragende Spitze der *Aurea Chersones*, für einen Ausläufer des kontinentalen Asien, vielleicht für die Halbinsel Malakka, von der man in Andeutungen gesprochen hatte. Zwischen Kuba und dem Golf von Darién – dem noch nicht als solchen bekannten Isthmus von Panama – dehnte sich eine weite Bucht, die noch nie erforscht worden war. Dort mußte sich der westliche Weg nach Indien befinden, eine Wasserstraße zwischen den beiden Meeren des Ozeans, zu der Marco Polo vorgedrungen war. Mit einem letzten Aufblitzen seiner Phantasie ahnte Kolumbus, daß er, wenn er jenen Weg entdeckte, den Erdball umsegeln und von der anderen Seite der Welt aus nach Spanien zurückkehren könnte. Damit nahm er Magalhães vorweg, der denselben Gedanken verfolgte. Allerdings war Magalhães mit seiner Suche erfolgreich, denn er suchte den Weg südlich des Äquators, während Kolumbus diese Linie niemals überschritt. Er war davon überzeugt, daß der Weg nördlich dieser Linie liege. Und so scheiterte er auch, als er zum letzten Mal die Karten in den Entdeckungsreisen mischte.

Während Kolumbus noch in seinen neuen Plan versenkt war, wurde am 3. September 1501 die Entscheidung der Herrscher über die Forderungen bekanntgegeben, welche er fast ein Jahr zuvor im Rahmen der Begegnung von Granada erhoben hatte. Kolumbus würde nicht mehr Gouverneur von Indien sein. Auf seine Stelle wurde – als »Gouverneur und oberster Richter der Inseln und des Festlandes von Indien« – Don Nicolás de Ovando berufen, der Komtur von Lares, den Las Casas als »einen sehr weisen Mann« bezeichnet. Ovando stand weder der Titel »Admiral« noch das Amt eines Vizekönigs zu. Aber es war klar, daß Kolumbus' Rechte und Privilegien nunmehr – zumindest de facto – außer Kraft gesetzt waren. Das einzige Zugeständnis, das ihm gemacht wurde, war die Freigabe der Güter, die Bobadilla ihm wieder zur Verfügung stellen mußte. Zudem erhielt Kolumbus die Erlaubnis, einen Mann seines Vertrauens nach Santo Domingo zu schicken, damit dieser feststellte, wie groß die ihm zustehenden Anteile bei den Handelsprofiten und der Goldgewinnung waren. Für diese Kontrolltätigkeit bestimmte Kolumbus Alonso de Carvajal, der ihm während der Jahre auf Hispaniola zur Seite gestanden hatte. Carvajal erledigte seinen Auftrag so gewissenhaft und geschickt, daß Kolumbus von jenem Augenblick an zu einem verhältnismäßig wohlhabenden Mann wurde.

Mit diesen Einnahmen und den formellen Ehren, deren er sich noch erfreute, hätte er sich sehr wohl in einen goldenen Ruhestand zurückziehen können. Eine reichliche Pension, ein Schloß in Andalusien – die Könige hätten ihm eine derartige Genugtuung nicht abgeschlagen; ja, wenn man von dem ausgeht, was man damals sagte, so hatten sie ihm eine solche Lösung als durchaus schicklich nahegelegt. Kolumbus war zu jener Zeit fünfzig Jahre alt. Das war ein schon beschwerliches Alter für jemanden, der viel gereist war und unter Krankheiten litt, die ihn wie einer verlöschenden Kerze allmählich die Lebenskraft nahmen. Wäre Kolumbus ein kluger Mann gewesen, hätte er sehr gut daran getan, sich mit der Pflege seines Prestiges und seiner Barschaft zu begnügen. Aber er war kein weiser Mann – sonst hätte er Amerika nicht entdeckt.

Die Antwort der Könige löste in Kolumbus vielmehr zwei Gefühle aus: Als erstes empfand er Genugtuung bei dem Gedanken daran, daß man ihm seine Privilegien nicht endgültig weggenommen hatte. Das war eine Illusion, aber sein Optimismus erlaubte ihm zu glauben, daß er sie früher oder später zurückbekommen würde. Gott duldet keine Ungerechtigkeiten, und war er etwa kein Mann Gottes? Das zweite Gefühl war das von Unruhe, von Ungeduld. Sein Vorhaben, den Weg nach Indien zu finden, erfüllte ihn mit Begeisterung. Am liebsten wäre er sofort abgereist. Das Fernweh hatte ihn gepackt, die Lust, sich wieder in die geliebten Einsamkeiten des Meeres zu begeben, fern des Morastes und der Neidereien des Hofes, die ihn wie Spinngewebe einhüllten. Wenn er seinen Gedanken zu Ende dachte, dann gelangte er sogar zu der Überzeugung, daß er mit Hilfe neuer, erfolgreicher Entdeckungen das Problem der Wiedereinsetzung in seine Rechte viel leichter wieder aufs Tapet würde bringen können.

Er entwarf einen Reiseplan, den er an Ihre Majestäten schickte. Er schrieb und schrieb noch einmal, schickte Botschaften und entsandte Kuriere. Doch nichts rührte sich. Man sagte ihm, daß sein Plan verlorengegangen sei. Er fertigte einen neuen an. Die Hoheiten meldeten sich am 14. März 1502. Sie befürworteten die Reise und gaben ihm den Weg frei. Vielleicht waren sie davon überzeugt, daß das der beste Weg wäre, einen so aufdringlichen Postulanten loszuwerden.

Wenn man bedenkt, daß der Brief der Könige an einen entlassenen Vizekönig gerichtet war, so war er außerordentlich höflich. Sie schrieben, daß es sie, den König und die Königin, sehr betrübt habe, ihn als Gefangenen zu sehen (das lag aber bereits zwei Jahre zurück!). Abgesehen von ihrem Desinteresse hatten die Gefühle der Könige auch merkwürdige Zeitbegriffe. Der König und die Königin, so war hinzugefügt, seien stets von dem Willen und dem Wunsch getragen, daß ihr Admiral »immer und überall« ehrenvoll behandelt werde. Sie schnitten auch das Thema seiner Privilegien an und rührten damit an eine Wunde. Sie blieben unangetastet und würden gegebenenfalls bestätigt, aber – und das war der konkrete Teil der Rede – vorläufig war es Kolumbus untersagt, von diesen Privilegien Gebrauch zu machen.

Fast als eine Gegenleistung für das, was man ihm weggenommen hatte, stimmten Ihre Majestäten der von Kolumbus geplanten Reise zu und machten deutlich, daß sie in ihren Diensten und auf ihre Kosten durchgeführt werden sollte. Ihm wurden zehntausend Dukaten zur Deckung der Ausgaben für die Ausrüstung angewiesen. Kolumbus sollte seine Aufmerksamkeit vor allem Gold, Silber, Perlen, Edelsteinen und Gewürzen zuwenden. Es wurde ihm ausdrücklich verboten, die Eingeborenen in die Sklaverei zu verschleppen. In dem Brief findet sich kein eindeutiger Hinweis auf den Hauptzweck der Reise, die Suche des Weges nach Indien. Aber er wurde aus der Gesamtheit der Anweisungen deutlich. Zu den Geboten, die Kolumbus beachten mußte, gehörte auch, daß er Hispaniola nicht anlaufen und betreten durfte. Nur auf der Rückfahrt war ihm ein kurzer Aufenthalt gestattet, »sofern das notwendig erschien«.

Kolumbus war so von seinen Projekten begeistert, daß er den im Brief aufgezählten Verboten keine große Bedeutung beimaß. Es war leichter, an der offiziellen Sprache vorbeizusegeln als an den Inseln des Ozeans. Was ihn interessierte, war die erneute Bestätigung seiner Rechte, die dem königlichen Schreiben zufolge nur zeitweilig außer Kraft gesetzt waren. Er würde wissen, wie er sich zu verhalten habe. Unterdessen war Ovando, der neue Gouverneur, bereits an der Spitze einer stolzen Flotte – mit zweiunddreißig Schiffen, zweitausendfünfhundert Mann und zwölf Franziskanermönchen – nach Hispaniola abgereist. Zum Oberkommandanten dieser ganzen Expedition war Antonio de Torres ernannt worden. Bobadilla hatte den Befehl erhalten, in die Heimat zurückzukehren, sobald Ovando eingetroffen sei, um sämtliche Befugnisse zu übernehmen. (Oviedo beurteilt ihn so: »Er hatte seine Pflichten mit Gerechtigkeitssinn erfüllt.«)

Nun war Kolumbus an der Reihe, die Anker zu lichten. Er reiste am 9. Mai jenes Jahres, drei Monate nach Ovando, von Cádiz ab. Seine Flotte war sehr viel bescheidener und erinnerte sehr an die, mit der er den Ozean zum ersten Mal überquert hatte. Sie bestand aus vier Karavellen – aus einem »Admiralsschiff«, dessen Namen unbekannt ist, aus der *Santiago* (die nach ihrem Eigentümer Francisco Bermúdez den Beinamen *Bermuda* erhielt), der *Gallega* und der *Vizcaina*.

Wegen seiner stets labilen Gesundheit und seines vorgerückten Alters übernahm Kolumbus nicht den Befehl über die Flotte. Der Posten des Ersten Steuermanns wurde Juan Sánchez anvertraut, der 1499, zusammen mit Hojeda, die amerikanischen Küsten berührt hatte. Das Kommando wurde Diego Tristán übertragen, der Kolumbus zu Wasser und zu Lande treu zur Seite gestanden hatte. Kolumbus hatte auch Fernando an Bord genommen, seinen jüngsten und liebsten Sohn, der zum Zeitpunkt der Abfahrt kaum fünfzehn Jahre alt war. Zur Familie gehörte ferner Bartolomé, der sich widerwillig auf der *Santiago* eingeschifft hatte, wo er praktisch als Kapitän fungierte. Kapitän der *Gallega* war Pedro de Terreros, der an allen Ozeanreisen von Kolumbus teilgenommen hatte, und der *Vizcaina* Bartolomeo Fieschi, ein Genuese.

Bis zu den Kanarischen Inseln ging die Ozeanreise ohne Schwierigkeiten vonstatten. Dieses Mal lief Kolumbus Gomera nicht an, wo auch die Gouverneurin in ein reiferes Alter gekommen war und sich wieder verheiratet hatte. Er deckte sich auf Gran Canaria, wo er im Schutz der Bucht von Maspalomas vor Anker ging, mit Vorräten ein. Dann stürzte er sich zum vierten Mal in die Weiten des Ozeans und steuerte auf Dominica zu, den Landungsplatz seiner zweiten Reise. Er verfehlte das Ziel ein wenig und landete auf der sehr viel größeren Nachbarinsel Martinique. Es war die schnellste aller Ozeanüberquerungen, die Kolumbus unternommen hat. Sie dauerte kaum zwanzig Tage, eine Zeitspanne, die man auch heute für ein Segelschiff als schnell betrachten kann.

Auf Martinique machte er drei Tage lang halt. Dann erlag er der Versuchung, trotz des Verbotes Kurs auf Santo Domingo zu nehmen. Den Weg dorthin kannte er gut. Er fuhr wieder an den Inseln über dem Winde vorbei und an der Küste von Puerto Rico entlang. Von dort drehte er nach Süden ab und gelangte in Sicht des breiten Mündungstrichters des Flusses Ozama. In der Ferne erkannte er die ersten aus Stein gebauten Häuser »seiner« Stadt, mit deren Errichtung Ovando schon begonnen hatte.

Von der Küste aus ließ Kolumbus Ovando melden, daß er in den Hafen einlaufen müsse, weil er die *Santiago* durch ein anderes Schiff ersetzen wollte, das im Begriff war, die Anker zu lichten. Der Kiel der *Santiago* war zu breit, »und ihre Bordseite war nicht lang genug, um die Segel zu tragen«. Er warnte Ovando auch vor einem Wirbelsturm, der jene Ecke von Hispaniola heimsuchen werde, und er sagte, er befürchte, daß seine Karavellen diesem nicht standhalten könnten, wenn man ihm keinen Schutz gewährte. Ovando hatte vom König und von der Königin strikte Befehle erhalten. Er verbot Kolumbus, in den Hafen einzulaufen; den Wirbelsturm, dessen Näherkommen Kolumbus angekündigt hatte, erwähnte er nicht, wie wenn es sich dabei nur um einen Vorwand gehandelt hätte.

Kolumbus irrte sich nicht. Er kannte die warnenden Vorzeichen des Höllensturms, der über dem Meer toben würde, da er in den vergangenen Jahren zweimal die zerstörerische Kraft des Hurrikans in den tropischen Meeren kennengelernt hatte. In beiden Fällen hatte er sich gerade noch rechtzeitig in Sicherheit gebracht. Die Vorzeichen waren auch jetzt dieselben: lange, ölige Wellen, die von Norden her anrollten, die Flut, die unregelmäßig anstieg, die drückende Atmosphäre, kurze und heftige, zeitweilig aussetzende Windböen. Kolumbus fühlte den Hurrikan auch in seinen schmerzenden Knochen und Gelenken. Er wollte keine Risiken eingehen. Nachdem man ihn aus Santo Domingo verjagt hatte, nahm er sofort in der wenige Meilen entfernten Bucht von Puerto Hermoso Zuflucht. Und dort wartete er ab.

Während sich seine Karavellen von Santo Domingo entfernten, lief Ovandos Flotte, die zwei Monate zuvor eingetroffen war, aus dem Hafen aus, um die Rückreise anzutreten. Und während Kolumbus sich beeilte, eine Zufluchtsstätte zu finden, fuhr die von De Torres befehligte Flotte aufs hohe Meer hinaus. Niemand hatte den Warnungen des Admirals Beachtung schenken wollen. Sie hielten ihn bereits für einen Spinner mit Grillen, die verstehen zu wollen sich nicht lohnte. Aber dieses Mal war es nicht so. Genau, wie Kolumbus es vorhergesehen und angekündigt hatte, stürzte sich der Hurrikan auf die Meere von Hispaniola. Die große Flotte segelte durch die Meerenge von Mona, die in den Ozean einmündet. Da packte ein wilder Nordostwind plötzlich die Schiffe, riß sie auseinander in einem brodelnden Meer, das sich wie ein Gebirge aus seinen Tiefen zu erheben schien. Einige Segelschiffe gingen sofort unter; andere, denen es gelungen war beizudrehen, wurden gegen die Küste geschleudert und zerschmettert. Niemand rettete sein Leben. Es waren zwanzig Schiffe. Nach wenigen Minuten war das Meer leer, bedeckt mit Wrackteilen, die aber sogleich von den entfesselten Wassermassen verschlungen wurden. Auf dem Admiralsschiff der Flotte, wo De Torres seinen Kommandoposten bezogen hatte, hatte sich auch Francisco de Bobadilla eingeschifft, jener Mann, der Kolumbus in Ketten gelegt hatte, sowie Francisco Roldán, der den Aufstand gegen den Admiral angeführt hatte und der gerade im Begriff war, ohne angeklagt oder verurteilt zu sein, in die Heimat zurückzukehren; Kolumbus hatte ja für alle gezahlt. Bobadilla und Roldán – seine erbittertsten Feinde! Bobadilla, der es gewagt hatte, ihn an Händen und Füßen mit Ketten gefesselt gefangenzuhalten! Sie waren im Ozean versunken, ins Nichts zurückgekehrt. Hatte Kolumbus vielleicht nicht recht, wenn er glaubte, daß die Gerechtigkeit Gottes unfehlbar war? Und war dies nicht ein weiterer Beweis dafür, daß Gottes Hand über ihm ruhte?

Kolumbus' vier Karavellen, die auf die Ereignisse vorbereitet waren, überstanden den Sturm fast ohne Schäden. Während der schlimmsten Stunden des Wirbelsturms, der seinen Höhepunkt in der Nacht des 30. August erreichte, hätten sich die Anker beinahe losgerissen. Kolumbus ließ die Trossen mit allen an Bord befindlichen Ketten verstärken. Die kleine Flotte kam mit dem Leben davon. Verloren ging lediglich die Schaluppe der *Gallega*. Als der Hurrikan vorbei war, machten alle Rast, um ihre Kräfte zurückzugewinnen und sich an die nötigen Ausbesserungsarbeiten zu machen. Sie fuhren ein wenig an der Küste von Hispaniola entlang, um sich mit Wasser, Holz und Nahrungsmitteln einzudecken. Sie widmeten sich vor allem dem Fischfang, dessen Ausbeute, wie sich Fernando in seinen Memoiren erinnert, reich und köstlich war. Gegen Mitte Juli setzte die Flotte die Segel, um sich auf die Suche nach dem Weg nach Indien zu begeben.

Kolumbus' ursprüngliche Absicht war es gewesen, die Küste in der Nähe der Insel Margarita, der Perleninsel, zu berühren. Dort hatte er, angetrieben von Ungeduld und Krankheit, auf der vorhergehenden Reise den Kontinent verlassen, um sich, ohne noch weiter zu zögern, nach Santo Domingo zu wenden. Von Margarita aus würde er dieses Mal nicht mehr auf den offenen Ozean zurückkehren, sondern in westlicher Richtung die Küste wieder hinauffahren, bis er die Meeresstraße fand. Diese Route wäre sinnvoll gewesen, wenn er sich damit begnügt hätte, nicht über Dominica oder Martinique hinaus zu fahren, wo er am Ende der Überfahrt angelegt hatte. Doch nostalgisch-sentimentale Gefühle hatten ihn nach Santo Domingo, nach Hispaniola, zurückgeführt. Und jetzt befand er sich schon zu weit oben, zu weit nördlich von der vorgesehenen Route, als daß es noch großen Sinn gehabt hätte, jenem Weg weiter zu folgen. Er beschloß also, sich in den westlichen, noch unbekannten Teil der Karibik zu begeben, in der Hoffnung – die er für begründet hielt –, auch in jener Richtung Festland anzutreffen. Er glaubte noch immer, daß Kuba eine zum asiatischen Festland gehörende Halbinsel sei. Wenn er über Kuba hinaus segelte, würde er diesen Kontinent schließlich finden. Und wenn er an seiner Küste entlangfuhr, würde er nach der Meeresstraße suchen, die ihn dann nach Indien führen sollte.

So sah der Reiseplan aus. Leider blieben die Karavellen zwei Wochen lang fast auf der Stelle; denn sie befanden sich in einem Gebiet mit gleichbleibenden Flauten. Von den Strömungen wurden sie in Richtung Jamaika getragen und trieben auf die Gruppe jener kleinen Sandinseln zu, die dieser Insel östlich vorgelagert sind. Es gelang ihnen erst gegen Ende Juli, sich loszumachen – man schrieb noch immer das Jahr 1502. Kolumbus gelangte zur Insel Bonacca, die heute Guanaja heißt und zu den Islas de la Bahía gehört. Wenige Meilen von dort entfernt ragte die felsige Küste von Honduras aus dem Meer empor. Kolumbus hatte Amerika vor sich liegen.

Auf Bonacca, wo er haltmachte und wo seine Männer, unter der Führung von Bartolomé, an Land gingen, erkannte er, daß er sich bereits in einer anderen Welt befand, in einer fortgeschritteneren und auch raffinierteren Kultur im Vergleich zu der, die sie auf den bis jetzt entdeckten Inseln angetroffen hatten. Die Eingeborenen jener Gegenden kannten die Technik der Metallverarbeitung und des Webens. Sie besaßen Schmelztiegel, um Kupfer zu schmelzen; sie trugen schön gefärbte und gewebte Tuniken und hüllten sich in Baumwolldecken. Ihre Frauen trugen Schultertücher, die denen glichen, die die Frauen der Mauren von Granada getragen hatten. Sie benutzten auch Waffen, Streitäxte und lange Holzschwerter mit einer Schneide aus scharf geschliffenem Stein. Sie tranken fermentierte Getränke. Auf das Meer fuhren sie mit großen Kanus, die aus einem einzigen ausgehöhlten Baumstamm angefertigt waren. Sie waren viel weiter entwickelt als die Stämme der Taino, Arawak und Kaniben, denen Kolumbus im Verlauf seiner früheren Reisen auf den »tausend Inseln« begegnet war.

Der Teil der Küste von Honduras, der gegenüber von Bonacca liegt, hatte zum Reich der Maya von Cocom gehört, und zwar bis 1485, dem Jahr, in dem jenes Reich zerfiel. Aber die Mayakultur beherrschte noch die ganze Region. Da es Bartolomé war, der die Neuigkeiten sammelte und Kolumbus berichtete, der an Bord geblieben war, beschuldigen die Nachgeborenen die beiden Brüder Kolumbus, es nicht verstanden zu haben, die große Chance zu nutzen, nach der sie nur hätten zu greifen brauchen. Wenn sie sich von dort aus ein wenig weiter nach oben gewandt hätten, wären sie nach Yucatán gekommen und hätten die Maya entdeckt. Die Bewohner von Bonacca, das einfach ein vom Reich abgelegenes Randgebiet war, hatten mit Gesten zu verstehen gegeben, daß die im Westen lebenden Stämme reich und arbeitsam waren. Kolumbus war vielleicht versucht, in jene Richtung zu fahren. Aber wenn er unsicher war, griff er immer zu abrupten Entscheidungen, mit denen er zumeist neue Verlockungen von sich schob, die ihn zur Änderung seiner Pläne bewogen hätten. Phantasie kann sich nicht an Phantasie beflügeln. Damals suchte er den Weg nach Indien, was schon an sich ein phantastisches Projekt war. Er blieb bei seiner Absicht. Und Anfang August erreichte er die Küste bei Kap Honduras.

Als er von dort weiter nach Osten fuhr, begann eine lange Seereise mit vielen Abzweigungsfahrten. Er mußte auch gegen den Wind steuern; denn die Passatwinde wehten ihm vor den Bug. Die Karavellen waren gezwungen, im mühsamen Zickzackkurs gegen den Wind anzukommen. Es war eine mühselige, langsame, endlos lange Reise. Die kleine Flotte wurde fast ständig von Regengüssen und Stürmen heimgesucht. Von dem Augenblick an, in dem die Schiffe von der Küste von Honduras ablegten, mußten sie, dem Festland entlanglavierend, achtundzwanzig Tage lang ununterbrochen gegen das Meer, den Wind und die Strömungen kämpfen. In einem von Las Casas zitierten Absatz des Tagebuchs von Kolumbus heißt es, daß »die Karavellen einer fortwährenden Mühsal ausgesetzt waren, wobei die Segel rissen und die Anker, die Wanten, die Taue, die Schaluppen und ein großer Teil des Proviants verlorengingen. Die Männer waren erschöpft, verzweifelt und gelobten in einem fort irgendwelche Wallfahrten. Sie nahmen einander sogar die Beichte ab! Ich habe andere Stürme erlebt, aber keinen, der so lange dauerte und so schrecklich wütete. Was mir am meisten ins Herz schnitt, waren die Leiden meines Sohnes. Ich war krank, stand mehrmals sogar an der Schwelle des Todes, aber ich erteilte die Befehle von einer kleinen Kajüte aus, die die Matrosen auf dem Achterdeck für mich gebaut hatten.«

In der Nacht wurde nicht gesegelt. Aus Angst vor den Riffen in den Untiefen blieben die Schiffe in Landnähe vor Anker. Sie konnten nicht einmal beidrehen; denn es bestand die Gefahr, daß die Strömung sie gegen die Küste drückte. Tagsüber fuhr man in ei-

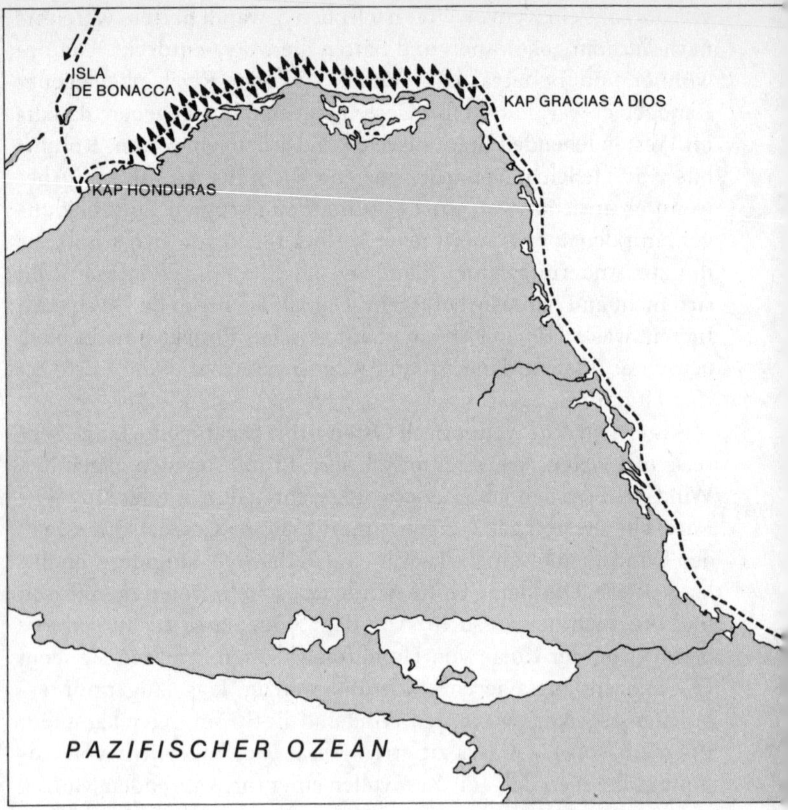

nem Regen, der so dicht herabfiel, daß man nicht von einem Schiff zum anderen sehen konnte, in einem trüben, bleifarbenen Licht, das die Grenzen zwischen Himmel, Meer und Regen verschwimmen ließ. Alles an Bord war klatschnaß. Man konnte nicht einmal das Feuer im Herd anzünden, aß verwurmten Zwieback und schlief, wo es gerade Platz gab. Wenn der Wind abflaute, schlüpften riesige Schwärme von Stechmücken aus den Mangrovenwäldern der Ufer. Die Männer waren so müde, daß sie nicht einmal mehr die Kraft hatten, sie von sich wegzufächeln. In den achtundzwanzig Tagen, die der Sturm dauerte, gelang es der Flotte lediglich, einhundertsiebzig Meilen zurückzulegen, das waren nicht mehr als sechs Meilen pro Tag. Die Matrosen hatten keinen ande-

Kolumbus' vierte Reise:
Die Route entlang der Küste von Honduras, Costa Rica, Nicaragua und Panama

ren Wunsch als umzukehren, endlich den Wind im Rücken zu haben. Allein schon der Gedanke daran war wie der Eintritt aus der Hölle ins Paradies.

Aber Kolumbus gab sich nicht geschlagen. Er fürchtete, seine große Chance zu verpassen, vielleicht die letzte seines Lebens. Er hoffte, daß der Himmel sich plötzlich aufhellte, der Wind sich drehte und die Wasser sich so öffneten, wie Moses es erlebt hatte. Bevor er starb, wollte er mit eigenen Augen die Meeresstraße sehen, die nach Indien führte. Unter diesen Bedingungen fuhren die vier Karavellen fort, an jener Küste, die heute zu Nicaragua gehört, sowie dann an der von Costarica entlangzusegeln. Das Wetter besserte sich für kurze Zeit. Gruppen von Matrosen gingen an

Land; dort sahen sie eine Tierwelt, die ihnen nie zuvor begegnet war – Pumas, Hirsche und Affen statt der altbekannten Papageien. An den Mündungen der Flüsse tauchten auch Krokodile auf, »ähnlich denen des Nils«, wie Fernando Colón schrieb, der vor ihnen Angst hatte.

Am Abend des 5. Oktober sichtete die Flotte eine Meerenge, die zu einer größeren Wasserfläche führte. Kolumbus glaubte, an der Meeresstraße angelangt zu sein, die er suchte. Wie schon andere Male fiel er einer Täuschung zum Opfer, die auf der Namensgebung der Einheimischen für jene Gegenden beruhte. Die Eingeborenen nannten diese Region Ciguara. Aus der Art, wie sie jenen Namen aussprachen, glaubte Kolumbus das Wort Ciamba herauszuhören, das Cochinchin von Marco Polo. Alles entsprach der Geographie, die er sich zurechtgelegt hatte. Die Karavellen fuhren, sich dicht am Ufer haltend, in einen Meeresarm ein, der so eng war, »daß das Laub der Bäume das Tauwerk der Schiffe berührte«. Alle glaubten, daß man in Kürze den Ozean »von der anderen Seite« sehen würde. Statt dessen aber lag auf der anderen Seite nur eine große Lagune, ein prächtiger türkisfarbener Wasserspiegel, umgeben von sehr hohen Bergen. Das Meer endete an den Füßen der Berge. Die Lagune heißt Laguna de Chiriquí. Nach so vielen Kämpfen gegen die Winde und die Stürme und nach einer so langen und schwierigen Seereise war das eine herbe Enttäuschung.

Der Ort war wunderschön, und die Mannschaften machten dort etliche Tage lang eine verdiente Pause. Unter den Eingeborenen war viel Gold im Umlauf – in der Gestalt von dicken Scheiben, die Männer und Frauen um den Hals trugen und die sie bereitwillig gegen Kettchen und Glöckchen tauschten. Die Spanier horteten sie und suchten alle Dörfer der Umgebung nach ihnen ab. In einem Brief an die Könige, der den Namen *Carta rarísima* erhielt und 1504 geschrieben wurde, teilt Kolumbus ihnen mit, er habe erfahren, daß es nicht weit von dort, im Tal eines Flusses namens Veragua, große Mengen Goldes gäbe. Es schien ihm also gerechtfertigt anzunehmen, daß er sich jetzt am Ende der *Aurea Chersones* befände, von der bei Ptolemäus die Rede ist. Die lange asiatische Halbinsel reichte demnach von Kuba, ihrem nördlichsten Punkt, bis zu jenen Gegenden, zu denen Kolumbus soeben gelangt war, dem Cochinchin, in dessen Nähe wahrscheinlich auch die

Molukken gelegen waren – eine Vermutung, die durch das Vorhandensein von Pfeffer eindeutig bestätigt wurde. Die Eingeborenen hatten unmißverständlich erklärt, daß die Laguna de Chiriquí in einem von zwei Meeren eingeschlossenen Isthmus lag und daß man jenseits der Berge, kaum neun Tagesmärsche entfernt, die Ufer eines anderen Ozeans erreichte.

Jetzt lagen beide Ziele seiner Reise in Kolumbus' Reichweite – das Gold und der Weg nach Indien. Aber dieser letztere schien leider nur auf einen Landweg beschränkt zu sein. Nachdem Kolumbus mit Sicherheit wußte, daß er sich an einem Isthmus befand, gab er plötzlich jede Suche nach der berühmten Meeresstraße auf. Er hatte nicht die geeigneten Mittel, um die Berge zu übersteigen, wie es Balboa, zehn Jahre später, im Rahmen einer Expedition tat. Balboa erblickte als erster Europäer von der Höhe dieser Berge den Pazifischen Ozean. Als Kolumbus an einer der Mündungen dessen angelangt war, was heute der Panamakanal ist, hörte er auf, weiter zu suchen, und konzentrierte sich auf die Eroberung des Goldes.

Was die Eingeborenen ihm gesagt hatten, war wahr. Ungefähr zwanzig Meilen von der Lagune entfernt, immer noch weiter östlich, gab es Gold. Reines Gold, das die Einwohner nur mit einem Messer als einzigem Ausgrabungsinstrument aus der Erde holten. Die Minenregion wurde Veragua genannt. Veragua blieb ein für die Kolumbus-Geschichte berühmter Name; denn Kolumbus' Nachkommen wurde der Titel von Herzögen von Veragua zuerkannt, der in der Folge an das Haus Alba überging, das ihn heute noch trägt. Aber einmal abgesehen von einem noch in der Zukunft liegenden Titel brachte Veragua Kolumbus nichts Gutes. Gold war, wie gesagt, da. Und es ist vielleicht noch immer da, trotz der verschiedenen Abbauversuche, die nach Kolumbus noch gescheitert sind. Es sind wilde, unwirtliche Gegenden auf der Höhe von Bergen, die vollständig mit Tropenwald bedeckt sind – undurchdringliche Gebiete. Entlang den Tälern, die zu den Lagerstätten führen (es handelt sich um die Täler der Flüsse Veragua und Belén) ist das Klima mörderisch. Ein großer Teil des Bodens ist alluvialen Ursprungs, auf den heftige Regengüsse mit riesigen Wassermassen niedergehen, denen der Boden nicht standhalten kann. Deshalb schwellen die Flüsse an und reißen alles mit sich fort. Um für eine Bergbauindustrie eine stabile Situation zu schaffen, bedürfte es gewaltiger Investitionen, die sich letzten Endes möglicherweise gar nicht auszahlen würden, weil sie in keinem angemessenen Verhältnis zu der Menge an Gold stünden, die man dort gewinnen könnte.

Aber einige Monate lang versuchte Kolumbus mit seiner Sturheit, die Hindernisse, die das Gelände aufwies, zu überwinden, die Widrigkeiten des Klimas und auch die Feindseligkeit der Eingeborenen, die hier kriegerischer waren als anderswo, und zwar, wie immer, als Reaktion auf das Verhalten der Spanier. Es war eine regelrechte Schlacht – gegen den Dschungel, gegen die Überschwemmungen, gegen die Hinterhalte. Man gelangte zwar mehrmals zum Gold, ließ aber immer wieder davon ab, weil ein erschwerender Umstand zum anderen kam. Kolumbus hatte die Gründung einer neuen Kolonie geplant, der er bereits den Namen Santa María de Belén gegeben hatte. Sie sollte nach Bethlehem benannt werden, weil sie am Dreikönigstag des Jahres 1503 entdeckt worden war. Man hatte mit den Arbeiten begonnen und zahlreiche Hütten sowie ein Lager gebaut. Man war dabei, eine Festung zu errichten, deren Kommando Bartolomé übernehmen sollte, der mit etwa fünfzig Mann und einer ihm zur Verfügung stehenden Karavelle, der *Gallega*, an Land bleiben sollte. Zu guter Letzt platzte das ganze Projekt: Das Wasser des Veraguaflusses war plötzlich gefallen, und die Schiffe konnten nicht mehr aus dem Mündungstrichter fahren, da das Wasser bei der letzten Sandbank nur noch zwei Fuß hoch war.

Nun kamen die Eingeborenen in Scharen, um über die festsitzenden Karavellen herzufallen. Sie wollten die Eindringlinge ein für alle Male ausrotten. Die Spanier gingen mit geballter Kraft an Land, um jene schreienden Haufen in die Flucht zu schlagen und sie von den Segelschiffen wegzutreiben, die auf den günstigsten Augenblick warteten, um aufs Meer zu fahren. Das Wasser des Flusses begann nach zwei Tagen wieder zu steigen, und die von den Schaluppen ins Schlepptau genommenen Schiffe fuhren auf die offene See hinaus. Im Fluß vor Anker lag nur noch die *Gallega*, die mit Bartolomé und seinen Leuten in Veragua bleiben sollte. In der Schlacht mit den Eingeborenen, die dramatische Momente gekannt hatte, war Bartolomé verwundet worden. Auch der Kapitän des »Admiralsschiffes«, Diego Tristán, war mit einer Gruppe Matrosen an Land geblieben, um sich zum letzten Mal mit Wasservorräten einzudecken. Auf ihrem Rückweg gerieten sie in einen Hinterhalt. Tristán wurde von einem Speer getötet, der ihm ein Auge durchbohrt hatte. Auch alle Matrosen, die bei ihm waren, fanden den Tod. Die Indianer warfen die Leichen in den Fluß, der die leblosen Körper, verfolgt von Schwärmen von Geiern, bis zur Mündung schleppte.

Kolumbus litt unter dem Malariafieber. Er phantasierte, auf dem Aufbaudeck seines Schiffes stehend. Er redete irre und weinte. Jede Hoffnung war dahingeschwunden, und auch sein Lebenshauch wurde immer schwächer. Er beschloß, das Gold aufzugeben, Veragua aufzugeben, die soeben gegründete Kolonie aufzugeben. Einem mutigen Mann, Diego Méndez, gelang es, die ganze Garnison mit den Vorräten bis zu den Schiffen zu bringen, indem er ein primitives Floß bis über die Sandbänke hinaus ruderte. Die *Gallega* wurde leer und ausgeräumt an der Mündung des Flusses zurückgelassen. Am 16. April 1503, an dem Ostern gefeiert wurde, entfernten sich die drei übriggebliebenen Karavellen für immer von Veragua. Diego Méndez wurde von Kolumbus zum Kommandanten des »Admiralsschiffes« befördert und trat damit die Nachfolge des unglücklichen Tristán an.

Was konnte Kolumbus jetzt tun? Nur eines – auf Santo Domingo zusteuern, um die ziemlich ramponierten Schiffe reparieren zu lassen und dann von dort aus nach Spanien zurückzukehren. Sein Unternehmen war gescheitert. Aber nicht einmal das wenige, was ihm noch zu tun blieb, stellte sich als einfach dar. Die erste Schwierigkeit war der Zweifel über den Reiseweg, der einzuschlagen war. Alle Steuerleute der Flotte meinten, daß Hispaniola direkt nördlich von jener Küste läge, die sie gerade verließen. Für Kolumbus war Nordosten die richtige Richtung. Er glaubte, daß im Norden nicht die Insel Hispaniola läge, sondern Kuba. Und natürlich hatte er recht.

Die zweite Schwierigkeit ging auf die mörderischen Schäden zurück, die ein kleines Weichtier an den Kielen der Schiffe angerichtet hatte. Ganze Kolonien von Schiffswürmern, auch Holzwürmer genannt, waren während des langen Aufenthaltes in Veragua in die im Wasser stehenden Teile der Karavellen eingefallen. Wenn sie einmal in den Schiffskörper eingedrungen waren, konnte sie nichts mehr aufhalten. Ihrer Natur gemäß hatten sie begonnen, die Beplankung zu durchbohren, bis sie wie ein Sieb durchlöchert war. Die Flotte hatte nun schon seit mehr als einem Jahr der See standgehalten. Fernando Colón, der sich an Bord befand, schrieb dazu: »Der ganzen Besatzung gelang es nicht, mit Pumpen, Töpfen und anderen Gefäßen das Wasser auszuösen, das durch die Löcher der Schiffswürmer eindrang.« Die *Vizcaina* war das erste Opfer der winzigen Fresser. Kolumbus, der sich mit seiner These, an der Küste entlang weiter nach Osten zu fahren, ehe man auf Santo Domingo zusteuerte, durchgesetzt hatte, war gezwungen, die Karavelle, auf der das Wasser schon fast die Höhe des Decks erreicht hatte, nach wenigen Tagen auf See in der Bucht von Puerto Bello zurückzulassen. Die Flotte bestand jetzt nur noch aus zwei Karavellen. Mit knapper Not erreichten sie den Golf von Darién. Das ist die engste Stelle des Isthmus von Panama. Sie bewegten sich gegen den Wind und gegen die Strömungen vorwärts, eine Häufung von negativen Faktoren, die auch für Schiffe, die sich in einem guten Zustand befinden, schwer zu bewältigen gewesen wären. Den Steuerleuten, die nach wie vor meinten, sich bereits auf dem Längenkreis der Antillen aufzuhalten, gelang es, Kolumbus zu überreden, nicht weiterzufahren. Das »Admiralsschiff« und die *Santiago* wendeten, wandten sich nach Norden und ließen den Kontinent hinter sich liegen.

Kolumbus hatte nachgegeben, aber nicht seine Meinung geändert. Tatsächlich war das erste Land, das sie sichteten, das der Cayman-Inseln – kleine, flache Inseln voller Schildkröten. Die Cayman-Inseln liegen zwischen Kuba und Jamaika und für denjenigen, der nach Hispaniola fahren möchte, abseits der Route. Ein Stückchen weiter berührten die übriggebliebenen Karavellen jenes Inselreich, dem Kolumbus den Namen »Gärten der Königin« gegeben hatte; es liegt unterhalb der Südküste von Kuba. In dem Brief an die Könige, in dem er über die Wechselfälle dieser Reise berichtete, behauptete Kolumbus steif und fest: »Am 3. Mai traf ich in der Provinz Mangi ein, die ein Teil von Kathei ist.« Er hatte niemals die Überzeugung aufgegeben, daß Kuba zum asiatischen Kontinent gehörte. Es war ein schon fast rührender Irrtum, in dem er sein ganzes Leben lang verharren sollte.

Ein Gewitter braute sich zusammen, und die Schiffe suchten zwischen den Inseln Zuflucht. Die Männer waren, wie Fernando berichtet, »voller Angst und Hunger«. Der Sturm tobte heftig. Die Halteleinen der *Santiago* rissen. Sie stieß gegen das »Admiralsschiff« und zertrümmerte das Achterschiff fast bis zum Steuerhaus. Die Anker hielten nicht mehr. Auf der tückischen Korallenbank verlor Kolumbus' Schiff drei Anker; ihm blieb nur noch ein vierter, ein »Rettungsanker«. Der Regen prasselte, der Wind wütete. Es dauerte sechs Tage, bis sich das Wetter beruhigte, und Kolumbus machte sich mit den beiden schwankenden Karavellen, »die von den Schiffswürmern stärker durchlöchert waren als eine Bienenwabe« wieder auf den Weg. Hispaniola war zweihundert Meilen entfernt. Auf keinen Fall würden die Schiffe, die stündlich mehr Wasser eindringen ließen und vollkommen leck waren, mit ihren zerrissenen Segeln und den nicht gesicherten Rahen eine solche Entfernung zurücklegen können. Die einzige Rettung war, Jamaika anzusteuern, das man bei günstigem Wind erreichen konnte.

Die drei Schiffe waren tödlich verwundet und derart undicht, daß drei Pumpen Tag und Nacht im Einsatz waren. Wenn eine ausfiel, mußte sie sofort repariert werden, während in der Zwischenzeit notdürftig mit Gefäßen gelenzt wurde. Das Wasser fing an, im Laderaum der *Santiago* mit so beängstigender Geschwindigkeit zu steigen, daß Kolumbus anordnete, alle Segel zu setzen und eiligst auf Jamaika zuzufahren. Am Morgen des 23. Juni fanden die Schiffe in einem Hafen Zuflucht, der mit Puerto Bueno identifiziert wird. Er liegt fast in der Mitte der Nordküste der Insel. Mit größter Anstrengung gelang es den Besatzungen, die beiden Karavellen noch den ganzen 24., den Tag des heiligen Johannes des Täufers, über Wasser zu halten. Am 25. zogen sie von Puerto Bueno etwa ein Dutzend Meilen weiter nach Westen, bis zur Bucht von Santa Gloria, die Kolumbus schon auf seiner zweiten Reise erforscht hatte. So schildert Fernando das letzte Anlegen der sterbenden Schiffe: »Nachdem wir eingefahren waren, unfähig, die Segelschiffe noch länger über Wasser zu halten, schoben wir sie ans Ufer, so weit, wie wir sie nur vom Meer wegziehen konnten. Wir ließen das eine so gegen das andere auflaufen, Bordwand gegen Bordwand, und stützten sie von beiden Seiten so, daß sie sich nicht mehr neigen konnten. Auf den Decks und im Vorder- und Hinterkastell bauten wir Kajüten, wo die Männer wohnen konnten. Wir machten sie stark genug, damit sie Schutz und Zuflucht vor den Indianern boten.«

Das war das Ende der letzten Flotte, die Kolumbus in seinem Leben befehligte, und gleichzeitig war es auch das Ende seiner letzten Reise, die dramatischer verlief als alle anderen und das Risiko barg, daß er sein Leben an einem gottverlassenen Ort beendete, ohne daß irgend jemand mehr etwas über ihn wüßte, es sei denn vielleicht Jahre oder Jahrzehnte nach seinem Tod. Das hielt das Schicksal nicht für ihn bereit. Aber das Abenteuer, auf das sich Kolumbus auf Jamaika eingelassen hatte, hätte ausgereicht, um jedem das Herz zu brechen, der nicht seine Seelenstärke, seinen unerschütterlichen Optimismus und seinen anmaßenden Glauben an Gott als seinem persönlichen Verbündeten gehabt hätte.

Die Wahrscheinlichkeit, daß irgendein Forschungsreisender an jene Küsten kommen oder die Schiffbrüchigen von hoher See aus sichten könnte, wenn er in den Gewässern von Jamaika segelte, war fast gleich Null. Seit zehn Jahren war kein Spanier mehr auf Kuba oder Jamaika gewesen. Kolumbus war 1494 hier vorbeigekommen. Aber er hatte öffentlich bekanntgegeben, daß es in jener Gegend kein Gold gab. Und wer könnte dann einen Grund haben, dorthin zu fahren? Er hatte nicht einmal mehr Schaluppen zur Verfügung, mit denen er hätte versuchen können, nach einer abenteuerlichen und unvorstellbaren Reise Hispaniola zu erreichen. Hispaniola war zweihundert Meilen von der Bucht von Santa Gloria entfernt, und Santo Domingo fünfhundert. Die beiden Inseln liegen einander gegenüber; aber es trennt sie ein ziemlich breiter Meeresarm, in den die Winde und die Strömungen des Ozeans eindringen und dessen Wasser stets so unruhig ist, daß ein kleines Küstenboot in keinem Fall hätte durchfahren können.

Das Problem der Rückkehr war ein grundlegendes Problem. Wenn man es nicht löste, würden alle auf Jamaika alt werden und sterben. Aber es gab ein dringenderes Problem als dieses, nämlich zu leben. Leben bedeutete essen, den Hunger der hundert Überlebenden zu stillen, die auf dem Sand der einsamen Küste gestrandet waren. Die Bordreserven waren erschöpft. In einer Entfernung von einer halben Meile gab es ein großes Indianerdorf namens Maima, wo man Nahrungsmittel würde finden können, die man den Bewohnern des Orts mit dem üblichen Tausch gegen wertloses Zeug abkaufte. Aber Kolumbus erinnerte sich nur zu gut an seine Erfahrungen, die er zehn Jahre zuvor auf Jamaika, genau in jener Gegend, gemacht hatte. Die Eingeborenen hatten bewiesen, daß sie es verstanden, mit Gewalt auf Plünderungen und Raubzüge zu reagieren. Er hatte damals wieder in See stechen müssen, um ihren Angriffen zu entfliehen. Das war jetzt nicht mehr möglich: Wenn sich die Beziehungen mit den Indianern nicht auf eine absolute Korrektheit gründeten, würden die Schiffbrüchigen von Santa Gloria keinen Schutz genießen. Die Wut der Eingeborenen würde sie bald überwältigen. Die tragische Lektion von La Navidad diente als Warnung. Was konnte er nun tun, um seine Männer, die »von Natur aus ungehorsam« waren, daran zu hindern, durch die Gegend zu ziehen, Lebensmittel zu rauben und Frauen zu belästigen? Kolumbus wußte, was zu tun war. Fernando berichtet: »Es wurde niemandem gestattet, ohne Genehmigung von den Schiffen zu gehen.« Er zwang sie alle, an Bord zu bleiben, wie wenn sie sich auf hoher See befänden. Zu den Indianerdörfern schickte er Diego Méndez mit drei Männern. Méndez traf Vereinbarungen mit den Kaziken, die sich verpflichteten, jeden Tag Kassawabrot zu liefern und Jagd und Fischfang zu erlauben. Das Geschäft wurde mit einer Glasperlenkette bezahlt und mit ein paar Falkenschellen, und für die wichtigsten Häuptlinge gab es ein paar Scheren. Zumindest für einige Monate war das Problem des Hungers gelöst.

Blieb noch das der Rückkehr. Nachdem man alle Lösungen ausgeschlossen hatte, die auf reiner Hoffnung basierten, kehrte man immer wieder zum gleichen Punkt zurück: Man mußte das verzweifelte Abenteuer auf dem Meer wagen. Kolumbus nahm Diego Méndez, der schon so oft seinen Mut und seine Treue unter Beweis gestellt hatte, beiseite und sagte ihm, daß er ein großes Kanu mit besonderen Vorrichtungen ausrüsten lassen würde, damit es auch fern der Küste der See standhalten könnte. Ob Méndez sich imstande fühlte, den Versuch, Hispaniola zu erreichen, zu wagen? Er sollte über jene auf Jamaika verlassenen Männer berichten und die Hilfe für sie organisieren.

Méndez antwortete, daß er es nicht nur für schwierig, sondern für unmöglich hielt, mit einem so kleinen Fahrzeug wie einem Kanu rudernd, die Meerenge zwischen den beiden Inseln zu überqueren und nach Hispaniola zu gelangen. Kolumbus ließ nicht locker. Méndez schlug vor, alle Männer zusammenzurufen, ihnen zu erklären, daß das der letzte und einzige Weg zur Rettung sei, und zu fragen, ob jemand fahren wolle. Am Ende sagte Méndez –

ich zitiere nach Las Casas: »Wenn alle sich weigern werden, werde ich mein Leben in Eurem Dienste so aufs Spiel setzen, wie ich es bereits andere Male getan habe.«

Die Versammlung wurde einberufen. Niemand trat vor. Méndez bereitete sich auf die Abreise vor. An dem ausersehenen Kanu wurden am Bug und Heck einige Bretter angenagelt, um zu verhindern, daß Wasser eindrang. Auf dem Rumpf wurden ein Masten und ein Segel aufgebaut und so viele Lebensmittel gestaut, wie es der beschränkte Platz nur irgendwie zuließ. Sechs der kräftigsten Indianer wurden an die Ruder gesetzt.

Ein erster Abfahrtsversuch scheiterte im letzten Abschnitt der jamaikanischen Küste. Méndez wurde von den Eingeborenen angefallen und zur Umkehr gezwungen. Ihm wurde dann eine unter dem Kommando von Bartolomé stehende Eskorte zugeteilt, die ihn bis zur Meerenge begleiten sollte. Dieser »Umweg« hatte eine erfreuliche Folge: Kapitän Méndez fand in Santa Gloria einen Begleiter, der bereit war, es ihm gleichzutun, nämlich den Genuesen Bartolomeo Fieschi, der die in Panama zurückgelassene *Vizcaina* befehligt hatte. Es wurde ein zweites Kanu bereit gemacht, und die Zahl der Indianer auf beiden Kanus wurde auf je zehn erhöht. Mit zwei Kanus verdoppelten sich die Chancen, daß es zumindest einem von ihnen gelingen würde, die Meerenge zu überqueren und auf Hispaniola zu landen.

Fieschi lieferte Fernando einen Bericht über diese Reise, und dieser nahm ihn in sein Buch auf. Die Meerenge, die die beiden Kanus durchfahren mußten, war hundert Seemeilen breit, die ganze Strecke ohne Deckung – ein Unternehmen, das damals für so leichte und zerbrechliche Schiffe unmöglich erschien. Morison hat es als »eines der kühnsten Abenteuer in der Geschichte des Meeres« bezeichnet. Nicht ohne Grund wünschte Diego Méndez, daß sein Grabstein mit einem gemeißelten Kanu verziert werden sollte.

Man war im Monat Juli, und die Tropensonne brannte auf den Ozean hernieder. Die beiden Europäer mußten auch nachts wach bleiben, da sie den Eingeborenen nicht trauen konnten, die nicht freiwillig, sondern unter Zwang abgereist waren. Sie waren die ersten, die nicht durchhielten. Inmitten jener Wasserfläche, die keinen Schutz vor der Sonne bot, war der Durst eine Tantalusqual. Die Indianer tranken sofort ihre Ration auf und verzehrten auch noch die wenigen Reserven, die die beiden Kapitäne beiseite gelegt hatten. Ein Eingeborener verdurstete und wurde ins Meer geworfen. Andere lagen wie leblos auf dem Boden des Kanus. Diejenigen, die an den Rudern ausharrten, waren von der Hitze geschwächt. Man kam nur langsam voran, weil man versuchte, den Gegenströmungen auszuweichen. Auch die beiden Segel nützten recht wenig: Es gab zu wenig Leinwand und zu wenig Wind. So verging der erste Tag, dann ein zweiter, dann ein dritter. Wenn drei Viertel der Strecke zurückgelegt waren, mußte man – fünfundzwanzig Meilen von den Küsten Hispaniolas entfernt – auf das Inselchen Navassa stoßen, einen steil aus dem Meer aufragenden Felsen. Aber trotz der dreitägigen Seereise konnte man sie nicht am Horizont ausmachen. Méndez und Fieschi befürchteten, an ihr vorbeigefahren oder vom richtigen Weg abgekommen zu sein. Nach Sonnenuntergang sahen sie, als gerade der Mond aufging, wie sich ein schwarzer Punkt am Horizont abzeichnete. Sie hatten Navassa erreicht. Bei Tagesanbruch gingen sie an Land und machten sich auf die Suche nach dem Regenwasser, das sich in den Aushöhlungen des Felsens gesammelt hatte. Sie tranken, bis ihr Durst gestillt war, wobei sie »eines der stärksten Glücksgefühle ihres Lebens« durchströmte. Bis zum Sonnenuntergang ruhten sie sich aus und waren schon am nächsten Tag in Sicht von Kap San Miguel, der am weitesten vorgeschobenen Spitze von Hispaniola, die in jenem Teil der Insel liegt, der heute zu Haiti gehört.

Bis Santo Domingo waren es noch über dreihundert Meilen. Doch auf die Risiken und die Schwierigkeiten der offenen See mußte man sich nicht mehr einstellen. An der Küste entlang konnten die Kanus sehr gut, wenn auch mit äußerster Langsamkeit vorankommen. Die beiden Kapitäne trafen im September in Santo Domingo ein. Weitere Zeit verloren sie bei ihren Bemühungen, mit Ovando, der sich gerade im Landesinneren aufhielt, Verbindung aufzunehmen, und noch weitere Zeit bei den endlosen Verhandlungen, deren Ziel es war, die Erlaubnis zu erhalten, das Schiff, das zur Befreiung der Schiffbrüchigen nach Jamaika geschickt werden sollte, zu kaufen. Ovando war ein unschlüssiger Mann voller Ängste. Wenn es um andere Menschen geht, grenzt diese Art von Verhalten oftmals an Grausamkeit. Sein Zögern dauerte Monate lang, bis zum neuen Jahr – 1504 – und noch länger. Was mochte Kolumbus denken, der von all dem keine Ahnung hatte und immer noch auf seinem Stückchen Strand auf der Insel Jamaika wartete?

In der Zwischenzeit waren dort viele Dinge passiert, die die ohnehin schon von Angst geprägte Situation noch verschlimmert hatten. Unter den Seeleuten, die aufgrund des strikten Befehls des Admirals immer noch an ihr Schiff gefesselt waren, war eine Meuterei ausgebrochen. Solange sie die Hoffnung hegten, daß Méndez Hispaniola erreichen könnte, geduldeten sie sich und beschränkten sich darauf zu murren. Aber zu Beginn des neuen Jahres schwanden nach monatelangem nutzlosem Warten die Hoffnungen dahin, und der Aufruhr brach los. Anführer waren die Gebrüder Porras, Francisco und Diego, Männer, die Zugang zum Hof hatten und Kolumbus feindlich gesinnt waren und seine Autorität nicht ertrugen. An der Verschwörung waren achtundvierzig Matrosen beteiligt, etwa die Hälfte der Schiffbrüchigen von Santa Gloria. Sie beabsichtigten, auf den Spuren von Méndez nach Santo Domingo zu fahren. Zusammengepfercht in ungefähr zehn Kanus ruderten sie singend aufs Meer hinaus. Aber sie hatten nicht den Mut, der Meerenge die Stirn zu bieten, da das Meer sehr unruhig war. Sie kehrten um und machten in einem Dorf an der Küste halt. Von dort kehrten sie, raubend und plündernd, nach Santa Gloria zurück. Francisco Porras wurde von Bartolomé mit dem Schwert in der Hand gefangengenommen und in Ketten an Bord gebracht. Die anderen unterwarfen sich.

Dann war es an den Indianern, Zeichen des Unmuts zu äußern. Seit fast einem Jahr schon lieferten sie den Spaniern Lebensmittel und waren es leid, sie zu bedienen. Sie wurden unhöflich und begannen die Dinge, die von ihnen verlangt wurden, zu verweigern. Sie dachten daran, sich der Schiffe zu bemächtigen und jene Weißen niederzumetzeln, deren Kräfte immer mehr schwanden. Da griff Kolumbus zu einer für seine Grillen typischen List. Er hatte in den *Ephemeriden* des Regiomontanus, von denen er immer ein Exemplar bei sich trug, gelesen, daß für die Nacht des 29. Februar eine totale Mondfinsternis vorhergesehen war. Zur Stunde des Sonnenuntergangs ließ er alle Kaziken und die anderen Würdenträger der Gegend zu sich kommen. Er hielt ihnen eine kurze Ansprache, die ein Dolmetscher nach und nach übersetzte. Der Gott der Christen, der im Himmel wohnt, sagte er, belohnt die Guten und bestraft die Bösen. Jetzt ist er sehr verärgert darüber, daß ihr bei der Lieferung der nach unserer Vereinbarung fälligen Lebensmittel nachlässig seid. Paßt nur auf, was jetzt gleich am Himmel passieren wird! Gott wird euch ein warnendes Zeichen der schrecklichen Strafen schicken, die er euch auferlegen wird, wenn ihr nicht auf den rechten Weg zurückkehrt!

Die Indianer glaubten ihm nicht. Sie dachten an einen Scherz. Sie grinsten. Aber als der Mond begann, sich zu verdunkeln, und der Schatten auf seiner Kugel wuchs, bis sie in einer Spalte des Himmels zu verschwinden schien, waren die Kaziken und ihre Begleiter erst verwundert, dann verängstigt und wurden schließlich von echter Panik ergriffen. Sie lösten sich in Tränen und Versprechungen auf. Die letzteren ließ sich Kolumbus natürlich von ihnen wiederholen. Die Mondfinsternis war zu Ende. Der Mond kehrte wieder an den Himmel zurück.

Die Situation in Santa Gloria besserte sich, doch von Méndez kam keine Nachricht. Kolumbus war bereits am Verzweifeln. Auch der März und der April vergingen. Da kam es im Juni endlich zu der nicht mehr erwarteten Befreiung. Diego de Salcedo, ein Freund von Kolumbus, der ihm in Santo Domingo einst das Seifenmonopol eingeräumt hatte, war persönlich gekommen, um den Admiral zu retten. Er hatte auf eigene Rechnung eine große Karavelle gechartert, die von einer kleineren begleitet wurde, von jenem Segelschiff, dessen er sich für seine Küstenreisen bediente. Der Kontakt mit der Welt war wieder hergestellt, die Tragödie zu Ende.

Am 28. Juni 1504 reiste Kolumbus mit seinen hundert Gefährten wieder nach Hispaniola. Die beiden auf dem Sand aufgelaufenen Schiffe verschwanden – gespenstisch und unwirklich aussehend – bald aus der Sicht. Nach seiner Ankunft in Santo Domingo wurde der Admiral von Ovando, dem Gouverneur, der sich auf seinem Posten eingerichtet hatte, mit großer Achtung und Ehrerbietung empfangen. Er bat ihn, sein Gast zu sein. Gleichzeitig jedoch setzte er Porras auf freien Fuß, und zwar mit der Begründung, daß das, was auf Jamaika passiert war, nicht unter Kolumbus' Rechtssprechung fiele. Der Admiral war verstimmt und meinte, daß seine Vorrechte durch Ovando verletzt worden seien.

Am 12. September 1504 machte sich Kolumbus, körperlich zugrunde gerichtet und seelisch niedergeschlagen, auf zu seiner letzten Überfahrt nach Spanien. Seit der Landung auf San Salvador, die die Tore zur Neuen Welt aufgestoßen hatten, waren zwölf Jahre vergangen. Christoph Kolumbus sollte seinen Fuß nicht mehr dort hinsetzen.

Als Méndez seinerzeit im Begriff gestanden hatte, die Insel Jamaika zu verlassen, hatte ihm der Admiral einige Briefe überreicht mit dem Auftrag, sie in Spanien zuzustellen – in der Voraussicht, daß er in jedem Fall vor ihm selbst dorthin käme. Einer dieser Briefe, die bereits erwähnte »Carta rarísima«, war an die Könige gerichtet. (Sein Name rührt daher, daß er lange unauffindbar war und dann viel später wiedergefunden wurde.) Las Casas, der das Original dieses Briefes gesehen hat, zitiert ihn ausgiebig in seinem Buch. Es ist die verzweifelte Klage eines Mannes, der sich von allen im Stich gelassen fühlt. Ich führe nur einen einzigen Absatz davon an, als Schlußstrich unter die Abenteuer des Protagonisten des vorliegenden Buches. »Bis heute habe ich meinen Nächsten bedauert. Jetzt möge der Himmel sich meiner erbarmen, und die Erde möge um mich weinen, der ich allein bin mit so vielen Schmerzen, krank, den Tod erwartend. Ich bin so fern von den heiligen Sakramenten, daß sich, wenn sich meine Seele hier von meinem Körper trennt, nicht einmal Gott ihrer erinnern wird. Möge um mich weinen, wer Erbarmen hat und wer die Wahrheit und die Gerechtigkeit liebt.«

EIN HELD MIT ZU VIELEN GRÄBERN

Nachdem Kolumbus die letzte Seereise seines Lebens beendet hatte, ging er, am Ende seiner Kräfte, in Spanien an Land. Er war kein so alter Mann, daß man ihn als hinfällig hätte bezeichnen können. Er war kaum 53 Jahre alt, stand also in einem Alter, in dem die Kräfte zwar allmählich nachlassen, aber noch keineswegs schwinden. Kolumbus litt entsetzlich unter der Gicht. Seine Glieder waren von der Arthritis befallen, und von Zeit zu Zeit packte ihn ein Fieberdelirium. Es waren die Folgen seines Aufenthaltes in Indien, der langen Reisen auf See, der Sümpfe auf dem Land und der Stürme auf dem Meer. Aber die Stürme des Herzens, des Geistes? Er hatte auch Qualen und Enttäuschungen durchlebt. Er war das Opfer von Ungerechtigkeit und Verleumdung gewesen. Er hatte die feinen Sticheleien der Ungläubigkeit und die tiefdringenden Stiche des Neides verspürt. Viele hatten ihn verraten. Während anderer Heimreisen war er von der Trunkenheit des Triumphs oder von den Flügeln des Stolzes getragen worden. Als er dieses Mal zurückkehrte, lastete ein Mißerfolg auf seinen Schultern und ein weiteres unglückliches Abenteuer. Er hatte nichts vorzuzeigen oder vorzuweisen außer einem mildernden Umstand, den er in seinen Briefen an die Könige hervorhob: »Wenn ich in irgendeiner Sache versagt habe, dann deshalb, weil sie unmöglich war, oder weil sie weit über meine Kenntnisse und meine Kräfte ging.«

Als er an Land ging, konnte er sich kaum bewegen. Er wurde nach Sevilla gebracht, wo er sich, wohlversehen mit Geld und Gesinde, in einem angemieteten Haus im Pfarrsprengel von Santa

María niederließ. Er hielt einen Tresor bei sich, der voller zu Münzen geprägtem Gold war. Aber er klagte, daß das alles nur ein Bruchteil dessen sei, was ihm zustünde. An seinen Sohn Diego schrieb er: »Was ich an den Rechten verliere, welche mir Ihre Hoheiten zugebilligt hatten, beläuft sich auf zehn Millionen im Jahr, die nie mehr zurückerstattet werden können.« Sein Protest wurde immer jammervoller und aufdringlicher. Nicht flehentlich, denn er verlangte die Einhaltung der Verträge, etwas also, was ihm seiner Meinung nach zustand. Aber es ist anzunehmen, daß er sich tatsächlich in dieses Verhalten eines ungerecht behandelten Mannes, der bei der Abrechnung seiner Forderungen von der Macht geradezu betrogen wurde, hineinsteigerte, um das zu verschleiern, was ihn wirklich quälte – nämlich der Mißerfolg seiner letzten, katastrophalen Reise.

Am Hof verteidigte sein erstgeborener Sohn Diego seine Ansprüche. Durch seine Position hatte er Zugang zum Thron. Er war zuerst Mitglied der Leibgarde der Königin gewesen, dann in die des Königs eingetreten. Mit vierundzwanzig Jahren war er bereits ein gewitzter Hofschranze, der sich geschickt anstellte, wenn es um die Gewährung irgendwelcher Gefälligkeiten ging. Aber ihm fehlte die Leidenschaft, der Stolz. Sein Vater bestürmte ihn von Sevilla aus, eine Audienz bei den Königen und die Wiedergutmachung des erlittenen Unrechts zu erwirken. Eindringlich erklärte er ihm die Rechte, die ihm vom Indien-Geschäft her seiner Meinung nach zustanden, »mein Zehntel, mein Achtel, mein Drittel«. Diego wurde von einer Brief- und Memorandenlawine überrollt. Aber er konnte nichts von dem erreichen, was der Vater wollte.

Der Hof residierte in jenen Monaten in Segovia, auf den hohen Abhängen der Sierra de Guadarrama. Einer der Gründe dafür, daß die Könige nicht auf Kolumbus' Appelle antworteten, war im Gesundheitszustand von Königin Isabella zu finden, der sich ernstlich verschlechtert hatte. Zu den Sorgen, die ihr bereits das Herz gebrochen hatten, war noch die Verzweiflung über den Wahnsinn gekommen, dem ihre jüngste Tochter verfallen war, die einzige, die nach den vielen Todesfällen überlebt hatte. Sie hieß Juana, war die Gemahlin Philipps des Schönen und die Mutter jenes Knaben, der später einmal Kaiser Karl V. werden sollte. Schon sprachen alle von ihr als der *Loca*, und als Johanna die Wahnsinnige sollte sie auch in die Geschichte eingehen. Isabellas Kräfte hielten so vielen Heimsuchungen nicht stand. Sie starb dort oben im Norden, in Segovia, Ende November 1504, nicht einmal einen Monat, nachdem Kolumbus nach Spanien zurückgekehrt war.

Kolumbus beweinte sie und war untröstlich. In gewissem Sinne hatte Isabella ihn durch das Leben begleitet. Gleichaltrig mit ihm, war sie eine mächtige Freundin gewesen, die immer an ihn geglaubt hatte. Wenn Isabella nicht gewesen wäre, hätte Kolumbus vielleicht nie den Ozean überquert. Auch ihre Beziehungen hatten Höhen und Tiefen erlebt. Isabella hatte ein starkes Gefühl für die Würde der Macht gehabt. Kolumbus hatte ihr eine willkommene Möglichkeit geboten, sich mit der Kraft des Genies ins Reich der Phantasie entführen zu lassen. Später, als sie ihn dann unter dem Gesichtspunkt der Staatsangelegenheiten beurteilte, war sie von ihm enttäuscht gewesen. Dennoch behielt sie ihm gegenüber ihre Herzlichkeit bei, mit jenem Unterton, den man den intelligenten, aber ungewandten Leuten vorbehält und der eine Art von Mitleid oder Nachsicht ausdrückt. Kolumbus hatte in seiner Vermessenheit bis zuletzt gehofft, daß die Königin ihm noch vor ihrem Tod all seine Privilegien und Befugnisse zurückgeben würde. Es war eine Belohnung, die er von ihr erwartete. Er hoffte, daß ihr Testament Aufschluß geben würde. Im Dezember schrieb er an seinen Sohn Diego: »Hier wird andauernd behauptet, die Königin habe schriftlich verfügt, daß ich wieder in den Besitz von Indien eingesetzt würde.« Das war nicht der Fall. Kolumbus machte sich weiterhin Illusionen.

Er verbrachte den ganzen Winter in Sevilla, da er »wegen der großen Kälte die Beine nicht bewegen« konnte. Er dachte sogar daran, vom Domkapitel einen prachtvollen, auf Rädern aufgebauten Katafalk zu mieten, der für die Überführung des Leichnams des Großen Kardinals von Spanien aus dem Kloster Tentudia nach Sevilla benutzt worden war. Es war ein überflüssiger Versuch. Das Kapitel war zwar einverstanden, aber Kolumbus war in einer allzu desolaten Verfassung, um eine Reise durch ganz Spanien, von Sevilla bis nach Segovia, zu unternehmen. Auf diese Weise blieb die Szene mit dem Admiral des Ozeanischen Meeres, der auf einem Leichenwagen reiste, der Geschichte seiner Unternehmungen erspart. Aber ich habe das Gefühl, daß die Idee mit dem Katafalk ihm im Grunde gefallen hatte. Sie gehörte auch zu dem Gejammer und zu seinen anderen Auftritten, etwa mit den Ketten an den Füßen oder in der schäbigen Kutte.

Im Mai des Jahres 1505 konnte er schließlich abreisen. Er wurde mit äußerster Vorsicht auf dem Rücken eines Maultiers transportiert. Nach einer fünfhundert Kilometer langen Reise traf er in Segovia ein, wo es Diego endlich gelungen war, die Audienz seines Vaters bei König Ferdinand vorzubereiten. Kolumbus wußte, daß Ferdinand ihn nicht mochte, und hatte große Angst vor dieser Begegnung. Der König zog das Zuhören dem Sprechen vor. Er hörte liebenswürdig zu, wie es sich jemand erlauben kann, der schon entschieden und nicht die geringste Absicht hat, an seinen Schlußfolgerungen etwas zu ändern. Um eine schnelle Lösung der strittigen Fragen herbeizuführen, die der Admiral offenzuhalten versuchte, schlug er vor, einen Schlichter ihres gemeinsamen Vertrauens zu benennen. Kolumbus schlug Pater Deza vor, der in der Zwischenzeit Erzbischof von Sevilla geworden war. Das war auch Ferdinand genehm. Was würde ein Schlichter oder ein Antragsteller denn schon gegen das ausrichten können, was die Autorität des Königs, der jetzt allein die Befehlsgewalt ausübte, zu tun beabsichtigte?

Klugerweise teilte Deza Kolumbus' Forderungen in zwei Teile. Der erste Teil umfaßte alle Fragen in bezug auf die Einnahmen und die Besitztümer, jene berühmten »Zehntel, Achtel und Drittel« also, die Kolumbus immer wieder als seine verletzten Rechte zitierte. Deza verließ sich auf die Stellungnahme einiger Rechtsgelehrter, von denen er wertvolle Antworten erhielt. Worum ging es bei diesen fast kabbalistisch anmutenden Prozentsätzen eigentlich?

Das »Zehntel« war der Anteil, der Kolumbus auf die in den entdeckten Gebieten erzielten Gewinne zustand. Die Kapitulationen von Santafé sahen genau genommen nur diese Entschädigung vor. Aber das, was Dezas Ratgeber unbedingt klarstellen wollten, war die Tatsache, daß Kolumbus' »Zehntel« nicht brutto berechnet wurde – also auf das ganze Gesamteinkommen der jenseits des Ozeans gelegenen Inseln –, sondern netto, das heißt, auf die Gewinne der Krone, die nur ein Fünftel des Ganzen ausmachten. Kolumbus' Ansprüche mußten wohl ober übel aus jenem Fünftel genommen werden, das die königliche Schatzkammer einkassierte. An ihn fiel folglich nur ein Zehntel des Fünftels – zwei Prozent des

Ganzen. Die Differenz zwischen dem, was Kolumbus zu bekommen beanspruchte, und dem, was er tatsächlich erhielt, war gewaltig. Daher rührte ein Großteil der Streitigkeiten.

Das »Achtel« war der Teil des Gewinns des Admirals auf den Handelsverkehr der Schiffe, an deren Finanzierung er direkt beteiligt war. Diese Befugnis war ihm von den Königen erteilt und im Text von Santafé angeführt worden. Aber es handelte sich um seine privaten Geschäfte. Die Krone kümmerte sich nicht um solche Gewinne.

Das »Drittel« war ein reines Produkt von Kolumbus' Phantasie. Als er zum Admiral des Ozeanischen Meeres ernannt wurde, wollte er im Rang mit dem Großadmiral von Kastilien gleichgestellt werden. Darin sah er eine Prestigefrage, zu der die Könige – damals – nicht nein sagen konnten. Aber der Admiral von Kastilien genoß ein altes Privileg, das ihn ermächtigte, ein Drittel von all dem einzustecken, was von jenen verkauft und verdient wurde, die in den Meeresgegenden segelten, welche seiner Rechtssprechung unterlagen. Es war eine regelrechte Abgabe auf den eigenen Namen. Dieses Recht war Kolumbus nie zuerkannt worden, und auch im Rahmen von Dezas Konsultationen wurde bestätigt, daß es nicht zulässig war.

Der zweite Teil von Kolumbus' Forderungen, der die Verwaltung Indiens betraf, konnte Deza zufolge nicht Gegenstand eines Schiedsspruchverfahrens sein. Die staatlichen Angelegenheiten durften unter keinen Umständen zum Streitobjekt zwischen dem König und einem seiner Untertanen werden, um wen auch immer es sich handeln mochte. Kolumbus beharrte auf seiner Forderung nach den Titeln eines Vizekönigs und Gouverneurs, die die Verträge von Santafé der Interpretation des Admirals zufolge als »ewig« vorsahen, während der Text in Wirklichkeit keinen genauen Hinweis auf die Dauer enthielt. König Ferdinand hielt Kolumbus' Forderung, die Ämter, die ihm weggenommen worden waren, zurückzuerhalten, für nachgerade töricht; das galt nicht für den Titel eines Admirals des Ozeanischen Meeres, der nie zur Debatte gestanden hatte. Die Anwälte des Königs erklärten Deza, damit dieser es Kolumbus weitersage, daß auch der Vertrag von Santafé den Gesetzen Kastiliens unterworfen war, wie immer man ihn auch interpretieren wollte, und daß der König und die Königin das uneingeschränkte Recht hätten, Kolumbus von einem oder von allen Ämtern zu suspendieren, die sie ihm übertragen hatten, wenn ihre autonome Einschätzung der staatlichen Interessen dies verlangte. Die Beweise, die Kolumbus während seiner Regierung von Hispaniola geliefert hatte, waren katastrophal gewesen. Und der Krone widerstrebte es ohnedies, ein Lehen zu bestätigen, das in einer so großen Entfernung von Spanien lag und allmählich riesige Ausmaße angenommen hatte – und das dann noch obendrein zugunsten einer Familie fremden Ursprungs.

So wurde Kolumbus auch bei diesem letzten Versuch auf der ganzen Linie besiegt. Er legte sich wieder zu Bett, kränker und noch enttäuschter als zuvor. Die Leidenschaft, mit der er seine vergebliche Schlacht gekämpft hatte, war die letzte Kraft gewesen, die ihn stützte. Nun sah er, daß der Augenblick gekommen war, die Waffen zu strecken. Bitter schrieb er an Deza: »Da es den Anschein hat, daß Seine Hoheit nicht beabsichtigt, das zu halten, was er bei Seiner Ehre und mit Seiner Unterschrift zusammen mit der Königin, Gott hab sie selig, versprochen hat, glaube ich, daß gegen Ihn anzukämpfen für mich, der ich nur eine Krätzmilbe bin, so ist, wie wenn ich gegen den Wind peitschen wollte. Es wird daher gut sein, wenn ich die Angelegenheit in die Hände unseres Herrgotts lege, der sich angesichts meiner Nöte immer sehr wohlwollend und fürsorglich gezeigt hat.«

Wieder wurde Kolumbus für den Fall, daß er freiwillig auf seine Forderungen verzichtete, das Privileg eines Lehens angeboten. Man stellte ihm den Besitz von Carrión de los Condes in Aussicht, das in der Geschichte Spaniens Berühmtheit erlangte, weil es Schauplatz der Heldentaten des *Cid Campeador* gewesen ist. Das Lehen war mit ziemlich üppigen Einkünften verbunden. Aber allein schon der Vorschlag versetzte Kolumbus in Wut. Von einem Verzicht auf seine Forderungen wollte er nichts wissen. Er war unbeugsam, ans Bett gefesselt und zorniger denn je.

Kolumbus konnte sich den Verzicht auch leisten, denn er war trotz allem ein reicher Mann geworden. Insbesondere nachdem Bobadilla aus Santo Domingo abgezogen worden war, achteten die Schatzmeister der Krone peinlich genau auf seine Ansprüche. Carvajal, der Mann seines Vertrauens, war an Ort und Stelle, um alle anderen Gewinne aus Kolumbus' persönlichen Geschäften zu überprüfen und einzuziehen – und sie waren nicht gering. Es ist richtig, daß Kolumbus hoffte, sich noch weiter zu bereichern, obwohl sein Vermögen bereits beachtliche Dimensionen angenommen hatte. Die Märchen über seine Armut und die beschränkten Verhältnisse seiner letzten Lebensjahre sind Erfindungen im Sinne eines Heiligenkultes. Ein reicher Held gefällt nicht, während der notleidende Held die Herzen rührt. Aber nach ihm lebten zwei ganze Generationen bequem von ihren ererbten Gütern, bis sie sie verpulvert hatten. (So geht es in der Regel mit allen Vermögen.)

Ende April wurde Kolumbus, dessen Gesundheitszustand sich täglich verschlechterte, aus dem zu hoch gelegenen und zu kalten Segovia in das etwa hundert Kilometer entfernte Valladolid gebracht. In Valladolid hatte die Familie Kolumbus ein Haus, von dem nicht bekannt ist, ob es gemietet oder gekauft war. Es war ziemlich bescheiden, aus Ziegeln gebaut und bestand nur aus einem einzigen Stockwerk. Es ist nicht das Haus, das heute als letzte Wohnstätte von Kolumbus hergezeigt wird und in dem sich unter anderem ein recht konfuses Museum befindet. Aber das Haus, das er kurze Zeit vor seinem Tod bewohnte, stand bestimmt in der Nähe. Vielleicht sind der Garten und der Brunnen an der Umfriedungsmauer die einzigen Überbleibsel aus jener Zeit. Dort lag er in einem Bett im Erdgeschoß und litt unter den Schmerzen des Endes, unter der Gicht, der Arthritis und seinen anderen Krankheiten. Er litt und phantasierte. Er flüchtete vor dem Schmerz, indem er sich von der Phantasie forttragen ließ, so wie seine Karavellen vor dem Sturm geflohen waren und sich vom Wind hatten treiben lassen. Er malte sich aus, wie er zehntausend Berittene und hunderttausend Mann Fußvolk anwerben würde, um Jerusalem zu befreien. Er schrieb dem König über seine Absicht und versicherte ihm, daß er, wenn ihm alle Einnahmen zurückgezahlt würden, die man ihm geraubt hatte, in sieben Jahren alle Ausgaben für die Expedition würde bestreiten können. Don Quijote steigerte sich in sein Delirium hinein. Kolumbus' Haus stand im nördlichen Teil der Stadt. Im südlichen Teil, einen Kilometer entfernt, sieht man noch heute das Haus, in dem ein Jahrhundert später Cervantes wohnte. Hier wurde Don Quijote geboren, hier starb Kolumbus. Sie waren sich zeitlich nahe, und Valladolid hat beiden, Kolumbus und Cervantes, auf zwei schönen, von Bäumen umsäumten Plätzen ein Denkmal errichtet.

Kolumbus starb am 20. Mai 1506, am Himmelfahrtstag. Ans

Totenbett waren seine Söhne Diego und Fernando geeilt, seine Brüder Bartolomé und Diego, der jüngere, Méndez und Fieschi, die Retter von Jamaika, sowie ein paar treue Hausdiener. Nicht anwesend war Beatriz de Harana, über die nichts mehr bekannt ist. In dem Testament, das er in der Todesstunde dem Notar Pedro de Hinojedo mit Bartolomeo Fieschi als Zeugen diktiert hatte, übertrug Kolumbus seinem Sohn Diego als seinem Erben die Aufgabe, »sich um Beatriz Enríquez zu kümmern, die Mutter von Fernando, und dafür zu sorgen, daß sie mit Anstand leben kann als ein Mensch, der schwer auf meinem Gewissen lastet, auch wenn es mir hier verwehrt ist, den Grund dafür zu nennen«.

Beatriz kam ebensowenig wie irgend jemand aus der Königsfamilie oder vom Hof. Der König befand sich im Schloß der Könige von Aragonien in Villafuerte, wenige Meilen von Valladolid entfernt. Er wußte nicht, daß der Entdecker der Neuen Welt die Welt der Lebenden verlassen hatte. Ebensowenig wußte es der offizielle Chronist der Stadt Valladolid, der Kolumbus' Tod nicht in dem Tagebuch vermerkte, in welches er die Eheschließungen, Geburten und die Todesfälle der bedeutenden Familien mit akribischer Genauigkeit eintrug. Bis zur letzten Stunde standen Kolumbus die Mönche des Klosters San Francisco bei, das nicht weit von seinem Haus entfernt war. Der Trauerzug des Admirals des Ozeanischen Meeres zog mit dem Sarg, dem jene Handvoll Verwandter, Freunde und Mönche folgte, inmitten allgemeiner Gleichgültigkeit durch die Gassen, die zum Kloster führten. Ein paar Kreuzeszeichen von vorübergehenden Passanten und von Frauen, die aus dem Fenster sahen – das war alles. Im Kloster selbst wurde die Messe gefeiert, und dann wurde der Leichnam im unterirdischen Friedhof des Franziskanerklosters beigesetzt. Ich habe seinen letzten Weg nachvollzogen: Wenn man vom Haus des Kolumbus nach links biegt, kommt man an der schönen Kirche Santa María la Antigua vorbei und gelangt zum rückwärtigen Teil der Plaza Mayor, dem früheren Stadtzentrum. Das Franziskanerkloster gibt es nicht mehr. An seiner Stelle befindet sich, unter den Säulengängen der Plaza, das Café del Norte mit Billardsälen, die bis zu jenem Punkt in das Halbdämmer hineinragen, an dem Kolumbus vor fast einem halben Jahrtausend begraben wurde. Es sind stille Säle, in einem bereits veralteten Stil gehalten, mit dunklen Schottwänden und weißen Tüchern, die als Decken über die Billardtische gebreitet sind. Sie könnten die Vergessenheit widerspiegeln, der Kolumbus vom Augenblick seines Todes anheimfiel, nachdem er mit Bobadillas Ketten im Sarg beigesetzt worden war. Spanien war sich nicht einmal bewußt, daß ein Held gestorben war.

Die Grenze zwischen Berühmtheit und Namenlosigkeit ist geheimnisvoll. Daß Kolumbus vergessen wurde, ging nicht auf eine zufällige Nachlässigkeit seiner Zeitgenossen zum Zeitpunkt seines Todes zurück, auf eine zufällige Abwesenheit wichtiger Zeitzeugen oder auf das Fehlen jener Festlichkeiten, die ihn zu anderen Zeiten seines Lebens begleitet hatten. Kolumbus war mehr als drei Jahrhunderte lang, vom 16. bis ins bereits vorgerückte 19. Jahrhundert hinein, vergessen, ja, in Wirklichkeit bis heute. Und von all den vielen außergewöhnlichen Dingen, die er gesehen und vollbracht und die unter den Gelehrten und den Ungebildeten Bewunderung und Begeisterung ausgelöst hatten, war dies vielleicht die unglaublichste Tatsache –, daß nämlich Kolumbus' Name, der Name des Helden, über ganze Generationen hinweg, wie in den Abgründen der Zeit versunken, vergessen war.

Den großen Geographen Alexander von Humboldt, einen Universalgelehrten, der Kolumbus als »modernen Aristoteles« bezeichnet hat, betrübte es, daß er, als er zu Beginn des vorigen Jahrhunderts Amerika besuchte, auf dem ganzen großen neuen Kontinent keinem einzigen, seinem Entdecker gewidmeten Stein begegnet war. Auch der Abbé Mastai-Ferretti, ein junger Attaché an der Päpstlichen Nuntiatur in Chile, der um 1825 eine lange Reise durch mehrere amerikanische Länder unternahm, fand zwischen Labrador und Patagonien keinen einzigen Gedenkstein mit dem Namen von Kolumbus. Mastai-Ferretti wurde zwanzig Jahre später unter dem Namen Pius IX. Papst. Und er vergaß jenes Schweigen, den »schrecklichen Widerspruch der Geschichte«, nicht. Er war der erste Papst, der den Ozean überquert hatte. Aufgrund seiner Erfahrung vermochte er die Größe des Menschen einzuschätzen, der ihn zu einem Zeitpunkt durchfahren hatte, als er noch unbekannt war.

Wie konnte es dazu kommen, daß der Protagonist selbst am Schauplatz seiner Heldentaten in fast völlige Vergessenheit geriet? Man hat versucht, dieses Phänomen mit Hilfe der Psychologie der Massen zu erklären, mit dem Bild, das von einem Helden bestehen muß, damit er in ihren Erinnerungen weiterleben und sich in eine Legende verwandeln kann. Christoph Kolumbus, ein störrischer, schweigsamer Mensch, den mit niemandem eine echte Freundschaft verband, war niemals populär. Es war leichter, ihn zu hassen, als ihn zu lieben. Einen Helden, der nicht geliebt wird, kann es nicht geben. Und deshalb brach sein Mythos zusammen, verlor er sich rasch im Nichts.

Es mag sein, daß an einer solchen Interpretation etwas Wahres ist. Aber ich halte sie keineswegs für ausreichend. Kolumbus hatte mit seinen Taten eine neue Wirklichkeit geschaffen, die das Gesicht des Globus, das Bewußtsein Europas, der zivilisierten Menschheit verändert hat. Der Geschichtsschreiber López de Gómara ging – als eine seltene Ausnahme – in seiner *Historia general de las Indias* aus dem Jahr 1554 so weit zu behaupten, daß Kolumbus »die größte Tat seit der Erschaffung der Welt« vollbracht habe. Gómara war kein Zeitgenosse von Kolumbus. Doch andere Schriftsteller und Zeugen, die ihn kannten, vertrauliche Mitteilungen von ihm erhielten und die mit ihm lebten, hatten Gelegenheit, ihre Überzeugung auszudrücken, daß Kolumbus eine ungewöhnliche Persönlichkeit und der Initiator außergewöhnlicher Unternehmungen war. Sie bezweifelten nicht, daß die Erinnerung an ihn unvergänglich sein würde. Ich nenne Autoren, die der Leser bereits kennt, deren Namen auf den Seiten des vorliegenden Buches mehrmals auftauchen: Las Casas, Bernáldez, Oviedo und Kolumbus' Sohn Fernando Colón. Aber wann wurden sie gelesen? Das große Werk von Las Casas, das im Jahr 1550 beendet wurde, wurde zum ersten Mal in einer »Sammlung unveröffentlichter Dokumente über die Geschichte Spaniens« im Jahr 1875 veröffentlicht! Bernáldez, der Pfarrer von Palacios, dem sich Kolumbus wie selten einem anderen in seinem Leben öffnete, wurde 1870 gedruckt! Fernando Colóns *Historie* erschien zum ersten Mal 1575, zu einem Zeitpunkt, zu dem sein Vater bereits seit einem dreiviertel Jahrhundert tot war. Nach der erstaunlichen, aber kurzlebigen Welle des Interesses, das nach seiner Rückkehr von der ersten Reise in ganz Europa ausgelöst worden war, blieben die Zeugnisse der Zeitgenossen lange Zeit nur auf allmählich in Vergessenheit geratene Manuskripte beschränkt. Niemand kannte das berühmte *Bordbuch* des Helden, das man erst zu rekonstruieren versuchte, als Ende des 19. Jahrhunderts Las Casas' Buch ans Licht kam. Davor war es nie publiziert worden. Es zeigte sich, daß Kolumbus sehr wohl selbst etwas geschrieben hatte, Berichte sowie auch Reisetagebücher und wichtige Briefe. Niemand hatte Werke von ihm gelesen. Wie entdeckte man ihn wieder?

In dem neuen Amerika hatten sich die Ereignisse schon bald überstürzt – die Eroberung Mexikos durch Cortes' Soldaten, die Unterwerfung Perus durch Pizarros Armee und die Unternehmungen der Konquistadoren hatten dafür gesorgt, daß goldbeladene Galeonen in Spanien eintrafen. Die Kolumbus-Literatur, die zum großen Teil unveröffentlicht oder zu einem Zeitpunkt erschienen war, da die Erinnerung an seine Heldentaten nur noch schwach sein konnte, war im ganzen 17. und 18. Jahrhundert sehr dürftig. In kastilischer Sprache gab es keine einzige Kolumbus-Biographie. Von Kolumbus' Seereisen war in den großen Reihen der Reisebücher zwar die Rede, aber sie wurden schon wie Abenteuer der Vergangenheit behandelt, die von den Zeiten überrollt waren. Als Philipp II. bei seinem Hofhistoriker Antonio de Herrera eine »Allgemeine Geschichte Indiens« in Auftrag gab, war die Neue Welt schon seit mehr als einem Jahrhundert entdeckt. Die Persönlichkeit des Entdeckers trat immer mehr in den Hintergrund; sie wurde von der Zeit zerstört, während das negative, auf der Verleumdung aufgebaute Bild immer weiter an Bedeutung gewann. Wie Bacchelli schrieb, war »Christoph Kolumbus eine der am meisten geschmähten Persönlichkeiten der Geschichte, und damit erlebte er das übliche Schicksal der Größten«.

Sicherlich war Isabellas Tod eine der Hauptursachen dafür, daß ihm kein Nachruhm beschieden war. Die durch nichts mehr gebremste Abneigung, die König Ferdinand immer schon gegenüber Kolumbus empfunden hatte, entlud sich in seinem ganzen Groll, einem schrecklichen Gefühl, wenn es von einem Herrscher ausgeht, und in seiner ganzen Grausamkeit, der Grausamkeit der Macht, die für immer die Spur jenes Geistes auslöschen wollte, dem er ständig mißtraut hatte. Kolumbus hatte gewagt, ihn mit seinen Forderungen nach Geld und zugleich auch nach Gerechtigkeit zu belästigen. Die Aufdringlichkeit des Admirals ärgerte ihn, und das kam zu den anderen Gründen für seine Feindseligkeit hinzu. Kolumbus' Persönlichkeit war mit der seinen unvereinbar, absolut unvereinbar. Schlimmer wurde es noch, als auch Diego, der Sohn, begann, in die Fußstapfen seines Vaters zu treten, und vom König beharrlich verlangte, in der Eigenschaft eines Vizekönigs und Generalgouverneurs nach Indien geschickt zu werden – Ämter, von denen er aufgrund der hartnäckig wiederholten Klagen seines Vaters annahm, daß sie ihm, gemäß dem Erbrecht, auch zuständen. Der König erwiderte, daß Kolumbus zum Zeitpunkt seines Todes nicht mehr im aktiven Dienst gestanden habe. Diegos Bitten wurden »wegen Unbegründetheit« zurückgewiesen.

Diego und der König sahen sich wegen der Verpflichtungen am Hofe praktisch jeden Tag. Der junge Mann hörte nicht auf, zu bohren und zu flehen. Der König lehnte immer entschiedener ab. Dann schlug Diego Ferdinand vor, ihn zu ermächtigen, seine Rechte vor einem Gericht geltend zu machen. Der König hatte keine Einwände; er wollte sehen, ob es in ganz Spanien einen einzigen Richter gäbe, der es wagte, ein Urteil gegen die Autorität des Souveräns zu fällen. Auf diese Weise würde er sich Ärger ein für allemal vom Halse schaffen.

So begann die lange und verdrießliche Serie der *Pleitos* mit den Beschwerden, die Diego Colón gegen die Krone von Kastilien vorbrachte. Sie dauerten über ein halbes Jahrhundert, von 1507 bis 1563, und hatten auch danach noch Folgen und Nachspiele. In sie verwickelt waren Diego, seine Gemahlin María de Toledo, die Nichte des Herzogs von Alba und Nachfahrin des »größten Granden von Spanien«. Nach Diegos Tod wurden sie von dessen Sohn Luis fortgesetzt, der sehr viel mehr nach Geld als nach Gerechtigkeit gierte. Irgendwann einmal konnte der König durch die Intervention des Herzogs von Alba bewogen werden, Diego Colón als Ersatz für Ovando als Gouverneur nach Santo Domingo zu schikken. Die Ausübung des Amtes wurde ihm nur aufgrund einer persönlichen und befristeten Berufung gestattet, ohne irgendeine Anerkennung von erblichen Ansprüchen und unter endgültiger Ausschließung des Titels eines Vizekönigs. Aber Ferdinand verzieh es der Familie Kolumbus nie, daß er aus politischen Gründen und wegen verwandtschaftlicher Rücksichten gezwungen gewesen war, gegen seinen Willen Entscheidungen zu treffen. Seine Abneigung gegen Christoph verwandelte sich in Haß, wurde unversöhnlich und mündete ein in die Verachtung gegenüber einem Mann, der Geld von ihm verlangt hatte – so, wie man es von einem zahlungsunfähigen Schuldner fordern kann. Und – was noch gefährlicher war – dieser Haß mündete in eine senile Eifersucht in

Erinnerung an einen Mann, der es gewagt hatte, sich für den »dritten König« von Spanien zu halten. So, wie man Mauern hochzieht, um eine Festung unzugänglich zu machen, so baute Ferdinand um den Namen Kolumbus das Schweigen auf. Er schleuderte den Bann gegen die Erinnerung an ihn. Und damit, daß er am Hofe gut geschulte Lästerer heranzüchtete, wurden die *Pleitos* für ihn zu einem Übungsfeld für die Diffamierung des Entdeckers von Amerika.

Den Reden der Staatsanwälte und den Zeugenaussagen der noch lebenden Protagonisten – alte Seeleute, die an Kolumbus' Expeditionen teilgenommen hatten, die vom Verfahren gezwungen wurden, nur Ja oder Nein zu sagen, und die zwanzig, dreißig Jahre nach den Ereignissen schon vergeßlich waren – diesen Reden und Aussagen zufolge hatte Kolumbus überhaupt nichts entdeckt. Er habe sich darauf beschränkt, solchen Routen entlangzufahren, die den Alten schon bekannt waren; diese hätten später wegen der großen Entfernung aufgehört, sie zu befahren, und so seien jene Routen, an die man sich nicht mehr erinnert habe, unüblich geworden. Kolumbus habe sie in dem Doppelsack eines Toten, des »unbekannten Steuermanns«, wiedergefunden, der eben aufgrund der Aussagen, die im Rahmen der *Pleitos* gemacht wurden, in die Legende einging. Der Admiral des Ozeanischen Meeres sei ein Leichenfledderer gewesen. Parallel dazu baute man während der *Pleitos* einen Gegenspieler auf, der sich Kolumbus gut entgegensetzen ließ. Gab es einen, der besser dazu geeignet gewesen wäre als Martín Alonso Pinzón? Ihm schrieb man das Verdienst zu, als erster die Idee gehabt und das Wissen eines großen Seefahrers besessen zu haben, mit dessen Hilfe es ihm gelungen sei, gegen Kolumbus' Ignoranz in den Angelegenheiten der Schiffahrt anzukämpfen. Und man schrieb ihm sogar das Verdienst zu, in den letzten Tagen der Überfahrt die Kurskorrektur vorgeschlagen zu haben, die sie dann auf der Insel San Salvador hatte landen lassen. Es wurde angeregt, die Hälfte der Abgaben, die gemäß der offiziellen und eingeschränkten Anwendung der Kapitulationen von Santafé an die Familie Kolumbus gezahlt wurden, der Familie Pinzón zu überweisen. Martín Alonsos Erben erklärten sofort, daß sie zugunsten der Krone darauf verzichteten. Die Pinzón waren Spanier, keine Ausländer!

Ferdinand starb 1516. Mit ihm trat der letzte Protagonist von der Bühne ab, der direkt über die Tatsachen Bescheid wußte und der, zusammen mit Isabella und Christoph, die alle schon im Dunkel der Vergangenheit untergetaucht waren, Zeuge der Wahrheit war. Ferdinands Nachfolger war Karl V., ein Herrscher, der aus Österreich kam, Kolumbus nie gesehen hatte und nichts über ihn wußte, außer der Tatsache, daß er, ein Untertan, und seine Erben es gewagt hatten, die Entscheidungen des Königs anzufechten und einen Prozeß gegen die Krone anzustrengen. Er berief Don Diego vom Amt des Gouverneurs ab und holte ihn nach Spanien zurück. Der Name Kolumbus durfte nicht einmal ausgesprochen werden. Wenige Jahre danach starb auch Diego. Nun standen sich der Kaiser Karl V. und der zerbrechliche Strohhalm Don Luis gegenüber. Man konnte sich nicht einmal im Geiste vorstellen, daß der Kaiser diesen Strohhalm nicht zertreten würde. Gegen den Titel eines Herzogs von Veragua, der mit bescheidenen Einkünften verbunden war, verzichtete Don Luis auf sämtliche erblichen Rechte. Der Strohhalm ließ sich treiben. Er verkaufte alle Briefe, die Karten, die Gegenstände und die Erinnerungen an seinen Großvater. Er verjuxte das Vermögen und das Gedächtnis seines großen Vorfahren. Er behielt nur den Titel eines Admirals, der nichts kostete und nichts einbrachte. Der Titel ist nicht verschwunden. Noch heute kann man in den Korridoren des Marineministeriums in Madrid einem vornehmen, blau gekleideten Herren begegnen, der, wie mir scheint, im Rang eines Kapitäns zur See steht, und Cristóbal Colón heißt. Auf seiner Visitenkarte liest man neben dem Namen und dem Rang seinen ererbten Titel: Almirante del Mar Oceánico, Admiral des Ozeanischen Meeres.

Dies ist die nicht einmal so dramatische, aber folgenreiche Chronik von der Vernichtung eines Helden. Da ist zuerst die groteske Geschichte des Namens, den Amerika erhielt. Sie nahm ihren Ausgang in einem kleinen, zwischen den Bergen der Vogesen versteckten Ort, dem Städtchen Saint-Dié. Zu Beginn des 16. Jahrhunderts gehörte es zum Herzogtum Lothringen und erlebte in seiner Isolierung inmitten der Provinz – freilich im Herzen Europas und im Brennpunkt der entstehenden Nationen – seine eigenen Bewegungen durch einen Kreis von Literaten und Gelehrten, der dafür sorgte, daß das kulturelle Leben dort blühte. Eine der Leuchten des Kreises war der Kosmograph Waldseemüller, der sich, gemäß der damals bei den Humanisten so beliebten Gewohnheit, latinisierte Namen anzunehmen, Martinus Hylacomlyus nennen ließ. Er war ein ziemlich obskurer Mann auf der Suche nach einer Berühmtheit, die ihm später nicht zuteil wurde, deren Werkzeug er aber war.

Amerigo Vespucci, der Florentiner Angestellte der Bank von Juanoto Bernardi in Sevilla, machte nach der Rückkehr von seinen Reisen über den Ozean, die er nach der Überfahrt von Kolumbus und auf den Spuren seiner Entdeckungen unternommen hatte, ganz einfach das, was Kolumbus nicht gemacht hatte: In Italienisch und Latein veröffentlichte er einen minuziösen Bericht über das, was er gesehen hatte. Lange Zeit hindurch hielt man jenes Werk für eine Abschrift eines urschriftlichen, an Pietro Soderini gesandten Berichtes, der zu Kolumbus' Lebzeiten *Gonfaloniere* (Stadtoberhaupt) von Florenz war. Aber diese Interpretation erwies sich als falsch, und man sah, daß Vespuccis Bericht aus späterer Zeit stammte und daher einige Jahre nach den Reisen abgefaßt worden war, die Kolumbus durchgeführt hatte. Wie dem auch sei, Vespucci rührte schnell und eifrig die Propagandatrommel für sich. Er sandte auch einen Bericht an den Herzog von Lothringen, ließ weitere gedruckte Ausgaben davon in Straßburg und Augsburg erscheinen, und es gelang ihm, die Aufmerksamkeit auf jene Reisen zu lenken, die er mit einer gewissen Bildung und großem Ehrgeiz als Passagier unternommen hatte. Der Herzog von Lothringen ließ den Bericht dem Kreis von Saint-Dié zukommen, der sie in die Hände ihres Sachverständigen – Waldseemüller – legte. Darin las man vor allem den folgenden Absatz: »Unsere Vorfahren glaubten, daß es südlich von Europa keinen Kontinent gäbe, sondern nur das von ihnen Atlantik genannte Meer. Meine Reise hat deutlich gemacht, daß diese Meinung falsch ist und der Wahrheit völlig widerspricht. Denn in jenen Gegenden habe ich einen Kontinent gefunden, der dichter besiedelt und von mehr Tieren bewohnt ist als unser Europa, als Asien oder Afrika. Wir können ihn mit gutem Recht Neue Welt nennen.« Das Gebiet, auf das Vespucci sich bezog, war das des Golfes von Paria, an der Küste von Venezuela, wo Kolumbus einige Jahre vor ihm im Verlauf seiner dritten Ozeanüberquerung angelegt hatte.

Begeistert von Vespuccis Kühnheit und von dem, was sein Reisebericht enthüllte, machte sich Waldseemüller sofort daran, eine »Neue Einführung in die Kosmographie« abzufassen, die ein Jahr später, 1507, von der Druckerei von Saint-Dié herausgegeben wurde. Waldseemüller ließ sich lange über Vespucci aus und machte den folgenden Vorschlag: »Ich sehe nicht, welches Gesetz verbieten könnte, daß das von Amerigo, einem Mann mit klarem Verstand, entdeckte Land seinen Namen annimmt. Und da sowohl Europa als auch Asia und Africa weibliche Namen tragen, möge Amerigos Land America heißen.« Der Herzog von Lothringen schickte das Buch, zusammen mit dem Vorschlag, an Kaiser Maximilian. Der aus den Vogesen stammende Name machte die Runde durch Europa, wo Kolumbus unbekannt oder schon vergessen war; jedenfalls erinnerte sich kein Herrscher mehr an ihn. Zehn Jahre später war der Name Amerika Teil des allgemeinen Sprachgebrauchs der Höfe, der Gelehrten und der Geographen geworden, die Amerika, die »Neue Welt von Amerigo«, als »den vierten Teil des Erdballs« bezeichneten. Die Erben des bereits verstorbenen Kolumbus schlugen sich noch immer mit ihren *Pleitos* und mit der Rache der Könige von Spanien herum. Niemand erhob einen Finger, um zu protestieren. Allein Las Casas entrüstete sich: Seiner Meinung nach, aber nur seiner persönlichen Meinung nach, war der einzige Name, den man dem neuen Kontinent geben konnte, *Colombia*. Aber auch in dieser Hinsicht war dem Ersten Admiral des Ozeanischen Meeres die totale Niederlage bestimmt. Amerika blieb Amerika.

Es ist festzuhalten, daß man nach der Namensgebung für den neuen Kontinent noch ein gutes halbes Jahrhundert lang unter Amerika weiterhin nur Südamerika verstand. Nordamerika wurde auf den Karten immer noch als eine Halbinsel Asiens dargestellt. Kolumbus war auch dieser Überzeugung gewesen. Er hatte nicht eingesehen, daß die Gebiete um den Golf von Paria zu einem neuen Kontinent gehören mußten. Aber gleich nördlich davon erstreckte sich für Kolumbus Asien: Die Inseln des Karibischen Meeres waren asiatische Inseln, Kuba war ein Vorgebirge des asiatischen Kontinents, und die kontinentale Küste von Honduras und Panama gehörten auch zu Asien: Es handelte sich um Ausläufer und Provinzen von China. Zwischen Panama und Paria versuchte er, den Seeweg zu finden, der seiner Ansicht nach mit Sicherheit den asiatischen Kontinent von jenem anderen trennte, dem unbekannten, den er an den Mündungsarmen des Orinoko unscharf erkannt hatte. Er fand ihn nicht, hörte deshalb aber nicht auf, an seine Existenz zu glauben. Wenige Jahre später klärte Magalhães mit seinem erstaunlichen Unternehmen die ungewisse Geographie, die infolge von Kolumbus' Entdeckungen viele Fragen offengelassen hatte.

Jedenfalls vollzogen sich die Entwicklungen auf kulturellem Gebiet nur langsam, und das galt auch in bezug auf die Naturwissenschaft. Es dauerte lange, bis Amerika völlig ins europäische Gesichtsfeld gerückt war. Europa war nicht darauf vorbereitet, plötzlich eine so verwirrende Neuigkeit aufzunehmen. Die Kenntnisse über die Welt waren noch fest im Mittelalter verankert, und es dauerte lange, bis man sich ganz davon befreite. Bis zum Ende des 16. Jahrhunderts sprach man immer noch so vom Globus, auf dem man lebte, wie wenn er noch der von Strabon und Ptolemäus gewesen wäre. Das Bild von einem halben Asien und einem halben Amerika, das sich mit den Vorstellungen des Kolumbus deckte, ermöglichte es, das zu akzeptieren, was neu war, und zugleich nicht mit dem zu brechen, was alt war.

Im Jahrhundert der Aufklärer und Enzyklopädisten, in den letzten Jahrzehnten des 18. Jahrhunderts, wurde die Neuigkeit Amerika auch unter moralischen Gesichtspunkten diskutiert und wurde zu einem Problem des Gewissens. Ein zur Philosophie bekehrter Industrieller aus Massachusetts, Cornelius de Pauw, behauptete 1768 öffentlich, daß »die Entdeckung der Neuen Welt das katastrophalste Ereignis in der ganzen Geschichte der Menschheit gewesen ist«. Er bezog sich auf das Wiederaufleben der Sklaverei, die von den Spaniern getragen und – praktisch – von Kolumbus persönlich eingeführt worden war. Millionen und Abermillionen von menschlichen Wesen waren ins Elend, in ein jammervolles Dasein und ins Siechtum gestürzt. Statt Fortschritte zu machen, war die Menschheit zurückgerissen worden. Das bedeutete für De Pauw die Eroberung Amerikas.

Dasselbe Thema stellte die Académie française in den Jahren der Revolution zur Diskussion. 1792 wurde ein Wettbewerb um die beste Abhandlung ausgeschrieben, die auf die folgende Frage antwortete: »Ist die Entdeckung Amerikas für das Menschengeschlecht nützlich oder schädlich gewesen?« Der Sieger des Wettbewerbs zögerte nicht zu schreiben, daß »das Thema weit und unerschöpflich sei. Je mehr man es studiert, desto mehr weiten sich seine Dimensionen aus.« Seine Schlußfolgerung lautete so: Der politische und wirtschaftliche Einfluß Amerikas auf Europa war positiv, der moralische »in dramatischer Weise zerstörerisch«. Europas Gewissen fühlte sich schuldig.

In jenen Jahren begann der Name Kolumbus wiederaufzuleben. Madame Boccage, eine Freundin Voltaires, schrieb das Versgedicht *La Colombiade*. Aber dreihundert Jahre nach seiner Entdekkung hatte man noch immer keine genauen Vorstellungen von diesem eigenartigen Seefahrer von zweifelhafter Herkunft, mit ungewisser, geheimnisvoller Geschichte. Das Beste, was man über ihn sagte, war, daß er ein Abenteurer gewesen sei. Sie glaubten, daß er nur auf den Spuren Amerigo Vespuccis gewandelt sei, dessen Berühmtheit unangetastet geblieben war. Und man vergaß auch nicht, daran zu erinnern, daß Kolumbus den verderblichen Prozeß der Sklaverei in Gang gesetzt hatte.

Nachdem sein Name wieder aufs Tapet gebracht war, gab es sofort Leute, die klarer sehen wollten. 1828 erschien die erste amerikanische Biographie von Kolumbus, verfaßt von Washington Irving und schon bald in der ganzen Welt verbreitet. In Spanien wurde der Sekretär von Philipp VII., Martín Fernández de Navarrete, beauftragt, sämtliche, über die verschiedenen Archive und Bibliotheken verstreuten Dokumente über die Reisen und die Entdeckungen des Kolumbus zu sammeln. Zu jener Zeit, um 1830, kamen Las Casas und Bernáldez, Kolumbus' Briefwechsel mit dem Königspaar, seine Berichte, seine Briefsammlung und die Überreste seines *Bordbuchs* ans Licht.

Kolumbus' Rehabilitation wurde von katholischen Kreisen sehr gefördert. Im neuen Kontinent fehlte ein Symbol der Evangelisierung, wie das jener Männer, die in den ersten Jahrhunderten in den Ländern Europas das Wort Christi gepredigt hatten. Christoph Kolumbus war der einzige, der diese Lücke füllen konnte. Schon im 17. Jahrhundert bezeichnete der Beichtvater des heiligen Karl Borromäus, Giovanni Botero, Kolumbus als einen Apostel, dessen Leben dem eines Märtyrers ähnelte. 1622 wurde die *Congregatio De Propaganda Fide* gegründet, die versuchen sollte, das Bild Amerikas im Zusammenhang mit den religiösen Idealen neu zu gestalten und dabei die Verzerrungen auszumerzen, die auf die allzu lange Periode der Eroberungen und Plünderungen zurückgingen. Kolumbus paßte zu einer Interpretation, der zufolge die Vorsehung die Geschichte lenkte: Er war das Werkzeug Gottes, das dazu bestimmt war, das Evangelium in einer neuen Welt zu verbreiten. Diese Idee vom »Gesandten Gottes« weiterspinnend – an die übrigens Kolumbus selbst geglaubt hatte –, gelangte man Ende des 19. Jahrhunderts zu dem Versuch, einen Seligsprechungsprozeß des großen Seefahrers in die Wege zu leiten; dadurch würde er die Vorstufe zur Heiligkeit erreichen. Von Vorteil war, daß Pius IX. auf dem Papstthron saß, der sein Bewunderer auf amerikanischem Boden gewesen war. Der Prozeß wurde 1866 eingeleitet, infolge der Ereignisse um die Porta Pia ausgesetzt* und unter dem Pontifikat von Leo XIII. wiederaufgenommen. Viele Stimmen von Kardinälen, Erzbischöfen und Bischöfen unterstützten das 1891 erneut vorgetragene Anliegen des Prozesses. Aber es hatte auch erbitterte Gegner. Die großen Steine des Anstoßes im Leben des Kolumbus waren das Konkubinat mit Beatriz de Harana und die Einführung der Sklaverei in Amerika. Hunderte von Indianern, die Kolumbus gefangengenommen hatte, waren auf dem Markt von Sevilla verkauft worden. Die »schwarze Legende«, die sich um die Eroberung Amerikas durch die Spanier rankt, hatte mit ihm begonnen.

Man erinnerte sich auch an Rodrigo de Triana, den armen Matrosen, der am Ende der Ozeanüberquerung, die die Europäer nach Amerika geführt hatte, als erster Land gesichtet hatte. Ihm stand von Rechts wegen die lebenslängliche Pension von zehntausend Maravedis im Jahr zu, aber Kolumbus nahm sie für sich selbst in Anspruch und verwendete sie für den Lebensunterhalt von Beatriz in Córdoba. So kam eine Schuld zur anderen. So verhält sich kein Heiliger. Als das Kirchengericht sein endgültiges Votum abgab, wurde nur ein einziger Zettel zugunsten der Seligsprechung von Kolumbus in die Urne gelegt. Alle anderen sprachen sich dagegen aus. Die Forderung wurde abgelehnt.

Dieses Mal war der Mißerfolg Kolumbus dienlich. Er wurde nicht zum Seligen erklärt, und ich glaube, diese Entscheidung war richtig. Aber man zog nicht mehr in Zweifel, daß er wirklich Amerika entdeckt hatte – weder im Hinblick auf die positiven Folgen noch in bezug auf die negativen. Zum vierhundertsten Jahrestag

* Durch die Bresche bei der Porta Pia drangen am 20. September 1870 die italienischen Truppen in Rom ein. Kurze Zeit später wurde der Restkirchenstaat annektiert. A. d. Ü.

der Landung auf San Salvador, die 1892 mit weltweitem Echo in allen mit seinem Leben verbundenen Städten gefeiert wurde (in Genua, Lissabon, Córdoba, Sevilla, Santo Domingo und an vielen anderen Orten), erhob sich Kolumbus' Gestalt endlich wieder aus der Versenkung. Zu dem Druck der Katholiken kamen die Motivationen der Historiker und das wissenschaftliche Interesse hinzu. Alle verfügbaren Dokumente wurden veröffentlicht; die über Kolumbus geschriebenen Werke zählte man in Hunderten, auch wenn nicht alle zu seinen Ehren verfaßt wurden. Aber allein schon das zähe Weiterleben der Feindseligkeiten, der Beschuldigungen und der Mißverständnisse, die seine Heldentaten vier Jahrhunderte zuvor begleitet hatten, bewiesen die Lebenskraft des wiederentdeckten Helden. Man erkannte ihm die Eigenschaften von Größe, von Genialität, von einer unnachahmlichen Erfindungsgabe und von Phantasie zu. Als Grund für diese späte Rückkehr zum Triumph wurde in erster Linie seine am meisten bewunderte Tugend genannt – die Kühnheit. Kolumbus' Verdienst faßte Victor Hugo in einer knappen Definition zusammen, als er feststellte: »Kolumbus' Größe besteht nicht darin, daß er angekommen ist, sondern darin, daß er losgefahren ist.«

Ich beende meine Schilderung mit der Rückkehr zu jenem Ort, wo Kolumbus sein Leben beendete, nach Valladolid. Seine sterblichen Überreste, die im Jahre 1506 im Friedhof des Franziskanerklosters beigesetzt wurden, sollen zu einem ungewissen Zeitpunkt (irgendwann zwischen 1509 und 1514) zu dem vor den Toren von Sevilla gelegenen Kartäuserkloster von Las Cuevas gebracht worden sein. Viele Jahre danach bat seine damals bereits verwitwete Schwiegertochter María de Toledo, zusammen mit ihrem Sohn Don Luis, dem Dritten Admiral des Ozeanischen Meeres, Karl V. um die Überführung des Leichnams in die Kathedrale von Santo Domingo in Amerika. Er stimmte zu. Dies geschah im Jahr 1537 oder zu einer Zeit, die in der Nähe dieses Datums liegt. Der Bischof von Santo Domingo weigerte sich, die sterblichen Überreste von Kolumbus, einem »Laien und Fremdling«, in der Kapelle des Hochaltars bestatten zu lassen, wie man es aufgrund des Ranges des Toten verlangt hatte. Der Sarg wurde in den unterirdischen Gewölben der Kathedrale abgestellt, wo er drei Jahre lang verblieb. So lange nämlich dauerte der Widerstand des Bischofs gegen die wiederholten Befehle Karls V. Auch die Überreste seines Sohnes Diego wurden in Santo Domingo, neben denen seines Vaters, bestattet. Später kamen die von Don Luis, von einem seiner Brüder, genannt Christoph der Zweite, und die des *Adelantado* Bartolomé dazu.

Diese sterblichen Reste sollen zwei Jahrhunderte lang in der Kathedrale von Santo Domingo begraben geblieben sein. Als 1795 Frankreich mit seinen republikanischen Truppen die ganze Insel Haiti und die Stadt Santo Domingo besetzte, wollten die spanischen Behörden nicht, daß Kolumbus' Überreste in französische Hand fielen. Sein in großer Eile zu Füßen des Hochaltars gesuchter Sarg wurde nach Havanna, auf die Insel Kuba, überführt. Als Kuba 1899 die Unabhängigkeit erklärte, überquerte die friedlose Leiche des Admirals erneut den Atlantik und wurde in der Kathedrale von Sevilla beigesetzt, wo sie noch heute zu Füßen des zu seiner Ehre errichteten Marmordenkmals ruht.

Aber liegt sie wirklich dort? Das ist das letzte der vielen Rätsel, die Kolumbus' Leben umgeben, das Rätsel seiner Bestattung. Während seine sterblichen Überreste noch in Havanna begraben lagen, entdeckte man bei der Durchführung einiger Restaurierungsarbeiten in der Kathedrale von Santo Domingo zur Rechten des Hochaltars eine Bleikiste, die Knochen und Asche enthielt, die so gekennzeichnet waren, daß man glauben konnte, es handle sich um die Überreste von Kolumbus. Sie konnten sich aber nicht gleichzeitig in Havanna und in Santo Domingo befinden. Die spanische Regierung beauftragte den Historiker Manuel Colmeiro, das Problem zu untersuchen. Die Antwort lautete, daß die Überreste, die in Santo Domingo ruhten, die von Don Diego waren. Das damals offiziell akzeptierte Gutachten von Colmeiro wurde nach weiteren Untersuchungen, die man in der Kathedrale von Santo Domingo durchgeführt hatte, in Zweifel gezogen und angefochten. Die nach Havanna und in der Folge nach Sevilla überführten Überreste hätten von Diego gestammt und nicht von seinem Vater Christoph. Dieser These zufolge, von der der gegenwärtige Erzbischof von Santo Domingo mir sagte, er halte sie für »unwiderlegbar«, ruht Kolumbus nicht in Sevilla, sondern in Santo Domingo.

Nun haben wir schon zwei Kolumbus-Gräber. Auch das von Santo Domingo wird von einem Denkmal geziert, das von allem anderen als von gutem Geschmack zeugt; es ist von schmiedeeisernen Inschriften, einer Art von Lobesspruchbändern, umzäunt, die im Jahr 1892, anläßlich der Vierhundertjahrfeier der Entdekkung über dem Marmor der Grabstätte aufgestellt wurden. Die These, der zufolge Santo Domingo Kolumbus' letzte Ruhestätte beherbergt, ist von dem englischen Historiker Thatcher und dem Kubaner Álvarez Pedroso bestätigt worden, von dem letzteren in einem aus dem Jahr 1945 stammenden Werk. Die entgegengesetzte These, die die in Sevilla bestatteten Gebeine als echt anerkennt –, ist von Antonio Ballesteros in einer umfangreichen Abhandlung verteidigt worden, die er 1946 der Academia General de Historia in Madrid vorgelegt und die die Zustimmung der spanischen Historiker gefunden hat.

Was ist dazu zu sagen? Ein berühmter Chirurg und Orthopäde von der Yale University, Professor Charles Goff, erhielt die Genehmigung, das mutmaßliche Grab von Kolumbus in der Kathedrale von Santo Domingo öffnen zu lassen, und hatte – 1959 – die Möglichkeit, wochenlang jedes Stückchen Knochen zu vermessen und zu photographieren. Es stellte sich heraus, daß die Überreste zu einem Mann mit einer Körpergröße von 1,73 Meter, mit einem großen Kopf und mit Spuren arthritischer Deformationen gehörten, der in einem Alter zwischen fünfzig und sechzig gestorben war. Genügten diese Angaben, um den Toten mit Christoph Kolumbus zu identifizieren? Laut Professor Goff reichten sie nicht aus. Viele Teile fehlten im Sarg, andere schienen nicht zu dem Ganzen des Skeletts zu passen. Für den amerikanischen Chirurgen handelte es sich um die zwischen Santo Domingo und Sevilla aufgeteilten Gebeine von zwei verschiedenen Körpern. Er behauptete, daß sie Kolumbus und dessen Sohn Diego gehörten und daß die Vermengung vielleicht auf die ungeschickte Hast derer zurückging, die das, was für Kolumbus' Gebeine gehalten wurde, 1795 von Santo Domingo nach Havanna überführten.

Ich habe dazu meine eigenen Ideen, die mir während meines Aufenthalts in Valladolid in den Kopf kamen und mit denen ich seither umgehe, weil sie mir gefallen und weil ich meine, daß sie besser zu Kolumbus passen als alle Streitereien über die vielen Bestattungen. Auf meinen Besuchen von Kolumbus-Stätten in den verschiedenen Vierteln der Stadt wurde ich gewöhnlich von einem jungen Gelehrten, einem Mitglied des Lehrkörpers der Universität von Valladolid, begleitet. Er war ein leidenschaftlicher und zynischer Mann. Vielen der offiziellen Wahrheiten schenkte er keinen Glauben, weil sie um die Gestalt von Kolumbus konstruiert worden seien, »um«, wie er sagte, »die Lücken über das zu füllen, was wir nicht über sein Leben wissen und höchstwahrscheinlich auch nie wissen werden«. Er erzählte mir von einer kleinen, im Jahr 1949 veröffentlichten Schrift andalusischer Historiker, in der die Behauptung aufgestellt wurde, daß Kolumbus' sterbliche Überreste Valladolid niemals verlassen hätten.

»Wie wäre denn das möglich?« fragte ich. Der junge Mann machte eine vage, echt spanische Geste, mit der er andeuten wollte, daß alles möglich ist, solange es keine sicheren Beweise gibt.

Ich bohrte weiter. »Aber was hat man dann nach Las Cuevas, nach Santo Domingo, nach Havanna und nach Sevilla überführt? Wessen Überreste waren das?«

Er antwortete mir mit einer Gegenfrage. »Glauben Sie, daß die Franziskaner, die gestrengen Franziskaner jener Zeit, jemals einen für sie wichtigen Leichnam anderen überlassen hätten? Denn Kolumbus gehörte zu ihnen, er war franziskanisch orientiert, hatte sich ihre Kutte übergezogen. Amerika hatte er mit ihrer Hilfe entdeckt. Man sagte von ihm, daß er ein Gesandter Gottes wäre, aber der von der Vorsehung bestimmte Vermittler war der heilige Franziskus gewesen. Und da sollten die Franziskaner darauf verzichtet haben, ihn bei sich zu beherbergen?«

Ich grübelte über das Für und Wider nach. Alles in allem erschien es mir unmöglich, daß nicht einmal die erste Überführung, die von Valladolid nach Las Cuevas, stattgefunden haben sollte. Da war das Zeugnis von Fernando, seinem Sohn, von Las Casas und von Bernáldez, die alle zu jener Zeit noch am Leben waren. Und wenn die Überführung des Leichnams nach Las Cuevas stattgefunden hatte, dann konnten auch alle anderen Reisen des toten Kolumbus möglich erscheinen. Jedenfalls war auszuschließen, daß er noch in Valladolid ruhte, nachdem er die Stadt einmal verlassen hatte. Der junge Mann zuckte mit den Schultern. »Ja, ich verstehe. Aber man müßte wissen, was die Franziskaner aus ihren unterirdischen Kellern hervorzogen. Mir ist nicht bekannt, daß es dabei irgendeine Identifikation des Leichnams gegeben hat. Die Überführung erfolgte im geschlossenen Sarg.«

Ich hatte immer noch meine Zweifel. Auf dem Weg zwischen

dem Haus des Kolumbus und der Plaza Mayor nahm mich mein Begleiter beim Arm und hielt mich an. »Und wer sagt Ihnen, daß sie – einmal angenommen, sie hätten ihn sich das erste Mal entwischen lassen – nicht hingegangen sind, um ihn sich in Santo Domingo wieder zu holen, während der drei Jahre, die er in den Kellergewölben der Kathedrale verbracht hat? Ich möchte nicht behaupten, daß sie das im vollen Ornat getan haben. Aber sie hätten Leute beauftragen können, die sich auf derlei verstanden. Damals machte man so etwas und noch anderes. Vergessen Sie bitte nicht, daß jene Kathedrale dem Orden der Dominikaner gehörte, die ihre schlimmsten Feinde waren. Konnten sie zulassen, daß ein Franziskaner in feindlicher Erde ruhte?«

Er ließ meinen Arm los, und wir setzten unseren Weg fort. Wir kamen zur Plaza Mayor, zu der Stelle, wo das Kloster San Francisco gestanden hatte. Wir traten in das Café del Norte ein, das so aussah, wie ich es beschrieben habe – dasselbe Halbdämmer, dasselbe Schweigen. In den Innensälen des alten Cafés herrschte eine fast metaphysische Einsamkeit. Auch wir schwiegen. Als wir den Billardsaal betraten, schlug der junge Professor mit dem Fuß gegen den Holzfußboden, der bei jedem Schlag zusammenzuzucken schien. »Hier«, sagte mein Begleiter mit halblauter Stimme, wie wenn er ein Geheimnis verriete. »Meiner Meinung nach ist hier die Stelle, wo er begraben liegt, in der Krypta des Klosters, das nicht mehr existiert. Sie lag hier unten. Mittlerweile ist alles verschwunden. Nur die Gebeine des Toten, die Gebeine des Helden, die sind geblieben.«

»Unter den Billardtischen?« fragte ich.

»Ja, unter den Billardtischen. Christoph Kolumbus, der Entdekker Amerikas, ruht unter den Billardtischen.«

Als letzte Ruhestätte erschien mir das ziemlich extravagant. Sie erinnerte sehr an die Geschichte mit dem Katafalk des Kardinals, den Kolumbus für seine Reise nach Segovia hatte benutzen wollen. Kolumbus hatte, wenn man noch einmal sein Leben Revue passieren läßt, nie einen Sinn für den Tod gehabt. An ihm war alles immer lebendig gewesen, und alles war auch immer ungreifbar gewesen. Der Gedanke, daß das auch für seine Bestattung zutreffen konnte, wurde vertraut. Darüber verbissen zu diskutieren, war ebenso sinnlos wie die Streitereien über seinen Geburtsort. Wo immer er auf die Welt gekommen war, wo immer er begraben liegt – unberührt davon bleiben sein Stolz, sein Mut, die Blitze seines Genies und seiner Phantasie, der aufregende Hauch seines Wahnsinns, der ihn mit einer unbewußten Verwegenheit sämtliche Hindernisse hatte überwinden lassen.

Ist ein Grab unter den Billardtischen des Café del Norte ein gutes Grab? Für mich ist es jedenfalls eine Grabstätte, die gut zu »ihm« paßt. In seinem »Don Quijote« erzählt Cervantes, daß es in dem Geburtsdorf von Sancho Pansa jemanden gab, der »seine müden und schon zerfressenen Knochen« nach Altkastilien transportieren wollte. Wenn sie das gemacht hätten, behauptet Cervantes, hätten sie »gegen alle Rechte des Todes« verstoßen.

In meinem Buch habe ich mehrmals auf die Ähnlichkeit zwischen den Persönlichkeiten von Don Quijote und Kolumbus hingewiesen, auch wenn der erste eine dichterische Erfindung ist und der zweite ein wirklicher Mensch war, der tatsächlich gelebt hat. Warum sollte man nicht die Ähnlichkeit auch dann sehen, wenn man sich ihr Ende vorstellt? Gegen alle Rechte des Todes hatte man auch die müden und bereits zerfressenen Knochen von Christoph Kolumbus kreuz und quer über die Meere und Kontinente transportieren wollen. Aber die Rechte des Todes sind unantastbar. Deshalb glaube ich, daß der Mann, der Amerika entdeckte, tatsächlich unter dem Billardsaal eines alten Cafés in Valladolid ruht. Und ich glaube, daß das gut so ist – für ihn wie für uns.

BIBLIOGRAPHIE
nach Art des Cervantes

Als ich das Verzeichnis der von mir für dieses Buch benutzten Literatur zusammenstellte, kam mir der Gedanke, daß es dem Leser nichts oder fast nichts nützen wird. Eigentlich dient es ja nur dazu, dem Buch – und vor allem dem, der es geschrieben hat – einen Anstrich von akademischer Autorität zu geben. Im Prolog zu seinem *Don Quijote* macht sich Cervantes über die Schriftsteller lustig, die am Ende ihrer eigenen Werke umfangreiche und minuziöse Bibliographien zusammenstellen.
Cervantes empfiehlt: »... Ihr braucht nur eins von den Büchern zu nehmen, in denen sie alle, wie Ihr sagt, von A bis Z zitiert sind. Das nämliche Abc könnt Ihr nun auch Eurem Buch anheften: sieht man auch die Lüge ganz deutlich, so tut Euch das nichts, da Ihr alle diese Autoren nicht braucht, und vielleicht ist doch einer oder der andere so einfältig, daß er glaubt, Ihr hättet sie wirklich alle bei Eurer einfachen schlichten Erzählung gebraucht.«

Ich werde jenen großen Schriftsteller nicht nachäffen, sondern beschränke mich auf die Feststellung, daß ich Kolumbus über die Lektüre seines *Bordbuchs,* seiner Briefe und seiner Berichte kennengelernt habe sowie über das, was seine Zeitgenossen (Las Casas, Bernáldez, Oviedo und sein Sohn Fernando) über ihn geschrieben haben, beziehungsweise über das, was ich in anderen Dokumenten oder Fragmenten der Zeit gefunden habe, etwa in den Akten der *Pleitos.* Auf ihnen basieren all die tausend gelehrten Bücher über Kolumbus. In unserer Zeit sind seine Heldentaten mit leidenschaftlicher Anteilnahme und ausgeprägter Verschiedenartigkeit der Charaktere von drei Gelehrten beschrieben worden, die ich von dem Dickicht so vieler unnützer Werke ausnehmen möchte. Nicht zufällig ist einer von ihnen ein Spanier – ein Mann aus der Wahlheimat des Seefahrers, ein anderer ein Amerikaner – aus dem Kontinent, den er entdeckt hat, und der dritte ein Italiener – aus dem Land, in dem er mit an Sicherheit grenzender Wahrscheinlichkeit geboren wurde; denn es handelt sich bei dem

Autor um einen Genuesen. Der Spanier ist Salvador de Madariaga, der viel mehr als nur ein hochgebildeter Mann war, ein Schriftsteller, der Verfasser eines wunderschönen Buches über Kolumbus, auch wenn er sich darauf versteift hat, seine unwahrscheinliche jüdische Abstammung spanischen Ursprungs nachweisen zu wollen. Der Amerikaner ist Samuel Eliot Morison, Marineadmiral aus den Vereinigten Staaten, der zu den Kolumbus-Orten segelte und mit gewandter Feder seine Intuitionen, seine Abenteuer und sein Können schilderte. Der Genuese ist Paolo Emilio Taviani, der Kolumbus ein halbes Jahrhundert seines Lebens gewidmet hat. Unter den noch Lebenden ist er heute der Kolumbus-Forscher, der am meisten über Kolumbus weiß.

Aber wenn ich mich an meine Lektüre für dieses Buch erinnere, fallen mir noch andere Namen ein, die keineswegs die von Spezialisten oder Gelehrten sind. Es handelt sich um Dichter, Schriftsteller, Schöpfer von Bildern und Erforscher des Lebens, der Geheimnisse des Menschen. Und da es die Geschichte eines Menschen war, die ich in meinem Buch erzählen wollte, haben mich ihre Gedanken auf mehr Erleuchtungen gebracht als die trockene Auflistung der Tatsachen, die wohl mit einer Fülle von Daten, Hinweisen und Zitaten versehen wurden, aber ohne Leidenschaft oder irgendeine innere Beteiligung zusammengestellt wurden. Ich spreche von Lope de Vega, von seinem Werk über Kolumbus, das zwischen anderen, Dutzenden von Komödien begraben liegt, die er geschrieben hat. Von Paul Claudel mit seinem *Livre de Christophe Colombe*. Von Jakob Wassermann, von Riccardo Bacchelli, von Massimo Bontempelli und von dem Kubaner Alejo Carpentier mit seinem Buch *La harpe et l'ombre*. Keiner von ihnen hat behauptet, etwas Neues über Kolumbus' Unternehmen und über sein Leben zu enthüllen. Aber sie haben es verstanden, ihn als Menschen zu interpretieren. Es ist ihnen gelungen, in das Innere des Protagonisten vorzudringen und nicht nur in die Verkettung der äußeren Ereignisse. Oft hat mir eine Zeile von ihnen mehr gesagt als hundert Seiten hochgelehrter Bücher. Die Phantasie ist etwas, was keine Gelehrsamkeit aufwiegen kann. Von ihr getragen, sind die genannten Schriftsteller Kolumbus' Spuren gefolgt. Aber wurde denn er nicht auch von der Phantasie und der Poesie bewegt, und nicht von der Gelehrsamkeit dazu angetrieben, das Gesicht der Welt zu verändern? Und hier schließt sich der Kreis...

VERZEICHNIS DER KARTEN

NACHWEIS DER ABBILDUNGEN
(nach Vorlagen aus der Zeit des Kolumbus)

Bilderdienst des Süddeutschen Verlages, München: S. 207
Interfoto-Pressedienst-Agentur, München: S. 18, 83, 186, 231
Archiv des Verlages: S. 9, 142
Alle übrigen Abbildungen stammen aus:
Heinrich Winter, »Die Kolumbusschiffe«, Burg bei Magdeburg 1944
Die Karten wurden aus der italienischen Originalausgabe übernommen.

NAMENREGISTER

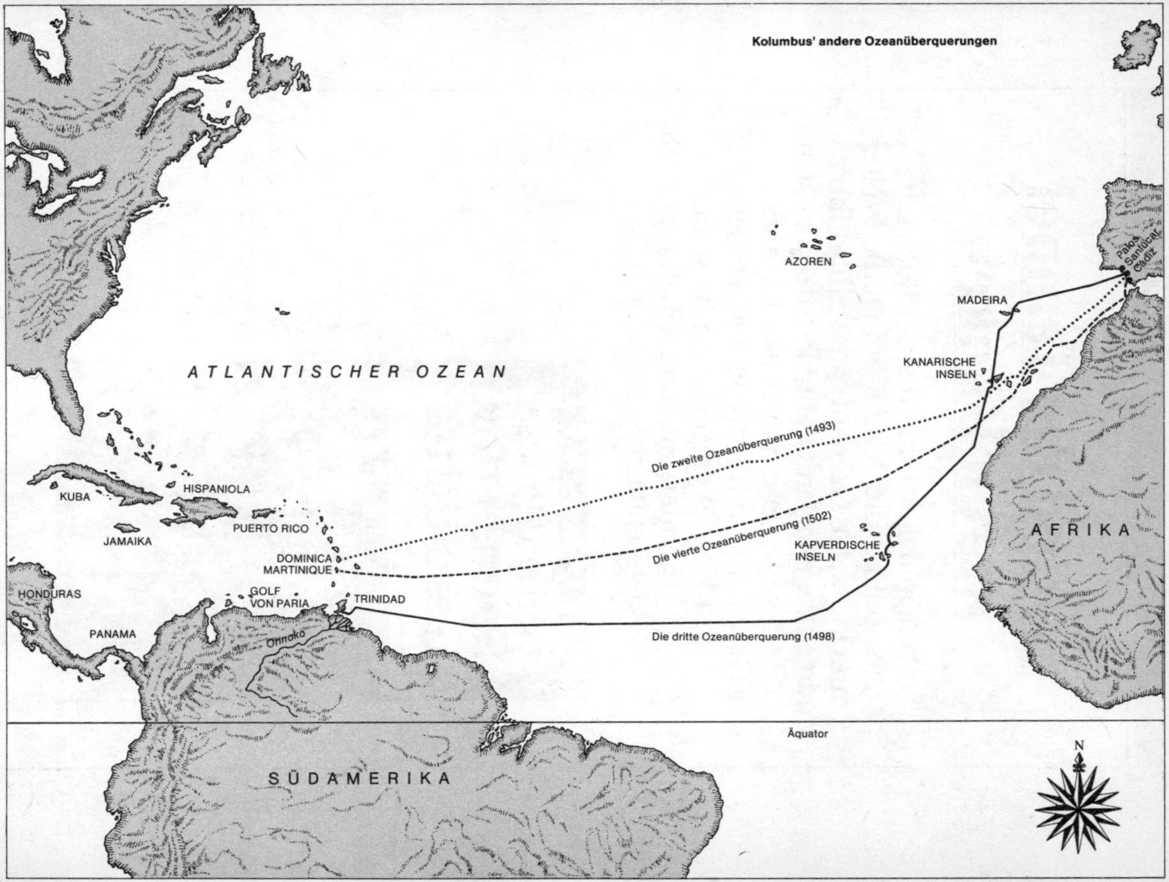

Kolumbus' andere Ozeanüberquerungen